能源革命视角下的

中国区域能源发展

战略研究

胡 健 焦 兵 张文彬 等◎著

中国经济出版社
CHINA ECONOMIC PUBLISHING HOUSE
·北 京·

图书在版编目（CIP）数据

能源革命视角下的中国区域能源发展战略研究 / 胡健，焦兵，张文彬著 . --北京：中国经济出版社，2022. 12

ISBN 978-7-5136-7183-5

Ⅰ. ①能… Ⅱ. ①胡… ②焦… ③张… Ⅲ. ①能源战略-研究-中国 Ⅳ. ①F426. 2

中国版本图书馆 CIP 数据核字（2022）第 235850 号

责任编辑　郭国玺
责任印制　巢新强
封面设计　任燕飞工作室

出版发行　中国经济出版社
印 刷 者　河北宝昌佳彩印刷有限公司
经 销 者　各地新华书店
开　　本　710mm×1000mm　1/16
印　　张　33. 25
字　　数　492 千字
版　　次　2022 年 12 月第 1 版
印　　次　2022 年 12 月第 1 次
定　　价　128. 00 元
广告经营许可证　京西工商广字第 8179 号

中国经济出版社 **网址** www. economyph. com **社址** 北京市东城区安定门外大街 58 号 **邮编** 100011
本版图书如存在印装质量问题，请与本社销售中心联系调换（联系电话：010-57512564）

本书为
中国（西安）丝绸之路研究院2022年科学研究专项课题
“能源革命视角下的中国区域能源发展战略研究”（2022ZD01）
直接研究成果

引　言

从世界能源生产和消费经验看，世界各国在发展过程中都经历了能源转型和能源利用范式转变。迄今为止，能源利用范式主要经历了薪柴时代、煤炭时代和油气时代3个阶段，每一个能源利用范式的变迁都对人类经济社会的发展产生了重大影响。进入21世纪以来，为应对全球气候变化危机，保障生态安全，世界各国纷纷制定了以可再生能源消费替代传统化石能源消费为主要特征的能源转型战略路线图。世界各国再次处于新一轮能源利用范式变革即可再生能源时代，以新能源和可再生能源替代化石能源，在保障能源供给的同时减少二氧化碳排放成为此次能源转型的关键和核心路线。全球能源转型越来越受到世界各国的关注，中国要融入国际化进程，必须对这个问题给出自己的回答和方案。

能源革命就是中国对全球能源转型活动的一个独特回答，基于中国经济长期健康发展的考虑，中央高层率先提出能源革命。2014年6月习近平总书记在中央财经领导小组第六次会议上提出推动能源消费革命、能源供给革命、能源技术革命、能源体制革命和全方位加强国际合作的重大战略思想（简称“四个革命，一个合作”），为我国能源发展转型指明了方向。推进能源革命，有利于促进我国供给侧结构性改革，提升经济发展质量和效益，推动经济行稳致远，支撑我国迈入中等发达国家行列；有利于增强能源安全保障能力，有效应对各种风险和突发事件，提升整体国家安全水平；有利于优化能源结构，提高能源效率，破解资源环境约束，全面推进生态文明建设；有利于增强自主创新能力，实现科技、能源、经济的紧密结合；有利于全面增强我国在国际能源领域的影响力，积极主动应对全球气候变化，彰显负责任大国形象；有利于增加基本公共服务供给，使能源发展成果更多地惠及全体人民，对于全面建成小康社会和加快建设现代化国家具有重要现实意义和深远战略意义。

加快推进能源革命蕴含大有可为的机遇和优势。一是落实新发展理念，全面推进生态文明建设，建设美丽中国，为推进能源革命提供了不竭动力。二是我国发展潜力大、韧性强，实施“一带一路”倡议、京津冀协同发展、长江经济带建设、黄河流域生态保护与经济高质量发展战略等，推进新型城镇化，为推进能源革命构筑了广阔舞台。三是经济发展进入新常态，能源消费增速放缓，供应压力有所减轻，为推进能源革命拓展了回旋余地。四是全社会对能源开发利用普遍关切，广大人民群众节能环保意识不断增强，为推进能源革命奠定了广泛基础。

加快推进能源革命，是一项长期战略任务，更是一项复杂系统工程，也面临现实困难与挑战。一是我国人口众多，人均能源资源拥有量相对较低，随着经济规模的不断扩大，资源约束日益趋紧。二是经济发展方式粗放，能源利用效率低，生产和使用过程中环境污染问题突出、生态系统退化，控制碳排放任务艰巨。三是能源科技整体水平与能源结构转型要求不适应，支撑引领作用不够强，关键核心技术自主创新能力不足。四是与传统化石能源相比，新能源在技术经济性等方面的竞争优势不明显，通过市场作用调节能源结构的机制尚不完善。五是体制机制难以适应构建现代能源体系的需要，改革创新刻不容缓。世界能源地缘关系日趋复杂，保障开放条件下的能源安全面临诸多挑战。总体上看，推进能源革命，机遇与挑战并存，机遇大于挑战，必须统筹全局，把握机遇，因势利导，主动作为，集中力量实现战略目标。

在推进能源革命的路径和政策研究中，无论是整体推进还是分类推进，能源革命路径的研究成果都较少考虑区域资源环境约束、产业结构以及经济发展阶段的异质性问题，更多的是基于整体视角展开的研究，缺乏与区域发展战略精准结合推进路径的研究。随着西部大开发、中部地区崛起、东北老工业基地振兴以及京津冀协同发展、长三角区域一体化、长江经济带建设、粤港澳大湾区建设、黄河流域生态保护和经济高质量发展等国家战略的全面实施，我国已形成板块联动、核心带动的区域协同发展新格局。各区域资源环境禀赋、产业结构特征和经济发展阶段都存在显著的异质性，各区域能源革命推进路径必然存在差异，这要求推进能源革命战略要与区域发展模式和要求精准结合，要区分重点、因地制宜地精准推进能源革命战略。立足各区域的资源禀赋特点和发展阶段实际，推进区域能源革命，有利于从根本上推动我国能源革命的质量变革、动力变革和效率变革，促进能源革命与区域经济高质量发展深度融合，进而为我国实现区域高质量发展提供有力支撑。

本书旨在基于资源环境禀赋、产业结构特征、经济发展阶段的异质性，探讨与之精准结合的能源革命推进路径以及有效实现能源革命助力经济高质量发展的顶层设计与政策建议。一方面，根据我国的国土空间规划和区域水资源条件、生态环境承载力以及能源消费总量和强度“双控”等异质性因素，将我国国土空间划分为东北、华北、西北、华东、华中、华南、西南七大区域，对七大区域社会经济各方面的异质性进行研判，从而提出各有侧重的能源消费、生产、技术和体制革命精准推进路径。另一方面，长江经济带建设、黄河流域生态保护与经济高质量发展两大国家战略是我国基于南北方“母亲河”优势，解决区域平衡、可持续发展的新型全域合作战略构想，这突破了以往基于行政区划和地缘相近性构建区域合作体系的模式，有利于打破传统区域合作因行政区域壁垒造成的重复建设和产业同构痼疾。两大经济带也是我国重要的生态安全屏障、资源能源集聚地区和产业活动高度密集地区。因此，本书将进一步基于大流域跨界区域合作和能源产业协同视角提出能源革命战略精准推进路径。

目　录

第一篇

能源革命视角下的东北地区能源发展战略研究

能源是经济社会发展的基石和动能，尤其对于拥有丰富自然资源和深厚工业基础的东北而言，在新中国成立之初的相当长一段时间内，煤炭与石油均是其核心产业。近年来，随着资源的日益枯竭，东北地区也不可避免地陷入了“资源诅咒”，以煤炭、石油为主的能源工业增长放缓成为东北地区经济下行的重要因素之一。因此，要实现“十四五”时期东北全面振兴，能源转型与高质量发展可以说是重中之重。

第一章　东北地区区情分析

第一节　东北地区能源资源禀赋

一、东北地区能源资源总体情况

东北地区能源资源丰富，是中国石油、煤炭等能源的重要生产基地。评价结果显示，东北地区石油地质资源量225亿吨，可采资源量72亿吨；天然气地质资源量4.5万亿立方米，可采资源量2.5万亿立方米；页岩油气地质资源量近80亿吨，其中松辽盆地青山口组页岩油地质资源量75亿吨，梨树断陷沙河子组页岩气地质资源量超5000亿立方米；煤炭资源的保有储量约723亿吨，煤种虽比较齐全，但总量不足且分布不均匀，其中，60%在内蒙古东部，27%在黑龙江，13%在辽宁、吉林两省。此外，东北地区的风、光、生物质能等新能源资源也很丰富，据估计，风能资源开发潜力为9.7亿千瓦，占全国的28%。东北地区风能资源主要集中在黑龙江省，其风能资源潜力居全国第4位，是我国九个大型风电基地之一；黑龙江省太阳能年日照时数在2242~2842小时，初步估计可开发装机容量为1.6亿千瓦。水能资源较为有限，且主要集中在黑龙江界河干流，技术可开发装机容量为1776.4万千瓦，仅占全国的1.9%。

二、东北地区能源资源分省概况

（一）黑龙江省能源资源条件

黑龙江省是国家重要的能源基地之一，能源资源相对富集，品种较为齐全，主要特点是多煤、多油、少气，风能、太阳能、生物质能、地热能等可再生能源资源较为丰富。

据统计，黑龙江省石油、煤炭、天然气累计探明地质储量分别为62亿吨、221亿吨和5135亿立方米，剩余技术可采储量分别为4.3亿吨、62.3亿吨和1302.3亿立方米，分别居全国各省（区、市）第2位、第9位、第7位。非常规油气资源较为丰富，其中，2000米以内浅煤层气资源量为1870亿立方米，主要分布于鸡西、鹤岗、双鸭山、七台河和依兰等矿区。油页岩、页岩气资源主要分布在松辽盆地等地区。

此外，黑龙江省的可再生能源资源也较为丰富。其中，水能理论蕴藏总量为988万千瓦，约占东北地区蕴藏总量的50%，居东北地区第1位。可开发水力资源总装机容量约为1024万千瓦；50米高风能资源潜力约为10.2亿千瓦，技术可开发量约为2.3亿千瓦，居全国第4位，是我国九个大型风电基地之一；太阳能资源属于第三级丰富区，年日照时数在2242~2842小时，平均太阳辐射量为1316千瓦·时/平方米，太阳能资源总储量相当于750亿吨标准煤（tce）；地热资源以中低温地热为主，初步探明静态储量1800多亿立方米，主要分布在松辽盆地北部；拥有耕地2.4亿亩、林地近4亿亩，正常年份农业和林业生物质可收集利用量分别约为9000万吨和960万吨。

（二）吉林省能源资源条件

吉林省能源资源种类较为齐全，传统化石能源储量不足，风能、生物质能、太阳能等新能源和可再生能源发展潜力较大。据统计，全省煤炭资源储量27.5亿吨，其中基础储量9.8亿吨（储量7.27亿吨）；原油累计探明储量16.38亿吨，天然气累计探明储量4910亿立方米；油砂资源储量4.8亿吨；油页岩已探明储量1086亿吨，占全国资源储量的80%以上，居全国第1位；风能资源潜在开发量约2亿千瓦，可装机容量约5400万千瓦；农作物秸秆产出量约4500万吨/年，可能源化利用的资源总量约1200万吨/年，林业剩余物资源量约1000万吨/年，可能源化利用量约400万吨/年；太阳能资源总体属二类地区；水能资源技术可开发量574.4万千瓦；深部地热能量潜力相当于26亿吨标准煤。

（三）辽宁省能源资源条件

辽宁省煤炭资源分布广，储量大，煤质优良，赋存条件好。全省煤炭保有储量约60亿吨，其中工业储量53.9亿吨，占全省总量的89.8%；省内煤矿产地主要分布于沈阳、铁岭、抚顺、阜新、北票、锦州、朝阳等地区。全省累计探明石油地质储量为20.6亿吨、天然气为21.9亿立方米。风能资源具有较大开发潜力，风能资源储量约为5400万千瓦，可利用的风能资源约为4860万千瓦，风能资源丰富区和较丰富区占全省面积的40%左右。在我国太阳能资源区划中，辽宁省属于第三热能等级区，年平均日照率为50%~70%，各地的年均日照时数为2000~3000小时，年辐射总量为5000~6000兆焦/平方米，合标准煤171~207千克/平方米。辽宁省秸秆资源产量为1990万~2000万吨/年，其中76%被作为生活燃料直接烧掉，能源转化率仅为12%左右；薪炭林面积超过300万公顷，山区各林种合理提供的薪柴总量为231.75万吨，折合132.33万吨标准煤。辽宁省地热资源十分丰富，储量相当于100亿吨标准煤以上，是我国地热资源较有发展远景的省份之一；主要分布于辽宁东部山区和辽西走廊地带。辽宁省海洋能资源丰富，其理论蕴藏量约为700万千瓦，开发潜力巨大。全国潮汐能资源调查统计显示，全省潮汐能装机容量为59.4万千瓦。

第二节　东北地区能源产业发展现状

一、东北地区能源资源现实基础

（一）东北地区是我国重要的能源和战略资源基地

东北地区能源资源丰富，产业基础扎实，创新能力较强，是我国重要的能源和战略资源基地。石油资源有大庆油田、辽河油田和吉林油田。其中，大庆油田是目前中国最大的油田，辽河油田为中国第四大油田，吉林油田是东北地区能源工业、化学工业、轻纺工业的重要基础。煤炭资源遍布东北三省和内蒙古东部，其中，60%在内蒙古东部，27%在黑龙江，13%在辽宁、吉林两省。东北地区还拥有阜新煤田、鸡西煤田等。此外，中国石油、中国石化在东北还建立了一批大型炼厂。特别是2019年，中俄能源合作的标志性项目——中俄东线天然气管道正式投产通气，这不仅仅惠及东北三省，而且辐射环渤海经济区和长三角经济带等区域。

（二）新能源与可再生能源产业获得快速发展

为摆脱对传统能源的依赖，东北地区从“十一五”开始就加速发展新能源产业，已基本形成以风电、光伏发电为重点，水电为辅，其他可再生能源为补充的多元化发展格局。数据显示，截至2018年年底，东北地区的光伏装机量达到7.8吉瓦，占全国总量的4.48%；风电装机18.73吉瓦，占全国总量的10.16%。截至2021年8月底，东北区域风电、光伏总装机达到4990万千瓦，风、光合计装机占比及发电量占比分别为29.9%和18.1%，比“十二五”末分别提高了9个和8个百分点。在负荷稳步增长、煤电产能调控、外送能力增强、电力市场机制等作用下，“十三五”后期新能源综合利用率始终保持在95%以上。

二、东北地区能源资源的优势条件

（一）能源资源丰富，尤其是新能源和可再生能源具备得天独厚的资源条件

从资源禀赋来看，东北地区能源资源丰富，尤其是新能源与可再生能源开发潜力较大。新中国成立初期，东北地区的石油产量占全国总量的一半以上，油页岩储量占全国总量的70%，煤炭储量占全国总量的9%，天然气储量占全国总量的1/6。此外，资料显示，东北风能资源开发潜力为9.7亿千瓦，占全国总开发潜力的28%，技术可开发潜力超过5亿千瓦。同时，东北地区多地处于太阳能辐射源资源较丰富带和很丰富带，太阳能年日照时数在2242~2842小时，初步估计可开发装机容量为1.6亿千瓦。丰富的资源为东北地区大力发展能源产业提供了有力的资源支撑。

（二）石油工业发展基础较好，产业链较长

东北既是新中国最早的重工业中心，也是工业基础最好的地区，形成了一大批资源、能源、装备制造和国防军工等骨干企业，对我国的工业体系和整个国民经济体系的建立贡献巨大。大庆油田的发现和投产，支撑了当时国产原油的“半壁江山”，其在中国能源史上有着重要的地位。2020 年，东北三省原油产量达到 0.44 亿吨，占全国总量的 22.5%，特别是黑龙江原油产量居全国第 2 位，其所属的大庆油田年产量一直处于 3000 万吨以上。

围绕能源的生产与消费，东北地区目前已形成了完整的工业体系，即以冶金（鞍山钢铁集团、本溪钢铁集团等）、机械（沈阳股份机床有限公司、东北输变电集团、三大动力电力设备制造集团等）、汽车（一汽集团）、化工（吉林化工集团、盘锦乙烯等）、能源（东北电气集团、辽河油田、大连东四矿业等）为支柱的重工业产业群。

（三）高等教育资源丰富，人口综合教育程度比较高

东北地区科技、教育力量雄厚，人才密集，沈阳、长春、哈尔滨、大连等都拥有全国闻名的高等学府（4 所“985”高校、11 所“211”高校）和科研院所，技术力量强大，人才素质较高。

（四）国家支持东北老工业基地全面振兴的力度较大

从 2014 年开始，国家先后出台《国务院关于近期支持东北振兴若干重大政策举措的意见》（国发〔2014〕28 号）、《关于缓解东北地区电力供需矛盾的意见》（国能电力〔2014〕350 号）、《关于全面振兴东北地区等老工业基地的若干意见》（中发〔2016〕7 号）、《国务院关于深入推进实施新一轮东北振兴战略　加快推动东北地区经济企稳向好若干重要举措的意见》（国发〔2016〕62 号）、《关于推动东北地区电力协调发展的实施意见》等，着力解决东北地区如下重大问题：①经济增速持续回落，部分行业生产经营困难，一些深层次体制机制和结构性矛盾凸显；②科技与经济发展融合不够，偏资源型、传统型、重化工型的产业结构和产品结构；③资源枯竭、产业衰退、结构单一，地区（城市）转型面临较多困难；④电力消纳、系统调峰等问题；

⑤加快电力外送通道建设，切实解决东北地区“窝电”问题。2021 年 3 月，十三届全国人民代表大会第四次会议通过的《中华人民共和国国民经济和社会发展第十四个五年规划和 2035 年远景目标纲要》，强调要推动东北地区振兴取得新突破。

三、东北地区能源资源的制约因素

（一）新能源技术发展程度相对较低，能源结构多元化发展进程缓慢

受气候条件和能源消费结构单一的影响，煤炭在东北地区能源消费中占比较高，冬季集中使用煤的数量较大，导致空气污染尤为严重。在工业生产过程中，粗放用能方式仍未得到有效遏制，技术水平相对不高，导致能源效率较低，加之能源体制改革相对缓慢，能源工业的经济效益有待进一步提高。

（二）新能源发电消纳能力差

一直以来，东北地区风电、光伏的开发模式主要以规模化、集中式电站为主，分布式比例不高，往往需要通过长距离、高电压等级的并网方式在更大范围消纳，这就造成并网需求与电网相对薄弱、建设滞后的矛盾不断显现。同时，也容易与火电机组并网消纳产生直接冲突。

（三）资源枯竭，经济增长放缓，转型难度加大

东北三省有很多资源型城市，过去，当地主要依靠资源的开发和利用来推动城市的发展。近年来，随着煤炭和石油资源的日益枯竭，以能源工业为主导的经济出现“断崖式下跌”，GDP 增幅“不约而同”地降至全国倒数区间。例如，黑龙江省是新中国成立初期最重要的工业基地，拥有煤炭、电力、石油、天然气等优势能源产业。但随着改革开放以来我国经济的崛起，黑龙江省能源产业的竞争优势逐渐丧失，存在着产能过剩、粗放经营和清洁能源比重低等突出问题。从 2015 年开始，大庆油田连续每年调减产量 150 万吨。其直接影响之一是，大庆市政府工作报告中提出的 GDP 增长目标，由 2014 年的 9%骤降至 2015 年的 1.5%。经济的下滑也会造成能源需求的萎缩，从而影响能源发展。

（四）区域间的能源互通基础设施不足

因为行政管理分割的问题，各个区域在能源供需上存在各自优化现象，很多时候并不能做到“全国一盘棋”的理想性优化调度。具体而言，东北三省能源供需的主要特点表现为除了石油产品方面和外部有较强的互通外，煤炭和电力基本是自给自足的，所以，与外部的互通能力严重不足。一旦发生突发事故，与外界的能源通路不够，容易导致应急调度能力受到限制。

第二章　东北地区能源供给侧与需求侧分析

第一节　东北地区能源供给侧分析

一、东北地区能源供应结构分析

从一次能源的供应结构看，东北地区能源结构性矛盾依然存在，化石能源仍在能源供应中占据主导地位。2019 年，化石能源在一次能源中的比重高达 92%，其中，黑龙江、吉林、辽宁三省化石能源在一次能源生产结构中的占比分别为 97. 2%、74. 8%、88. 8%，天然气及一次电力等清洁能源占比仅分别为 9. 3%、23. 7%、18. 9%（见表 2-1）。

表 2-1　2019 年东北三省一次能源生产量及各自占比

省份	一次能源生产总量/万吨标准煤	原煤		原油		天然气		一次电力	
		总量/万吨	占比/%	总量/万吨	占比/%	总量/亿立方米	占比/%	总量/亿千瓦·时	占比/%
辽宁	4441. 1	2351. 4	53. 0	1053. 3	33. 9	6. 2	1. 9	596. 2	17. 0
吉林	2282. 2	896. 9	39. 0	385. 7	24. 1	20. 0	11. 7	221. 1	12. 0
黑龙江	9147. 0	3850. 7	42. 0	3110. 0	48. 6	45. 7	6. 6	200. 1	2. 7
合计	15870. 3	7099. 0	45. 0	4548. 9	41. 0	71. 9	6. 0	1017. 4	7. 9

从电力供应结构看，东北三省的能源结构与全国其他地区一样，仍以火电为主（见表 2-2）。

表 2-2　2020 年东北三省发电装机容量及各类发电占比

省份	发电装机容量/万千瓦	水电		火电		风电		光电	
		总量/万千瓦	占比/%	总量/万千瓦	占比/%	总量/万千瓦	占比/%	总量/万千瓦	占比/%
辽宁	5776	305	5. 28	3643	63. 07	981	16. 98	400	6. 93
吉林	3278	510	15. 56	1852	56. 50	577	17. 60	338	10. 31
黑龙江	3536	109	3. 08	2423	68. 52	686	19. 40	318	8. 99
合计	12590	924	7. 34	7918	62. 89	2244	17. 82	1056	8. 39

统计数据显示，2020 年东北三省的各技术电力装机（发电机装机容量，指的是各种类型的发电机组加起来总共能产生的电能）合计分别为：火电 7918 万千瓦，占比 63%；风电 2244 万千瓦，占比 18%；光电 1056 万千瓦，占比 8%；水电 924 万千瓦，占比 7%。总装机量 12590 万千瓦。

从表 2-3 和图 2-1 中可以看出，2015—2019 年，东北三省的电力供应中，火电占比虽呈现出缓慢下降的趋势，但一直维持在 70%以上。其中，黑龙江省火电占比最高，吉林省次之，辽宁省最低。水电、风电、光电等清洁能源、可再生能源占比虽有递增的态势，但总体占比较小，吉林省的水电、风电、光电等清洁能源占比较高，尤其是风电、光电近几年增长很快，在水电占比下降的情况下，总体占比却达到了 23. 4%。其次是黑龙江省，2019 年三种清洁能源占比总和达到 18%。在水电方面，东北地区发展一直较为平缓，是我国水电装机量相对较低的地区。

表 2-3　2017—2019 年东北三省各类能源发电量占比　　单位:%

省份	火电			水电			风电			光电		
	2017 年	2018 年	2019 年	2017 年	2018 年	2019 年	2017 年	2018 年	2019 年	2017 年	2018 年	2019 年
黑龙江	86. 1	83. 7	82. 0	2. 2	2. 5	2. 5	11. 4	11. 9	12. 6	0. 4	1. 9	2. 9
吉林	81. 7	77. 9	76. 7	8. 4	7. 3	7. 1	8. 7	12. 1	12. 1	1. 3	2. 8	4. 2
辽宁	76. 7	73. 2	71. 2	1. 6	1. 7	2. 1	8. 2	8. 3	8. 8	0. 6	1. 6	2. 0

资料来源：根据各省统计年鉴整理计算而得。

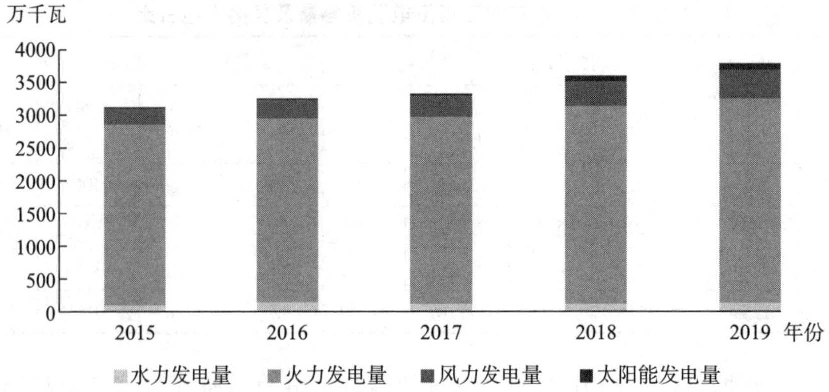

图 2-1　2015—2019 年东北三省各类能源发电结构

二、东北地区能源供应安全问题

东北三省是我国重工业发展较早的地区，能源资源丰富，但由于近年来的不合理开采和产业结构调整等影响，该地区能源无法自给自足，能源供给日趋紧张。尤其是煤、油、气等一次能源匮乏，自给率不足，对外依存度较高。目前，东北地区一次能源生产量仅能满足区内能源需求总量的 70%左右，其中煤炭、石油、天然气对外依存度已经分别达到 19.2%、35.3%和 33.4%。从各省的情况来看，黑龙江省一次能源略有富余，但煤炭生产只能满足省内 80%左右的需求，调出的主要是石油，随着大庆油田资源枯竭以及煤炭缺口逐年加大，黑龙江省将成为能源净调入省份；辽宁省、吉林省均属于能源资源严重匮乏省份，一次能源自给率分别不到 30%和 50%。

近年来，随着辽宁省、吉林省、黑龙江省煤炭资源的逐步减少及落后产能被淘汰，东北三省原煤产量不断降低，2019 年东北三省煤炭产量合计为 1.35 亿吨；2020 年原煤产量合计为 0.93 亿吨，较 2016 年的 1.13 亿吨下滑约 17.7%。而东北三省需求量近几年都超过了 3.5 亿吨，东北三省自产煤已远不能满足自身需求，越来越依赖外调煤炭。历史上，东北三省外调煤炭主要依靠内蒙古东部五盟市地区（含锡林郭勒盟），外调量达到一半以上。其他调入的煤炭则主要来自山西、陕北神华及蒙西煤化。石油、天然气的缺口则主要通过进口俄罗斯等国外油气资源解决。“十三五”时期，东北三省天然气需求稳步上升，目前，全年天然气需求量接近130亿立方米。东北三省自产气主要为油田气，总体产量不能满足需求，不足部分主要通过管道气、液化天然气等来补充。中俄东线天然气管道北段和中段陆续投产后，俄罗斯天然气使用量逐步增加，东北三省天然气供应保障能力得到了强化。随着辽河油田双6储气库扩容上产工程完工和雷61储气库投产，东北三省天然气储气能力实现了阶段性提升。与天然气相似，东北地区现有油田开发处于衰退期，鉴于我国原油对外依存度很高，为避免依存度进一步提升，实现东北地区原油稳产、减缓衰退，充分发挥东北地区维护国家能源安全的战略地位成为“十四五”时期东北地区石油发展的主线。

三、东北地区能源输送效率问题

能源输送是实现能源生产转化为能源消费的重要环节，当前电网是全球和中国能源运输的主要方式。“十二五”以来，受东北地区经济增速下滑、用电需求增长放缓、装机规模逐年加大等因素的影响，东北电网（辽宁、吉林、黑龙江三省和内蒙古东部电网）电力严重供大于求，盈余最大电力接近2000万千瓦，电力消纳十分困难。为缓解供需矛盾，需要通过大量电力送出或其他方式来进行消纳，而受局部地区电网网架薄弱等因素影响，消纳和送出困难问题开始凸显。

第二节　东北地区能源需求侧分析

一、东北地区能源消费量分析

从2015—2019年的能源消费量来看，东北地区能源消费总量不断上升（见图2-2），2019年东北地区的能源消费总量增长到4.25亿吨标准煤，同比增长4.3%，创历年来最高水平。

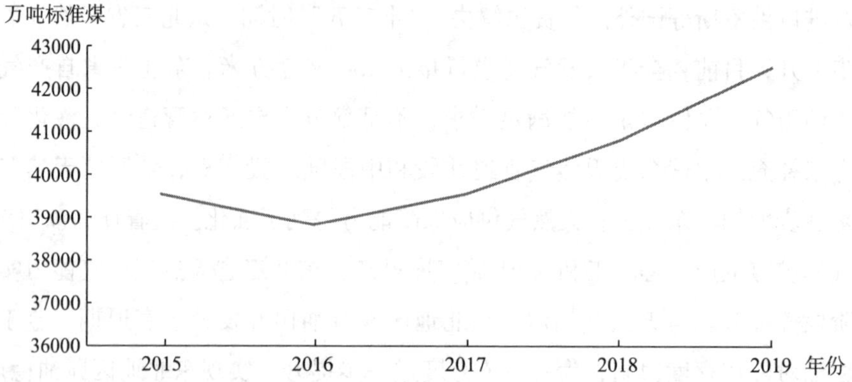

图 2-2 2015—2019 年东北地区能源消费量变化趋势

而从分省的情况（见图 2-3）来看，辽宁省的能源消费量最高，增长也最快。2019 年，其能源消费增速达 6.4%，分别高于黑龙江省和吉林省 4.84 个和 4.51 个百分点。

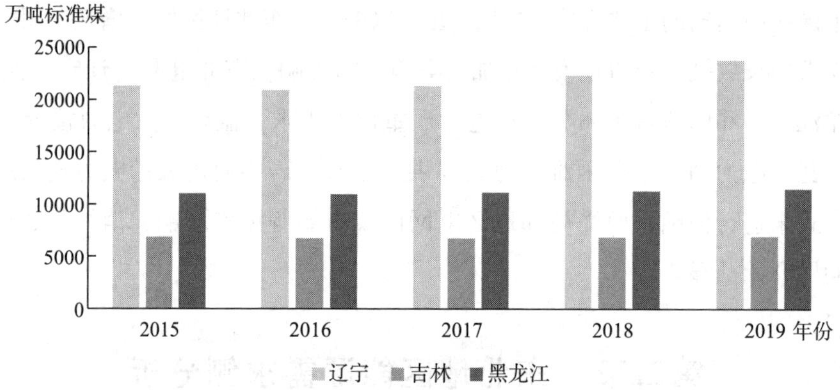

图 2-3 2015—2019 年东北三省的能源消费总量

二、东北地区能源消费结构分析

受气候条件和能源消费结构单一的影响，煤炭在东北地区的能源消费中占比较高，冬季集中使用煤的数量较大，导致空气污染尤为严重。表 2-4 列出了 2015—2019 年东北地区一次能源消费结构。可以看出，东北地区能源消费结构单一，近五年（2015—2019年）来，能源消费中，虽然煤炭消费在一次能源消费总量中的占比逐年下降，但始终占据主导地位，除辽宁省外，吉林、黑龙江两省煤炭消费一直保持在84%以上，而天然气和电力等清洁能源消费比重虽逐年提升，但所占比例仍不到15%。

表2-4　2015—2019年东北地区一次能源消费结构　　单位：%

能源	省份	2015年	2016年	2017年	2018年	2019年
原煤	辽宁	51.5	50.7	49.9	49.3	48.5
	吉林	98.7	96.2	95.8	86.5	84.4
	黑龙江	93.9	98.5	97.6	94.0	93.3
原油	辽宁	43.1	48.4	47.7	52.5	59.5
	吉林	19.5	21.8	21.3	19.1	20.7
	黑龙江	27.3	28.5	24.2	19.4	18.9
天然气	辽宁	0.34	0.32	0.39	0.44	0.42
	吉林	0.40	0.42	0.48	0.56	0.56
	黑龙江	0.43	0.46	0.48	0.51	0.51
电力	辽宁	11.4	12.0	12.3	12.7	12.4
	吉林	11.4	11.9	12.6	13.2	13.4
	黑龙江	9.6	9.95	10.1	10.5	10.5

从图2-4～图2-6中可以看出，辽宁省的能源消费结构中，近五年（2015—2019年）对煤炭的消费保持在50%左右，变化不大；对原油的消费则增长很快，而且超过了煤炭；天然气及电力等清洁能源的消费占比很低，保持在12%左右。吉林省的能源消费结构中，五年来对煤炭的消费逐年降低，但大部分年份仍保持在85%以上，对原油的消费保持在20%左右，变化不大；天然气及电力等清洁能源占比在东北三省中属于较高的，但仍未超过15%。黑龙江省的能源消费结构中，煤炭消费五年来变化不大，始终保持在93%以上；原油消费则呈现逐年递减的趋势，2019年占比为18.9%，比2016年降低了近10个百分点；天然气及电力等清洁能源占比在东北三省中最低，仅占11%左右。

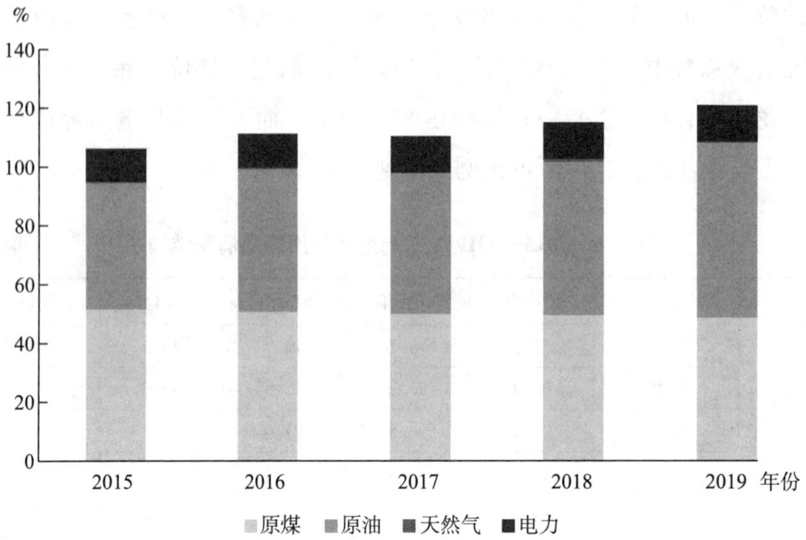

图 2-4　2015—2019 年辽宁省能源消费结构变化

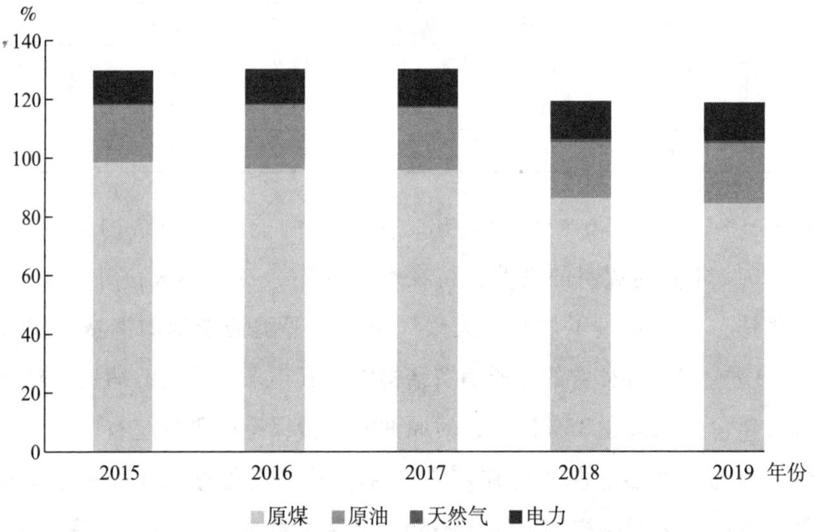

图 2-5　2015—2019 年吉林省能源消费结构变化

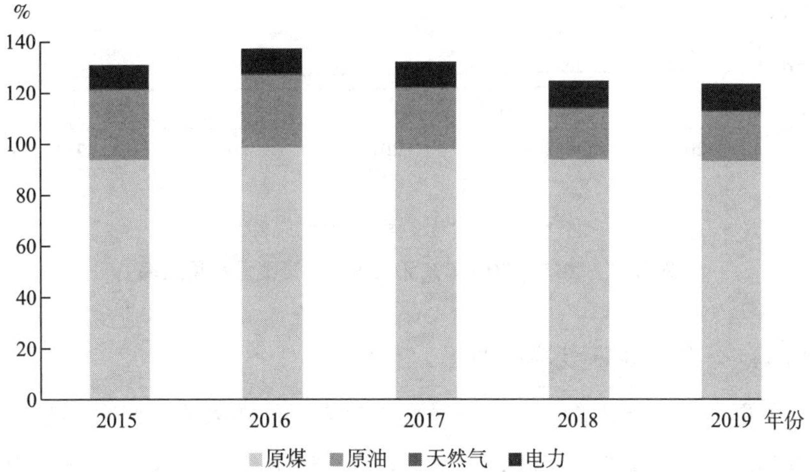

图 2-6　2015—2019 年黑龙江省能源消费结构变化

三、东北地区能源利用效率分析

（一）单要素能源效率分析

能源消费强度通常指单位 GDP 能耗，即能源消费总量与 GDP 的比值。单位 GDP 能耗越低，能源利用效率越高。表 2-5 列出了 2015—2019 年东北三省单要素能源利用效率。

表 2-5　2015—2019 年东北三省单要素能源利用效率

省份	2015 年	2016 年	2017 年	2018 年	2019 年
辽宁	1.057	1.022	0.985	0.949	0.955
吉林	0.701	0.660	0.630	0.622	0.608
黑龙江	0.950	0.931	0.914	0.890	0.857

由表 2-5、图 2-7 可以看出，2015—2019 年，东北地区的单要素能源利用效率趋向好转，吉林省的能源利用效率高于其他两省，但整体均低于全国平均水平（0.59 吨标准煤/万元）。

图 2-7 2015—2019 年东北三省单要素能源利用效率

（二）全要素能源效率分析

为了更全面地反映资本、劳动等投入要素对能源效率的综合影响，本书采用有环境约束的全要素能源效率（TFEE）指标。然后，采用基于规模报酬不变假设下产出导向的 DEA 模型，以 2015—2019 年东北三省资本存量、劳动力和能源消费量为投入要素，以各省份 GDP 和二氧化硫排放量作为产出要素，计算各省份的全要素能源效率。

变量的说明和数据处理如下：

1. 资本存量

本书采用永续盘存法对历年的实际资本存量进行估算，其中 1990—2001 年各省份的资本存量来自张军等（2004）的计算，并利用张军等的方法对 2004 年、2012 年、2015—2019 年各省份的资本存量进行计算。

2. 劳动力

利用当年就业人数来衡量各省份劳动力水平，计算公式为：当年就业人数 =（当年年末就业人数+上一年年末就业人数）/2。

3. 能源消费量

本书用各省份当年的能源消费总量衡量。

4. GDP 产出

为了剔除价格因素的影响，以 2014 年不变价格为基准，利用各省当年的名义 GDP 和 GDP 平减指数，计算出历年各省的实际 GDP。

5. 二氧化硫排放量

采用线性数据转换法对非合意产出进行处理，通过线性数据转化函数将非合意产出转化为合意产出。

利用软件 DEAP2. 1，计算得到 1990—2019 年东北三省的全要素能源效率，计算结果见表 2-6。其中，1990—2012 年各省份的全要素能源效率采用了邓健等（2015）的计算结果。

表 2-6　1990—2019 年东北三省全要素能源效率

省份	1990 年	1995 年	2000 年	2004 年	2012 年	2015 年	2016 年	2017 年	2018 年	2019 年	平均值
辽宁	0. 686	0. 695	0. 776	0. 916	1. 000	0. 888	0. 873	0. 829	0. 790	0. 774	0. 823
吉林	0. 529	0. 522	0. 610	0. 674	0. 709	0. 947	0. 966	0. 951	0. 921	0. 837	0. 767
黑龙江	0. 461	0. 505	0. 566	0. 691	0. 787	1. 000	1. 000	1. 000	0. 979	0. 908	0. 790

资料来源：历年《中国统计年鉴》和各省统计年鉴及《中国能源统计年鉴》。

从长期统计数据来看，东北地区各省份间的能源利用效率差异不大。总体来看，辽宁省的能源利用效率较高，其次是黑龙江省与吉林省。此外，黑龙江省的能源利用效率持续优化，从开始的三省中最低到近五年来始终保持最高，表明其能源利用效率在政策的支持下得到了大幅提升。

（三）新能源利用效率

目前，东北电网新能源利用率较高，2018 年全年的新能源发电量突破了 700 亿千瓦·时大关，利用率达到了 96. 12%，年度指标首次达到了 95%以上，提前两年完成了新清洁能源消纳行动计划确定的工作目标。同时，因为新能源产业的最大“瓶颈”是消纳问题，国家电网对新能源的开发和利用也在技术与制度上给予了非常大的支持和保障。2018 年东北地区新能源开发利用情况如表 2-7 所示。

表 2-7　2018 年东北地区新能源开发利用情况

省份	风电			光电		
	并网装机容量/万千瓦	发电小时数/小时	弃风率/%	并网装机容量/万千瓦	发电小时数/小时	弃光率/%
黑龙江	598	2144	4. 4	215	1477	0
吉林	514	2057	6. 8	265	1332	2. 4
辽宁	761	2265	0	302	1235	1

第三章　东北地区能源转型发展战略

能源是经济社会发展的基石和动能，实现“十四五”东北全面振兴需要能源支撑。与此同时，由于东北地区在维护国家能源安全方面的战略地位十分重要，因此，实现东北全面振兴，要求能源工业必须创新转型、深化改革。而受外部环境、产能过剩、体制机制束缚等因素影响，东北老工业基地能源转型必将经历重压之下浴火而生的过程。

第一节　东北地区能源转型发展的战略定位与战略目标

一、东北地区能源转型发展的战略定位

东北老工业基地拥有丰富的非常规油气、风能、太阳能和生物质能，具有完善的配套设施和强大的装备制造能力，拥有处于东北亚经济圈的优势区位条件，为能源战略通道的构建和装备产业的发展提供了基础。东北地区应充分利用其丰富的油气和可再生能源，加快传统石油产业链的优化升级，加大陆相页岩油的开发和利用，扩大可再生能源的多元化消纳渠道，发展油气产业经济和可再生能源产业经济，建设新能源多元化利用基地、油气深度加工基地、生物质能综合利用基地，将东北老工业基地打造为国家能源转型发展的示范区。

二、东北地区能源转型发展的战略目标

为应对东北老工业基地能源结构高碳和化石能源资源逐渐枯竭的挑战，东北地区应积极探索发展页岩油技术，推进风、光资源的综合开发利用，推进生物质掺烧利用的实施，在提高可再生能源消费占比的同时，持续增强产

业结构调整，由低附加值能源产业向高附加值产业转变。

面向 2035 年、2050 年，东北老工业基地一次能源消费量预计可分别达 5.8 亿吨标准煤、5.5 亿吨标准煤，煤炭、油气和非化石能源占比将从 2035 年的5∶3∶2 转变为 2050 年的 4∶3∶3，与国家 2050 年能源革命的结构目标一致。在电力资源方面，通过大力开发风、光资源，东北地区 2035 年和 2050 年的风、光资源总发电量可分别达 1890 亿千瓦·时、3120 亿千瓦·时；火电发电占比将持续下降，预计到 2035 年、2050 年，将分别下降至 58%、37%。

第二节　东北地区能源转型发展的战略举措

一、能源技术革命：深入实施创新驱动发展战略，推进重点领域核心技术攻关

《国务院关于近期支持东北振兴若干重大政策举措的意见》将构建多元清洁能源体系视为最重要的振兴措施之一。无疑，这也是东北地区能源结构调整的主要方向。因此，应促进能源与现代信息技术的深度融合，围绕煤炭无害化开采技术，煤炭清洁高效利用，陆相页岩油开采，弃风制氢，节能与能效提升，高效燃气轮机，二氧化碳捕集，利用与封存，风电供暖，高效太阳能利用技术，大型风电技术，废弃矿井资源化利用，废弃油气藏改建储气库，氢能与燃料电池技术，现代电网关键，能源互联网技术等重点领域开展技术创新。

在实验室建设、关键技术引进等方面开通绿色通道，促进技术配套成型。在地方和企业层面，开展基础理论研究，为企业增能赋能提供科学认识和指导；加强攻关，尽快突破限制陆相页岩油开发的核心技术，形成自主研发的国内关键技术体系。

二、能源供给革命：逐步形成安全、可持续的能源结构格局和供给体系

（一）推动化石能源清洁高效开发，积极发展非化石能源

“十四五”时期，东北地区新能源发展不仅要立足能源行业自身减碳，更重要的是，要为东北地区低碳转型提供清洁能源，坚定不移走高比例、高质量的“双高”发展战略之路。加大对水能、风能、太阳能、生物质能、地热能和天然气等清洁能源的技术和资金投入，加强电网、油气管网建设，构建清洁、低碳的能源生产新体系，促进能源产业集约高效、绿色低碳发展。

（二）推进产业集聚和产业集群，完善产业链条

利用东北地区的能源资源优势延长产业链条，推动传统产业改造提升，打造现代煤化工产业示范基地，推进煤、电、化、冶等产业上下游通过整合重组形成全产业链优势。

（三）加大东北地区电能外送力度，实现资源更大范围的优化配置

扩大对外开放，目前朝鲜、韩国都属于能源短缺地区，通过东北亚“一带一路”建设，把东北地区过剩产能转移出去，扩大能源类商品尤其是电力的对外贸易。建设东北地区的电力外送通道，从短期看，能够解决“窝电”问题；从长远看，能够将东北打造成向关内输送廉价、清洁电能的煤电和风电基地。

三、能源消费革命：调整能源消费结构，提升能源利用效率

（一）引导能源绿色低碳利用，推进生产生活用能绿色低碳化

统筹推进能源基础设施建设，扩大天然气管网覆盖范围，开展绿色能源综合服务站建设试点，提升城乡居民优质能源可获得水平；推动农村生物质能开发和利用，支持农村地区分布式能源建设，推广适宜农村的绿色节能建筑和农用节能技术、产品；实施煤炭消费总量控制，开展煤炭消费减量等量替代，稳步推进煤炭消费总量负增长。

（二）推动可再生能源多元化利用

推进风电供暖行业发展，提高风电消纳能力。在谷底期利用剩余的风力发电可以增加用电负荷，间接降低热电联产的下限，是突破风电消耗问题的有效途径；推进弃风制氢和氢能利用产业合作发展；推进生物质多元化利用，推广生物质供热商业化、规模化发展，将生物天然气用于村镇分布式能源站和汽车加气站，将沼渣、沼液用于生态农业，将二氧化碳等废气用于焊接保护气和气体肥料。

（三）推动废弃油气藏、废弃矿井的综合利用

建议设立废弃矿井太阳能、地热能等可再生能源利用发展专项资金，开展相关产业财政补贴、减免税、专项基金等各项支持政策的研究；系统研究井下空间资源与井上空间资源的分布情况、数量等基础信息；制定废弃矿井开发利用标准体系与政策；在废弃矿井太阳能、地热发电项目方面，制定和完善电力定价机制，并适时调整。

四、能源体制革命：充分发挥市场配置资源的决定性作用和政府的资源配置、政策支持作用

（一）加快推进电力市场建设，形成促进电力消纳的市场机制

“十四五”时期，东北电力市场化建设将进入攻坚克难的深水区，如何完善电力市场体系，促进“构建以新能源为主体的新型电力系统”的实现，是未来东北地区电力体制改革的核心内容，而在保障供电供热平衡的同时，促进高比例条件下的新能源消纳是改革的难点。

未来，需要重点关注中长期电力市场、现货市场以及辅助服务市场三者之间的有效衔接，同时，要加快制定全电量下的燃煤发电上网电价调整方案，推动“基准价+上下浮动”的上网价格机制通过市场尽快落到实处，确保能够及时响应上游能源供需市场的价格变动。

（二）完善电价机制

加快制定更加完善的分时电价动态调整机制，通过加大峰谷差、扩大分

时电价范围，倒逼用电大户错峰用电，并结合现货市场试点的推进，逐步在用户侧除居民、农业外的电价中形成准确、快速反映电力供求关系的现货实时电价，促进形成更加有效的分时电价信号。

（三）出台鼓励页岩油开发的财税政策

给予页岩油开发财政补贴或降低资源税、矿税等。政府有关部门在政策上适当给予倾斜，简化页岩油在试验用地申请等方面的审批流程，采用中央企业与地方企业在税收等方面对地方财政贡献同等的政策。

（四）鼓励可再生能源的多元化利用

完善生物质供热产品的价格补贴政策，针对东北地区冬季多电缺热现象，因地制宜地发展生物质供热项目，加快生物天然气产业行业标准的落地。另外，统筹风和光资源布局、电力输送和市场消纳，完善电力调度和运行管理机制；鼓励风电厂参与当地电供暖改造项目，并获得优先供电权；规范电供暖用户和风电企业参与标准，确保风电供暖电力市场交易有效执行；给予风电制氢项目税金和土地等政策优惠，鼓励风电制氢企业与氢能企业互相投资；落实全额保障性收购、由电网企业负责升压站以外的配套电网工程等，放开容配比限制。

（五）因地制宜，适当降低风电、光伏利用率标准

为保证随机性大的风电、光伏得到消纳且同时保证电力系统平衡、安全运行，需要电力系统付出额外的调节成本，而过高的风电、光伏利用率会大幅提升系统的调节成本。当利用率提升所产生的边际收益无法收回所增加的系统边际调节成本时，系统运行就变得不经济了，而且过高的利用率也会阻碍新能源装机的提升。因此，应因地制宜，合理调整新能源利用率水平，必要时适当降低风电、光伏利用率标准。

五、能源开放合作：利用东北地区的区位优势，积极参与“一带一路”国际能源合作

充分利用俄罗斯天然气率先进入东北的优势，加快建设完善骨干支线管

网，实现与中俄东线天然气管道的互联互通，大力推动能源市场、装备、技术和服务的互联互通，建成油气进出口枢纽。在不断提高俄罗斯天然气使用量的同时，提升东北三省管网利用效率，全力保证东北油气通道畅通无阻，确保国家能源安全。

第二篇

能源革命视角下的华北地区能源发展战略研究

华北地区在国家能源战略布局中具有举足轻重的地位，但由于规划布局不合理，产业结构调整进展较慢。华北地区很多城市存在“工业围城”“一钢独大”“一煤独大”等现象，比如，邢台重化工业的四面布局，唐山、邯郸的“钢铁围城”，包头城区呈现的“东铝、西钢、南化、北机、四周电”的格局，阳泉、晋中、乌海、平顶山、焦作等城市的“一煤独大”，等等。除北京、天津外，华北地区煤炭在能源消费结构中占比近90%，远超过全国平均水平。高耗能的重化工业占比较高，导致华北地区碳排放量增速始终居高不下，环境污染问题突出，既影响了区域的可持续发展，也给环境治理带来巨大困难。因此，华北地区的能源产业转型有赖于产业结构调整和技术升级、能源消费结构调整和利用效率提高。

第四章　华北地区区情分析

第一节　华北地区能源资源禀赋

一、华北地区能源资源总体情况

华北地区蕴藏着丰富的能源资源，如煤炭、石油、天然气等。其中，煤炭资源最为丰富，山西、内蒙古的煤炭资源储量在全国占很大比重，山西素有“煤海”之称。另外，渤海海底还埋藏着丰富的石油、天然气资源。

二、华北地区能源资源分省份概况

（一）北京市

北京是能源资源匮乏城市，能源对外依赖程度较大。本地能源自给率仅占能源消费总量的 2%。北京 100%的原油和天然气、98%的煤炭、70%的电力、40%的成品油都要靠外部供给，是典型的能源输入型城市。

（二）天津市

天津市拥有较丰富的煤炭、石油、天然气、地热、煤层气等资源。截至 2020 年年底，天津市查明煤炭储量 38275.90 万吨，探明石油储量 46851.20 万吨，探明天然气储量 1173.69 亿立方米。此外，天津市的可再生能源具有较好的开发基础和开发潜力，属于光照资源较丰富带，风资源也具有较好的开发潜力，地热资源丰富。天津市地热资源分布面积广、热储层数多、水质好、温度高，经过 40 多年的发展，地热供暖面积已达全市集中供暖总面积的 8%，是全国利用地热供暖规模最大的城市。

（三）河北省

河北省能源资源较丰富，是我国主要能源供应基地之一，也是我国近代能源工业发展较早的地区，素有“燕赵煤仓”之称。一次能源原煤、石油、天然气都有相当储量，其中，煤炭累计探明储量 167 亿吨，目前可采储量 40 亿吨，经济可采储量 22 亿吨；境内有华北、冀东、大港三大油田，石油累计探明储量 27 亿吨；天然气储量 1800 亿立方米。河北省还拥有丰富的太阳能资源与风能资源。其中，光伏发电资源年总辐射量为 4828～5891 兆焦/平方米，远远高于除西部省份以外的其他任何地区；风能资源总储量 7400 万千瓦，陆上技术可开发量超过 1700 万千瓦，近海技术可开发量超过 400 万千瓦，主要分布在张家口、承德坝上地区和沿海地区（秦皇岛、唐山、沧州地区）。此外，河北省还拥有 205 亿立方米的水资源量及相当于 94 亿吨标准煤的可采地热资源。

（四）山西省

山西省是我国的能源大省，蕴藏着极其丰富的煤炭与煤层气资源。煤炭资源储量大、分布广、种类全、质量优，全省累计探获资源储量 3691.33 亿吨，119 个县（市、区）中 94 个有煤炭，含煤面积占国土面积的 40.4%，从北到南分布有 18 个国家煤炭规划矿区，形成了晋北、晋中、晋东三大亿吨级大型煤炭基地和大同、宁武、西山、河东、霍西、沁水“六大”煤田。全省资源预测储量 6552×10^{8} 吨，约占全国的 1/4。

山西是煤炭大省，也是煤层气资源大省，蕴藏着丰富的煤层气资源。煤层气作为与煤共生、伴生的能源资源，在山西省各大煤田均有赋存。根据国土资源部、国家发展改革委、财政部联合组织完成的新一轮煤层气资源评价（2006 年），全省 2000 米以浅的煤层气资源量约为 10 万亿立方米，主要分布于沁水、河东、西山、宁武四个煤田。截至 2015 年年底，山西省煤层气累计探明地质储量为 5730.22 亿立方米，居全国第 1 位（全国总量为 6292.69 亿立方米，占全国总量的 91%），剩余技术可采储量为 2801.24 亿立方米，剩余经济可采储量为 2304.09 亿立方米。

（五）内蒙古自治区

内蒙古自治区能源资源的赋存特点是“富煤、贫油、少气、缺水，风光资源无限”。煤炭是内蒙古自治区最主要的优势矿产资源。截至 2017 年年底，内蒙古自治区累计勘查煤炭资源储量 9120.32 亿吨，超过山西省，居全国首位。其中查明资源储量为 4331.57 亿吨，居全国第 2 位。且区内煤炭资源种类全、存储量大、埋藏浅、易开采，具有巨大的成本优势。天然气资源储量丰沛，本地区的苏里格气田探明天然气储量 8017 亿立方米，占全国天然气资源总量的 32%。此外，内蒙古自治区幅员辽阔，为光伏发电和风力发电的发展创造了天然的有利条件。其中，风能资源总储量达到 13.8 亿千瓦，技术可开发量 3.8 亿千瓦，约占全国风能总储量的 50%以上；光能资源居全国第 2 位，太阳能年总辐射量在 1342~1948 千瓦·时/平方米，年日照时数在 2600~3400 小时，太阳能资源分布呈自东向西递增的态势。

第二节　华北地区能源产业发展现状

一、华北地区能源产业的现实基础

（一）已发展成为中国最大的能源工业基地

华北地区蕴藏着丰富的能源资源，加之地理位置优越，对外交通条件便利，使得华北地区发展成为我国最大的能源工业基地。山西省既是新中国成立以来全国煤炭生产和外调量最大的省份，也是国家最重要的电力供应基地之一，还是我国目前煤层气开发利用规模最大的省份，在保障全国经济发展和国家能源安全方面有着至关重要的作用。内蒙古自治区的煤炭储量、煤炭产能、煤炭外运量均居全国第 1 位，发电量、外送电量、风电装机也均居全国第 1 位。六个“全国第一”充分证明了内蒙古保障国家能源安全的战略地位十分突出。

（二）新能源产业发展基础好

华北电网新能源资源禀赋突出，新能源装机、新能源发电电力、新能源发电量始终位居全国区域电网首位。截至具体时间，新能源最大发电电力达到1.04亿千瓦，成为国内首个新能源发电电力突破1亿千瓦大关的区域电网。破亿目标的实现，对于华北电网建设新型电力系统和落实“双碳”目标具有重要的里程碑意义。

数据显示，截至2020年年底，内蒙古新能源装机达5000万千瓦，全区超1/3的电力装机和1/5的全社会用电量来自新能源，其中风电累计并网量位居全国第1位，全区可再生能源发电装机超过全国风光总装机容量的1/10。与此同时，内蒙古自治区现已成为我国重要的光伏设备制造产区之一。2019年该区单晶硅产能占全国总产能的1/3以上。

河北省太阳能资源好，尤其是张家口，水平面年总辐射量高达1700千瓦·时/平方米，即使在限电的情况下，年发电小时数也在1400小时上下。2019年、2020年，河北省全省光伏电站发电小时数分别为1389小时、1336小时，属于东南部发电量最大的省份之一。2020年，河北新增光伏装机约716万千瓦，成为全国年光伏新增装机第一大省，占当年全国新增装机总量的约15%。

此外，华北地区的氢能产业也走在全国前列，自2016年以来便成为全国范围内发展较为领先的氢能产业集群。截至目前，北京市已打造成包括氢气制储运、燃料电池汽车研发及加氢站建设运营的全产业链条，且继续加大力度引进新能源企业。北京现有一座在运行加氢站——永丰加氢站，已建成13年，日加氢量达200千克/天。天津市计划到2022年，初步打造形成氢能全产业链发展格局，预计行业总产值将突破百亿元；并将建设天津滨海新区氢燃料新能源汽车产业园，全面布局氢能和燃料电池全产业集群，打造氢燃料新能源汽车产业园、氢能智慧交通示范城市。河北省是京津冀氢能产业集群重要的组成部分之一，利用其环渤海心脏地带的经济优势及水电、风电资源，发展氢能经济产业。未来，河北的重点发展环节在于利用自然资源制氢，为整个华北地区提供直接用于燃料电池产品的氢气。山西省将培育氢能优势产业集群，探索“煤制氢+二氧化碳捕集封存（CCS）”、可再生能源制氢等低碳高效技术，开展“新能源+储能”试点示范。山西省已于2019年6月28

日，开工建设总投资27亿元的雄韬氢雄大同氢能产业园，重点推动氢燃料电池产业。内蒙古自治区风电、煤炭等资源丰富，用于发展氢能具备巨大优势。乌海市已投用了内蒙古首座运营加氢站——乌海化工加氢站，致力于打造氢能城市。

二、华北地区能源产业发展的优势条件

（一）华北地区的资源优势

华北地区的资源优势主要集中在河北、山西、内蒙古3个省份。河北省能源工业中的洗精煤、原煤、原油产量和发电量分别居全国第1位、第6位、第7位、第4位，其石油、天然气储量丰富，资源分布广泛，体系完整，具有建设大型钢铁、建材、化工等综合性工业基地和发展煤化工、油化工、盐化工的有利条件和良好基础。内蒙古自治区的煤炭、天然气、风、光等资源均十分丰富，位居全国前列。山西省的煤炭资源储量大、质量好。除煤炭资源外，煤田的煤层中还含有丰富的煤层气。其煤炭和电力外输量均居全国前列，有力地支援了兄弟省份的经济建设，为全国的经济发展做出了巨大的贡献。

（二）华北地区的区位优势

华北地区是中国政治心脏所在地，是全国行政管理枢纽，政治外交、军事国防、生态环境地位突出，具有丰富的自然资源和雄厚的经济基础。北京市的首都区位优势对经济发展无疑具有重要作用。同时，北京市是世界上少有、中国最大的科技和智力密集区；天津市地理位置优越，是华北、西北等地区的重要出海口，天津港与170多个国家和地区、300多个港口建立了长期通航和贸易关系，还是东北亚地区亚欧大陆桥铁路运输距离最近的起点城市；内环京津、外环渤海的经济地理特征构成了河北省经济发展的独特区位优势，环渤海的区位特点为河北不断扩大对外开放创造了极为有利的条件；内蒙古自治区和中国东北、华北、西北三大经济区相连，具有很好的地缘优势，中东部地区毗邻京津环渤海经济带，东部地区接壤东北三省，使其能源产业可

与西北、华北、东北三大经济区内的工业实现联动发展，北部接壤蒙古国和俄罗斯，区位的巨大优势有利于发展同俄罗斯、蒙古国等国的能源贸易；山西省处在联系东、西部的接合部位，邻接北京、天津等工业发达的城市，与上海、武汉等城市相距不远，交通比较便利，故山西能源基地在国民经济发展中具有“承东启西”的区位优势。一方面，山西能源基地成为全国经济发展的能源基础，另一方面，适中的地理位置使山西成为进出西北、西南的重要通道，是国家建设逐步西移的前沿阵地。

（三）华北地区的科教与人才优势

华北地区的科教与人才优势主要集中在京津地区。北京地区无论是高级人才的培养、科技力量、科研水平和成果数量，还是科技投入产出能力、技术辐射和扩散能力、科技产业化均居全国领先地位，科技和智力优势成为北京市经济发展潜在的最大比较优势；天津市聚集了电子科技集团、南开大学、天津大学等一批国内领先的科研院所、高校和一大批具备良好科研能力的企业，在生物质能源、太阳能、风力发电等方面的科研成果在国内处于领先地位。天津大学在生物质能源、太阳能、风力发电等方面的科研成果在国内处于领先地位。南开大学在薄膜太阳能电池领域的研究能力更是接近国际领先水平。

三、华北地区能源产业发展的制约因素

（一）以重化工业为主的产业结构日益成为环保“瓶颈”

华北地区是我国重要的经济发展引擎和能源消费中心之一，同时，也是大气和水污染最严重、资源环境与发展矛盾最尖锐的地区。重化产业是华北地区很多城市的支柱产业，也是造成环境污染的主要因素，既影响了城市的可持续发展，也给环境治理带来巨大困难。特别是山西、内蒙古、河北三省区的能源工业在整个国民经济中仍占有举足轻重的地位，国民经济对资源的依赖程度很高。山西省现实的产业结构是建立在资源优势和传统产业基础上的以能源原材料工业为支柱的超重型结构，存在着支柱产业单一、产品结构

初级、支撑体系薄弱、产业素质低下等影响发展后劲和经济效益的问题。同时，也面临着环境恶化、生态失衡的矛盾。以资源为主导的产业结构造成了山西植被破坏、水土流失、地下水系破坏和污染等问题。

（二）能源资源供给及消费结构有待优化

近年来，京津冀地区经济的快速发展带来能源需求总量的持续增长。然而，该区域整体能源消费结构偏重，且化石能源尤其煤炭的资源储量有限，不能满足快速发展的需求，从而加剧了区域能源供应对外依赖程度，主要通过外部能源调入以及进口来弥补能源的需求缺口，总体呈现能源资源偏紧的局面。此外，以可再生能源为代表的优质能源在能源消费中所占的比例不高，对区域生态环境造成严重影响，制约了华北地区经济社会的可持续发展。

（三）水资源严重不足

华北地区水资源状况堪忧，已突破水资源的供应红线，尤其是一些工业区和大城市，工业用水和生活用水不足，严重地限制了经济发展。比如，京津冀两市一省以全国2.3%的国土面积、不足1%的水资源，承载了全国8%的人口、9.5%的工业增加值、近26%的钢铁产量，水资源长期处于严重超载状态，是我国最缺水的区域之一。2017年，北京、天津、河北三地的人均水资源量仅分别相当于全国平均水平的6.85%、5.16%、11.8%。

第五章 华北地区能源供给侧与需求侧分析

第一节 华北地区能源供给侧分析

从一次能源的供应结构看，华北地区能源结构性矛盾依然存在，化石能源仍在能源供应中占据主导地位。2019 年，华北地区一次能源生产总量为 16.7 亿吨标准煤，其中煤炭产量占比高达 91%，山西省、内蒙古自治区更是形成了“一煤独大”的格局，煤炭产量占一次能源生产总量的比重分别高达 97.00%、98.00%，天然气和一次电力等清洁能源供给量仅占一次能源生产总量的 2.70%。从分省份的情况来看，北京市的能源供应以天然气等清洁能源为主，能源结构较优，其他 4 个省份的原煤、原油等化石能源占比均在 70%以上。表5-1 列出了 2019 年华北地区一次能源生产总量及各类能源占比。

表 5-1 2019 年华北地区一次能源生产总量及各自占比

省份	一次能源生产总量/万吨标准煤	原煤		原油		天然气		一次电力	
		总量/万吨	占比/%	总量/万吨	占比/%	总量/亿立方米	占比/%	总量/亿千瓦·时	占比/%
北京	691.10	36.10	3.70	0.00	0.00	29.73	57.20	18.37	3.30
天津	5106.80	0.00	0.00	3111.89	87.00	34.90	9.10	26.38	0.60
河北	6334.00	5075.30	57.00	550.00	12.40	5.84	1.20	510.41	9.90
山西	75663.10	98795.40	97.00	0.00	0.00	64.62	1.10	400.87	0.70
内蒙古	79307.50	109068.10	98.00	11.82	0.02	22.07	0.40	886.67	1.40
合计	167102.50	212974.90	91.00	3673.71	3.14	157.16	1.30	1842.70	1.40

从电力供应结构看，华北地区的能源结构与全国其他地区一样，仍以火电为主（见表 5-2、表 5-3）。

表 5-2　2020 年华北地区发电装机容量及各类发电占比

省份	发电装机容量/万千瓦	水电		火电		风电		光电	
		总量/万千瓦	占比/%	总量/万千瓦	占比/%	总量/万千瓦	占比/%	总量/万千瓦	占比/%
北京	1316	99	7.52	1136	86.32	19	1.44	62	4.71
天津	1917	1	0.05	1668	87.01	85	4.43	164	8.56
河北	10042	182	1.81	5391	53.68	2274	22.64	2190	21.81
山西	10383	223	2.15	6878	66.24	1974	19.01	1309	12.61
内蒙古	14639	242	1.65	9374	64.03	3786	25.86	1237	8.45
合计	38297	747	1.95	24447	63.84	8138	21.25	4962	12.96

资料来源：根据《中国电力统计年鉴》（2021）整理。

由表 5-2 可以看出，2020 年华北地区的各技术电力装机（发电机装机容量，指的是各种类型的发电机组加起来总共能产生的电能）合计分别为：火电 24447 万千瓦，占比 63.84%；风电 8138 万千瓦，占比 21.25%；光电 4962 万千瓦，占比 12.96%；水电 747 万千瓦，占比 1.95%。总装机量 38297 万千瓦。

表 5-3　2020 年华北地区发电量及各类发电占比

省份	发电量/亿千瓦·时	水电		火电		风电		光电	
		总量/亿千瓦·时	占比/%	总量/亿千瓦·时	占比/%	总量/亿千瓦·时	占比/%	总量/亿千瓦·时	占比/%
北京	456	11.00	2.41	434	95.18	4	0.88	6	1.32
天津	699	0.10	0.01	668	95.57	12	1.72	19	2.72
河北	2945	15.00	0.51	2352	79.86	368	12.50	211	7.16
山西	3395	47.00	1.38	2924	86.13	266	7.84	159	4.68
内蒙古	5703	57.00	1.00	4731	82.96	726	12.73	188	3.30
合计	13198	130.10	0.99	11109	84.17	1376	10.43	583	4.42

资料来源：根据《中国电力统计年鉴》（2021）整理。

由表 5-3 可以看出，2020 年华北地区各技术电力发电量合计分别为：火电 11109 亿千瓦·时，占比 84.17%；风电 1376 亿千瓦·时，占比 10.43%；光电 583 亿千瓦·时，占比 4.42%；水电 130.1 亿千瓦·时，占比 0.99%。

总发电量 13198 亿千瓦·时。图 5-1 为 2015—2019 年华北地区风电、光电、水电、火电的发电量情况。

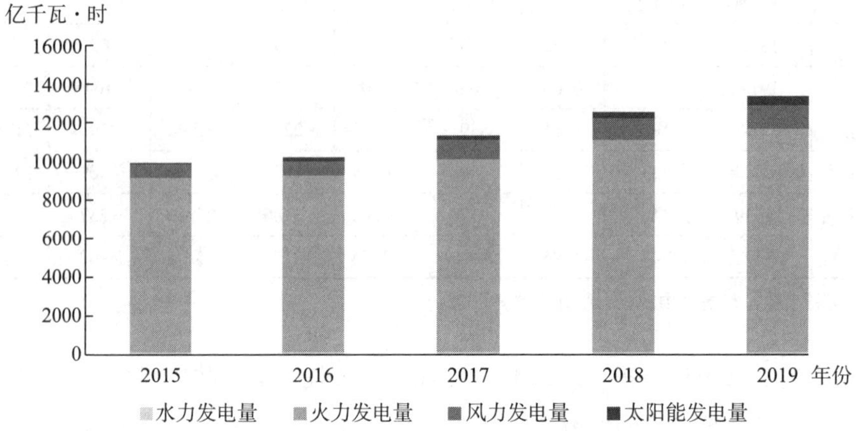

图 5-1　2015—2019 年华北地区各类能源发电量

从图 5-1 中可以看出，近 5 年（2015—2019 年）来，华北地区的电力供应呈现逐年增加的态势，火力发电仍占主体地位，风力发电、太阳能发电增加迅速，但总体占比仍较低。水力发电占比很小，且变化不大，充分显示了华北地区水资源严重不足的特点。

第二节　华北地区能源需求侧分析

一、华北地区能源消费量分析

从近 5 年的能源消费量来看，华北地区能源消费总量不断上升（见图 5-2），2019 年华北地区的能源消费总量增长到 9.435×10^8 吨标准煤，同比增长 4.03%，创历年来最高水平。

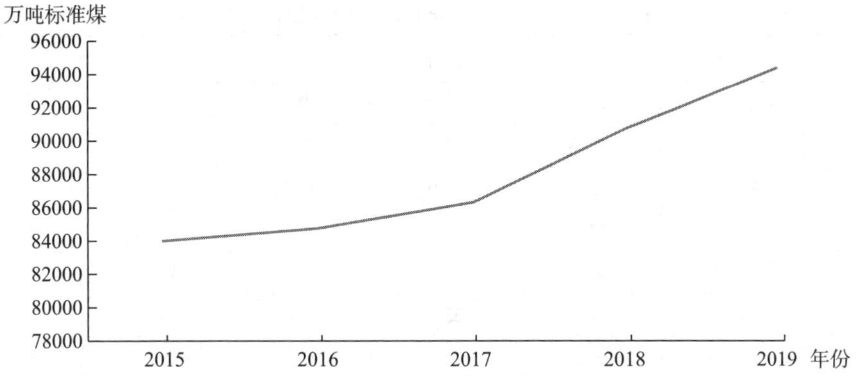

图 5-2　2015—2019 年华北地区能源消费量变化趋势

而从分省份的情况（见图 5-3）来看，河北省的能源消费量最大，内蒙古自治区的能源消费量近两年增长很快，已超过山西省。北京市、天津市的能源消费量与其他三省份相比保持在较低的水平，且变化不大。

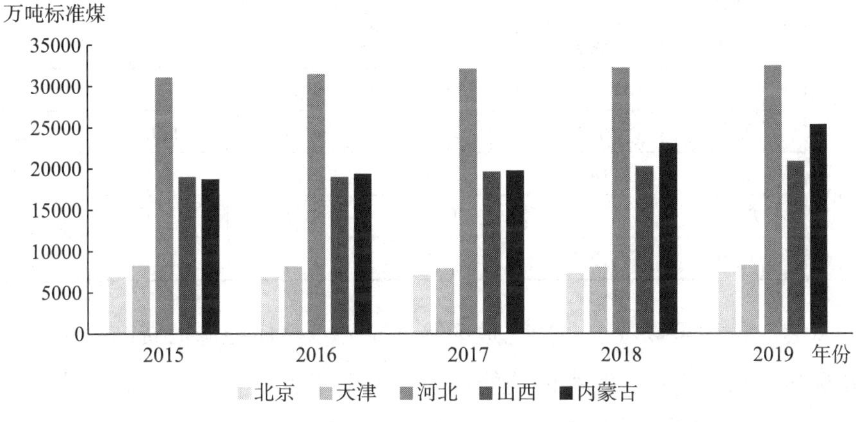

图 5-3　2015—2019 年华北地区分省份能源消费总量

二、华北地区能源消费结构分析

表 5-4 列出了 2015—2019 年华北地区一次能源消费结构。

表 5-4　2015—2019 年华北地区一次能源消费结构　　单位：%

年份	能源	北京	天津	河北	山西	内蒙古
2015	原煤	12.1	35.8	69.4	107.0	153.9
	原油	20.8	27.8	7.7	0.0	2.9
	天然气	2.9	1.0	0.3	0.5	0.3
	电力	17.2	11.8	12.6	11.2	16.6
2016	原煤	8.7	34.2	65.0	110.5	149.8
	原油	17.0	25.4	8.0	0.0	3.1
	天然气	3.1	1.2	0.3	0.5	0.3
	电力	18.1	12.3	12.8	11.6	16.6
2017	原煤	4.9	32.8	54.9	115.4	146.7
	原油	18.0	29.6	6.9	0.0	3.3
	天然气	3.1	1.4	0.4	0.5	0.4
	电力	18.5	12.6	13.2	12.5	18.0
2018	原煤	2.2	31.8	59.6	118.4	148.2
	原油	17.9	30.2	7.6	0.0	2.2
	天然气	3.4	1.7	0.5	0.5	0.4
	电力	19.3	13.2	14.0	13.1	17.9
2019	原煤	1.4	29.7	56.2	119.5	152.5
	原油	18.2	29.4	9.6	0.0	2.4
	天然气	3.4	1.8	0.7	0.6	0.3
	电力	19.5	13.1	14.6	13.3	17.7

从表 5-4 中可以看出，华北地区除北京外，整体能源消费结构单一。北京市天然气和非化石能源等清洁能源消费比重不断上升，接近总体能源消费的 60%，这表明北京市的能源消费结构逐渐优化，目前以消费清洁能源为主；天津市能源消费结构日趋良好，但总体来看，天津市能源结构中消费量最大的依然是煤炭和石油，煤炭消费占比逐年下降，截至 2019 年年底，煤炭消费量占能源消费总量的 29.7%，较 2015 年下降 6.1 个百分点，与此同时，天然气和非化石能源的消费占比不断增加，2019 年，两者合计消费占比为 14.9%，较 2015 年增加 2.1 个百分点；河北省的能源消费结构一直以煤炭为主，天然气等清洁能源的比重过低，2019 年，在河北省能源消费构成中，煤炭占

56.2%、原油占9.6%，天然气和非化石能源仅分别占0.7%和14.6%；山西省作为我国煤炭生产和输出大省，万元GDP综合能耗超出了全国平均水平的2倍，环境空气质量综合指数仍是全国倒数第1位，是全国空气污染最严重的区域之一，面临着经济发展和生态环境保护的双重压力；2011—2021年，内蒙古自治区的能源消费总量从5190.12万吨标准煤增长到21148.52万吨标准煤，平均年增长率为15.1%，内蒙古自治区作为煤炭资源最丰富的省份之一，其能源消费中煤炭占了较大部分，同时，在能源终端消费中，煤炭占有较高的比例，2011—2021年，在能源消费中，煤炭消费一直保持在85%以上，而石油、天然气、水电、核电和其他能源发电所占比例不到15%。

三、华北地区能源利用效率分析

（一）单要素能源效率

能源消费强度通常指单位GDP能耗，即能源消费总量与GDP的比值。单位GDP能耗越低，能源利用效率越高。表5-5列出了2015—2019年华北地区单要素能源利用效率。

表5-5　2015—2019年华北地区单要素能源利用效率

省份	2015年	2016年	2017年	2018年	2019年
北京	0.275	0.256	0.237	0.220	0.208
天津	0.765	0.704	0.629	0.597	0.586
河北	1.176	1.105	1.047	0.990	0.930
山西	1.608	1.588	1.352	1.266	1.230
内蒙古	1.451	1.400	1.327	1.429	1.473

从表5-5中可以看出，近5年（2015—2019年）来，华北地区的单要素能源利用效率整体呈逐步提高的态势，除内蒙古自治区近两年能源利用效率不升反降之外，其他省份均在不断提高。山西省的能源利用效率明显偏低，最初在华北地区是能源效率最低的，仅优于青海、宁夏、新疆三省区，能源消费强度是能源利用效率最高的北京地区（0.275吨标准煤/万元）的5.8倍，

是全国平均水平（0.59 吨标准煤/万元）的 2.7 倍。近两年情况有所改善，能源利用效率已超过内蒙古自治区（见图 5-4）。五省份中，北京市、天津市能源利用效率较高。

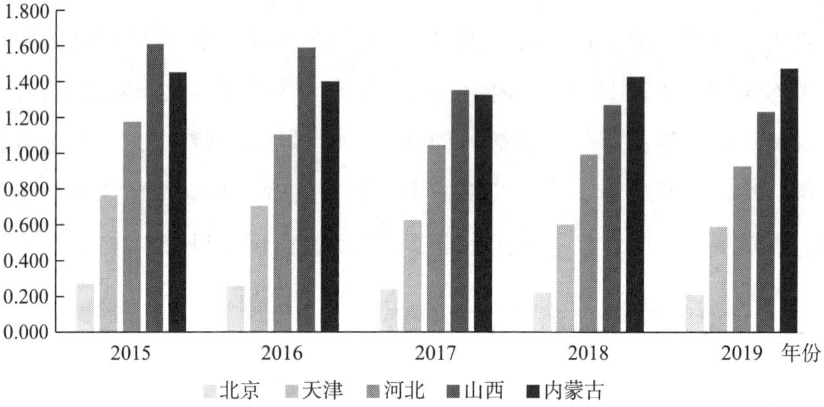

图 5-4　2015—2019 年华北地区单要素能源利用效率

（二）全要素能源利用效率分析

为了更全面地反映资本、劳动等投入要素对能源效率的综合影响，本书采用了有环境约束的全要素能源效率（TFEE）指标。具体采用规模报酬不变假设下基于产出导向的 DEA 模型，以 2015—2019 年华北地区 5 个省份资本存量、劳动力和能源消费量为投入要素，以各省份 GDP 和二氧化硫排放量作为产出要素，计算出各省份的全要素能源效率。

变量的说明和数据处理如下：

1. 资本存量

本书采用永续盘存法对历年的实际资本存量进行估算，其中 1990—2001 年各省份的资本存量来自张军等的计算，并利用张军等（2004）的方法对 2004 年、2012 年、2015—2019 年各省份的资本存量进行计算。

2. 劳动力

用当年就业人数来衡量各省份劳动力水平，计算公式为：当年就业人数=（当年年末就业人数+上一年年末就业人数）/2。

3. 能源消费量

本书用各省份当年的能源消费总量衡量。

4. GDP 产出

为了剔除价格因素的影响，以 2014 年不变价格为基准，利用各省份当年的名义 GDP 和 GDP 平减指数，计算出历年各省份的实际 GDP。

5. 二氧化硫排放量

采用线性数据转换法处理非合意产出，通过线性数据转化函数将非合意产出转化为合意产出。

利用软件 DEAP2. 1，计算得到 2015—2019 年华北地区全要素能源效率。1990—2012 年各省份的全要素能源效率采用了邓健等（2015）的计算结果，计算结果见表 5-6。

表 5-6　1990—2019 年华北地区全要素能源效率

省份	1990 年	1995 年	2000 年	2004 年	2012 年	2015 年	2016 年	2017 年	2018 年	2019 年	平均值
北京	0. 516	0. 439	0. 516	0. 599	0. 889	1. 000	1. 000	1. 000	1. 000	1. 000	0. 796
天津	0. 501	0. 538	0. 665	0. 796	0. 881	1. 000	1. 000	1. 000	1. 000	0. 928	0. 831
河北	0. 408	0. 426	0. 407	0. 472	0. 529	0. 739	0. 739	0. 703	0. 684	0. 705	0. 581
山西	0. 349	0. 334	0. 358	0. 403	0. 422	1. 000	1. 000	1. 000	1. 000	1. 000	0. 687
内蒙古	0. 444	0. 38	0. 479	0. 528	0. 595	0. 957	0. 943	0. 928	0. 901	0. 856	0. 701

资料来源：历年《中国统计年鉴》和各省份统计年鉴及《中国能源统计年鉴》。

从长期统计数据来看，华北地区各省份间的能源效率差异较大。北京市、天津市的能源效率较高，山西省与内蒙古自治区次之，河北省最低。此外，山西省、内蒙古自治区的能源效率在 2012 年前后变化很大，表明其能源效率在政策的支持下得到了大幅提升。

第六章　华北地区能源转型发展战略

能源是经济社会发展的物质基础，华北地区长期的钢铁冶金等高能耗工业的粗放型发展方式以及能源结构不合理、利用效率偏低、消费总量大等问题，是造成华北地区大气、水、土壤等生态环境严重失衡、经济发展质量效益不高的直接原因。推动能源革命有利于华北地区改善生态环境水平，转变经济发展方式，实现产业结构优化，促进经济发展提质增效，形成经济社会和生态环保发展的良好外部环境。

第一节　华北地区能源转型发展的战略定位与战略目标

一、华北地区能源转型发展的战略定位

推进能源领域供给侧结构性改革，始终将做好煤炭清洁高效利用作为能源转型的立足点和首要任务，控制能源消费总量，建设清洁、绿色的煤炭工业体系，推动“煤+火电+绿电+绿电装备+绿电装备技术服务商”产业模式的升级，发展煤炭经济和新能源产业经济，建设煤炭、新能源多元互补和协同创新基地，使华北地区在煤炭绿色发展、高效利用、清洁转化、减量化消费方面处于领先地位。

二、华北地区能源转型发展的战略目标

应重点推进能源与经济、环境的协同发展，推动煤炭产业的科技化、绿色化、集聚化和煤电一体化发展，力争在生态环保方面实现率先突破。按照华北地区各省份的“十四五”能源发展规划，北京市力争到2025年，能源绿色低碳转型实现新突破，基本建成坚强韧性、绿色低碳的智慧能源体系，能

源利用效率持续提升，绿色低碳技术研发和推广应用取得新进展，城乡居民生活用能品质持续提升。天津市力争到2025年，全市单位地区生产总值能源消耗比2020年下降14.5%，能源消费总量得到合理控制；煤炭占能源消费总量比重降至28%左右，天然气占能源消费总量比重提高至21%左右，非化石能源比重力争比2020年提高4个百分点以上，电能占终端用能比重提高至38%，全社会用电量达到1100亿千瓦·时，年均增长4.69%。河北省力争到2025年能源资源利用效率大幅提高，污染物排放总量持续减少；实施清洁能源替代工程，大力发展光伏、风电、氢能等新能源，不断提高非化石能源在能源消费结构中的比重。山西省力争到2025年构建绿色多元供应体系，建设煤炭绿色开发利用基地、非常规天然气基地、电力外送基地，大力发展清洁能源，促进新能源增长、消纳和储能协调有序发展，推动多能互补开发，形成绿色多元能源供应体系。内蒙古自治区，计划到2025年能源供应保障能力全面升级，能源综合生产能力、外送煤炭和电力继续居全国第1位，国家重要能源和战略资源基地地位更加巩固；绿色生产生活方式基本形成，能源开发与生态融合发展，清洁能源满足80%以上新增用能需求，碳排放强度持续降低，生态安全屏障更加牢固，碳达峰基础基本筑牢；能源行业发展质量明显提升，风光氢储产业和数字能源经济初具规模，能源研发投入显著提高，创新驱动发展力量更加强大；能源惠民利民水平显著增强，能源开发收益惠及更多群众，能源公共服务均等化水平继续提升，人民群众美好生活清洁用能需求得到更好满足。

第二节　华北地区能源转型发展的战略举措

一、能源技术革命：以能源技术创新推动工业结构优化与经济转型

（一）推进能源技术革命，打造经济增长新引擎

坚持创新驱动，统筹能源技术革命的“三个一批”（应用推广一批、示范试验一批、集中攻关一批），应用推广相对成熟的能源新技术，如燃煤电厂超

低排放技术、分布式能源技术、秸秆综合利用技术以及储能技术等，抓住“互联网+”的重要机遇，打造能源互联网和互联网能源“双引擎”，促进各要素的科学合理配置。同时，依托京津在国家工程技术研究中心、国家能源研发中心和国家重点实验室等的科技资源优势，充分发挥企业创新主体作用，积极推进“产学研用”的创新联合体建设，在煤层气开发利用、油气资源高效开发、高效清洁发电、特高压输电、大规模间歇式发电并网、智能电网、核燃料后处理等技术领域，部署一批具有战略先导性作用的前沿技术和集中攻关项目，加快重大工程技术示范试验，力争突破制约能源发展的“卡脖子”技术，形成能源产业新经济增长点。

（二）明确能源技术战略重点

重点支持煤层气开发、洁净煤、风力发电、光热发电、光伏发电、生物能源、智能电网、电动汽车、储能等战略性技术的发展；制定与发展阶段相匹配的驱动机制；综合考虑重点技术紧迫性、成熟度和市场前景等因素，制定由政府驱动的科研示范、产业推广、行业标准以及由市场驱动的成本降低、产品优化、辅助服务等措施。

二、能源供给革命：推进绿色矿山和生态环境治理，建设清洁、绿色的煤炭工业体系

（一）构建绿色清洁能源生产供应体系

立足于现有产业基础，加快形成多种能源协同互补、综合利用、集约高效的供能方式；坚持大规模外送和本地消纳、集中式和分布式开发并举，推进风、光等可再生能源高比例发展，推动多能互补开发，形成绿色多元能源供应体系；坚持理念创新和绿色引领，推动煤炭行业发展由粗放型向集约型转变、由机械化向智能化转变、由劳动密集型向技术密集型转变、由单纯生产型向生产服务型转变。

（二）平稳推动煤炭深加工，延伸煤炭产业链

发挥比较优势，树立科学发展现代煤化工的观念，把资源型产业发展的

重点放在资源转化增值上，在合理配置传统煤化工产业的基础上，因地制宜、实事求是地发展现代煤化工；注重发展提高煤炭综合利用水平和效益的资源型产业链，推动现代煤化工生产示范基地的建设；提升煤炭资源综合转化效率和精深加工度，推动产业向高端、产品向终端方向发展；培育和壮大一批具有鲜明特色、突出品牌形象和完善服务平台的现代化工业园区。

三、能源消费革命：对高耗能产业和产能过剩行业实行能源消费总量控制，建设节约型社会

（一）继续做好节能增效，控制能源消费总量

要做好节能增效，控制能源消费总量，可以从交通、工业、建筑等领域入手。一是积极倡导“绿色出行”理念。积极鼓励单位发班车、学校发校车，鼓励合乘，完善各类骑行设施，进一步提高公共交通出行比例。开展将排气量和上一年行驶里程数作为车船税征收依据的试点，利用经济杠杆引导公众少开车。二是继续做好工业节能增效提升工程。切实提高工业能效标准，改造存量，继续做好现有工业锅炉和电机的综合性节能技术改造工程，优化增量，积极推广高能效锅炉和电机产品，推进工业企业余热余压和废弃资源循环利用，提升终端用能产品能效和高耗能行业能效水平。三是大力实施建筑能效提升工程。根据华北地区的气候特点，制定城乡建筑节能标准，通过加装保温层等措施，大力推进既有建筑的节能改造。

（二）推动能源消费清洁转型，优化和提升能源消费结构

大力优化能源结构，持续减少煤炭消费总量，加大天然气和非化石能源利用，提高清洁能源消费比重。加快能源清洁化进程，坚持化石能源清洁利用和清洁能源开发并重，推动煤炭集约高效利用，扩大风能、太阳能等可再生能源电力装机规模，完善可再生能源电力消纳保障机制。加大工业、交通、生活等领域的电能替代力度，进一步提高电气化水平，提高电能占终端能源消费的比重。

（三）加强煤层气资源的勘探开发与综合利用，提高煤炭伴生资源的综合利用水平

精准划分煤炭资源管理与煤层气地面排采，提高能源资源的集约化、节约化利用；实施煤矿瓦斯抽采全覆盖工程，在煤矿规划区、准备区和生产区中所有符合瓦斯抽采条件的煤层都应进行瓦斯抽采，实现采前、采中、采后和井上、井下全覆盖的立体化抽采，持续健全抽采系统、完善抽采工艺、加强抽采管理、扩大利用渠道、建设大型基地、建立示范项目、实施管路改进等，实现应抽尽抽、以用促抽、抽采达标的目标。

四、能源体制革命：创新能源调控机制，开展市场化改革

（一）完善政策法规体系

健全能源法律体系，建立以能源法为基础和统领，以煤炭法、电力法、石油天然气法等为主干，以能源行政法规、部门规章、地方性法规和地方政府规章为配套和补充，以标准和规范为技术支撑的能源法律、法规体系，依靠“科学立法”促成“全民守法”，从而形成用制度规范能源治理、保障能源发展各项预期指标实现的良好局面。

（二）健全市场信用体系

建立市场主体信用评级制度，建立企业法人及其负责人、从业人员信用记录，将其纳入统一的信息平台，使各类企业的状况透明，可追溯、可核查；建立市场主体信用评级制度；建立健全守信激励和失信惩戒机制，加强对失信主体的惩戒和约束。

（三）研究设立“能源发展基金”

可参考英国和美国等国家的做法，研究设立“能源发展基金”。部分由国家和五省区共同出资，部分按照零售电力价格的合理比例直接提取，部分为公用事业企业的专门捐款，长期为支持可再生能源研究和开发、提高能效、科学有序去产能和扶持低收入群体提供低息融资，助力产业升级示范。

（四）强化政策和市场的协同作用

一是强化企业的市场主体地位，充分发挥企业的自主决策能力，为企业提供优质高效的公共服务，使市场在资源配置中起决定性作用；二是进行适度的政府管控，避免产业过度依赖政府补贴而引起周期性波动，加强区域协同和产业协同的系统谋划，必要时限制投机和跟风潮流。

五、能源开放合作：大力推动能源装备、技术和服务“引进来”“走出去”，建设能源经济特区

一方面，以“一带一路”倡议为契机，加强与蒙古国在太阳能、风能和煤炭等方面的合作，推进输电通道等跨境能源基础设施的互联互通，加强与俄罗斯在天然气方面的合作，加快中俄东线天然气管道建设，确保通过中俄东线天然气管道向中国供气。

另一方面，完善区域能源协作和利益补偿机制，扩大清洁能源外输。积极推进能源企业参与“一带一路”国际合作，推动能源装备、技术和服务“引进来”“走出去”，拓展国际产能合作新空间，提升能源企业全球化水平。

第三篇

能源革命视角下的西北地区能源发展战略研究

第七章　西北地区能源发展总述

能源是国民经济、社会发展的重要物质基础，是工业发展的血脉，也是碳排放的主要来源。“十四五”是碳达峰的关键期、窗口期，能源领域也将迎来重大变革。2021 年 12 月召开的中央经济工作会议提出，“实现碳达峰、碳中和是推动高质量发展的内在要求”，“要立足以煤为主的基本国情，抓好煤炭清洁高效利用，增加新能源消纳能力，推动煤炭和新能源优化组合”。随后，在 2022 年的全国能源工作会议上，国家能源局发布了 2022 年的能源工作重点任务，其中包括加快实施可再生能源替代行动。国务院此前印发的《2030 年前碳达峰行动方案》（以下简称《行动方案》）也提出，“明确各地区、各领域、各行业目标任务”，“推动经济社会发展建立在资源高效利用和绿色低碳发展的基础之上”。

第一节　西北地区能源发展对我国经济发展的战略意义

能源是社会发展的必需品，是国民经济发展的动力，是工业经济发展的重要支撑。能源保障对国家安全、社会运行、生态环境及人们生活均有重大影响，是当代社会与经济生活中的一个核心问题。自改革开放以来，中国经济飞速发展，与之相随的是能源需求的不断攀升，以及人均能源消费的不断走高。然而，能源需求的走高与能源资源分布并不相匹配。东中部地区相对能源资源贫乏，能源供需矛盾突出，相反，西部经济欠发达地区是我国能源富集的地区之一，尤以煤炭、石油、天然气、太阳能等享誉海内外。数据表明，2021 年中国 GDP 总值为 1143670 亿元，较 2020 年增长 5.8%。随着新冠肺炎疫情的逐步稳定，复工复产的逐步推进，经济社会秩序持续稳定恢复，能源需求也呈逐步回升态势。《2021 年国民经济和社会发展统计公报》显示，

2021 年能源消费总量为 52.3 亿吨标准煤，比 2020 年增长 5.2%。因此，以国情为基础，以低碳发展为目标，加快西北地区能源发展具有重要的国家发展战略意义。

一、进一步优化能源结构，改善生态环境，促进能源可持续发展

长期以来，我国的能源生产和消费均以煤炭资源为主。西北地区是中国重要的煤炭能源基地，也是全国煤炭供应的重要来源地。秉持绿色低碳理念，西北地区“十四五”的发展趋势一方面是减煤、降碳，推动煤炭的清洁高效利用；另一方面是大力发展可再生能源，形成能源革命的“双重迭代”路径。能源革命需要减煤、降碳，但并不意味着不使用煤炭，而是要促进煤炭的清洁化。西北地区本身就具有良好的煤炭产业发展基础，在未来发展中必然是煤化工高端化发展的先锋使者。除此之外，由于西北地区具有富余的可再生能源资源，所以，更是国家发展达成“双碳”目标，推动能源革命的重要发展抓手。

二、削弱东西部能源供需差带来的影响，促进东西部经济融合发展

中部地区作为中国的工业承接地，对能源的需求与日俱增，而东部地区本身就是中国人口、经济发展的重要阵地。但由于地理条件的差异，能源资源不足不仅使发展的不确定性增大，而且使经济的发展受到一定的约束。西北地区的天然资源禀赋条件，决定了其会成为国家重要的能源外送通道。近年来，“西气东输”“西电东送”“北煤南运”等国家重大战略工程的实施，使西北地区的能源地位不断凸显。西北能源建设的发展使能源优势转化为经济优势，不仅使当地经济发展、能源转型更上一层楼，同时也支援了东中部地区发展，缓解了我国经济发展的不均衡性，促进了东西部经济融合发展，改善了我国的产业结构和布局。

第二节　西北地区“十四五”能源发展的主要特征

根据国务院此前印发的《行动方案》，“要坚持安全降碳，在保障能源安

全的前提下，大力实施可再生能源替代，加快构建清洁低碳安全高效的能源体系”。西北地区作为我国重要的战略能源储备基地，具有丰富的能源资源，不仅是煤炭资源的富集区，还是天然的可再生能源储存地区。西北区域能源的发展状态关乎国家发展安全，“十四五”期间，西北地区的能源发展也将依循国家的发展战略。当前，中国能源发展呈现出以下特征。

一、可再生能源装机规模持续扩大

近年来，我国风电、光伏等可再生能源装机规模持续扩大。2021 年，全国可再生能源新增装机 1.34 亿千瓦，占全国新增发电装机的 76.1%。其中，水电新增 2349 万千瓦、风电新增 4757 万千瓦、光伏发电新增 5488 万千瓦、生物质发电新增 808 万千瓦，分别占全国新增装机的 13.3%、27%、31.1%和 4.6%。截至 2021 年年底，我国可再生能源发电装机达到 10.63 亿千瓦，占总发电装机容量的 44.8%。其中，水电装机 3.91 亿千瓦（其中，抽水蓄能 0.36 亿千瓦）、风电装机 3.28 亿千瓦、光伏发电装机 3.06 亿千瓦、生物质发电装机 3798 万千瓦，分别占全国总发电装机容量的 16.5%、13.8%、12.9%和 1.6%。

2021 年 10 月中下旬以来，内蒙古、甘肃、青海、宁夏等地集中组织大型风电、光伏基地项目开工。这些项目多处于沙漠、戈壁、荒漠等地区，总规模近 3000 万千瓦。这些大型项目以可再生能源发电为依托，在促进能源绿色低碳转型发展的同时，通过板上发电、板下种植、治沙改土、资源综合利用等发展模式有效地带动了产业发展和地方经济发展。

二、可再生能源发电量稳步增长

2021 年，全国可再生能源发电量达 2.48 万亿千瓦·时，占全社会用电量的 29.8%。其中，水电 13401 亿千瓦·时，同比下降 1.1%；风电 6526 亿千瓦·时，同比增长 40.5%；光伏发电 3259 亿千瓦·时，同比增长 25.1%；生物质发电 1637 亿千瓦·时，同比增长 23.6%。水电、风电、光伏发电和生物质发电量分别占全社会用电量的 16.1%、7.9%、3.9%和 2%。可再生能源电量的稳定增长，充分体现了近年来国家对可再生能源产业发展的重视程度，为下一步“双碳”目标的实现、能源革命的推进奠定了重要基础。

三、可再生能源利用水平不断提升

2021 年，全国主要流域水能利用率约为 97.9%，较上年同期提高 1.5 个百分点，弃水电量约 175 亿千瓦·时；全国风电平均利用率为 96.9%，较上年同期提高 0.4 个百分点；全国光伏发电平均利用率为 98%，与 2020 年同期基本持平。2020 年，可再生能源度电成本进一步下降。我国陆上风电、光伏发电平均千瓦·时电成本分别降至 0.38 元和 0.36 元左右，同比分别下降 10%和 18%，接近或达到全国平均燃煤标杆基准电价水平，为下一步其高比例、低成本、大规模发展创造了有利条件。

“十四五”时期，风电、光伏发电要成为可再生能源增长的主力。要加快发展风电、光伏产业，优先推进东中南部地区风电、光伏就近开发消纳，积极推动东南沿海地区海上风电集群化开发和“三北”地区风电、光伏基地化开发。同时，因地制宜地开发水电，积极安全有序地发展核电，因地制宜地发展生物质能等其他可再生能源。

四、推动化石能源清洁高效利用

我国能源资源禀赋具有“多煤、少油、少气”的特征，其中我国煤炭储量居全球第 4 位。在“双碳”目标和资源有限的背景下，必须大力推动煤、石油等传统化石能源的清洁高效利用。在目前的能源发电结构中，仍然是火电占主导地位，但随着我国近年来深入实施煤电节能减排升级改造，我国煤电机组供电煤耗持续保持世界先进水平。截至 2020 年年底，达到超低排放水平的煤电机组约为 9.5 亿千瓦，节能改造规模超过 8 亿千瓦，火电厂平均供电煤耗降至 305.8 克标准煤/千瓦·时，较 2010 年下降超过 27 克标准煤/千瓦·时。据测算，供电能耗降低使 2020 年火电行业相比 2010 年减少二氧化碳排放 3.7 亿吨。

虽然煤炭清洁、煤电改造已具有一定成效，但目前我国发电和供热行业二氧化碳排放量占全国的比例仍超过40%。“十四五”期间，煤电改造仍将是能源革命的一大重点改革对象。2021年10月，国家发展改革委、国家能源局印发的《全国煤电机组改造升级实施方案》提出，供电煤耗在300克标准煤/千瓦·时以上的煤电机组，应加快创造条件实施节能改造，“十四五”期间改造规模不低于3.5亿千瓦。

“双碳”目标下，除煤炭的清洁高效利用外，石油与天然气作为我国主要的消费能源，也是碳排放的主要来源。“十四五”期间，要合理控制石油消费增速，科学优化天然气消费结构，全面实施油气绿色生产行动，大力推进油气输送与降碳提效，积极推动油气加工转型升级，深入开展碳捕集技术研发应用。

五、构建可再生能源占比逐渐提高的新型电力系统

能源系统本身品类繁多，煤炭、可再生能源等在新型电力系统中要注意相互配合，在不同时期发挥不同作用，确保电力供应的同时优化电力结构，提升可再生能源发电比例，确保安全降碳。可再生能源中风电、光伏等虽然具有清洁、零碳的优势，但也存在消纳不足、储能不足造成的资源浪费。在构建可再生能源占比逐渐提高的新型电力系统这一大背景下，必须充分发挥储能系统的双向调节作用。根据《行动方案》，到2025年，新型储能装机容量达到3000万千瓦以上。到2030年，抽水蓄能电站装机容量达到1.2亿千瓦左右，省级电网基本具备5%以上的尖峰负荷响应能力。

2021年年底，世界装机容量最大的抽水蓄能电站——丰宁抽水蓄能电站投产发电。抽水蓄能是目前最成熟、最可靠、最安全、最具大规模开发潜力的储能技术，对于维护电网安全稳定运行、构建新能源占比逐渐提高的新型电力系统具有重要支撑作用。该抽水蓄能电站将成为用电有序调峰的重要方式，该项目12台机组全部投运后，每年可消纳过剩电能约88亿千瓦·时，年设计发电量约66亿千瓦·时，可满足260万户家庭一年的用电需求。

同时，还应加强源网荷储、多能互补一体化发展，推动风光互补、水火互济等多能互补，支持分布式新能源合理配置储能系统，进一步提升可再生

能源的消纳能力。

“十四五”期间，必将以绿色低碳为导向，坚定不移推进能源革命，更好地完成保障能源安全与推动绿色低碳发展两大任务，努力推动我国能源领域实现新的历史性飞跃。

第八章　西北地区能源资源禀赋概述

西北地区包含陕西、甘肃、青海、宁夏及新疆五省区，是我国典型的能源资源富集区，具有丰富的油、气、煤等化石能源资源，承担了我国能源供应的重任，“西气东输”“北煤南运”等重大国家战略项目都依托于西北地区的能源资源禀赋。2008 年，以甘肃酒泉获批建设中国第一个千万千瓦级风电基地为标志，西北地区可再生能源的利用程度登上新台阶，极大地丰富了西北地区的能源体系，随后，新疆、宁夏、青海等地建成了中国重要的千万千瓦级新能源基地。西北地区已成为中国能源战略的重要“一极”。

第一节　西北五省区概述

一、人口总数呈下降趋势，人口总数占比较低，老龄化问题明显

经济发展、科技进步的基础是人口的增长，人口的增长将带动经济发展、科技进步，进而推动人们生活水平不断提高、生活环境变好、医疗水平提升等。2011—2020 年，西北地区人口总数趋势与国家人口总数态势保持一致，人口老龄化问题明显（见图 8-1）。相关数据显示，2020 年，陕西总人口 3955 万人，甘肃总人口 2501.02 万人，青海总人口 592.4 万人，宁夏总人口 720.27 万人，新疆总人口 2585.23 万人。相较于 2019 年，甘肃、青海总人口数略微下降，下降比率分别为 0.32%、2.54%；陕西、宁夏及新疆均呈略微增长，增长比率分别为 0.28%、3.77%、1.03%。2020 年，西北五省区人口数约占全国总人口数的 7.33%（见图 8-2）。从五省区老年人口抚养比数据来看（见图 8-3），老龄化问题较为严重。人口总数的增长不足与人口的老龄化可能使得西北地区后续经济发展动力不足，同时，本地能源消纳不足也将成

为制约能源发展的重要因素。

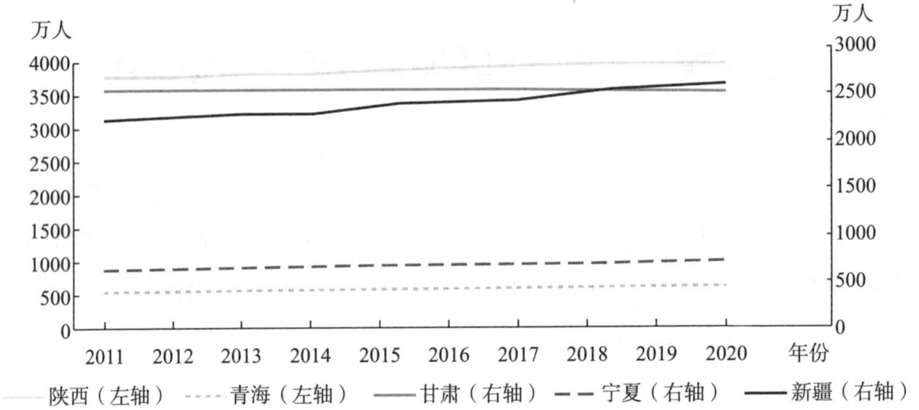

图 8-1　2011—2020 年西北五省区人口总数趋势

资料来源：国家统计局。

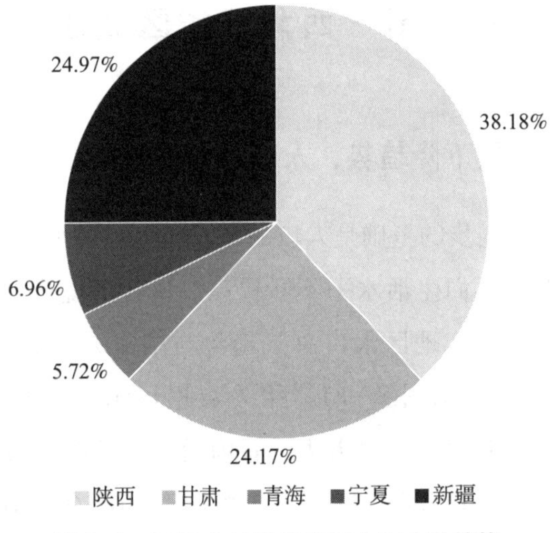

图 8-2　2020 年西北五省区人口占比结构

资料来源：国家统计局。

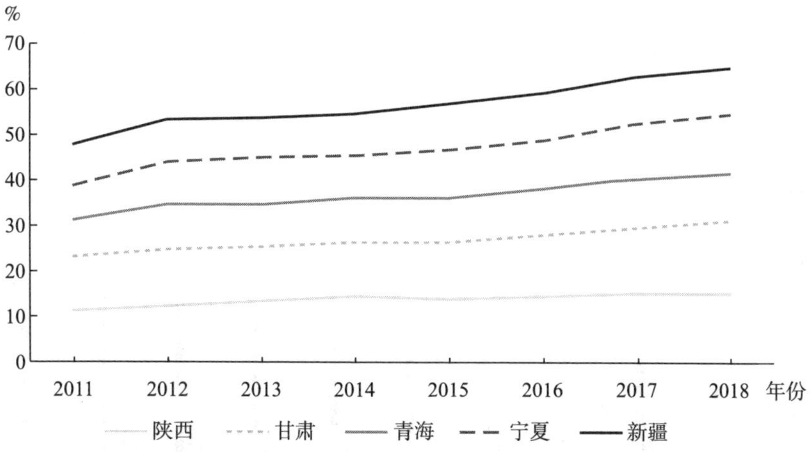

图 8-3　2011—2018 年西北五省区老年人口抚养比趋势

资料来源：国家统计局。

二、经济总量呈增长态势，增长速度有所放缓，经济水平较为靠后

2020 年，西北五省区经济总量呈平缓增长态势，五省区 GDP 占全国 GDP 的 5.6%，以 GDP 来看，经济水平一般。其中陕西省 GDP 为 26181.86 亿元，占全国总 GDP 的 2.60%，较 2019 年增长 1.5%，处于西北地区首位。其次为新疆维吾尔自治区，GDP 总量为 13797.58 亿元，占全国 GDP 的 1.37%，较 2019 年增长 1.4%。甘肃省 GDP 总量为 9016.7 亿元，占全国 GDP 的 0.90%，较 2019 年增长 3.4%。青海省 2020 年 GDP 总量为 3920.55 亿元，占全国 GDP 的 0.30%，较 2019 年增长 2.2%。宁夏回族自治区 2020 年 GDP 总量为 3920.55 亿元，占全国 GDP 的 0.39%，较 2019 年增长 4.5%（见图 8-4、图 8-5）。

数据显示，西北五省区的产业结构仍以第一产业、第二产业为主。以 2011—2020 年为观察期，可以看出 2014—2015 年西北五省区整体第二产业发展比例与第三产业发展比例发生转折，第二产业比例开始下降，第三产业发展比例开始上升，第一产业发展比例则较为平稳，无明显变化（见图 8-6、图 8-7）。

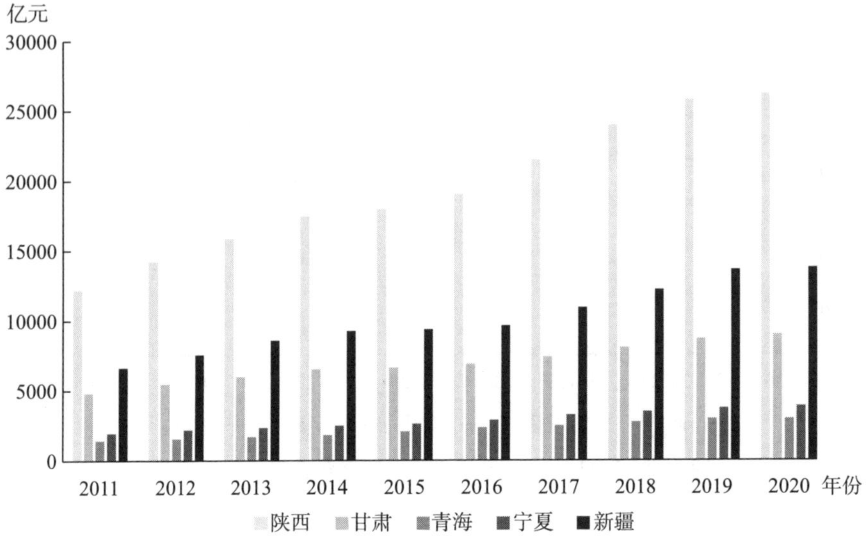

图 8-4　2011—2020 年西北五省区 GDP 趋势

资料来源：国家统计局。

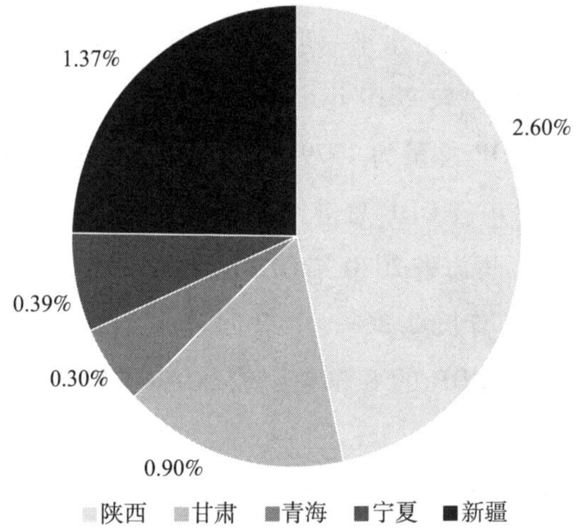

图 8-5　2020 年西北五省区 GDP 占全国 GDP 比例

资料来源：国家统计局。

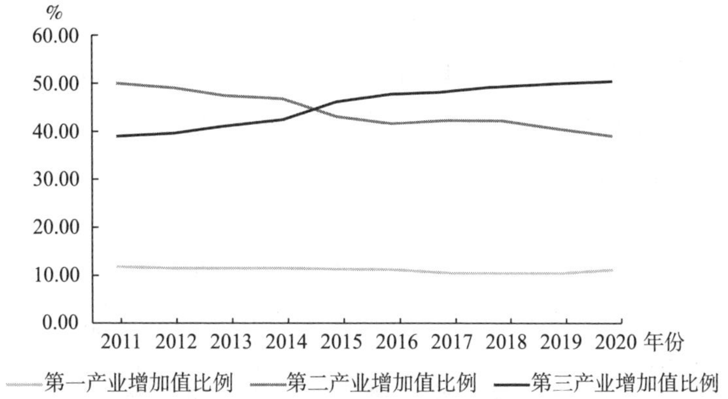

图 8-6　2011—2020 年西北地区产业结构变化趋势

资料来源：国家统计局。

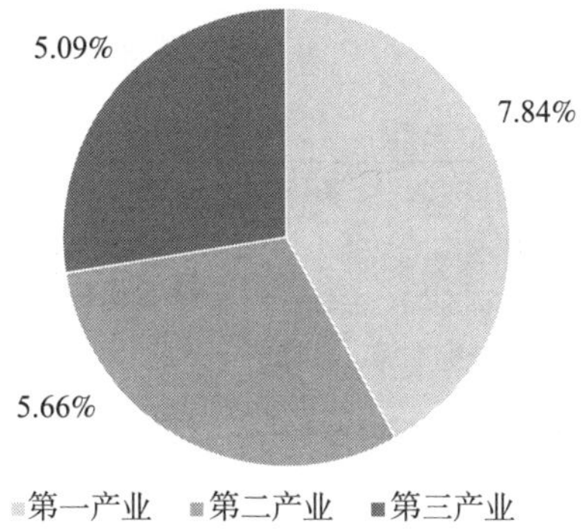

图 8-7　西北地区产业结构

资料来源：国家统计局。

三、一次能源产量整体呈上升趋势，化石能源占比较大

2011—2019 年，我国一次能源产量呈波段式上升，原煤、天然气呈上升趋势，原油呈波段下降趋势，发电量也呈波段上升趋势（见图 8-8）。从能源结构来看，呈现出典型的“多煤、少油、贫气”特征。西北地区一次能源产量与全国趋势保持一致，其中煤炭、天然气等传统化石能源产量呈上涨趋势，原油呈波段式下降趋势，发电量呈波段式上升趋势（见图 8-9）。2019 年，西北区域原煤产量占全国原煤产量的 33. 11%，原油产量占全国原油产量的 34. 66%，天然气产量占全国天然气产量的 50. 65%，发电量占全国发电量的

13.52%。在西北地区的发电结构中，2019年水电发电比例为14.97%，火电发电比例为69.28%，风电发电比例为9.63%，太阳能发电比例为6.13%，可见火电仍占据整体发电系统的主导地位（见图8-10、图8-11）。除此之外，从近10年数据来看，水电发电量呈平稳状态且有略微下降，火电发电量呈下降态势，从2015~2019年的数据来看，风电、太阳能发电量均呈上升趋势，说明近5年已经产生了可再生能源对传统化石能源的替代。

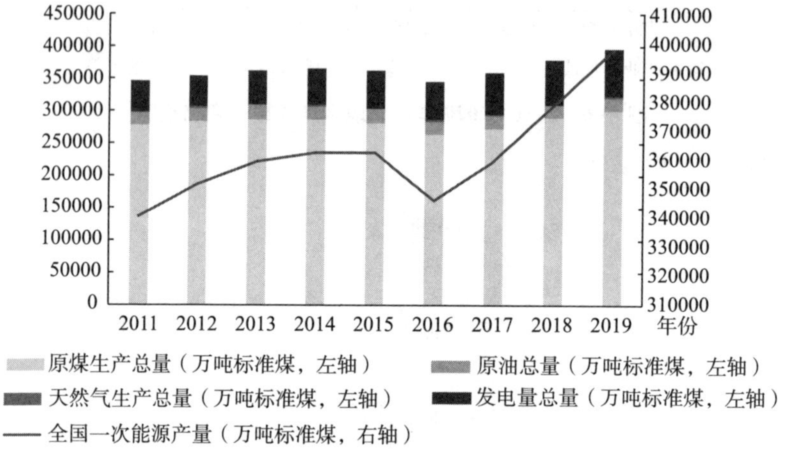

图8-8 2011—2019年全国一次能源产量走势

资料来源：《中国能源统计年鉴》（2012—2020年）。

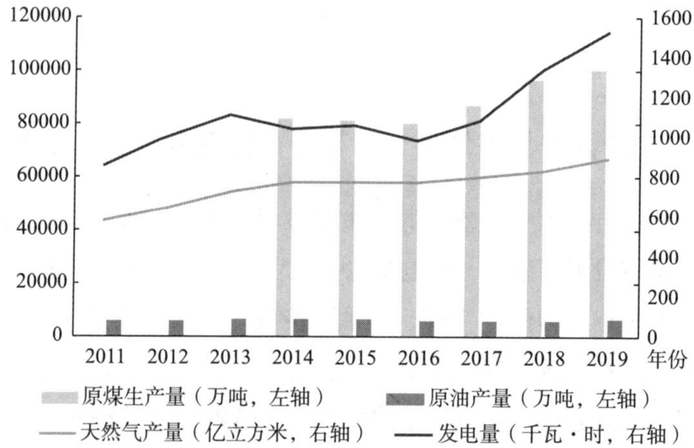

图8-9 2011—2019年西北五省区一次能源产量走势

资料来源：《中国能源统计年鉴》（2012—2020年）。

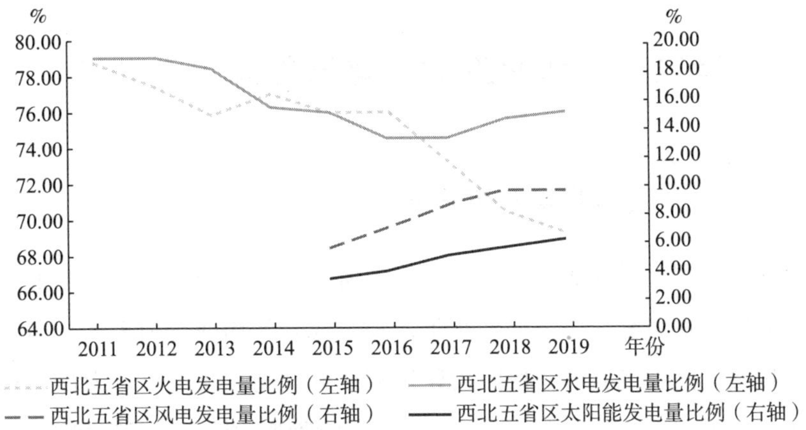

图 8-10　2011—2019 年西北五省区各口径发电量比例趋势

资料来源：《中国能源统计年鉴》（2012—2020 年）。

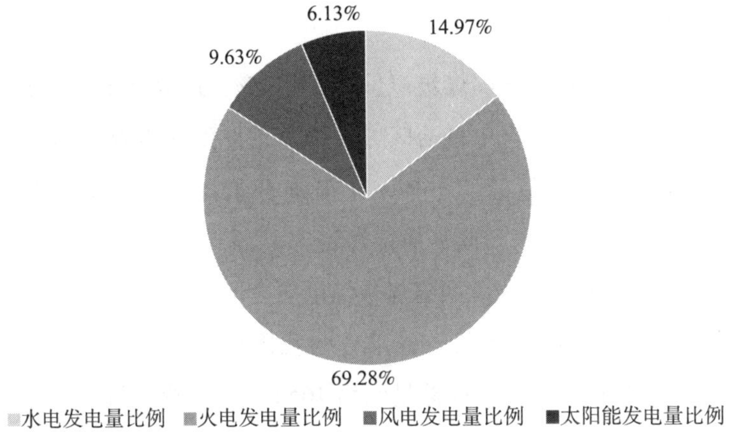

图 8-11　2019 年西北五省区各口径发电结构

资料来源：《中国能源统计年鉴》（2020）。

第二节　西北五省区化石能源资源分布

一、西北五省区煤炭资源分布

煤炭是我国重要的能源资源，由植物遗体堆积后经过长时间的累积逐步由泥炭和腐泥在温度与压力的作用下，经过成岩作用演变为褐煤。褐煤属于碳化程度最低的煤炭品种，按照碳化过程从低到高，煤炭可分为褐煤和硬煤两大类，硬煤按照碳化程度又可分为低变质烟煤、中变质烟煤和高变质煤。西北五省区是我国重要的煤炭供应区，不管是储量还是产量均稳居全国前列，呈现“北富南贫”的区域分布特征。

（一）储量稳居全国前列

西北地区煤炭产量占全国煤炭产量的33.11%，这得益于西北五省区丰富的煤炭储量。其中新疆维吾尔自治区煤炭资源总量预测约为2.19万亿吨，约占全国预测煤炭资源总量的40.6%，新疆维吾尔自治区煤炭资源储量约为18037亿吨，居全国第1位。陕西省能源资源丰富，目前探明的能源保有储量均位居全国前列。2020年，陕西省煤炭储量居全国第4位，保有储量1763.38亿吨，相较于2019年有所增长。甘肃省为我国重要的能源、原材料工业基地，拥有丰富的矿产资源，目前储量约为1656亿吨，煤炭资源储量居全国第7位。宁夏回族自治区煤炭资源丰富，煤炭储量约为1721.11亿吨，居全国第6位，已探明储量310亿吨。

（二）呈现“北富南贫”的分布特征

陕西省煤炭资源主要分布在陕北榆林、延安地区以及铜川、渭南等渭北地区，以低灰、低硫磷、高发热量为特色。国家规划重点建设的13个大型煤炭基地中，陕西省有神东、陕北和黄陇3个基地。新疆维吾尔自治区98%的煤炭资源分布于北疆地区，其余的2%集中于阿克苏地区；新疆北部主要分布在准噶尔盆地东南部、伊犁盆地、吐哈盆地和塔里木盆地北缘一带。甘肃省煤矿资源主要分布于陇东地区，该地区包括庆阳市和平凉市。宁夏回族自治区的煤炭资源集中于东部，以侏罗纪煤为主，主要分布在宁北贺兰山煤田和宁东煤田。

（三）煤炭产量呈上升趋势

2014—2019年数据显示，陕西省煤炭产量呈波段上升态势，与此类似的还有新疆维吾尔自治区，其煤炭产量呈上升趋势，而甘肃省、宁夏回族自治区的煤炭产量则呈下降趋势。但从增长速度来看，陕西省煤炭产量增速由2018年的9.3%下降至2019年的1.06%；新疆维吾尔自治区的煤炭产量增速则呈上升态势。从煤炭产量排位来看，陕西省煤炭产量位居西北五省区之首，2019年为63630万吨，青海省2019年煤炭产量仅为1286万吨，陕西省煤炭产量为青海省的近50倍，可见西北地区煤炭资源分布，不均衡（见图8-12）。

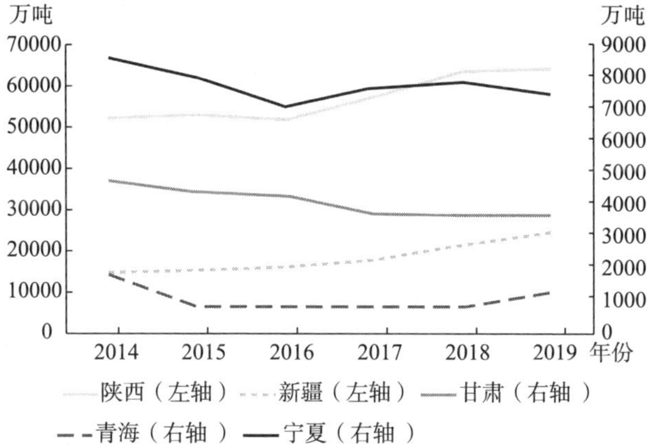

图8-12　2014—2019年西北各省区煤炭产量走势

资料来源：《中国能源统计年鉴》。（2015—2020年）

二、西北五省区油气资源分布

（一）资源分布极不平衡

西北地区石油资源分布整体呈现极不平衡的特征。2020年，全国石油天然气资源勘查开采通报数据显示，全国石油新增探明地质储量13.22亿吨，同比增长17.7%，2018年以来保持持续增长。其中，西北地区新增探明地质储量大于1亿吨的盆地2个，分别是准噶尔和塔里木盆地；新增探明地质储量大于1亿吨的油田1个，为准噶尔盆地的昌吉油田。三者均位于新疆北部。陕西省石油资源主要分布在陕北地区的榆林、延安两市，区域面积8万平方千米，属于特低渗透油田；石油预测资源总量约40亿吨，累计探明地质储量19亿吨，居全国第5位；累计探明技术可采储量3.25亿吨，居全国第6位。甘肃省2020年石油产量968.7万吨，在全国省市排名中位列第8位，甘肃省开发的主要油田包括长庆油田和玉门油田等。

（二）石油产量总体呈下降趋势

2019年，西北地区石油产量为6659万吨，相较2018年下降2.6%，其中陕西省石油产量较2018年下降3%。从石油产量也可以看出石油资源在西北地区分布的不均衡。2019年，陕西省的石油产量占全西北地区石油产量的40.68%，而新疆维吾尔自治区2019年的石油产量则占西北五省区石油产量的42.13%，甘肃省和青海省石油产量则分别占西北五省区石油产量的13.65%和3.44%。

三、西北五省区天然气资源分布

（一）资源分布极不平衡

2020年，我国天然气新增探明储量10514.58亿立方米，同比增长30.0%。其中，西北地区新增探明储量大于1000亿立方米的气田1个，为塔里木盆地的克拉苏气田，可见新疆地区天然气资源丰富。此外，西北地区天然气资源还集中分布于陕西省陕北地区的榆林、延安两市，区域面积8万平方千米；陕西省天然气预测资源量11.7万亿立方米，累计探明地质储量1.2万亿立方米，居全国第3位。

（二）天然气产量呈上升趋势

从我国近10年西北地区天然气产量来看，天然气资源较为集中地分布于陕西省和新疆维吾尔自治区，其中陕西省2019年的天然气产量占西北五省总产量的 54.2%，新疆维吾尔自治区 2019 年的天然气产量占西北五省总产量的 38.4%，而甘肃省和青海省的天然气产量分别占比 0.17%和 7.2%。自 2011 年以来，西北各省区天然气产量均呈上升趋势，陕西省天然气产量由 2011 年的 272.2 亿立方米增至 2019 年的 481.55 亿立方米，甘肃省天然气产量由 0.2 亿立方米增至 1.58 亿立方米，新疆维吾尔自治区天然气产量由 235.33 亿立方米增至 341.08 亿立方米。

第三节　西北地区可再生能源资源现状

可再生能源，是指从持续不断地补充的自然过程中得到的能量。可再生能源主要包括太阳能、水能、风能、生物质能、海洋能、地热能等，可再生能源主要用于发电。近年来，我国大力发展可再生能源，风能、太阳能发展规模均居世界首位。发展可再生能源的前提是我国拥有丰富的资源，当前西北地区可再生能源资源具有以下特征。

一、具有相对较少的水能资源，集中分布于青海地区，水电增速有限

西北地区水资源的开发利用有赖于黄河流域，而青海省则是西北地区水力资源最富集的区域，理论蕴藏量 2187 万千瓦。从水电装机容量占各省区比例来看，西北各省区自 2016 年以来水电装机容量占比整体呈下降趋势（见图 8-13）。从装机容量看，2020 年青海省水电装机容量为 1193 万千瓦，居西北地区首位（见图 8-14），较 2019 年增长 0.05%，占全国发电装机容量的 3.2%，占青海省总装机容量的 29.60%。全年水电发电量为 599 亿千瓦·时，较 2019 年增长 8.1%。其次为甘肃省，水电发电装机容量为 957 万千瓦，较 2019 年增长 1.5%，占全省装机容量的 17.03%。全年水电发电量为 507 亿千瓦·时，较 2019 年增长 2.2%。

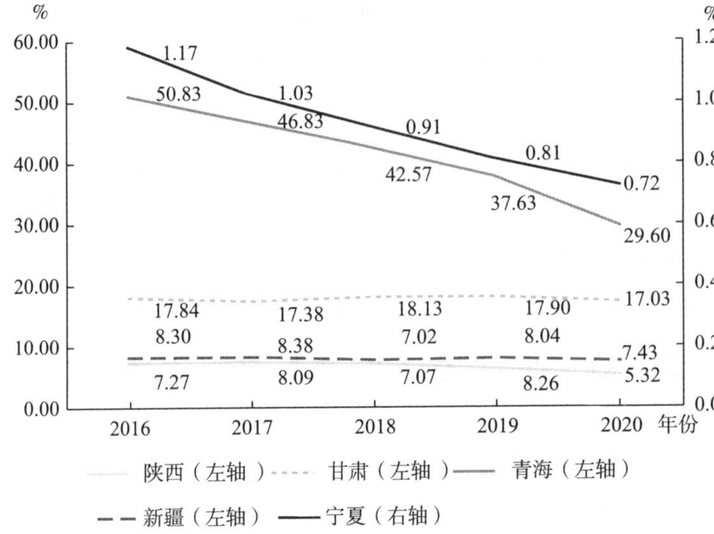

图 8-13　2016—2020 年西北各省区水电装机容量占各省区总装机容量比例走势

资料来源：《中国电力统计年鉴》。

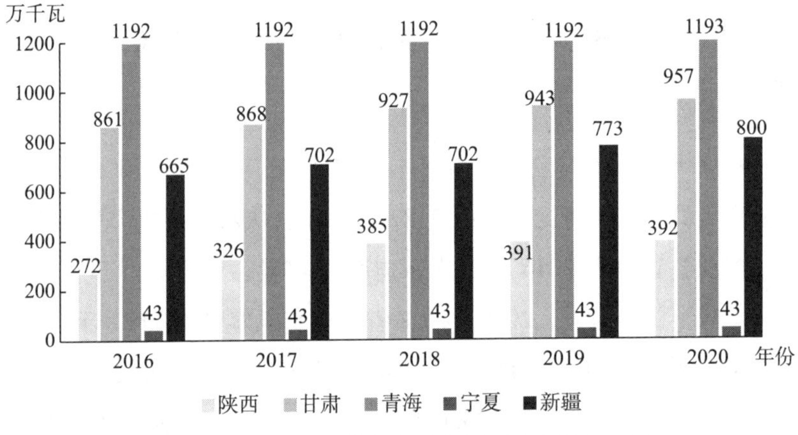

图 8-14　2016—2020 年西北各省区水电装机容量

资料来源：《中国电力统计年鉴》。

二、具有丰富的风力资源，但分布并不均衡，集中于新疆、甘肃、青海地区

《2020 年中国风能太阳能资源年景公报》显示，2020 年为风能资源正常略偏小年份。2020 年全国陆地 70 米高度层年均风速为 5.4 米/秒，年平均风功率密度约为 184.5 瓦/平方米；100 米高度层年均风度约为 5.7 米/秒，年平均风功率密度约为 221.2 瓦/平方米。相较于 2019 年，青海、山东、浙江、江苏、甘肃、上海、宁夏、河南、新疆、河北、安徽、湖北、陕西、北京风能资源偏小，福建、吉林、黑龙江、云南、广西偏大，其他地区接近常年。

2020 年，陕西省陆地 70 米高度层年平均风功率密度≥150 瓦/平方米的区域面积为 3.8 万平方千米；甘肃省为 23 万平方千米，居全国第 6 位；青海省为 42.5 万平方千米，居全国第 5 位；宁夏回族自治区为 3 万平方千米；新疆维吾尔自治区为 87.4 万平方千米，居全国第 2 位。可见，新疆维吾尔自治区、青海省、甘肃省具有丰富的风能资源，应当充分予以利用。

新疆是中国风力资源最丰富的地区之一，风能资源总储量为 9.57 亿千瓦，可装机容量总计在 8000 万千瓦以上，陆上风能资源占全国总量的 40%，新疆九大风区储量为 1.53 亿千瓦。根据中国气象局 2021 年资源评估成果，甘肃省风能资源总储量为 5.6 亿千瓦，全国排名第 4 位；风能资源主要集中于河西地区和部分山口地区，目前开发比例仅 20%，仍有较大开发空间。

从风电装机容量占比来看，除甘肃省外，其余西北四省区风电装机容量占各省区比例均呈上升趋势（见图 8-15）。从风电装机容量来看，2020 年全国风电装机容量为 28165 万千瓦。新疆风电装机容量为 2361 万千瓦，位居西北地区首位，占全国总装机容量的 8.38%，较 2019 年增长 20.7%。其次为甘肃省，风电装机容量为 1373 万千瓦，较 2019 年增长 5.9%（见图 8-16）。从风电装机容量增速来看，青海省相较 2019 年增长 82.5%；其次为陕西省，增长了 67.7%。

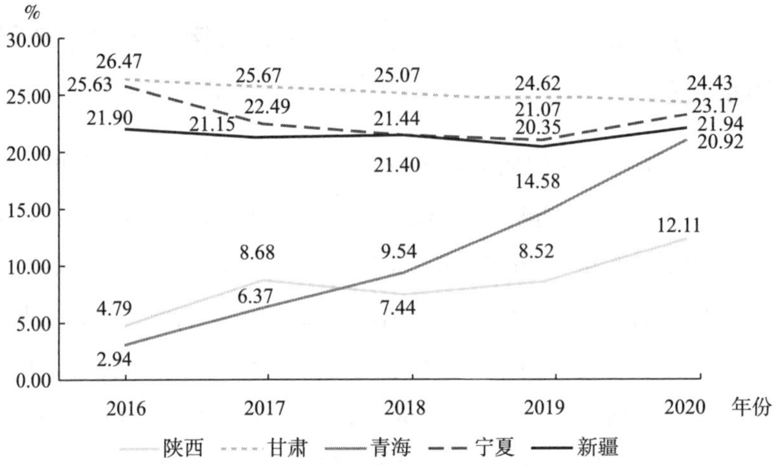

图 8-15　2016—2020 年西北各省区风电装机容量占各省区总装机容量比例走势

资料来源：《中国电力统计年鉴》。

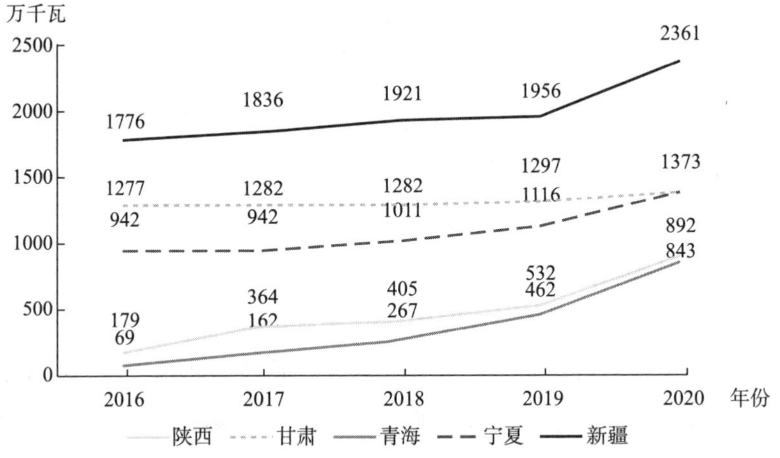

图 8-16　2016—2020 年西北各省区风电装机容量

资料来源：《中国电力统计年鉴》。

三、西北五省区全域具有丰富的太阳能资源

根据《2020 年中国风能太阳能资源年景公报》，2020 年全国陆地表面平均年水平面总辐照量为 1490. 8 瓦特小时/平方米，年最佳斜面总辐照量约为 1743. 7 千瓦/平方米，较 2019 年分别提高 1. 38%和 1. 47%，为正常年份。从

省份分布来看，辽宁、黑龙江偏大，河北、内蒙古、天津、西藏、北京、新疆、云南、山西、四川、福建、吉林、陕西、广东次之，其他地区偏小。

从表 8-1 中可以发现，在西北地区，甘肃酒泉以西、青海东经 100°以西大部分地区、新疆东部边缘地区属于太阳辐射最丰富地区，新疆大部分地区、陕西北部、宁夏、甘肃酒泉以东大部分地区、青海东部边缘地区均属于很丰富地区，而陕西中南部、甘肃东部边缘属于较丰富地区。由此可见，甘肃省拥有丰富的光能资源。根据中国气象局 2021 年资源评估成果，全国光伏发电技术开发量为 1287 亿千瓦，其中甘肃省为 95 亿千瓦，全国排名第 5 位，开发利用空间巨大。

表 8-1　全国太阳辐射总量等级和区域分布

区域	年总量/（兆焦/平方米）	年总量/（千瓦·时/平方米）	年平均辐照度/（瓦/平方米）	占国土面积比例/%	主要地区
最丰富带	≥6300	≥1750	≥200	约 22.8	内蒙古额济纳旗以西、甘肃酒泉以西、青海东经 100°以西大部分地区、西藏东经 94°以西大部分地区、新疆东部边缘地区、四川甘孜部分地区
很丰富带	5040~6300	1400~1750	160~200	约 44.0	新疆大部分地区、内蒙古额济纳旗以东大部分地区、黑龙江西部、吉林西部、辽宁西部、河北大部分地区、北京、天津、山东东部、山西大部分地区、陕西北部、宁夏、甘肃酒泉以东大部分地区、青海东部边缘、西藏东经 94°以东、四川中西部、云南大部分地区、海南
较丰富带	3780~5040	1050~1400	120~160	约 29.8	内蒙古北纬 50°以北、黑龙江大部分地区、吉林中东部、辽宁中东部、山东中西部、山西南部、陕西中南部、甘肃东部边缘、四川中部、云南东部边缘、贵州南部、湖南大部分地区、湖北大部分地区、广西、广东、福建、江西、浙江、安徽、江苏、河南
一般带	＜3780	＜1050	＜120	约 3.3	四川东部、重庆大部分地区、贵州中北部、湖北东经 110°以西、湖南西北部

资料来源：国家能源局。

2016—2020 年，西北地区太阳能发电装机容量呈上升趋势，同样地，太阳能发电装机容量占各省区总装机容量比例也逐步上升。从各省区太阳能发电装机容量占各省区总装机容量比例来看，太阳能发电依旧为青海省重要的发电方式，整体占比达 39.73%。其次为宁夏回族自治区，太阳能发电装机容量占整体装机容量的 20.14%（见图 8-17）。从太阳能装机容量看，2020 年青海省太阳能发电装机容量为 1601 万千瓦，较上年增长 42.7%，增幅较大，装机容量及增速均为西北地区之首。其次为新疆维吾尔自治区，装机容量为 1266 万千瓦，较 2019 年增长 18.2（见图 8-18）。

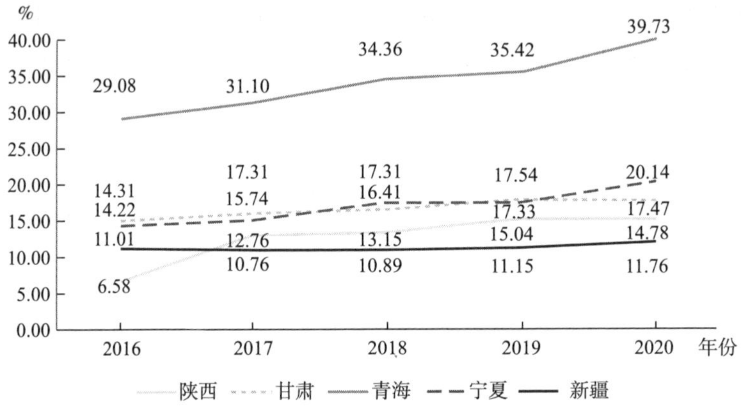

图 8-17　2016—2020 年西北各省区太阳能发电装机容量占各省区总装机容量比例走势

资料来源：《中国电力统计年鉴》。

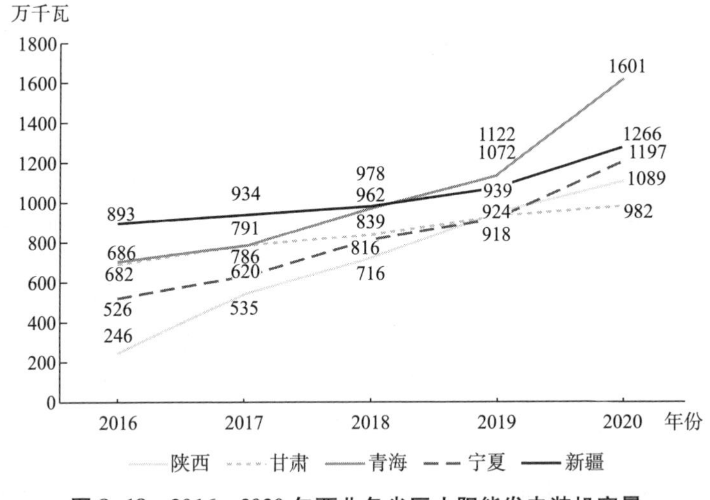

图 8-18　2016—2020 年西北各省区太阳能发电装机容量

资料来源：《中国电力统计年鉴》。

第九章　西北地区化石能源产业发展面临的挑战与发展思路

产业集聚是某一产业资本（K）、劳动力（L）等生产要素在一定空间内的集聚。从时间角度看，产业集聚是一个逐步演化的过程，是在一定资源禀赋基础之上形成的空间产业链，有助于拉长产业链细化分工，降低产业成本。围绕“双碳”目标，基于西北地区的能源资源禀赋，第九章、第十章分别测度化石能源集聚水平与可再生能源集聚水平，以描述西北地区能源供给侧发展情况，以西北地区能源产业集聚水平来描述西北地区能源产业的发展状况。

第一节　西北地区化石能源产业集聚水平测度

能源是工业发展的血脉，能源的战略地位不言而喻。化石能源主要指煤炭、石油、天然气等，我国化石能源分布具有西多东少、煤多气少的特点。就西北地区而言，不仅资源储备丰富，每年的能源资源开采量也极为庞大，在全国能源供给中占据重要地位。西北地区 2019 年原煤产量 100243 万吨，占全国产量的 33.1%；焦煤产量 47980.86 万吨，占全国的 21.79%；原油产量 6621 万吨，占全国的 34.66%；天然气产量 888.21 亿立方米，占全国的 50.65%。化石能源资源因为其本身自然形成、不可再生的特点，其产业集聚相较于其他产业具有特殊性。

能源产业与一般产业的最大区别就在于能源产业高度依赖于区域的资源禀赋条件，且由于各地区成本洼地不同，能源生产要素的流通不足导致能源产业集聚水平的差异。化石能源产业上游主要是发掘开采，下游产业是指石油化工业。能源产业的集聚由于资源的有限性，其集聚情况并不总体随经济集聚水平而变化，而是受资源开采的约束性限制和国家战略布局的影响。随着国家能源改革政策的落实，中东部地区落后的传统能源产业加速淘汰，导致资源贫瘠区能源产业比例下降，进一步向西部地区集聚。这种现象表明，能源产业的集聚水平与传统产业由于生产要素的流动所导致的集聚现象之所以不同，是因为部分区域退出、减少或增加产能而间接导致的。这种集聚水平的变化是不可逆的，人为因素仅仅会减缓这种变化，并不能够改变这种趋势。不同区域间能源禀赋情况不同，资源存量丰沛的地区有条件发展能源产业，但并不是充要条件，也受交通、经济、开采环境等因素影响。另外，国家战略布局也决定了能源产业的集聚，也可能导致部分地区并不能完全释放产能。例如，随着东部沿海地区资源的不断开采，传统能源产业由于客观因素产能会逐渐下降，并且是必然趋势。

产业集聚的影响路径主要有以下几个方面：首先，能源产业集聚与能源储量密切相关。随着资源的不断开采，资源贫瘠区的产业集聚水平会不断下降，受国家能源战略布局、“双碳”政策和绿色发展新要求的影响，国家加大了对传统能源产业的监管力度，关停整合大量小矿场，对大中型企业严格限制审批开采等程序，进而加速淘汰东部落后产能，导致其产业集聚化水平的下降，由此相对促进了西部地区能源产业的集聚。其次，科学技术的发展也是重要的影响因素。储量丰富的地区产业集聚水平随着勘探水平和开采技术的不断提高而加强，生产率增加进而集聚水平增加。最后，传统能源业会通过交通运输成本的变化对不同产能区域的产能、赋能等成本产生显著影响，这种成本的变化会进一步影响区域间技术革新、能源结构，进而影响产业集聚。

一、西北地区产业集聚测度指标构建

产业集聚，是指某一产业在一定的空间范围内高度集中，实际上反映了产业活动在地理空间布局上的不均衡，产业集聚程度越高，分布越不均衡。常用的产业集聚测度方法有 *CRn* 指数、赫芬达尔指数、空间基尼系数及 *E-G* 指数。其中，*CRn* 指数、赫芬达尔指数主要考虑的是占据市场份额较大的企业，所以不能够全面反映产业集聚的所有信息。空间基尼系数侧重于反映产业地理位置分布的不均衡，并不能真实反映产业集聚水平。

为描述化石能源产业集聚水平，借鉴区位熵和空间基尼系数表达方式，构建空间产能集聚模型，以反映各省份化石能生产量相对于全国生产量的集聚程度。

$$EAD_i = \frac{EP_{ij}}{EP_i} / \frac{EP_j}{EP} \tag{9-1}$$

其中，EAD_i 表示 i 省份的能源产业集聚度，EP_{ij} 表示 i 省份的化石能源生产量，EP_i 表示 i 省份的当年总产值，EP_j 表示当年全国化石能源总生产量，EP 表示全国当年总产值。在计算中，首先将煤炭、焦炭、原油等产量折算为标准煤，折算系数如表 9-1 所示。

表 9-1　各类化石能源折算标准煤系数

	煤炭	焦炭	原油	汽油	煤油	柴油	燃料油	天然气
折算系数	0.7143	0.9714	1.4286	1.4714	1.4714	1.4571	1.4286	1.3300

资料来源：《中国统计年鉴》和各省份统计年鉴及《中国能源统计年鉴》。

二、西北地区产业集聚测度的测算结果与分析

根据建立的产业集聚测度计算公式，通过 CAMAR 获得的全国各省份能源产量数据，进行折算系数计算标准煤总产量并进一步计算各省份的区位熵，结果如表 9-2 所示。

表 9-2　各省份化石能源产业区位熵指数测算结果

省份	2007年	2008年	2009年	2010年	2011年	2012年	2013年	2014年	2015年	2016年	2017年	2018年	增速/%
上海	0.20	0.21	0.19	0.59	0.61	0.64	0.70	0.20	0.22	0.22	0.22	0.20	0.34
云南	1.42	1.39	1.02	0.84	0.77	0.69	0.70	0.63	0.64	0.61	0.64	0.71	-50.05
内蒙古	4.25	4.93	5.37	0.74	0.81	0.78	1.06	7.04	6.92	7.27	9.35	9.93	133.84
北京	0.15	0.17	0.18	0.37	0.32	0.30	0.24	0.12	0.11	0.10	0.09	0.08	-45.36
吉林	0.86	0.87	0.85	1.02	1.08	1.05	0.94	0.56	0.53	0.48	0.45	0.44	-48.59

续表

省份	2007年	2008年	2009年	2010年	2011年	2012年	2013年	2014年	2015年	2016年	2017年	2018年	增速/%
四川	0.80	0.74	0.67	0.39	0.40	0.37	0.36	0.47	0.43	0.44	0.36	0.28	-65.32
天津	0.79	0.66	0.69	2.74	2.48	2.24	2.12	0.65	0.73	0.72	0.72	0.75	-4.85
宁夏	3.33	3.21	3.83	1.59	1.25	2.30	2.56	4.56	4.44	4.34	4.57	4.42	32.87
安徽	1.07	1.20	1.21	0.42	0.39	0.36	0.37	0.87	0.92	0.87	0.84	0.77	-28.07
山东	0.80	0.78	0.78	1.35	1.40	1.46	1.51	0.82	0.87	0.97	0.97	0.87	9.30
山西	9.19	8.27	7.89	3.50	3.43	3.23	3.39	9.78	10.85	10.66	10.00	10.29	11.94
广东	0.16	0.17	0.17	0.54	0.52	0.53	0.55	0.17	0.19	0.20	0.19	0.20	26.19
广西	0.17	0.13	0.13	0.32	0.63	0.76	0.75	0.31	0.30	0.31	0.36	0.34	108.74
新疆	2.84	3.08	3.32	5.23	5.12	4.88	5.10	3.55	3.73	4.15	4.19	4.41	55.49
江苏	0.20	0.19	0.18	0.37	0.40	0.41	0.43	0.18	0.19	0.19	0.17	0.15	-27.00
江西	0.54	0.54	0.49	0.53	0.50	0.50	0.49	0.37	0.33	0.31	0.23	0.20	-62.83
河北	0.90	0.84	0.87	1.37	1.50	1.55	1.45	0.73	0.80	0.80	0.74	0.74	-17.73
河南	1.16	1.15	1.20	0.70	0.64	0.63	0.65	0.70	0.67	0.64	0.58	0.55	-52.24
浙江	0.12	0.13	0.13	0.36	0.37	0.33	0.32	0.10	0.10	0.10	0.10	0.10	-20.58
海南	0.85	0.78	0.77	2.10	2.03	1.87	1.44	0.52	0.60	0.60	0.51	0.57	-33.44
湖北	0.28	0.26	0.24	0.52	0.50	0.44	0.46	0.19	0.18	0.17	0.17	0.15	-46.40
湖南	0.60	0.53	0.52	0.28	0.33	0.35	0.33	0.34	0.26	0.23	0.18	0.18	-69.31
甘肃	1.77	1.68	1.63	1.78	1.98	1.86	1.85	1.42	1.45	1.49	1.45	1.32	-25.42
福建	0.22	0.22	0.25	0.31	0.24	0.27	0.23	0.21	0.22	0.21	0.18	0.18	-17.23
贵州	3.01	2.77	3.14	0.59	0.51	0.56	0.52	2.51	2.23	2.23	1.98	1.67	-44.49
辽宁	1.26	1.16	1.09	2.12	1.98	1.91	1.84	0.80	0.84	1.19	1.18	1.21	-4.07
重庆	0.73	0.70	0.60	0.17	0.17	0.14	0.13	0.36	0.32	0.23	0.13	0.13	-81.87
陕西	3.76	3.59	4.10	3.31	3.35	3.59	3.56	4.69	4.95	5.16	5.30	5.36	42.52
青海	1.61	1.72	1.60	1.81	1.92	1.97	1.90	1.47	0.88	1.03	1.14	1.07	-33.56
黑龙江	2.22	2.03	1.99	3.21	3.01	2.90	2.84	1.48	1.51	1.59	1.63	1.62	-27.08

从表9-2、图9-1中可以看出，2007年化石能源上游产业集聚水平最高的5个省份依次是山西（9.19）、内蒙古（4.25）、陕西（3.76）、宁夏

(3.33)、贵州（3.01），2018年最高的5个省份变为山西（10.29）、内蒙古(9.93)、陕西（5.36)、宁夏（4.42)、新疆（4.41)，整体上并无太大变化。同时可以看出，我国化石能源上游产业的集聚呈现全局分散、个别集中的分布状态。2018年全国各省份均有化石能源上游产业布点，在排位前5的省份中，陕西、宁夏、新疆都地处西北。2018年西北五省区的化石能源产业集聚指数分别为陕西5.36、宁夏4.42、新疆4.41、甘肃1.32、青海1.07（见图9-2）。从产业集聚趋势来看，青海、甘肃近年来有所下降，新疆、陕西呈上涨趋势，宁夏近年来较为平缓。

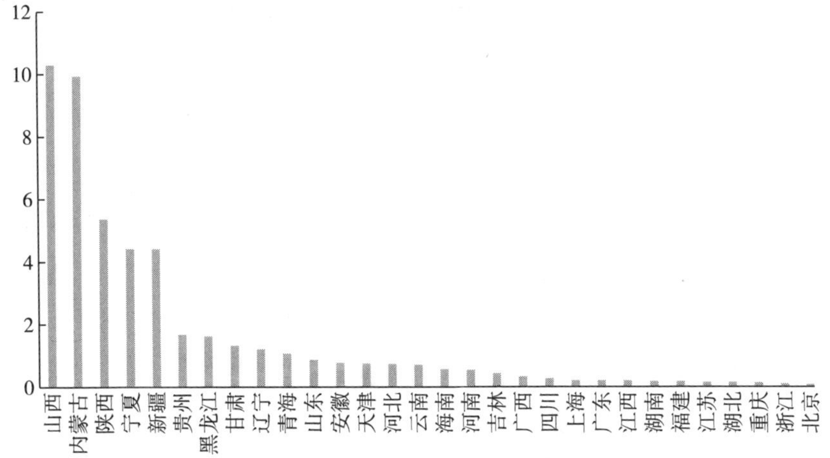

图9-1　2018年各省份化石能源产业集聚水平

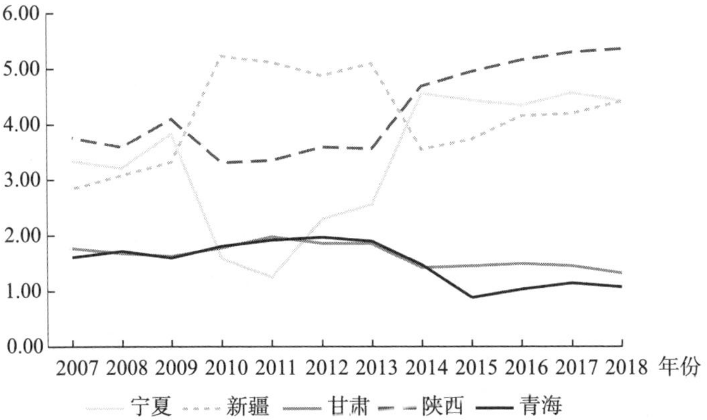

图9-2　2007—2018年西北五省区化石能源产业集聚指数

从化石能源上游产业集聚水平变化速度来看，全国整体呈下降趋势。从空间分布来看，下降地区主要集中在中东部，说明中东部地区的化石能源上游产业正在缩小转移，这与近年来我国低碳绿色发展战略相匹配。但也有部分省份集聚水平呈上涨趋势，新疆化石能源产业聚集水平由 2.84 升至 4.41，动态区位熵增长率达 55.49%；陕西省由 3.76 上升到 5.36，动态区位熵增长率达 42.52%；内蒙古则从 4.26 增长至 9.93，以 133.84%的动态区位熵增长率位居全国第 1 位。总体来看，全国化石能源产业区位熵呈现明显地域差异。从时间维度上看也逐步由东部地区向西部地区转移，这与中国能源禀赋特征以及“抑制东部、控制中部、发展西部，依据资源禀赋、市场区位、环境容量等因素确定产业发展格局”的能源发展战略相适应。

综上所述，西北地区化石能源产业在全国范围依旧具有重要作用，且已形成一定的产业规模。根据以上测算结果，西北地区化石能源产业集聚水平的上升充分体现出围绕能源革命战略目标，我国充分发挥各地区资源禀赋优势，利用西北地区在化石能源上的优势，集中发展化石能源产业，提升区域化石能源产业水平。同时，由于上述产业集聚水平分析是以化石能源上游产业中开采业的相关数据作为指标选取的依据，所以西北地区部分省份产业集聚水平的上升其实也从侧面反映出西北地区化石能源开采业规模的扩大。在绿色低碳的战略目标下，西北地区化石能源开采业规模的扩大，也从另一角度反映出西北地区仍具有较大的降碳减排压力。

第二节　西北地区化石能源产业发展面临的挑战与发展思路

在全国范围内，西北地区具有自身化石能源产业发展的独特优势与特点。西北地区不仅具备丰富的能源资源，通过产业集聚分析还能发现西北地区具备较高的产业集聚度，而且具备优渥的资源基础，即具备一定的价格优势，配合较为先进的技术装备，提高能源资源的开采利用率，是西北地区化石能源的发展优势。西北地区虽然具备产业发展基础优势，但围绕“双碳”目标，西北地区还面临十分艰巨的任务。

一、西北地区化石能源产业发展面临的挑战

（一）能源消耗程度较高，能源产业依赖度较高

单位 GDP 能耗是反映能源消费水平和节能降耗状况的主要指标，一次能源消费总量与 GDP 的比率，是一个能源利用效率指标。该指标说明一个国家在经济活动中对能源的利用程度，反映经济结构和能源利用效率的变化。2010—2020 年西北地区单位 GDP 能耗如图 9-3 所示。

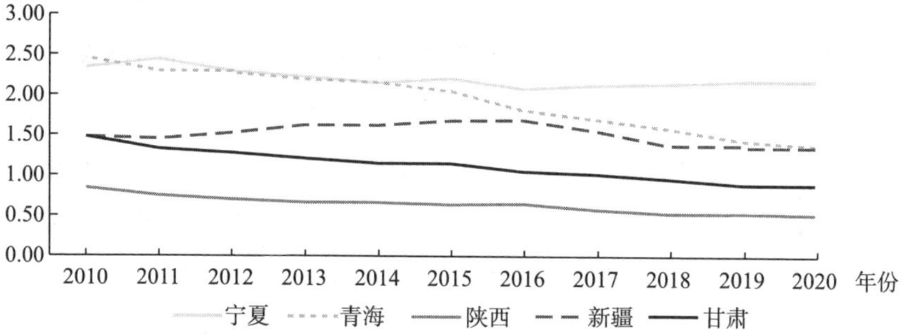

图 9-3　2010—2020 年西北地区单位 GDP 能耗

2010—2020 年，西北地区的单位 GDP 能耗整体呈下降趋势，但各省份稍有差异。宁夏回族自治区在五省区中单位 GDP 能耗相对最高，2020 年为 2. 19，近 10 年平均单位 GDP 能耗为 2. 21，说明宁夏回族自治区对传统化石能源产业的依赖度较高，并且近 10 年并没有表现出明显的下降趋势。青海省 2010 年基本与宁夏回族自治区处于同一水平，说明青海省的经济发展结构更偏重于传统化石能源业，但自 2011 年起，青海省的单位 GDP 能耗几乎呈线性下降趋势，表明青海省的产业结构在不断优化调整，减轻了对传统能源业的较高依赖。陕西省是单位 GDP 能耗最低的省份，其次为甘肃省，两者的单位 GDP 能耗也基本呈下降态势。2010—2016 年，新疆维吾尔自治区的单位 GDP 能耗呈上升趋势，随后下降，近两年基本持平。陕西省虽为西北地区单位 GDP 能耗最低的省份（2010 年单位 GDP 能耗为 0. 84），但 2020 年单位 GDP

能耗为 0.52，相当于 1 单位 GDP 需要消耗 0.52 个单位的能源，消耗比例较高，从侧面反映了西北地区提升能源利用效率的任务依然繁重。

（二）能源加工利用程度提升不够，工艺、管理水平仍需提高

能源加工转换效率指一定时期内能源经过加工、转换后产出的各种能源产品的数量与同期内投入加工转换的各种能源数量的比率。该指标是观察能源加工转换装置和生产工艺先进与落后、管理水平高低等的重要指标。2016—2020 年的数据显示，陕西省是西北五省区中能源加工转换效率最高的省份，2016 年能源加工转换效率为 81.92，2020 年能源加工转换效率为 80.11，能源加工转换效率整体略有下降。其次为甘肃省，2016 年能源加工转换效率为 70.99，2020 年能源加工转换效率为 69.89，近 5 年也略微下降。新疆维吾尔自治区 2016 年能源加工转换效率为 57.14，2020 年能源加工转换效率为 58.99，近 5 年效率有所提升。宁夏回族自治区与青海省数据变化程度不大。可见，西北各省区虽具有天然的发展基础，但围绕“双碳”目标，西北各省区在产业技术、工艺水平、管理方式等方面还亟须加强。

（三）产业链延伸程度不够，产业清洁化转型方向尚不明确

西北地区丰富的煤炭、天然气、金属等矿产资源储量造就了基础扎实的煤化工、石油化工等重工业炼化产业，为当地带来了巨大的经济发展收益。根据《中国煤炭工业年鉴》（2019）数据，陕西省调出煤炭 47913.70 万吨（见表 9-3），而 2019 年陕西省煤炭生产量为 44675.88 万吨，足见陕西煤炭对外输送的比例之高。除此之外，2019 年西北地区煤直接制油占全国产能的 100%，煤间接制油占比 79%，煤制天然气占比 74%，煤制烯烃占比 44%，煤制乙二醇占比 18%，足见西北煤化工产业的市场份额较高。但从煤化工产品结构来看，煤制烯烃、煤制乙二醇等都是下游产品的加工原料，也从侧面反映了西北地区煤化工产业链延伸度不够、产品附加值不高。不仅如此，在碳中和的背景下，西北地区的传统能源化工产业所带来的边际效益逐渐变得有限，侧面增加了西北各省区潜在的社会经济负担，且较高的碳排放也不利于碳中和目标的达成。传统高碳排放的能源产业亟须转型寻找新的经济能动力。

尽管当前西北各省区均提出加快储能技术、电池储备、氢能的发展，为西北地区传统工业提供了转型的突破口，但如此庞大的经济体量要全面完成清洁化转型，仍然需要在大规模的投入和有效的转型后在就业等问题上采取应对措施。因此，西北地区整体产业转型的路线和方式都需要进一步的深入研究。

表 9-3　西北各省区煤炭资源输送量　　单位：万吨

省份	总计			国有重点煤矿			地方煤矿		
	净调出、调入	调出（+）	调入（-）	净调出、调入	调出（+）	调入（-）	净调出、调入	调出（+）	调入（-）
陕西	46562. 76	47913. 70	1350. 94	24869. 35	25163. 33	293. 98	21693. 40	22750. 37	1056. 97
甘肃	-2585. 97	1150. 60	3736. 57	362. 81	1115. 21	752. 40	-2948. 78	35. 39	2984. 17
青海	-908. 24	0. 00	908. 24	-127. 62	0. 00	127. 62	-780. 62	0. 00	780. 62
宁夏	-740. 17	371. 37	1111. 54	370. 01	371. 37	1. 36	-1110. 18	0. 00	1110. 18
新疆	2683. 21	2721. 66	38. 45	708. 01	721. 66	13. 56	1975. 12	2000. 00	24. 88

资料来源：《中国煤炭工业年鉴》（2019）。

二、西北地区化石能源产业发展思路

在各类传统化石能源资源以及各类丰富的矿产资源的基础上，煤化工、石油化工等重工业一直是西北地区经济发展的重要支柱。煤炭主要集中在新疆、宁夏和陕西，天然气主要集中在陕西的陕北地区。从工业结构看，西北地区的能源化工一直占比较高。因此，传统化石能源面临着较大的碳中和压力。在未来的发展中，应充分利用能源转型大背景下可再生能源的发展机遇，倒逼化石能源产业转型升级，还需要从技术、制度等方面优化产品需求，提高生产制造效率。

（一）在拉长产业链的基础上提高产品附加值

随着西北地区经济的高质量发展，产品需求也在向高质量发展转型。以低碳绿色为导向，西北地区应持续拉长能源产业链，优化产品结构，提高产品附加值，加强对内对外的同步产品输出。借力西北区域内各省份的发展优势，形成优势互补的产业发展模式。如陕西在“十四五”期间将发展高端装备制造等项目，由此带来的人口、项目建设等需求必然会提高对能源产品的需求，再在此基础上推动传统能源产业向高端化、智能化、绿色化发展。不仅如此，西北地区各省份“十四五”发展规划中均提到要做好东部、中部产业的承接。经济发展程度一般与能源消费呈正相关，但中东部大部分地区并不适宜发展能源产业，而发展成为中东部地区产业承接地，将给西北地区能源发展、经济发展带来新的机遇。今后，西北地区各省份要充分挖掘自身优势，将优势产出最大化，以技术和制度作为支撑，不仅推动经济发展上一个台阶，更将经济发展推向低碳可持续。

（二）利用碳捕集等技术实现能源工业循环发展

西北地区能源产业的集聚性较强，具有多个大型能源生产基地，具备生产大型化、集成化优势。一方面，西北地区是全国的煤化工生产重地，煤化工生产规模较大，集成化特征明显。基地和园区是西北地区煤化工生产的主体单位，生产环节的集成大大有利于余热余压的综合利用，以及上下游生产环节物料的充分互供，从而减少能源和资源的消耗，降低碳排放。另一方面，较高程度集聚的能源化工业给高效的碳捕集提供了途径。煤化工的生产具有高浓度且较为集中的碳排放，会有效地降低碳捕集的成本。同时，捕获的二氧化碳还可以作为原料利用到一些化工生产环节中，达到降碳的目的。煤化工生产中，浓度较高的二氧化碳主要是工艺过程中排放的，浓度可达到65%~95%。排放浓度较高，会减少对二氧化碳提纯的投入，降低后续处理的难度和成本。提取的二氧化碳还可以作为工业原料进行二次利用，如二氧化碳可以用于甲醇等主要化工产品的生产，实现碳的循环利用。

以上分析表明，西北地区具备充分利用煤化工生产物料、提升能效系统的先天优势，再配合以碳捕集等技术手段，不仅可以发展能源工业的循环经济，更可以发展产业互补的循环经济。

（三）推动化石能源产业与清洁能源协同互补发展

西北地区不仅拥有优越的传统化石能源资源，而且拥有丰富的可再生能源。绿氢是氢气的一种，是通过可再生能源分解水得到的氢气，燃烧过程中会产生水，可以说是完全的绿色新能源，近年来得到了快速发展。绿氢一直存在运输方面的问题，不适宜远距离运输。但绿氢可以就地转化为化工工业原材料，将绿氢投入能源化工生产过程中，不仅可以减少碳排放，达到低碳的目的，还可以与化石能源合成为化工产品。以绿氢为原料耦合到传统煤化工的过程中，调节碳氢比将大大减少甚至避免过程中的碳排放。利用光伏发电、电解水制氢，制得的氢气可进一步与二氧化碳合成为甲醇。相较于氢气，甲醇具有化学性状稳定、储存运输更为安全以及成本更低的优势，因此，甲醇可以作为煤、石油等化石燃料的替代燃料品，也可以作为初级化学燃料进一步合成烯烃、芳烃、含氧化合物，进而节省煤炭和石油，降低碳排放。例如，2021 年我国首个万吨级光伏绿氢示范项目——中国石化新疆库车绿氢示范项目正式启动建设。项目将新建装机容量 300 兆瓦、年均发电量 6.18 亿千瓦·时的光伏电站，电解水制氢年产能 2 万吨。项目预计 2023 年 6 月建成投产，生产的绿氢将供应中国石化塔河炼化，替代现有天然气化石能源制氢。预计每年可减少二氧化碳排放 48.5 万吨，将为当地 GDP 年均贡献 1.3 亿元，创造税收 1800 余万元。

第十章　西北地区可再生能源产业发展面临的挑战与思路

西北地区在风能、太阳能等可再生能源资源方面同样具备良好的基础。作为重要的电力输送阵地，西北地区在全国电力系统中占有重要地位。“十四五”期间，西北地区可再生能源仍有重要的发展任务。在未来的发展中，要秉承绿色低碳的基本理念，充分发挥区位优势，从而推动可再生能源产业的健康发展。

第一节　西北地区可再生能源产业的集聚水平测度

可再生能源是能源供应体系的重要组成部分。目前，全球可再生能源开发利用规模不断扩大，应用成本快速下降，发展可再生能源已成为许多国家推进能源转型的核心内容和应对气候变化的重要途径，也是我国推进能源生产和消费革命、推动能源转型的重要措施。

在 2006 年颁布的《中华人民共和国可再生能源法》中，可再生能源是指“风能、太阳能、水能、生物质能、地热能、海洋能等非化石能源”。可再生能源在应用方面集中于电力生产，也就是发电。聚焦“双碳”目标，在电源结构中，可再生能源的发电比例逐年升高。2019 年非化石能源发电量占全年发电量的 32.6%，2020 年非化石能源发电量占全年发电量的 33.8%，略有上升。各类发电电源比例中，火电仍占主体地位，2020 年火电发电量占比达 67%；在各类非化石能源发电比例中，水电占主体地位，比例达 55%，风电占 19%，核电占 15%，太阳能发电占 11%（见图 10-1）。西北地区近年来大力发展可再生能源，可再生能源发电量自 2018 年来呈上升趋势，结构不断优化，在 2019 年全国各类发电电源中，水电占比 14%，风电占比 9.6%，太阳能发电占比6.1%。从地域分布看，2019年水力发电量以青海省为首，发电量为554.04亿千瓦·时；风力发电以新疆维吾尔自治区为首，发电量为413.3亿千瓦·时；太阳能发电以青海省为首，发电量为158.24亿千瓦·时。

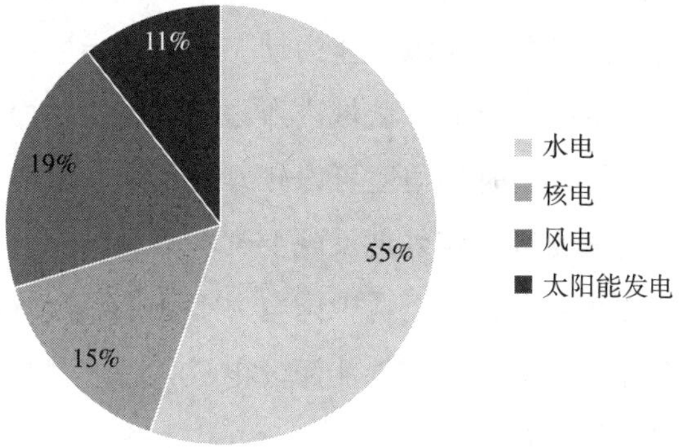

图10-1　2020年各类非化石能源发电比例

资料来源：《中国能源统计年鉴》。

一、西北地区可再生能源产业集聚指数设计

区位熵也叫地方专门化率或专业化指数，是区域专业化程度的一个主要指标，在很久以前就被普遍采用。它是指某个区域内某个行业所占据的总产业比例与国内产业所占有的比例。目前，也有人用来评价某个地理区域内某个行业的集聚程度。其计算公式为

$$LQ = \frac{E_{ij}}{E_j} / \frac{E_{kj}}{E_k} \tag{10-1}$$

区位熵的经济含义是一个给定区域中产业占有的份额与整个经济中该产业占有的份额相比的值。其中，E_{ij}表示i地区j产业的产值，E_i表示i地区总产值，E_{kj}表示国家或区域k产业j的总产值，E_k表示国家或区域k的总产值。式（10-1）中，总产值可以选择企业数量、增加值、主营业务收入、从业人员等指标。

当LQ值小于1时，说明i区域内j行业的专业化程度低于或接近国内的平均值，j行业在i区域内没有显著的聚集趋势；若LQ值大于1，说明i地区j

行业的专业化程度比国内平均值要高。在 i 区域内，产业 j 出现了显著的集聚。这个特殊指标的计算方式可以反映出一个区域内的产业集群以及区域和要素层面上的集聚。

可再生能源产业的区位熵指数反映了各个行政区域内可再生能源产业的集聚水平及其变动。而可再生能源产业的动态区位熵指数则可以从时间与空间两方面反映出可再生能源产业在区域内所占的比重，从而可以反映可再生能源在区域内的集聚情况。时间角度可以较好地反映一段时间可再生能源产业的集聚速率，空间角度可以较好地反映要素的集聚情况。从数据的获取便利程度、准确化等方面来看，由于《中国电力统计年鉴》统计指标在研究期间上发生改变，综合对比选择可再生能源发电量代替产量指标进行测算。可再生能源产业区位熵公式如下：

$$LQ=\frac{E_{ij}}{E_i}/\frac{E_{kj}}{E_k} \tag{10-2}$$

其中，E_{ij}表示 i 省份可再生能源发电量（用总发电量减去火力发电量和水力发电量表示），E_i 表示 i 省份的总发电量，E_{kj}表示全国可再生能源发电量，E_j 表示当年全国总发电量。

可再生能源产业动态区位熵指标的计算公式为：i 省份可再生能源产业区位熵变化= ［（即期 i 省份新能源产业区位熵/基期 i 省份新能源产业区位熵）-1］×100%，表示集聚发展的速度。

二、西北地区可再生能源产业集聚指数的测算结果及分析

根据式（10-1）、式（10-2），可以得出 2007—2019 年我国各省份动态区位熵测算结果及各省份可再生能源产业集聚水平排序（见表 10-1、图 10-2）。

表 10-1　2007—2019 年我国各省份可再生能源产业集聚水平

省份	2007年	2008年	2009年	2010年	2011年	2012年	2013年	2014年	2015年	2016年	2017年	2018年	2019年
上海	0.17	0.26	0.42	0.35	0.08	0.09	0.16	0.12	0.10	0.10	0.19	0.24	0.23
云南	0.02	0.92	0.00	0.09	0.19	0.35	0.43	0.48	0.56	0.79	0.76	0.67	0.65

续表

省份	2007年	2008年	2009年	2010年	2011年	2012年	2013年	2014年	2015年	2016年	2017年	2018年	2019年
内蒙古	1.00	1.06	2.19	2.72	2.83	2.18	2.19	1.71	1.72	1.66	1.49	1.31	1.16
北京	0.00	0.00	0.21	0.29	0.30	0.26	0.21	0.14	0.11	0.11	0.15	0.13	0.13
吉林	0.94	4.80	1.60	1.65	2.03	1.57	1.43	1.69	1.50	1.34	1.01	1.27	1.25
四川	0.01	0.02	0.01	0.17	0.10	0.01	0.01	0.05	0.06	0.09	0.16	0.18	0.19
天津	0.00	0.24	2.02	1.37	0.06	0.10	0.16	0.19	0.17	0.13	0.18	0.19	0.27
宁夏	0.30	0.28	0.54	0.83	0.36	0.80	1.39	1.24	1.54	1.85	1.61	1.46	1.30
安徽	0.00	0.01	0.08	0.09	0.12	0.09	0.08	0.32	0.18	0.29	0.41	0.48	0.46
山东	0.10	0.41	0.33	0.34	0.32	0.48	0.47	0.56	0.41	0.39	0.39	0.56	0.78
山西	0.01	0.07	0.06	0.13	0.09	0.41	0.40	0.48	0.53	0.64	0.75	0.82	0.80
广东	4.96	3.05	3.83	3.40	3.12	3.07	2.72	2.46	2.39	2.17	1.95	1.80	1.86
广西	0.23	1.19	0.60	0.35	0.01	0.09	0.05	0.40	0.07	1.05	1.07	1.05	1.02
新疆	0.64	0.51	1.26	1.26	0.88	0.90	1.28	1.36	1.22	1.21	1.36	1.25	1.15
江苏	1.58	1.45	1.79	1.55	1.38	1.18	1.00	1.06	0.82	0.73	0.74	0.89	0.99
江西	0.00	0.05	0.03	0.03	0.05	0.04	0.02	0.27	0.27	0.33	0.50	0.61	0.60
河北	0.20	1.65	0.53	0.84	1.18	1.49	1.33	1.26	1.14	1.08	1.09	1.08	1.15
河南	0.00	1.45	0.14	0.10	0.15	0.14	0.06	0.14	0.09	0.14	0.24	0.39	0.50
浙江	5.28	2.93	3.60	2.80	2.75	2.89	2.49	2.22	2.52	2.06	1.74	1.76	1.69
海南	0.12	0.07	0.14	0.41	0.49	0.30	0.57	0.46	0.75	2.87	2.77	2.32	2.58
湖北	0.17	0.38	0.11	0.36	0.11	0.09	0.11	0.26	0.12	0.25	0.31	0.34	0.34
湖南	0.00	0.00	0.00	0.00	0.14	0.26	0.11	0.34	0.32	0.35	0.39	0.45	0.49
甘肃	0.40	0.99	0.66	0.95	1.68	1.84	2.30	2.02	2.18	1.94	2.01	1.81	1.63
福建	0.12	0.23	0.35	0.24	0.37	0.38	1.29	1.64	2.62	2.76	2.87	2.52	2.15
西藏	2.97	4.26	2.52	1.74	1.72	2.08	1.76	1.50	1.29	0.75	1.07	1.09	1.21
贵州	0.00	0.00	0.00	0.01	0.00	0.13	0.18	0.16	0.31	0.35	0.38	0.36	0.34
辽宁	0.24	0.29	0.47	1.00	1.49	1.53	2.11	2.41	2.40	2.24	2.19	2.15	2.04
重庆	0.07	0.03	0.05	0.05	0.19	0.54	0.06	0.15	0.05	0.08	0.12	0.11	0.14
陕西	0.02	0.06	0.00	0.00	0.01	0.02	0.13	0.22	0.33	0.34	0.51	0.64	0.62
青海	0.05	0.00	0.01	0.00	0.02	0.53	1.38	1.66	2.04	2.17	2.07	1.78	1.94

续表

省份	2007年	2008年	2009年	2010年	2011年	2012年	2013年	2014年	2015年	2016年	2017年	2018年	2019年
黑龙江	0.28	0.59	0.88	1.21	1.45	1.76	1.86	1.61	1.11	1.06	1.19	1.18	1.19

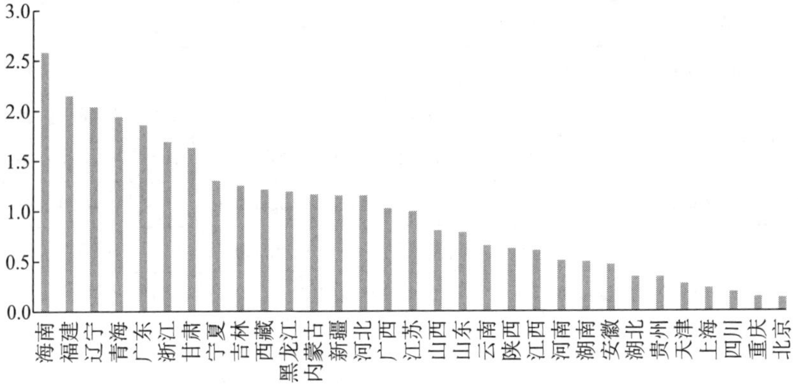

图 10-2　2019 年各省份可再生能源产业集聚水平

从动态区位熵测算结果看，我国可再生能源产业具有明显的集聚效应，且呈现出明显的区域性集聚特征。整体来看，东部与西部的可再生能源产业集聚情况较为明显，在东部沿海地区产业集聚现象更为突出。从各省份 2019 年可再生能源产业集聚水平看，排位前 10 的省份中 6 个为东部省份，其余 4 个为西部省份，可再生能源资源禀赋特征较为明显。

就西北地区而言，自 2007 年起，陕西省可再生能源产业集聚指数由 0.02 增加到 0.62，甘肃省可再生能源产业集聚指数由 0.4 增加到 1.63，青海省可再生能源产业集聚指数由 0.05 增加到 1.94，宁夏回族自治区可再生能源产业集聚指数由 0.3 增加到 1.3，新疆维吾尔自治区可再生能源产业集聚指数由 0.64 增加到 1.15，均为“由无到有”，形成了可再生能源产业的聚集态势（见图 10-3）。

虽然西北地区各省份可再生能源产业均呈现出明显的产业集聚，但西北地区各省份之间的可再生能源产业集聚水平差异较大。就 2019 年的测算结果来看，青海省集聚指数最高，为 1.94；其次是甘肃省，为 1.63；宁夏回族自治区为 1.3，新疆维吾尔自治区为 1.15；陕西省排在最末位，为 0.62。排名第 1 位的青海省与排名倒数第 1 位的陕西省之间集聚指数相差 3 倍左右，可见区域内的可再生能源产业发展水平具有一定差异。

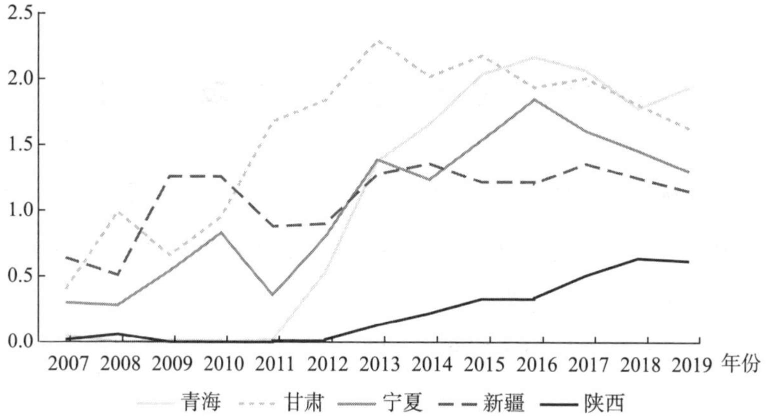

图 10-3　2007—2019 年西北地区可再生能源产业集聚水平变化趋势

从图 10-3 可以看出，西北地区区位熵变化主要呈现出不断调整的攀升态势，发展的高峰期出现在 2011 年前后，这与当时国家发展理念的转变、各省份能源产业结构的调整、可再生能源市场发展重心转移到国内等有关。2010 年，甘肃省可再生能源产业集聚水平得到大幅提升，主要表现是 2010 年甘肃酒泉竣工的酒泉风电场。甘肃酒泉风电场装机容量为 7965 兆瓦，是我国首个千万千瓦级风电基地，被称为“风电三峡”，也是目前我国最大的陆上风电场。同时，作为酒泉风电资源外送的主要通道，河西 750 千伏输变电工程于 2010 年投运，清洁的风电开始源源不断地并入大电网。2018 年 12 月，甘肃首航节能敦煌塔式光热发电站投产运营，该发电站是目前我国最大的太阳能聚焦热电站，采用太阳能发电塔，装机容量为 100 兆瓦，蓄热 7.5 小时。2011 年，青海省可再生能源产业集聚水平得到大幅提升。2011 年，青海拉西瓦水电站一期 5 台机组全部正式并网发电。拉西瓦水电站是黄河上最大的水电站和清洁能源基地，也是黄河流域大坝最高、装机容量最大、发电量最大的水电站。同年，位于青海省格尔木的中国最大的光伏电站——黄河水电格尔木太阳能公园投产建成，占地面积5.64平方千米，装机规模573兆瓦，年发电量317吉瓦·时。2008年，宁夏首个750千伏工程——750千伏银川东变电站投入运行，成为西北750千伏主干网架重要组成部分，该项目被评为全国“百项经典建设工程”。

第二节　西北地区可再生能源产业发展面临的挑战

可再生能源的主要应用场景为电力的消费，而中国的电力产地大多集中于西部地区，如水电站、风电场、光伏发电等。2019年，全国发电量为75034.28亿千瓦·时，西北地区发电量为10146亿千瓦·时，占全国总发电量的13.52%，其中可再生能源的发电量占比为1/3。尽管如此，西北地区可再生能源发展仍面临着挑战。

一、西北地区各省份产业发展状态差异较大

通过西北地区可再生能源产业集聚水平的测度结果可以发现，西北地区各省份可再生能源产业发展状态差异较大。这种差异主要还是来自各省份电力结构的不同，陕西省2019年发电量为2193亿千瓦·时，其中84.84%来自火电，7.07%来自水电，4.29%来自光伏发电，3.81%来自风电（见图10-4）。甘肃省2019年发电量为1631亿千瓦·时，其中火电占比48.30%，水电占比30.42%，风电占比13.99%，光伏发电占比7.26%（见图10-5）。青海省2019年发电量为886亿千瓦·时，其中水电占比62.53%，超过总发电量的一半；光伏发电占比17.86%，火电占比12.12%，风电占比7.50%（见图10-6）。宁夏回族自治区2019年总发电量为1766亿千瓦·时，火电占比81.76%，风电占比10.51%，光伏发电占比6.49%，水电占比1.24%（见图10-7）。新疆维吾尔自治区2019年总发电量为3670亿千瓦·时，以火电为主，占比77.09%；风电占比11.26%，水电占比7.96%，光伏发电占比3.71%（见图10-8）。

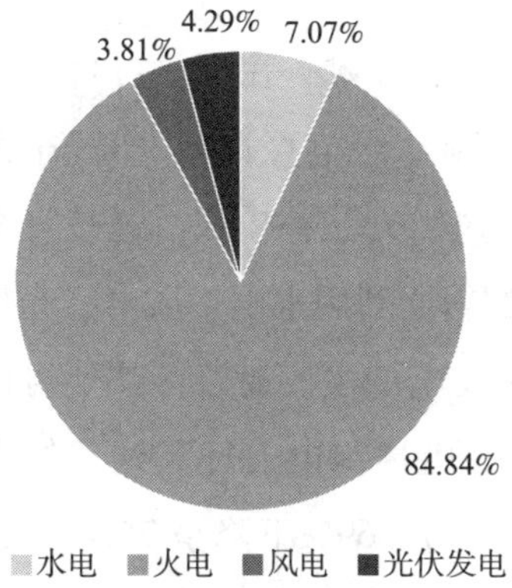

图 10-4　2019 年陕西省各类能源发电量结构

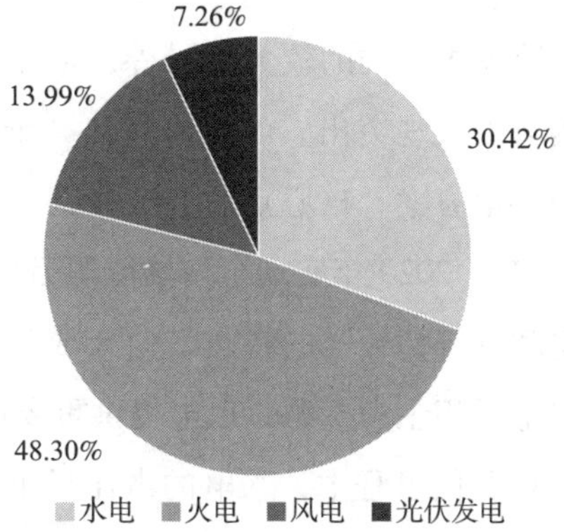

图 10-5　2019 年甘肃省各类能源发电量结构

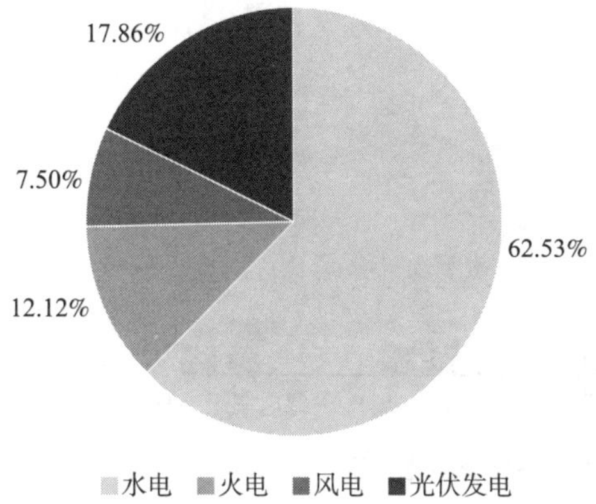

图 10-6　2019 年青海省各类能源发电量结构

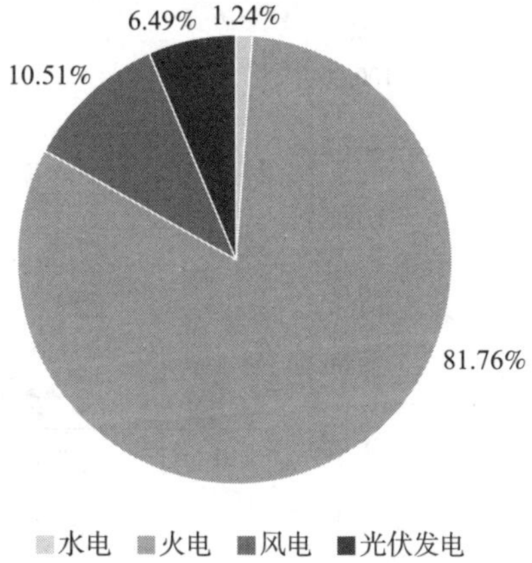

图 10-7　2019 年宁夏回族自治区各类能源发电量结构

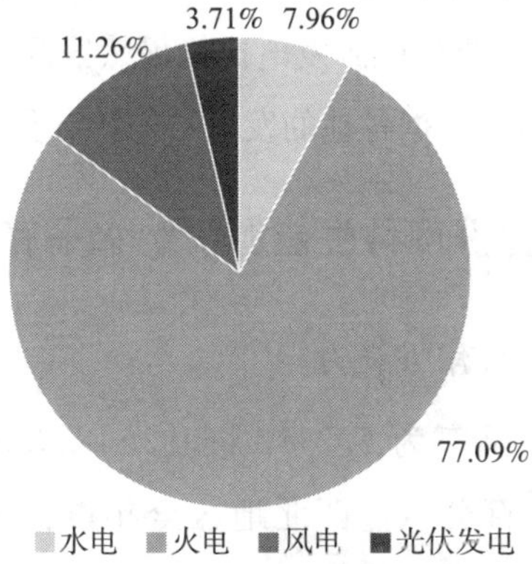

图 10-8　2019 年新疆维吾尔自治区各类能源发电量结构

除发电结构的较大差异外，近年来，青海省、甘肃省在探索可再生能源发展方面表现突出。如青海省从“绿电七日”到“绿电百日”，实践全清洁能源供电方案。核心点就在于青海省实施水、风、光互补模式，这是青海省2017年至2020年实现全清洁能源目标的内在逻辑。利用水电、风电、光伏发电之间互补性较强的特点，白天成为利用光伏发电的主要时段，其他时段则由水电承担主力电源，风电提供重要电力补充。由“绿电七日”到“绿电三十一日”的过程中，水电的占比呈下降趋势，由76.69%下降至75.09%；而风电占比呈明显上升趋势，由2.61%上升至8.57%（见图10-9）。

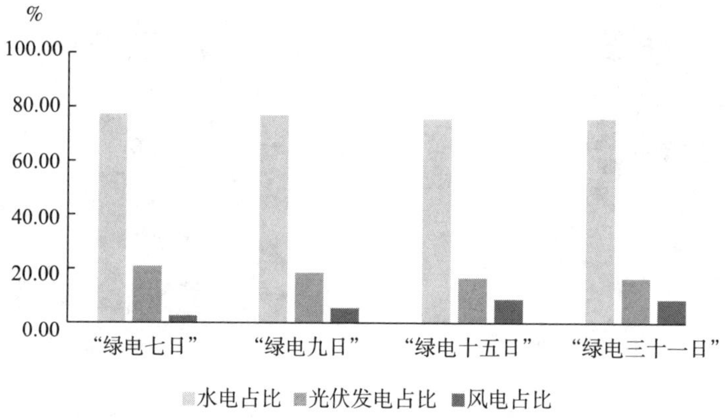

图10-9　青海省绿电实践中各清洁能源占比

以上数据充分表明，虽然西北地区总体上在能源转型中具有举足轻重的地位，但各省区差异较大，可再生能源发电比例仍然偏低，要充分发挥各省区在能源转型战略中的作用，需要依据各地的发电结构特点及态势有针对性地进行。

二、西北地区各省份可再生能源消纳水平有所区别

（一）整体消纳情况有所提升

2021年全国整体弃风率为5.2%，同比下降2.6个百分点，弃光率为5.8%，同比下降1.6个百分点。西北地区全年可再生能源弃电率为5.4%，累计弃电量132.8亿千瓦·时。

2021 年第四季度，陕西、新疆、甘肃、宁夏的可再生能源弃电情况均有明显好转，可再生能源弃电率同比分别下降 6.4%、3.8%、2.7%、0.8%。受可再生能源电源装机规模加大及电网平稳性约束等因素影响，青豫直流送出电能受限，青海省 2021 年第四季度可再生能源弃电率为 10.8%，同比上升 0.7 个百分点。2019—2021 年西北地区各省份弃光率、弃光量、弃风率、弃风量走势见图 10-10~图 10-13。

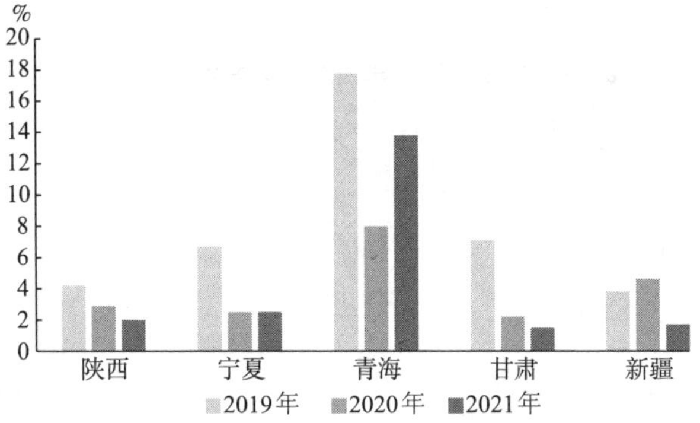

图 10-10　2019—2021 年西北地区各省份弃光率走势

资料来源：全国新能源消纳预警监测中心。

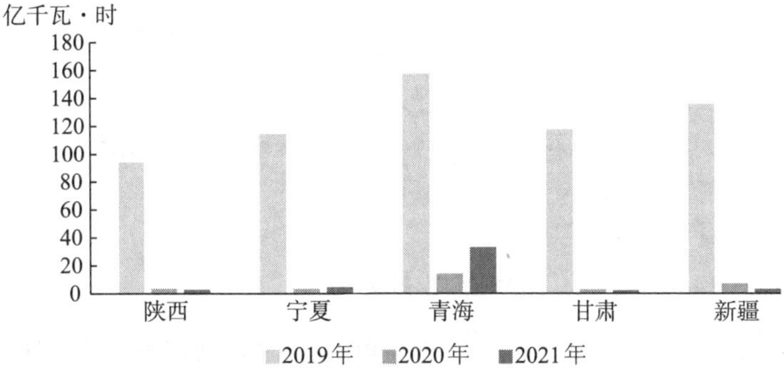

图 10-11　2019—2021 年西北地区各省份弃光量走势

资料来源：全国新能源消纳预警监测中心。

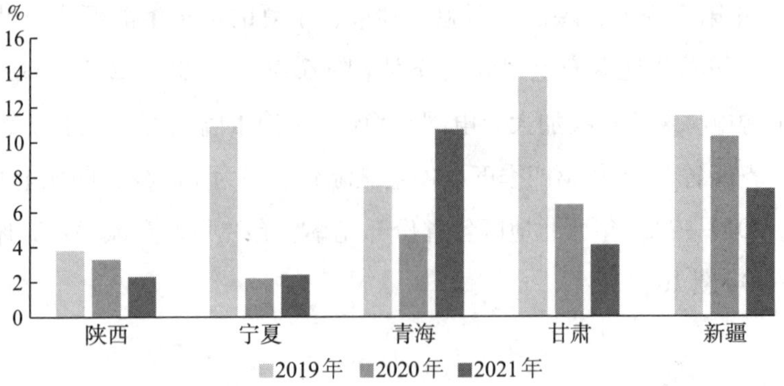

图 10-12　2019—2021 年西北地区各省份弃风率走势

资料来源：全国新能源消纳预警监测中心。

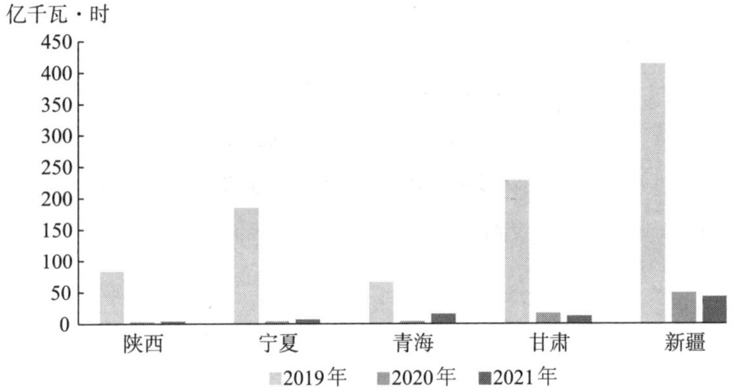

图 10-13　2019—2021 年西北地区各省份弃风量走势

资料来源：全国新能源消纳预警监测中心。

（二）区域内各省份消纳情况有所差异

2019—2021 年，陕西、甘肃、新疆可再生能源利用率有明显提升，利用情况显著好转。2021 年，陕西省累计弃光量 2.9 亿千瓦·时，弃光率为 2%，弃风量 4.1 亿千瓦·时，弃风率为 2.3%，相较 2020 年均有所下降。2021 年，陕西省风电利用率为 97.7%，光伏利用率为 98%。

从图 10-10、图 10-12 中可以看出，青海省 2021 年弃光率、弃风率相较于 2020 年均有所上升。

宁夏2021年风电利用率为97.6%，光伏利用率为97.5%，与2020年基本持平。

新疆2021年第四季度可再生能源利用率为92.3%，同比提升3%。2021年，新疆新能源发电利用率为94.0%，同比提升2.9%。新疆新能源弃电问题持续好转，一是得益于吉泉等特高压直流外送通道输电能力的提升，“疆电外送”规模不断扩大；二是新疆全社会用电量增速较快，2021年新疆全社会用电量同比增长10.8%，增速高于全国平均水平；三是新疆积极推动电采暖项目实施，同时不断扩大绿电市场化交易规模。

甘肃新能源利用率为95.5%，同比下降1%。2021年，甘肃新能源发电利用率为96.8%，同比提升1.7%。甘肃新能源弃电问题持续好转，一方面，得益于祁韶等特高压直流外送通道输电能力的提升；另一方面，甘肃省大力推进直购电交易、新能源替代自备电厂发电、清洁能源供暖和电能替代等示范工程，积极开展各类市场化互济交易，合理安排省间交易与跨区现货等措施，有效地促进了新能源消纳。

2021年第四季度，青海省风电利用率为94.8%，同比上升0.77%；光伏发电利用率为88.1%，同比下降0.8%。2021年，青海可再生能源利用率为87.3%，同比下降5.7%。一方面，2020年年底可再生能源集中并网规模较大，在本地消纳空间有限的情况下，给2021年可再生能源消纳带来较大压力；另一方面，受支撑电源建设进度滞后及电网安全稳定约束等因素影响，青豫直流输送可再生能源能力受限，制约了可再生能源消纳水平的提升。青海至河南±800千伏直流工程于2020年投产后，由于配套水电、光热滞后，可再生能源装机占比较高，送端暂态过电压成为抑制青豫直流输电能力和可再生能源消纳的主要因素。

三、西北地区各省份仍需加强电力外送通道建设

（一）各省份电力外送通道现状

中部、东部电力市场需求旺盛，会有电力短缺的情况出现，但碍于电网输送能力有限，西部富余电力不能有效送出。依托于国家“西电东输”战略，

将西部地区的富余电力通过电网通道向东部电力需求旺盛的省份不断输送，不仅解决了东部地区电力供给的问题，同时也为西部地区可再生能源消纳水平的有效提升做出了贡献。各省份近年来依据自身实际资源状况与电力产能，不断加强电力通道建设，形成了符合自身特点的电网输送结构。

1. 陕西优化内网，强化外送通道建设

陕西电网处于“西电东送”和连接西北、华中、华北电网的枢纽地位。陕西电网通过 4 回 750 千伏线路与甘肃电网相连，陕西电网 750 千伏“关中双环”在关中地区形成了环形主网架，并向北延伸至陕北地区，在全网形成了“两纵双环”750 千伏主网架。通过 ±500 千伏德宝直流与西南电网互联，通过 330 千伏交流至河南灵宝直流背靠背与华中电网联网。2017 年，陕西建成首个“陕电外送”特高压输电工程，实现了陕北能源跨省大范围、大规模、大容量、高效率优化配置。2017 年 8 月，±1000 千伏榆横—潍坊特高压输电工程正式投入运营，陕西电网进入特高压时代。

2021 年 8 月，陕北至湖北 ±800 千伏特高压直流输电工程启动送电。陕北—湖北工程是“西电东送”“北电南供”的能源大通道。该项目北起陕西省榆林市陕北换流站，南至湖北省武汉市武汉换流站，途经陕西、山西、河南、湖北四省，线路全长 1127 千米，总投资 185 亿元，设计送电能力 800 万千瓦。该工程研发使用了具有自主知识产权的特高压套管，提升了我国特高压输电线路国产化水平。陕北至湖北 ±800 千伏特高压直流输电工程年可输送电量 400 亿千瓦·时，实现工业产值约 120 亿元，将陕西省电力外送能力由 1024 万千瓦提高至 1824 万千瓦，对加快陕西省经济高质量发展、保障全国能源安全具有重大意义。

2. 宁夏三大通道提升可再生能源消纳能力

2020 年，宁夏电网通过直流外送通道“打捆”外送可再生能源达到 31.32 亿千瓦·时，相较 2019 年增长了 46.22%。宁东至山东 ±660 千伏直流输电工程（银东直流）、宁东至浙江 ±800 千伏特高压直流输电工程（灵绍直流）、内蒙古伊克昭至山东临沂 ±800 千伏特高压直流输电工程（昭沂直流）三条宁夏电网外送大通道大大提升了宁夏的可再生能源消纳水平。

银东直流于2010年建成投运，这是宁夏电力大规模外送的第一条通道，也是世界上首个±660千伏电压等级的直流输电工程，输电线路西起宁夏银川东换流站，东至山东青岛胶东换流站，途经宁夏、陕西、山西、河北、山东五省区。通过银东直流输送至山东的电力占山东“外电入鲁”的40%。

灵绍直流建成投运于2016年，是灵州—绍兴±800千伏的特高压直流输电工程，途经宁夏、陕西、山西、河南、安徽、浙江六省区，输电距离约为1720千米。灵绍直流是“国家大气污染防治行动计划12条”重点输电通道项目中首个投运的特高压直流输电工程，每年可向浙江输送电量500亿千瓦·时，满足浙江全省1/6的用电需求。作为“西电东送”的大动脉，灵绍直流工程长时间保持7200兆瓦大负荷稳定运行，累计输送电量2064亿千瓦·时，所输送的可再生能源电量相当于节省标准煤6192万吨，减排二氧化碳1.75亿吨，相当于种植超过46.9万公顷的森林。

2018年，宁夏750千伏沙湖输变电工程正式投入运行。该变电站是内蒙古伊克昭至山东临沂±800千伏特高压直流输电工程的重要组成部分，标志着宁夏电网将进入750千伏主网架双环网新时代，构成了宁夏第三条电力外送大通道，同时扩大了宁夏新能源外送的规模。目前，沙湖750千伏变电站外送负荷已突破400万千瓦，日送电量达到9600万千瓦·时。截至2018年，宁夏电网已经形成了750千伏银川东、沙湖、贺兰山、杞乡、黄河、太阳山、六盘山等8座750千伏变电站。宁夏电网一张“A”字形输电网络逐步形成，形成以750千伏双环网为骨干、各电压等级协调发展、覆盖全区的交直流混联坚强智能电网。

3. 甘肃内外齐发力，电网结构不断强化

甘肃酒泉风电基地是国内首个千万千瓦级风电场，自2007年以来，甘肃可再生能源装机发展迅猛，同时甘肃电网也得到快速发展，目前已经形成典型的送端电网。甘肃电网位于西北电网中心，是“西电东送”战略的重要输送走廊。从西北地区网架结构看，甘肃处于“四室一厅”的中间位置，与周边陕西、青海、宁夏、新疆间已形成18回750千伏、9回330千伏高压交流输电线路联网，电力交换能力达到1600万千瓦·时，输电能力由2016年的

1400 万千瓦提高到 2022 年的 2300 万千瓦，形成了东联陕西、北通宁夏、西接青海、西北延至新疆的电网结构。

目前，甘肃可以利用的外送通道主要有 8 个，形成向华东、华中为主的外送通道网。一是通过祁韶直流点对点送湖南。800 千伏祁韶特高压直流输电线路是“甘电入湘”的大通道，2020 年 12 月全负荷运行，日均输送电量近 1 亿千瓦・时。祁韶直流起于祁连换流站，止于韶山换流站，途经甘肃、陕西、重庆、湖北、湖南五省市，可再生能源送点占比超过 40%。2017 年该工程投运后，受稳态过电压限制，输送能力为 340 万千瓦・时，经过配套两台调相机投运，火电投运等方式增容后，最终达到额定的 800 万千瓦的输送能力，年输送电能 600 亿千瓦・时。二是借道新疆天中直流送河南。三是通过宁夏灵绍直流送浙江。四是通过宁夏银东直流外送山东。五是通过昭沂直流（内蒙古—山东）外送山东。六是通过灵宝、德宝直流送华中。七是通过甘青联络线外送青海。八是通过柴拉直流外送西藏。

4. 青海加快建设清洁能源输送通道

“十三五”期间，青海省电网发展进入历史新纪元。青海省建成的世界首条近 100%输送清洁能源的特高压通道具有划时代意义。此外，还建成了海西至塔拉双回线路、郭隆 750 千伏输变电等 14 项重大工程，形成 750 千伏东部、南部环网结构，西部链式结构，省际断面受电能力提升 260 万千瓦，海西至主网断面提升 190 万千瓦。330 千伏基本实现州府所在地全覆盖，大部分地区形成双环网或双链式结构，供电能力和可靠性大幅提升。

2020 年 12 月，±800 千伏青海—河南特高压直流输电工程（青豫直流）全面竣工投运，是我国“西电东送”的标志性工程，是一条专为清洁能源外送建设的特高压通道。青豫直流全长 1563 千米，最大输送功率 800 万千瓦，年输送清洁电能 400 亿千瓦・时，途经青海、甘肃、陕西、河南四省，总投资 226 亿元，目前已建成青海海南、河南驻马店两座换流站。

“十四五”时期，青海省还将继续加强省际电网互联互通，加快构建省内坚强骨干电网。发挥青海与周边省区之间互补的优势，加强省际电网互联，建成青海郭隆至甘肃武胜第三回 750 千伏线路。根据第二条特高压外送通道构建方案和建设时序，适时推进羚羊至若羌双回 750 千伏线路，实现青海与新疆的电网互联。

5. 四大外送通道保障“疆电外送”

新疆是我国重要的能源基地，围绕国家“三基地一通道”战略定位，开启了“疆电外送”重大工程。“疆电外送”工程自启动以来，通过 4 条电力外送通道累计向 20 个省份输送电量 5037 亿千瓦·时。来自新疆的电力东到上海、北至北京、南达广东，新疆成为我国“西电东送”能源战略布局的重要基地之一，有效缓解了我国能源资源与电力需求地理分布呈逆向不均衡这一客观现实。在外送电量中，可再生能源电量外送占比达到 27.35%，这些新能源电相当于我国少燃烧标准煤约 4100 万吨，减排二氧化碳约 11000 万吨、二氧化硫 35 万吨、氮氧化物 30 万吨，助力了我国能源绿色低碳转型。

新疆的第一条电力外送通道——哈密—敦煌 750 千伏输变电工程于 2010 年 11 月建成投运，实现了新疆与全国电网互联互通，结束了新疆孤网运行的历史。2013 年 6 月，新疆与全国联网 750 千伏第二通道建成投运，线路西起新疆哈密，途经敦煌，东至青海格尔木，成为新疆哈密、甘肃酒泉、青海柴达木地区煤电、风电和光伏发电的重要外送通道，也推动了能源资源实现更大范围消纳。2014 年 1 月，天中±800 千伏特高压直流输电工程投运，“疆电外送”第三通道建成。天中直流工程是国家实施“疆电外送”的首个特高压输电项目，也是将大型火电、风电基地电力“打捆”送出的首个特高压工程。工程起点位于哈密南部能源基地，终点在河南郑州，每年可向河南提供超过 400 亿千瓦·时的电量。2019 年 9 月，吉泉直流±1100 千伏特高压直流输电工程投运，建成“疆电外送”第四通道，起点位于新疆昌吉回族自治州，终点位于安徽宣城市，途经新疆、甘肃、宁夏、陕西、河南、安徽六省区，将新疆电能输送至华东地区用电负荷中心。这是世界上电压等级最高的电线，也是输电容量最大的电线。截至 2020 年 5 月，准东—皖南工程向华东输送电能 330 亿千瓦·时，相当于 1056 万吨标准煤，缓解了华东能源供应不足的难题。

得益于“疆电外送”的实施，新疆电网已经形成了“内供四环网、外送四通道”的主网架格局。截至 2020 年 6 月，新疆电网装机从 1405 万千瓦到如今的 9208 万千瓦，同比增长 6.5 倍。电源装机的持续增长，电网规模的不断扩大，也给“疆电外送”四通道的运维管理带来了巨大挑战，新疆特高压直流输电通道未达到设计输电能力，利用率还有待提升。

（二）跨省份电力输送通道面临的问题

跨省份、跨区域电力输送成为提高西北地区富余电力消纳、缓解东部较高用电需求的重要方式。2016—2020 年，西北区域向全国其他区域输送电量持续增长。2020 年，西北地区跨区域输送电量 27669180 万千瓦·时，相较 2019 年跨区域输送电量提升了 37%。输送区域以华东地区为首，输送电量 9378589 万千瓦·时，占西北地区跨区输送量的 33.9%。其次为华中地区，输送电量 7613485 万千瓦·时，占比 27.52%。最后是华北地区（见图 10-14）。2020 年，宁夏跨省输送电量 10871084 万千瓦·时，为西部地区跨省份输送电量的首位，输送电量占全国输送电量的 7.09%。其次为新疆，输送电量 9599769 万千瓦·时，占全国输送电量的 6.26%。甘肃输送电量 7873207 万千瓦·时，占全国输送电量的 5.13%；陕西输送电量 6040000 万千瓦·时，占全国输送电量的 3.94%；青海输送电量 2728866 万千瓦·时，占比 1.78%（见图 10-15、图 10-16）。

无论是跨省份输送电量还是在全国发电量中的占比，西北各省份都呈连年增长的趋势，可见西北地区在全国电力市场中占据着重要地位。

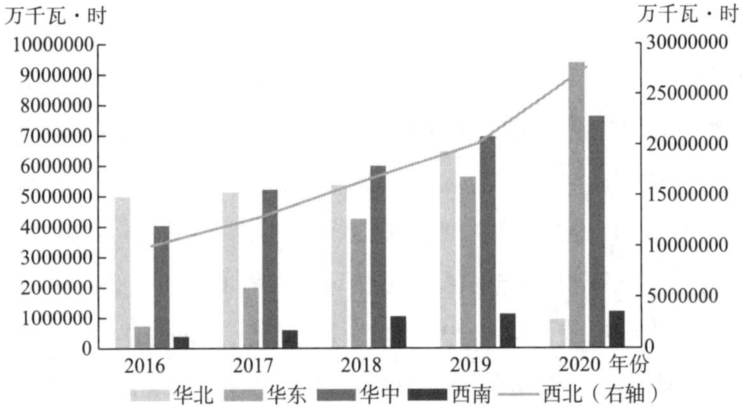

图 10-14　2016—2020 年西北地区跨区域输送电量

资料来源：《中国电力年鉴》（2017—2021 年）。

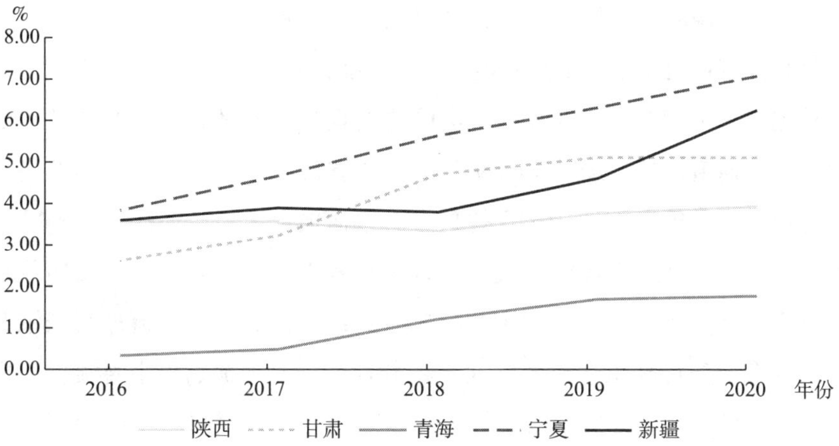

图 10-15　2016—2020 年西北地区各省份跨省份输送电量比率走势

资料来源：《中国电力年鉴》（2017—2021 年）。

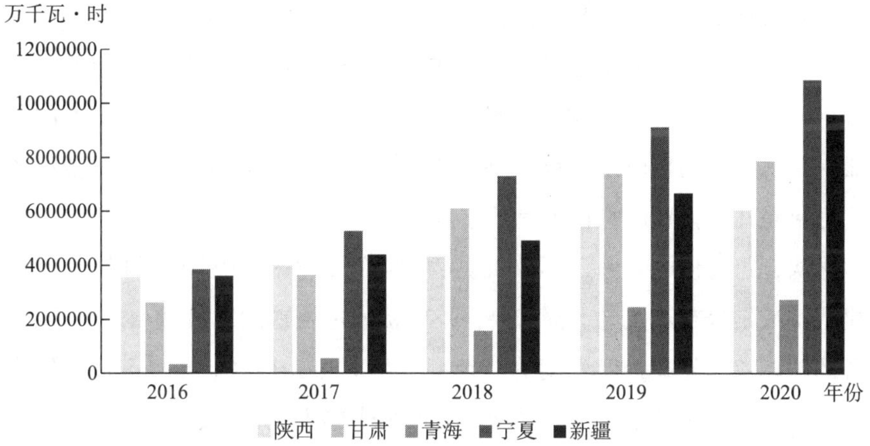

图 10-16　2016—2020 年西北地区各省份跨省份输送电量走势

资料来源：《中国电力年鉴》（2017—2021 年）。

在跨区域、跨省份电量均有所攀升的背景下，提高跨区域、跨省份电力输送能力就成为当前需要解决的主要问题。从电力产业链视角出发，上游为电源侧，中游为电力输送，下游面对用电企业。上游电源侧近年来发展迅猛，虽然其中经历了严重的产能过剩，但随着电力市场的持续改革和相关政策体制的完善，电源侧的发展基本已符合当前的主要市场需求。中游电力输送通道建设是提升可再生能源电力消纳能力的重要渠道。

首先，通过对西北地区各省份电网建设现状的梳理，可以发现各省份之间电力输送通道输送途经地有所交叉，以各省份地方为输送起点的特高压直流输电通道数量仍有不足。陕西省只有 1 条榆横至潍坊特高压线路；甘肃省只有 1 条祁韶特高压直流输电线路；青海省有 1 条青豫直流；宁夏回族自治区则有 2 条特高压直流输电通道，分别是灵绍直流、昭沂直流；新疆维吾尔自治区共有 2 条特高压直流输电通道，分别是吉泉直流、田中直流。由此可见，在提高外送能力方面，继续加强外送通道建设仍是可再生能源消纳水平提升的重要任务。

其次，电力外送需要超高压甚至是特高压来输送，特高压是由 1000 千伏及以上交流和±800 千伏及以上直流输电构成的，是目前世界上最先进的输电技术，具有远距离、大容量、低损耗、占地面积小的综合优势。从上下游产业链来看，特高压产业链包括电源、电工装备、用能设备、原材料等。安全提高电压等级是当前提高输电容量、提高输送距离、提升电网稳定性的重点及难点，因此特高压输电线路的建议尤其重要，对特高压技术、资金设备的投入也更是几何倍数的，技术提升才是关键。

再次，跨省份电力输送不仅仅是输送而已，关键问题在于并网。无论是集中式抑或是分布式发电，都需要将发电接入电网或用电负载上。电网越大，资源的调控效率越高，但调度的复杂度也相对加大，对电网稳定性的要求也随之提高，当稳定性不足时，电网瘫痪所带来的损失也更加难以承受。因此，提高电力调度能力，建设有效的输电线路，对提升能源消纳水平至关重要。

最后，外送电力中可再生能源输电量比例仍需提高。随着新疆送安徽的 1100 千伏线路和青海至海南和陕北至湖北的 800 千伏高压输电线路投运，西北区域外送电力能力再次提升。虽然伴随外送通道建设的不断加强，西北各省份外送能力再上新台阶，但其中可再生能源输电量仍然有限。

表 10-2 显示，西北地区的部分特（超）高压线路输送路线可再生能源能源输送量有下降的情况出现，且部分占比略低。因此，合理利用特（超）高

压线路输送路线将推动甘肃、新疆、青海的电能送往东部发达省份，从而实现能源从空中流通的目标。

表 10-2　2020 年特（超）高压线路输送电量情况

序号	线路名称	年输送量/（亿千瓦·时）	可再生能源/（亿千瓦·时）	可再生能源占比/%	占比同比/%
1	榆横至潍坊特高压	247.1	0.0	0.0	0.00
2	天中直流	408.6	166.2	40.7	-9.50
3	灵绍直流	498.3	85.3	17.1	-9.20
4	祁韶直流	224.6	61.4	27.3	-3.60
5	青豫直流	34.1	34.1	1.0	—
6	昭沂直流	286.2	135.9	47.4	0.20
7	吉泉直流	439.6	80.5	18.3	0.59

资料来源：《2020 年度全国可再生能源电力发展监测评价报告》。

第三节　西北地区可再生能源的发展思路

西北地区可再生能源资源禀赋优渥，地广人稀，同时具有较为丰富的矿产资源。在其资源禀赋的基础之上，保障并网和消纳是推动行业高质量发展的重要方式之一。可再生能源除加大电源侧的发展，继续加快符合新时代能源转型要求的能源基地建设外，还应完善可再生能源产业配套，提升可再生能源输送通道建设，完善电力市场交易制度。产业基础发展与制度、技术拉动齐发力，共同提升可再生能源消纳水平，提高可再生能源利用率。

一、夯实基础，加强可再生能源基地建设

以西北地区各省份自然条件为基础，进一步夯实基础设施建设，加快建设可再生能源基地，保障可再生能源供应安全。“十四五”期间，西北地区以优渥的可再生能源资源禀赋，具备了大型可再生能源基地建设的基础条件。“十四五”规划中提出建设九大清洁能源基地，其中 4 个能源基地建设在西北地

区（见表 10-3）。

表 10-3　西北地区清洁能源基地

基地类型	基地名称	省份
风光火储一体化基地	黄河几字湾清洁能源基地	宁夏
	河西走廊清洁能源基地	甘肃
风光水储一体化基地	黄河上游清洁能源基地	青海
风光水火储一体化基地	新疆清洁能源基地	新疆

表 10-3 清晰地显示出规划的清洁能源基地是以光伏发电、风电为主要可再生能源类别，全链条布局可再生能源产业，进一步打造风光火储一体化基地。围绕“光伏+储能”、“光伏+光热”、风光水储、源网荷储基地建设，继续扩大可再生能源装机规模，形成多种能源高效互济、智能协同、灵活调控的装机格局，基本建成国家清洁能源产业高地。加强电源侧建设，有效提升装机规模，发展全产业链，进而提高可再生能源产业集聚水平，推动可再生能源向高质量水平前进。

二、优化电力输送结构，充分利用现有通道

各省份从地形地貌自然条件出发，尽力优化主电网结构，在平衡省份内可再生能源电力输送的同时，提高电力富余地区向中东部负荷中心送电能力，稳步推进高压、特高压通道建设。尤其是特高压电力通道具有高技术水平、高施工建设要求等特点，特高压直流换流变压器的一些关键原材料、核心组部件仍依赖进口，存在技术“卡脖子”的风险。在能源科技创新方面，还需要各级主体的支持与投入。特高压直流技术是当前电力输送通道的主力军，研究可再生能源发电支撑特高压直流技术方案，强化送受端电网强度与结构，提高稳定限额，通过技术改造持续提升祁韶直流通道输送端和受电端的电网构架，实现“送端有能力”“受端有途径”，切实发挥祁韶直流通道尽快达到额定出力作用。将分布式调相机应用于可再生能源发电侧，因为它是促进光伏、风电等新能源消纳，保障新能源外送通道稳定性，提升电网电能质量的关键设备，被誉为新能源电网的“稳定器”。2021 年 11 月，在青海海南州千

万千瓦级新能源基地，随着首批 11 台新能源分布式调相机全部投入使用，世界最大规模的新能源分布式调相机群正式形成，可带动当地新能源消纳能力提升 185 万千瓦，这也是世界上首次探索在电源侧大规模安装的分布式调相机。

三、加快电力市场化改革，健全市场交易机制

电力市场化改革，就是要还原电力的商品属性，充分尊重和保护发用电市场主体地位和权利。2021 年，全国市场交易电量保持快速增长势头，中长期交易电量同比增长超过 20%，其中省份内电力直接交易占全国电力市场中长期电力直接交易量的 93. 8%，省份间电力交易占 6. 2%，可见省份间交易规模仍有很大提升空间。

跨区输电是提升可再生能源消纳、强化区域资源互补的重要渠道，有助于消纳西北省份富余电力，缓解东部地区用电负荷，无论送端还是受端省份都将是双赢。但出于保护本省份经济或发电企业利益的考虑，往往不会轻易接收外输电力，人为地阻碍了跨区输电，形成了省际间壁垒。从资源经济性角度看，跨区输送的可再生能源电力价格通常要低于本地的标杆电价，在市场化的竞争中有明显的成本优势。

为保障并网与提升消纳，利用国家规划建设的有利契机，结合各地电网特点，打破区域界限，强化省级政府间合作。一方面，要继续完善电力中长期交易、现货交易等市场机制，推进双边协商、集中竞价、挂牌、现货等电力交易。另一方面，主动加强与周边省份等相关方面的沟通衔接，发挥跨区输电的经济性优势，利用周边省份的特高压直流外送工程，将区域内富裕的可再生能源电力输送到电力负荷地区，不断开拓电力外送消纳市场。

在电力市场改革方面，按照“政府推动、市场运作”的原则，持续推进售电侧改革，鼓励有能力的发电企业自建或购买调峰能力增加并网规模，不断完善电力优化配置的市场化机制和价格机制。以市场化的方式促进可再生能源更大范围的消纳，逐步促进省份内电力现货与可再生能源剩余产量跨省区现货交易的融合，缓解可再生能源弃风弃光限电问题。

四、重视国际能源合作，提高可再生能源建设能力

最大化利用新疆在丝绸之路经济带建设中的地位，利用新疆在向西开放的总体格局中的位置，重视国际能源合作，丰富能源合作的载体，构建面向中亚、西亚等地区更大范围、更宽领域、更深层次的能源合作新格局，进而提升可再生能源的外送能力以及可再生能源产业链条的延伸能力，以确保产业的健康可持续发展。2021 年召开的中国新疆与中亚国家新能源合作线上国际论坛提到，新疆在可再生能源产业发展方面具有禀赋优势、区位优势等，未来中国新疆与中亚五国可充分发挥各自优势和潜能，聚焦利益契合点，加强新能源领域的投资合作，推动能源向绿色低碳转型，携手打造“绿色丝绸之路”。

2014 年，国家能源局公布了第一批 89 个新能源示范城市（产业园区）名单，新能源示范城市（产业园区），是指在城市（产业园区）区域能源发展中充分利用当地丰富的可再生能源，使可再生能源在能源消费中达到较高比例或较大利用规模的城市（产业园区）。其中西北五省区共 12 个城市入选，分别为陕西省榆林市、西安市，甘肃省敦煌市、金昌市、武威市，青海省格尔木市、海南藏族自治州，宁夏回族自治区银川市，新疆维吾尔自治区吐鲁番市、喀什市、库尔勒市及新疆生产建设兵团北屯市（见表 10-4）。

表 10-4　部分新能源示范城市（产业园区）名单

序号	省份	示范城市名称	2015 年	
			替代能源量/万吨标准煤	占城市（市区、产业园区）能源消费比例/%
1	陕西省	榆林市	48.0	10.4
2		西安市	212.0	6.4
3	甘肃省	敦煌市	21.0	27.0
4		武威市	35.0	8.0
5		金昌市	85.9	12.5
6	青海省	格尔木市	120.0	12.0
7		海南藏族自治州	27.4	18.2

续表

序号	省份	示范城市名称	2015 年	
			替代能源量/万吨标准煤	占城市（市区、产业园区）能源消费比例/%
8.0	宁夏回族自治区	银川市	84.0	7.0
9	新疆维吾尔自治区	吐鲁番市	0.6	33.0
10		喀什市	19.0	9.0
11		库尔勒市	10.0	9.0
12	新疆生产建设兵团	北屯市	10.0	12.9

2015 年 4 月敦煌市获批开展“中德新能源示范城市建设合作项目”。该项目由德国国际合作机构向敦煌市提供建设新能源城市所需的国际资源与智力支持。在该项目框架下，敦煌市展开了新能源城市建设的评估与研究工作，完成了《敦煌市综合能源规划方案》，提出了实现 100%可再生能源电力、热力和交通燃料的不同情景，并给出实施方案。

五、着重区位优势，提升电网调峰能力

“双碳”目标下，风光水火储的一体化模式是当前能源发展的主要趋势，在此基础上，西北各地区一定要注意结合各类可再生能源电源的特点进行发展。可再生能源的波动性与间歇性会增加电力系统的不稳定性，尤其是风电、光伏发电，本质上依赖自然气候，发出的电力是不能依据需求方调整的，因此，可再生能源的接入对电力系统的调峰灵活性提出了更高的要求。

由图 10-17 至图 10-21 可以明显看出，不同地区的电力日负荷曲线有较大区别，因此，提升电力系统的调峰能力，不仅要了解本地区的用电特点，还要注意外送的电力负荷波动，在日内灵活性挑战的基础上，还应关注灵活性需求的季节性特征。提升调峰能力需要依靠提高现有火电机组的灵活性，提高风电、光伏发电等可再生能源电力输出曲线的预测精确度以及发展大规模储能技术。煤电、天然气和水电机组是目前我国电力系统灵活性的主要提供者。煤电是现阶段西北地区电力调峰的首要来源，在机组灵活性方面仍有进行技术改进的空间。大规模发展储能技术不仅可以提高电网稳定性及电网

调峰能力，解决电源发电和用户侧负荷不匹配的问题，还有助于增强西北地区电力向外输送的稳定性和能力。目前，我国以抽水储能、电化学储能为主要方式，就西北地区而言，气候干旱、降水量较小，因此不能依赖抽水储能，需要发展多种储能技术，相互补充，共同发展。西北地区可以考虑发展电化学、储热、氢能等多种新型储能方式，这三种新型储能方式各有特点及优势。电化学储能以锂离子电池为主，在电网调频、短时间跨度调峰方面更能满足电网需求；而氢能是最灵活的长时间跨度储能形式，若与储热一同使用，会更适应较长时间跨度的调峰需求。

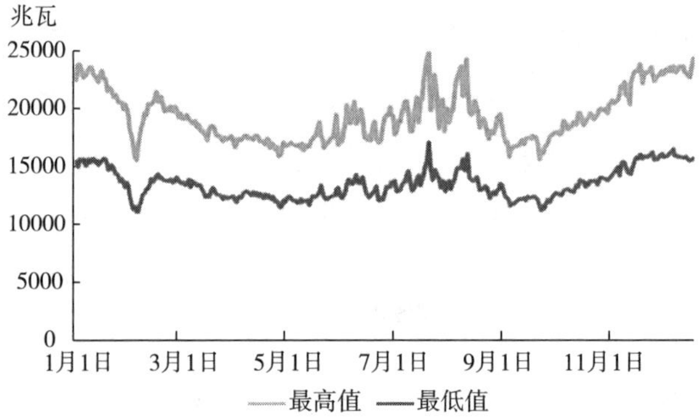

图 10-17　2020 年陕西省全年日最高、最低典型负荷曲线

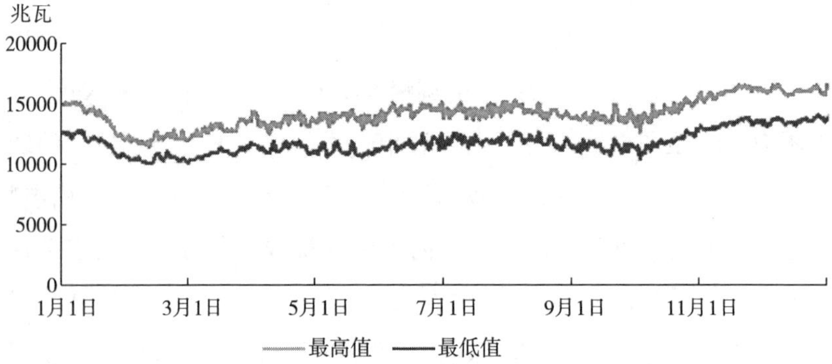

图 10-18　2020 年甘肃省全年日最高、最低典型负荷曲线

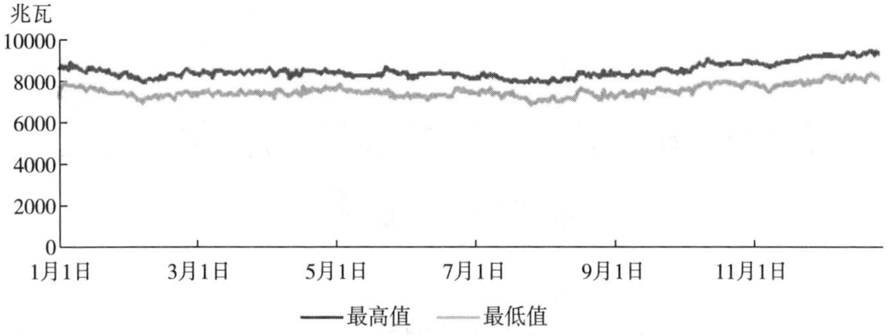

图 10-19 2020 年青海省全年日最高、最低典型负荷曲线

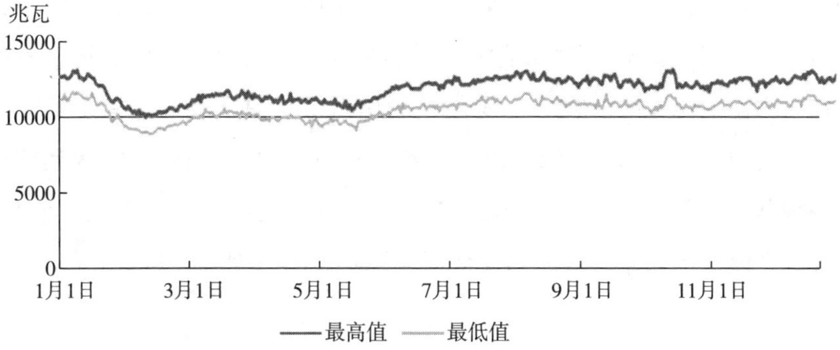

图 10-20 2020 年宁夏回族自治区全年日最高、最低典型负荷曲线

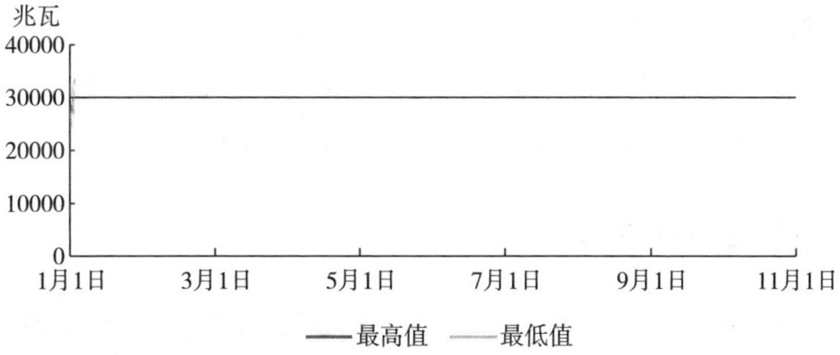

图 10-21 2020 年新疆维吾尔自治区全年日最高、最低典型负荷曲线

第十一章　能源革命视角下的西北地区能源发展路径

2020 年以来，受新冠肺炎疫情冲击的影响，全球经济运行缓慢，新的经济增长点并未显现。中国发挥集体制度的巨大优势，顺利进行复工复产，双循环格局的建立在一定程度上保障了国内需求的进一步发展，电力需求也得到保障。围绕“十四五”时期能源发展的主要目标与任务，西北地区各省份必将在可再生能源发展、化石能源高效利用以及构建新型电力系统等方面下大力气，肩负关系国家民族未来发展的重任。基于西北地区的资源禀赋与产业发展现状，需要充分结合当地经济发展优势与短板，以创新性、前瞻性、科学性、系统性的思维来谋划西北地区能源发展的功能布局和示范布局。

第一节　西北地区能源发展政策重点

通过对各省份发布的“国民经济和社会发展第十四个五年规划和 2035 年远景目标纲要”的梳理分析发现，西北各省份均对能源保障及发展做出了安排，“十四五”期间各省份的能源主要政策将围绕以下几点。

一、以保障能源安全为首要任务

中国能源具有“多煤、少油、贫气”的资源禀赋特征，同时具有较高的对外能源依赖度，石油进口依赖度超 70%，天然气进口依赖度超 40%，因此，西北地区作为中国重要的能源战略阵地，保障能源安全与能源供应始终是第一位的。在各省份的“十四五”规划中，均提出统筹煤炭、电力、油气生产开发，提升多元能源供应保障能力，持续增强煤炭储备能力，有序推进先进煤矿建设，促进煤炭集约优化开发，进一步大力发展清洁能源，提升清洁能源开发规模与配套设施。

二、加快建设国家重要的清洁能源基地

发挥国家清洁能源基地的重要带动作用。以能源资源富集和产业基础为优势，依托中国科学院等科研机构的技术优势，打造政产研学用创新全链条体系。一方面，推动传统化工向清洁化、高端化升级。聚焦化石能源清洁高效开发利用与耦合替代、可再生能源多能互补与规模应用、低碳化智能化多能融合与区域示范，积极创建以能源技术革命为引领、以多能融合为特征、以能源生产消费和体制改革为抓手的国家级能源革命创新示范区。另一方面，加快清洁能源开发，打造风光水储多能互补、源网荷储一体化清洁能源基地，完善可再生能源消纳机制，促进更多就地就近消纳转化。推进储能项目建设，加强储能工厂、抽蓄电站、光热、氢能、电化学储能等技术创新应用，统筹发电侧、电网侧储能需求，不断扩大共享储能市场化交易规模，研究建立储能市场体制机制，探索制定储能技术标准，建设全国储能发展先行示范区。

三、持续加强生态环境保护

深入打好污染防治攻坚战，健全环境基础设施，实施水、土、气综合治理，推进多污染物协同控制和区域协同治理。加强工业污染源整治，推动工业污染源全面达标排放，从源头上降低污染排放；实施清洁能源行动计划，加快城乡接合部、农村民用和农业生产散烧煤的清洁能源替代；加强空气质量监测，提升重污染天气应对能力；加强工业、农业、生活污染源和水生态系统治理及生活垃圾处理；加强环境风险防控，强化常态化生态环境风险管理，严控核辐射、重金属、尾矿库、危险废物、有毒有害化学物质等重点领域的环境风险，持续推进生态环境监测网络建设。

第二节　西北地区能源发展路径

一、找准定位，走出西北特色的能源发展道路

未来，西北地区的能源发展必须结合各省份能源结构特点，找准定位，走符合西北各省份特色的能源发展之路。基于现有能源产业的发展状态，继续挖掘传统产业发展特点，发展“能源+数字”的新业态。在国家数字化战略的指导下，推动数字能源产业化、能源产业数字化，依托原有产业，积极打造“能源+数字”的新业态。充分发挥数字要素的跨时空优势，优化能源产业结构，利用大数据拉长传统能源产业链，发展能源化工产业新天地。为能源产业数字赋能，让能源产业智能化，用数字技术使能推进能源系统的智能化演进。例如，数字化转型是煤化工产业高质量发展的必然选择，陕西中煤榆林能化公司通过推动生产技术与数字化技术的深度融合，生产效率不断提高，节能降耗效果也十分显著。与此同时，借力“飞地经济”之势，吸纳其他区域发展优势，打破区划限制，以国务院最新批准的各类开发区为主要载体，在平等协商、自愿合作的基础上，形成生产要素的互补和高效利用，合作建设开发各种产业园区，实现互利共赢的区域经济发展模式。

二、围绕能源产业服务对象，融入国家战略政策

围绕能源服务对象，充分利用国家战略政策红利，形成一批有发展前景的新产业，推动国内需求的增长，进而提高电力需求。例如，作为中欧班列的必经区域、“丝绸之路”经济带核心区，新疆具有独特的对外开放优势。面对“一带一路”倡议的相关政策要求，发挥“一带一路”沿线省份互联互通的作用，创造能源对外合作的新机遇，深化能源国际合作，形成中亚能源合作大通道。除此之外，甘肃、青海、宁夏、陕西均是黄河流经的省份，结合我国黄河流域高质量发展的相关要求，以绿色生态为核心的环保产业必然成为发展趋势。推进能源绿色低碳转型是实现黄河流域生态保护和高质量发展

的关键。绿色低碳产业的发展，必然是以绿色低碳科技创新为突破口，加强化石能源与可再生能源的耦合协调性，发展新型能源产业，助力黄河流域省份的高质量发展。与此同时，发展绿色生态农业，也是黄河流域省份高质量发展的重要部分，从而形成一体化的“风光鱼林”发展模式，围绕绿色农业还可以发展形成特色生态旅游业，这都是西北地区能源发展与国家发展融为一体的方向与渠道。

三、加强顶层设计，化石能源与可再生能源耦合协调发展

在着力构建新发展格局的背景下，中国将继续坚定不移地推进能源革命，加快构建清洁低碳、安全高效的能源体系。西北地区在中国能源发展进程中具有特殊地位，其不仅是工业发展的能源供给保障，更面临着“双碳”目标能源转型的大考验。西北地区未来能源发展的道路，必须以“一体化”姿态，加强顶层设计，着力能源基地建设。在能源革命的推动下，以能源基地建设为抓手，发展化石能源的降碳减排与可再生能源的大力前进的协同模式。化石能源的清洁高效利用与可再生能源大规模发展是中国能源革命推进的双重迭代路径。化石能源的清洁高效利用离不开可再生能源的参与，如前文中提到的，高碳排放物的再提炼需要可再生能源，另外，可再生能源高质量发展需要化石能源的调配。因此，更需要科学合理的顶层设计统筹区域能源资源调配，促进区域能源革命的实施，加快提升国家能源安全保障能力和气候变化应对能力。

第四篇

能源革命视角下的华东地区能源发展战略研究

第十二章　华东地区能源禀赋状况研究

华东地区包括上海、江苏、浙江、安徽、福建、江西、山东六省一市。该地区自然环境条件优越，物产资源丰富，商品生产发达，工业门类齐全，是中国综合技术水平最高的经济区。华东地区总面积 83. 43 万平方千米，占全国总面积的 8. 7%；2020 年年末总人口 3. 93 亿人左右，占全国总人口的 28%；2020 年 GDP 生产总值 38. 74 万亿元（见图 12-1），占全国 GDP 总值的 38. 4%。

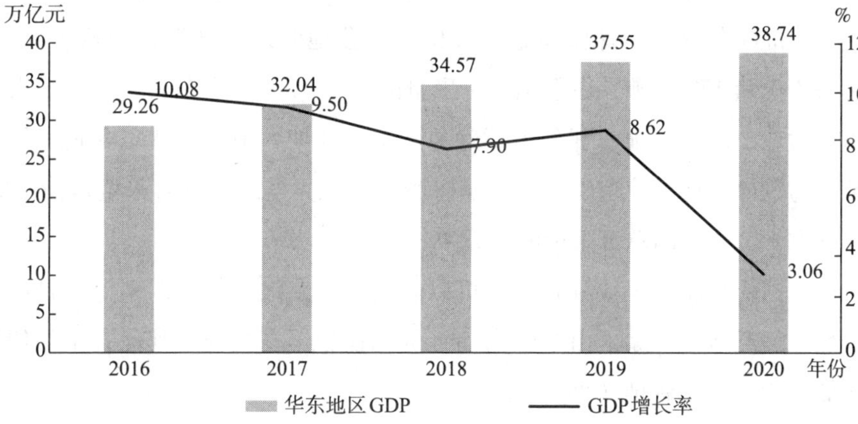

图 12-1　“十三五”时期华东地区 GDP 增长趋势

与经济高速增长相伴随，华东地区能源消费量也呈现出不断攀升的趋势，2020 年华东地区能源消费总量为 11. 76 亿吨标准煤，约占全国能源消费总量的 23. 6%。由于能源消费总量维持高位，2020 年华东地区二氧化碳排放量为 27. 03 亿吨，约占全国二氧化碳排放总量的 25. 4%，其中山东省和江苏省二氧化碳排放量分别居全国第 2 位、第 3 位。由此可见，华东地区经济的高增长也伴随着能源消费和二氧化碳排放的高增长，高质量发展的格局还没有完全形成。

作为当今世界第一大二氧化碳排放国，我国一直面临着巨大的国际减排压力。华东地区加快推进低碳经济发展模式，一方面有益于全国碳减排目标的实现，另一方面也可以审视自身在国民经济发展中与能源资源供给的匹配程度。

第一节　华东地区传统能源禀赋

我国煤炭储量主要分布在大兴安岭—太行山—雪峰山一线以西的晋、陕、内蒙古、宁、甘、青、新、川、渝、黔、滇、藏 12 个省（区、市），上述区域的煤炭资源储量占全国总量的 89%；而该线以东的 20 个省（区、市）煤炭储量仅占全国总量的 11%。

我国石油资源集中分布在渤海湾盆地、松辽盆地、塔里木盆地、鄂尔多斯盆地、准噶尔盆地、珠江口盆地、柴达木盆地和东海陆架盆地八大盆地，其可采资源量 172 亿吨，占全国总可采量的 81. 13%；天然气资源集中分布在塔里木盆地、四川盆地、鄂尔多斯盆地、东海陆架盆地、柴达木盆地、松辽盆地、莺歌海盆地、琼东南盆地和渤海湾盆地九大盆地，其可采资源量 18. 4 万亿立方米，占全国总可采量的 83. 64%。

由我国传统能源区域分布状况可以看出，华东地区长期以来一直是我国传统能源贫乏地区，除了山东省的油气资源比较丰富之外，其他省市的传统能源储量均居全国后排（见表 12-1）。

表 12-1　华东地区传统能源储量一览

省份	煤炭/万吨	排名	石油/万吨	排名	天然气/亿立方米	排名
上海	0	—	0	—	0	—
江苏	50. 49	17	2729	12	23. 31	15
浙江	0. 44	30	—	—	—	—
安徽	611. 59	9	238	21	0. 25	22
福建	25. 57	22	—	—	—	—
江西	40. 84	19	—	—	—	—

续表

省份	煤炭/万吨	排名	石油/万吨	排名	天然气/亿立方米	排名
山东	405.13	12	29412	4	334.93	9

资料来源：国家统计局。

由表12-1可以看出，在各省市煤炭储量中，安徽省位居第9位，山东省位居第12位，江苏省、江西省、福建省和浙江省都居第15位之后；在各省市石油储量中，山东省居第4位，江苏省居第12位，安徽省居第21位；天然气资源储量中，山东省居第9位，江苏省居第15位，安徽省居第22位。浙江省、福建省、江西省等没有发现石油、天然气储量，而上海市石油、天然气、煤炭的储量目前均为0。

第二节　华东地区新能源禀赋

一、华东地区风能资源

风能是地球表面大量空气流动而产生的动能。据估算，全世界风能总量约1300亿千瓦，其中可利用的风能为200亿千瓦，比地球上可开发利用的水能总量多10倍，高达每年53万亿千瓦·时。由于季风显著，我国是一个风能资源十分丰富的国家，可开发利用的风能储量为10亿千瓦，但是风能资源在我国的分布并不均匀，这主要是受到了地理位置和地形因素的影响。

我国风能资源最丰富的地区，沿海一带主要分布在辽宁、山东、浙江、福建、海南等地区，陆上主要分布在我国东北地区的辽宁、吉林和黑龙江西部地区，以及西北地区的内蒙古全境及新疆东部。概括地说，我国风能资源最丰富的区域，主要集中在两大区域：东部沿海及岛屿地区和“三北”地区。因此，山东、江苏、上海和浙江属于国内海上风能资源丰富的区域。

二、华东地区太阳能资源

中国是全球太阳能资源最丰富的地区之一，太阳能资源主要集中在宁夏、甘肃、青海、新疆及西藏等省份（见表 12-2）。

表 12-2 全国太阳辐射总量等级和区域分布

等级	年日照射数/小时	年辐射总量/（兆焦/平方米）	等热量标准煤/千克	类型	主要地区
一类	3200~3300	6680~8400	225~285	丰富	宁夏北部、甘肃北部、新疆南部、青海西部、西藏西部
二类	3000~3200	5852~6680	200~225	较丰富	河北西北部、山西北部、内蒙古南部、宁夏南部、甘肃中部、青海东部、西藏南部、新疆南部
三类	2200~3000	5016~5852	170~200	中等	山东、河南、河北东南部、山西南部、新疆北部、吉林、辽宁、云南、陕西北部、甘肃东南部、广东南部
四类	1400~2200	4180~5016	140~170	较差	湖南、广西、安徽南部、江西、浙江、江苏、湖北、福建北部、广东北部、陕西南部
五类	1000~1400	3344~4180	115~140	差	四川、贵州

资料来源：《2021 年中国风能太阳能资源年景公报》。

由表 12-2，根据中国太阳能辐射总量等级划分可知，约有 22.8%的国土面积属于丰富带，年辐射总量不低于 6680 兆焦/平方米；44%的面积属于较丰富带，年辐射量在 5852~6680 兆焦/平方米。通常情况下，年辐射量超过 5852 兆焦/平方米是用来计算光伏电站可开发性的基础条件，因此，我国有 66.8%的土地有潜力成为较高性价比的光伏电站选址。同时，中国超过一半的土地能达到每日 4.5kW·h/kWp 的光伏发电潜力，① 是世界上太阳能资源最优质的地区之一。

由表 12-2 还可以看出，华东地区的山东省属于 3 类地区，安徽、江西、浙江和江苏则都属于 4 类地区，总体上看，华东地区太阳能资源禀赋较差。

---

① 太阳辐射水平以 MJ/m^2 为单位，能够直观表示某地区每年或每天每平方米能够接收到的太阳辐射量；光伏发电潜力值通常以 kW·h/kWp 为单位，能够体现出地区光伏发电的能力，通常太阳辐射量越大，光伏发电潜力值越高。

第十三章　“十三五”时期华东地区能源供给侧状况研究

第一节　华东地区传统能源产业供给侧分析

一、华东地区煤炭产业供给侧状况

（一）原煤供给侧状况

国内煤炭生产重心加快向晋、陕、蒙、新省区集中，向优势企业集中。2021年，晋、陕、蒙、新、贵、皖六省区原煤产量35.4亿吨，占全国原煤产量的85.8%，其中，晋、陕、蒙、新四省区原煤产量33亿吨，占全国原煤产量的79.9%，同比提高1.6个百分点。国家能源、晋能控股、山东能源中煤能源陕煤集团、山西焦煤、潞安化工、华能集团8家原煤产量最高的大型企业原煤产量20.26亿吨，占全国原煤产量的49.1%，同比提高1.5个百分点。截至2021年年底，全国煤矿数量减少至4500处以内，年产120万吨以上的大型煤矿数量占全国煤矿总数的85%左右。

由表13-1可以看出，华东地区整体上属于煤炭产业退出地区，只有安徽省是长三角煤炭基地，也是国家六大能源生产基地之一。而山东省煤炭产量在“十三五”期间从940千万吨减少至7422万吨，减少了近20%；江西省则由2016年的1557万吨减少至2020年的314万吨，减少了近80%；福建省煤炭产量由2016年的1384万吨减少至2020年的645万吨，减少了53%。

表 13-1 “十三五”时期华东地区原煤产量一览

省份	2016 年/万吨	2017 年/万吨	2018 年/万吨	2019 年/万吨	2020 年/万吨	排名
上海	—	—	—	—	—	—
江苏	1368	1278	1246	1103	1022	20
浙江	—	—	—	—	—	—
安徽	12236	11724	11412	10989	11084	6
福建	1384	1130	941	846	645	21
江西	1557	939	551	504	314	22
山东	9404	9623	8827	7820	7422	13

（二）焦炭供给侧状况

焦炭行业的上下游分别为煤炭企业与钢铁企业，我国 1/3 的焦炭产能在钢铁厂。为了保证原料供应，大型钢铁厂一般都有自己的焦炭生产线。2/3 的产能是独立焦化厂，它们将焦炭产品销售给钢铁厂或其他冶金企业。通过自我发展或联合重组，我国焦化企业基本形成了以宝钢集团、鞍本钢铁集团、武汉钢铁（集团）公司、中国首钢集团等钢铁联合焦化企业和旭阳煤化工集团有限公司、神华乌海能源有限责任公司、中煤焦化控股有限责任公司等大型独立焦化企业为主体，中小焦化企业并存的产业发展格局。

从区域分布来看，2020 年，山西省焦炭产量完成 0. 99 亿吨，占全国焦炭总产量的 21. 34%，位居全国第 1 位；其次是内蒙古自治区，焦炭产量 0. 47 亿吨，占全国焦炭总产量的 10. 13%；陕西省以 0. 43 亿吨焦炭产量位居全国第 3 位，占全国焦炭产量的 9. 27%。

由表 13-2 可以看出，华东地区的山东省、江苏省和安徽省属于国内焦炭产量大省，分别位于全国的第 4 位、第 9 位和第 10 位，而其他省份则属于焦炭产量较少区域，排在全国第 15 名以后。

表 13-2 “十三五”时期华东地区焦炭产量一览

省份	2016 年/万吨	2017 年/万吨	2018 年/万吨	2019 年/万吨	2020 年/万吨	排名
上海	543	557	545	549	552	20

续表

省份	2016年/万吨	2017年/万吨	2018年/万吨	2019年/万吨	2020年/万吨	排名
江苏	2527	2060	1497	1611	1746	9
浙江	228	229	203	209	235	25
安徽	973	1058	1130	1167	1179	10
福建	127	158	174	202	223	26
江西	749	594	608	661	688	17
山东	4420	3934	4376	4921	4120	4

（三）煤电供给状况

火力发电是通过发电动力装置，将可燃物在燃烧过程中产生的热能转换成电能的一种发电方式。火力发电企业的上游主要为煤炭、石油、天然气等原材料行业以及发电设备行业，下游产业主要是电网公司、消费者等流通及应用环节。其中，燃料成本占火电企业发电成本的65%左右。我国目前火电燃料以电煤为主，2019年中国的电煤产量超过了38.46亿吨，再次接近全球煤炭总产量的一半。从区域占比来看，2020年华东地区火力发电量占比达34%，华北地区火力发电量占比达22.2%，两个地区总占比达56.2%。

由表13-3可以看出，在全国火力发电量前十省（区、市）中，华东地区的山东省、江苏省、安徽省和浙江省分别居于第1位、第3位、第8位和第10位。其中，2020年山东省火力发电量排名第1位，累计火力发电量为5067.20亿千瓦·时。

表13-3 “十三五”时期华东地区火电产量一览

省份	2016年/（亿千瓦·时）	2017年/（亿千瓦·时）	2018年/（亿千瓦·时）	2019年/（亿千瓦·时）	2020年/（亿千瓦·时）	排名
上海	800.14	836.13	823.75	797.45	803.70	21
江苏	4403.02	4536.90	4578.08	4468.81	4390.50	3
浙江	2374.01	2560.25	2595.26	2500.95	2428.20	10
安徽	2134.69	2319.56	2533.74	2663.97	2527.30	8
福建	900.20	1132.44	1398.71	1411.24	1561.40	15

续表

省份	2016年/（亿千瓦·时）	2017年/（亿千瓦·时）	2018年/（亿千瓦·时）	2019年/（亿千瓦·时）	2020年/（亿千瓦·时）	排名
江西	856.93	949.00	1073.43	1100.96	1005.19	17
山东	5142.88	5546.69	5524.79	5292.91	5067.20	1

二、华东地区油气行业供给侧状况

（一）石油天然气开采业

华东地区属于我国贫油少气地区，原油产量和天然气产量均位居全国后列。

由表13-4可以看出，除山东省外，华东地区几乎不生产原油。山东省是国内老石油基地，石油产量在“十三五”期间逐步下降，目前产量仅居全国第5位。江苏省的石油产量长期维持在150万吨左右，在全国排名第13位。

表13-4 “十三五”时期华东地区石油产量一览

省份	2016年/万吨	2017年/万吨	2018年/万吨	2019年/万吨	2020年/万吨	排名
上海	6.5	6.8	6.5	39.1	52	16
江苏	166.0	156.1	155.4	153.5	150	13
浙江	—	—	—	—	—	—
安徽	—	—	—	—	—	—
福建	—	—	—	—	—	—
江西	—	—	—	—	—	—
山东	2295.3	2234.9	2242.1	2226.0	2246.4	5

由表13-5可以看出，与石油生产状况不同，华东地区多个省份都生产天然气，但是产量偏低，没有一个省份的天然气产量进入全国前10名。因此，华东地区是“西气东输”的主要输入地。

表 13-5　“十三五”时期华东地区天然气产量一览

省份	2016 年/亿立方米	2017 年/亿立方米	2018 年/亿立方米	2019 年/亿立方米	2020 年/亿立方米	排名
上海	2.02	1.71	14.54	12.47	15.1	13
江苏	1.33	2.94	9.97	4.09	4.2	17
浙江	—	6.14	—	—	—	—
安徽	3.38	2.60	2.25	2.12	2.2	20
福建	—	—	—	—	—	—
江西	0.23	0.21	0.17	0.03	0.07	25
山东	4.22	4.15	4.80	4.98	5.8	16

（二）石油加工业

石油加工业，是指以石油和天然气为原料生产石油产品的加工工业。石油产品又称油品，主要包括汽油、煤油、柴油等各种燃料油、润滑油以及液化石油气、石油焦炭、石蜡、沥青等。生产这些产品的加工过程常被称为石油炼制过程。

“十三五”期间，国内炼油业加快基地化、园区化建设，加快石油炼厂结构调整，继续推进市场化进程，落后产能退出加快，年均淘汰落后产能 1.1 亿吨。民营炼化企业进一步做强做大，国内炼油业竞争格局正在发生深刻变化。

“十三五”期间，我国千万吨级石油炼厂从 25 座增至 28 座，我国石油炼厂平均规模从 511 万吨/年上升至 600 万吨/年，其中中国石化千万吨级石油炼厂占半数。山东省作为我国第一炼油大省，石油炼厂数量众多，但主要以中小产能为主。目前山东省原油一次加工能力为 2.1 亿吨/年，占全国原油总加工能力的 28%，其中地方炼油产能高达 1.3 亿吨/年，占全国地方炼油总产能的 70%。山东地方炼油企业共有 53 家，一次原油加工能力为 1.3 亿吨/年，其中原油加工能力 300 万吨以下（含）企业占 60%，产能 5070 万吨；300 万吨以上的企业产能为 7870 万吨。“十三五”期间，国务院制定的《石化产业规划布局方案》提出，将推动产业集聚发展，重点建设七大石化产业基地，包括大连长兴岛（西中岛）石化产业基地、河北曹妃甸石化产业基地、江苏连云港石化产业基地、上海漕泾石化产业基地、浙江宁波石化产业基地、广东惠州石化产业基地和福建古雷石化产业基地。2020 年，山东裕龙岛 2000 万吨/年炼化一体化一期项目正式开工，项目总规划达到 4000 万吨/年，成为国内第八大石化产业基地的有力竞争者。由此可以看出，在“7+1”石化产业基地中，华东地区的江苏连云港、上海漕泾、浙江宁波和山东裕龙岛都名列其中，占了一半名额。

由图 13-1 可以看出，华东地区的炼油产业在全国占有举足轻重的地位。2020 年，华东地区汽油产量为 4887 万吨，占全国总产量的 37%；柴油产量为 6057 万吨，占全国总产量的 42%；煤油产量为 1863 万吨，占全国总产量的 53%。山东省的汽油和柴油产量都居全国第 1 位，煤油产量居全国第 7 位；江苏省汽油产量居全国第 4 位，柴油产量居全国第 7 位，煤油产量居全国第 3 位；上海市汽油产量居全国第 6 位，柴油产量居全国第 5 位，煤油产量居全国第 5位。

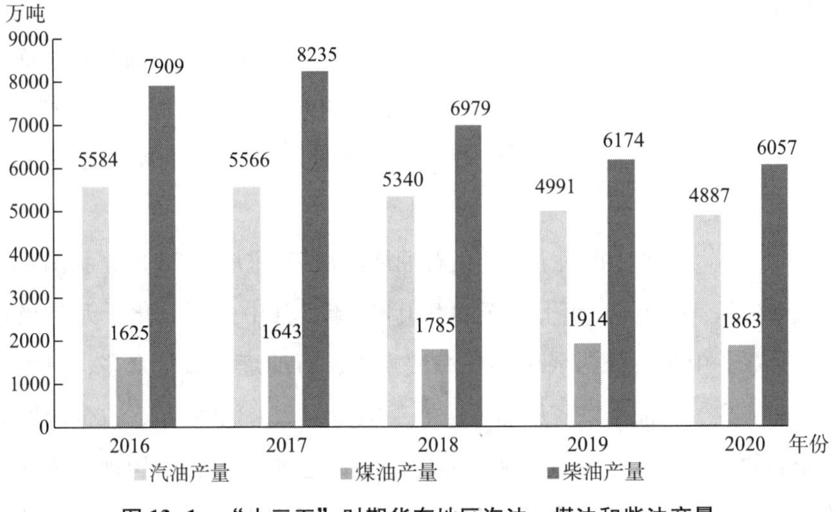

图 13-1 “十三五”时期华东地区汽油、煤油和柴油产量

（三）石油化工业

在清洁化能源发展趋势下，石化原料轻质化是大势所趋。轻质化原料的生产路线具有产品收益率高、成本低、能耗少、污染小等优势。国内石化生产业逐渐从石脑油这类重质化的产品向轻质化的轻烃、石油气、天然气等污染更小、更加多样化的石化产品转变。而以乙烯和丙烯为代表的 C2 和 C3 产业链是石油化工板块的核心。

由于成品油供给侧压力持续增加，国内石油炼厂纷纷通过降油增化转型寻求新的发展路径，主要分为两类：一类是以催化裂解为核心的传统改进，主要关注的是丙烯和 C4 的下游发展路线。另一类是通过加氢裂化和催化重整提供化工原料，然后配合建设蒸汽裂解和联合芳烃装置，以下游发展烯烃芳烃等下游产业链为导向转型。2020 年我国乙烯年产量为 1817. 4 万吨，表观消费量为 2348. 37 万吨，仍需进口 530. 97 万吨乙烯以满足国内需求。2015—2020 年乙烯表观消费量年均复合增速为 4. 7%，而乙烯产能在 2019 年大炼化项目集中投产时，同比增速达到 11%，但由于供给侧结构性改革对落后产能的淘汰，“十三五”期间的年均复合增速仅为 2. 69%，低于表观消费量的增长。2010—2019 年，我国丙烯产量从 1450 万吨增长至 3288 万吨，主要增长来源于丙烷脱氢（PDH）和煤制烯烃（CTO）。

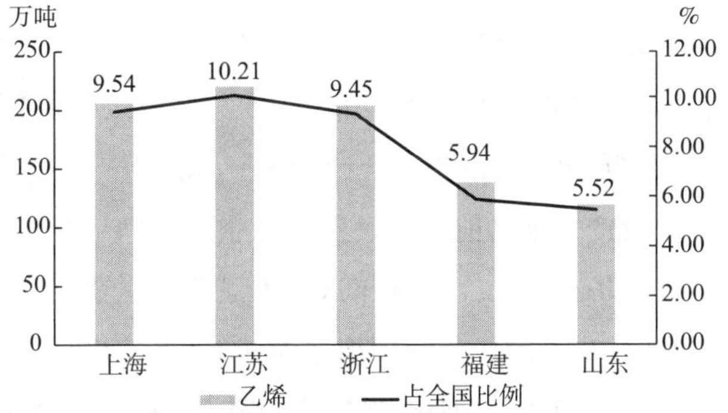

图 13-2 2020 年华东地区乙烯产量

由图 13-2 可以看出，华东地区乙烯产量占全国总产量的 40%左右，其中江苏省、上海市和浙江省分居全国的第 2 位、第 3 位和第 4 位。

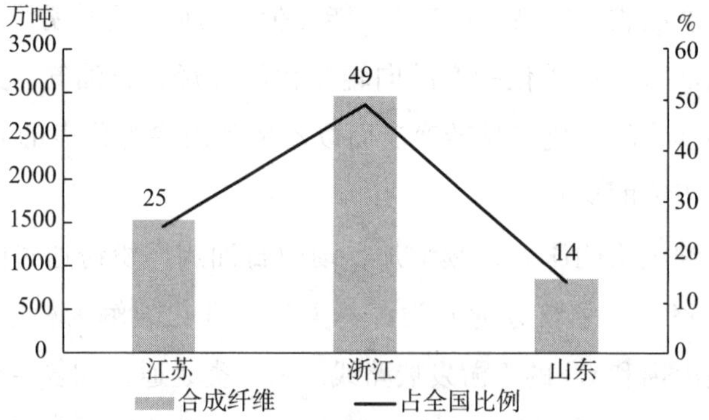

图 13-3　2020 年华东地区合成纤维产量

由图 13-3 可以看出，华东地区合成纤维产量约占全国总产量的 88%左右，其中浙江省、江苏省和山东省分居全国的第 1 位、第 2 位和第 3 位。浙江省 2020 年合成纤维产量为 2964 万吨，约占全国总产量的一半。

截至 2019 年年底，中国对二甲苯（PX）产能约为 1400 万吨/年，进口 PX 约为 1590 万吨/年，对二甲苯（PX）进口依赖度高达 61. 17%。民营炼化一体化项目投产前，我国对二甲苯（PX）产能集中于中国石化、中国石油、中国海油“三桶油”及其子公司。截至 2020 年年末，中国石化对二甲苯（PX）总产能约为 626 万吨/年、中国石油对二甲苯（PX）总产能约为 289 万吨/年、中国海油对二甲苯（PX）总产能为 95 万吨/年、中国中化集团对二甲苯（PX）总产能为 150 万吨/年，合计 1160 万吨/年。自 2019 年起民营炼化一体化项目集中投产，排名前 3 的民营石化企业分别是浙江石化、江苏恒力和浙江恒逸，均在华东地区，2020 年这三家民营石化企业合计新增对二甲苯（PX）产能 800 万吨。2021 年我国拟建浙江石化二期 400 万吨/年、山东裕龙岛 300 万吨/年、江苏盛虹炼化 280 万吨/年等华东地区大炼化芳烃产能投产以后，国内对二甲苯（PX）市场供应面逐渐转变为民营企业与国有企业各撑起半边天的格局，国内对二甲苯（PX）进口替代加速。

“十四五”期间，国内炼化行业将进入整合及转型升级的关键时期，芳烃、烯烃产业链规模化效应将进一步凸显，聚烯烃、聚酯等产品产能的大量释放也将推动企业积极开展专用料、差异化产品的研发。其中，华东地区各产品拟在建项目产能为 11080.99 万吨，占统计产品拟在建项目总产能的 61.7%，其中精对苯二甲酸（PTA）、聚酯切片、涤纶短纤以及纯苯华东地区拟在建项目产能占比超过总量的 80%。

第二节 华东地区新能源电力供给侧分析

我国主要的发电形式有燃煤发电、水电、核电、风电、光伏发电和生物质发电等。

由图 13-4 可以看出，在我国主要的发电形式中，核能的利用时间最长，几乎不受客观条件的制约；火电利用小时数次之；新能源发电受环境制约较大。例如，太阳能年均利用小时数仅为 1169 小时，位居最后；风电年均利用小时数为 2082 小时，排名倒数第 2 位。

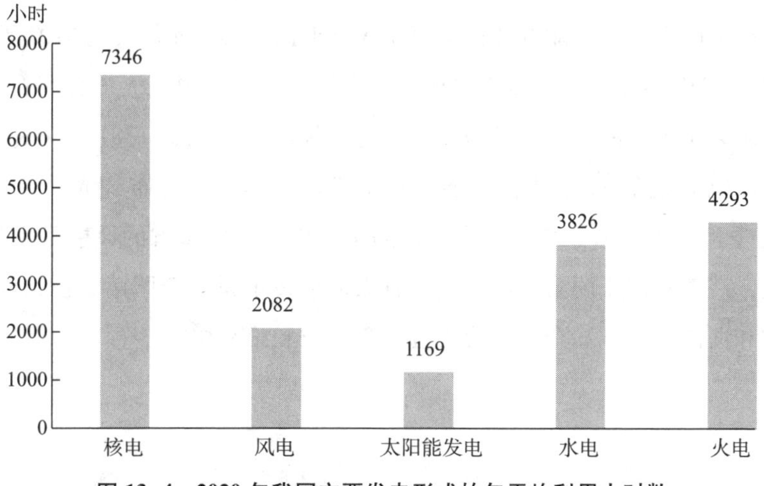

图 13-4 2020 年我国主要发电形式的年平均利用小时数

由表 13-6 可以看到，华东地区是全国核能利用重点区域。2020 年华东地区核能发电量最高，占全国核能发电量的 52.2%，其中浙江省核能发电量位居全国第 2 位，福建省位居第 3 位，江苏省位居第 4 位，山东省位居第 6 位。

表 13-6　2016—2019 年华东地区新能源电力一览

省份	核能					风能					太阳能				
	2016 年/（亿千瓦·时）	2017 年/（亿千瓦·时）	2018 年/（亿千瓦·时）	2019 年/（亿千瓦·时）	排名	2016 年/（亿千瓦·时）	2017 年/（亿千瓦·时）	2018 年/（亿千瓦·时）	2019 年/（亿千瓦·时）	排名	2016 年/（亿千瓦·时）	2017 年/（亿千瓦·时）	2018 年/（亿千瓦·时）	2019 年/（亿千瓦·时）	排名
上海	—	—	—	—	—	6.7	14.9	17.7	16.9	26	0.45	0.56	6.06	7.77	29
江苏	153	173	242	329	4	94.0	120.0	173.0	184.0	9	41.10	64.60	120.00	154.0	5
浙江	503	510	586	629	2	23.4	26.1	30.6	32.6	25	22.10	35.30	100.00	119.0	9
安徽	—	—	—	—	—	34.1	39.6	50.1	47.0	24	20.70	61.20	104.00	125.0	8
福建	409	560	643	621	3	50.3	65.9	72.3	87.3	14	3.46	3.910	13.60	15.9	24
江西	—	—	—	—	—	18.7	31.4	41.2	51.3	23	11.10	26.70	51.50	55.9	15
山东	—	—	39	207	6	143.0	164.0	214.0	225.0	6	29.90	56.50	137.00	167.0	2

资料来源：《中国能源统计年鉴》（2020）。

华东地区全口径新能源装机达 10046 万千瓦，其中光伏装机 6107 万千瓦、风电装机 3939 万千瓦，超过水电成为华东网内第二、第三大电源。在华东地区新能源装机中，海上风能资源丰富，海上风电装机已达 1781 万千瓦，占全国海上风电装机的 90%以上；分布式光伏发展迅猛，分布式光伏装机已达 3650 万千瓦，占全国分布式光伏装机的 1/3 以上。山东省的风能发电居全国第 6 位，江苏省居全国第 9 位；山东省太阳能发电量居全国第 2 位，江苏省、安徽省和浙江省分别居全国的第 5 位、第 8 位和第 9 位。

第十四章 “十三五”时期华东地区能源需求侧状况研究

第一节 华东地区整体能源消费结构分析

2020年，华东地区煤炭消费量11.93亿吨，占比56.8%；石油能源消费量1.85亿吨，占比18.9%；天然气能源消费量863亿立方米，占比8.4%；一次电力及其他能源消费25609亿千瓦·时，占比15.9%。

由表14-1可以看出，煤炭消费量中，山东省排名全国第3位，江苏省排名全国第5位；石油消费中，山东省、上海市和江苏省分别在全国排名第3位、第4位和第5位，浙江省排名第8位；天然气消费中，江苏省、山东省和浙江省分别排名第1位、第4位和第7位；在电力消费中，山东省、江苏省和浙江省分别在全国排名第1位、第3位和第4位。

表14-1 2020年华东地区能源消费结构一览

能源		上海	江苏	浙江	安徽	福建	江西	山东
煤炭	消费量/万吨	4238.28	24902.05	13676.90	16699.74	8718.32	7995.94	43132.99
	排名	26	5	14	11	19	21	3
石油	消费量/万吨	3509.72	3286.02	2549.00	1586.17	2229.25	1257.21	4102.82
	排名	4	5	8	13	10	19	3
天然气	消费量/亿立方米	98.40	288.06	147.20	59.64	52.77	26.96	189.98
	排名	13	1	7	18	19	28	4
电力	消费量/（亿千瓦·时）	1568.58	6264.36	4706.22	2300.68	2402.34	1535.70	6831.31
	排名	19	3	4	14	11	21	1

从能耗强度来看，能耗强度大省在西北、华北、东北地区。这些省份能

源消费主要依赖煤炭等化石能源，能源消费结构单一，对能源的依赖程度过高，产业效率低且能源浪费严重。我国能耗强度普遍较低的省份主要集中于华东地区，如上海市、江苏省和浙江省，这些省份产业结构持续优化，高耗能产业逐渐减少乃至退出，存量高能耗行业工艺技术较为先进，企业信息化程度和生产效率较高。

第二节　“十三五”时期华东地区分省份能源消费需求分析

一、“十三五”时期上海市能源消费需求分析

作为能源消纳大户，上海市自身一次能源供给只占很小一部分，因此，其能源保障的基本原则是充分利用国际、国内两个市场，拓展新的油气资源，提高天然气应急储备调峰能力；加强电力需求侧管理，发挥价格杠杆作用，提升电网调峰性能；优化调整外来电结构比重和运行方式，降低外来电单一通道比重；实现全社会煤炭消费总量负增长，进一步加大天然气替代力度，大力发展太阳能、风电等新能源。在此原则指导下，“十三五”以来，随着能源消费革命的推进，上海市能源消费结构发生了明显改变。2020 年，煤炭占一次能源消费的比重下降到 33%左右。天然气消费量增加到 100 亿立方米左右，占一次能源消费比重达到 12%，非化石能源占一次能源消费的比重上升到 14%左右，其中本地可再生能源发电装机比重上升到 10%左右。

由表 14-2 可以看出，2020 年上海市外来电力最高达到 756. 57 亿千瓦 · 时，自己生产 24. 69 亿千瓦 · 时，市外进口 869. 61 亿千瓦 · 时。此外，上海的天然气供应和应用居全国领先地位。液化天然气（LNG）占上海用气量的一半左右，目前上海市全年的用气量在 98. 88 亿立方米，其中上海自产 12. 47 亿立方米，外省（区、市）调入 53. 05 亿立方米，占消费总量的 54%；国外进口 46. 13 亿立方米，占消费总量的 47%。上海石油消费主要来自国外进口，在 2597. 18 万吨的消费总量中，国外进口 2575. 90 万吨，占比超过 95%。

表 14-2 2020 年上海能源消费来源

能源品种	能源总消费量	本地区生产量	外省（区、市）调入量	进口量	本市调出量	库存增减量
煤炭/万吨	4238. 28	—	3149. 13	1124. 94	-31. 90	-4. 17
石油/万吨	2597. 18	39. 10	—	2575. 90	-13. 43	-4. 39
天然气/亿立方米	98. 88	12. 47	53. 05	46. 13	-12. 77	—
电力/（亿千瓦·时）	756. 57	24. 69	869. 61	—	-137. 73	—

二、“十三五”时期江苏省能源消费需求分析

“十三五”末期，江苏省煤炭消费占比下降至 54%，逐步形成以煤为主、多能互补的能源供应体系。与此同时，清洁能源替代进程加快，非化石能源占比达 11%，比“十三五”初期提高近 3 个百分点。尤其是可再生能源实现了跨越式发展，2020 年可再生能源装机提升至 3496 万千瓦，5 年增长 370%。其中，江苏省并网光伏项目总规模为 1684 万千瓦，占全省电力总装机的 11. 9%；海上风电装机 573 万千瓦，规模居全国第 1 位。

由表 14-3 可以看出，2020 年江苏省煤炭消费量为约 2. 5 亿吨，省内产量仅为 1102. 74 万吨，绝大部分依靠外部调入，其中外省（区、市）调入约 3. 17 亿吨，国外调入 938. 00 万吨。石油消费量为 4121. 21 万吨，省内生产 151. 44 万吨，外省（区、市）调入 1190. 92 万吨，国外购买 2787. 33 万吨。天然气消费量为 282. 06 亿立方米，省内生产 12. 19 亿立方米，外省（区、市）调入 280. 74 亿立方米。电力消费量为 1795. 55 亿千瓦·时，本地发电 697. 65 亿千瓦·时，外省（区、市）调入 1274. 09 亿千瓦·时。由此可见，江苏省是能源匮乏省，能源消费严重依赖外部输入，因此，“十四五”时期要大力发展分布式新能源发电。

表 14-3　2020 年江苏省能源消费来源

能源品种	能源总消费量	本地区生产量	外省（区、市）调入量	进口量	本省调出量	库存增减量
煤炭/万吨	24902.05	1102.74	31661.72	938.00	-8045.58	-754.83
石油/万吨	4121.21	151.44	1190.92	2787.33	-36.92	28.44
天然气/亿立方米	282.06	12.19	280.74	—	-10.87	—
电力/（亿千瓦·时）	1795.55	697.65	1274.09	—	-176.19	—

2021 年，江苏省发电装机容量 1.4 亿千瓦，年度新增 991.7 万千瓦，在新增装机容量中，风电、核电、太阳能发电、分布式占比合计 82.4%。江苏省规模以上工业新能源发电量同比增长 10.4%，占规模以上工业发电量的比重达 14.7%，较 2020 年提高 1.9 个百分点。

2019 年，江苏省能源消费以工业生产为主，占江苏省能源消费总量的 72.25%，其次是交通运输、仓储及邮电通信业和生活消费；而在能源终端消费中，工业生产的终端能源消费占比高达 74.34%。从能源消费构成看，江苏省以煤炭为主的能源消费结构尤为显著。2019 年，江苏省煤炭消费量高达 25407.28 万吨，居全国第 5 位。相较于全国能源消费构成，煤炭消费量占比高达 63.88%，高于当年全国煤炭消费量占比（59.00%）；而石油消费量、天然气消费量（15.85%）以及非化石能源消费量（7.83%）占比远低于当年全国水平。江苏省煤炭消费又以工业企业为主，2019 年江苏省规模以上工业企业能源消费量中，原煤消费达 23297.55 亿吨，占总能源消费的比例达 71%；其次为焦炭与原油，分别占 15%、13%。

因此，"十四五"时期，江苏省将从两方面着手：一方面，要大力发展蓝色能源，以新能源代替传统能源，调整用能结构；蓝色能源主要是指海上风电和液化天然气。江苏省海岸线长达 954 千米，海洋资源丰富。通过开发利用海上风电和液化天然气等海上资源，将全省的能源流由单一的从西向东向海陆并举转变，推动能源结构低碳转型。另一方面，要提高能源利用效率，提升社会综合能效水平。为了提高能源利用效率，需要严格控制煤电新增规模，推进落后煤电机组关停，进一步优化煤电结构。发展智慧能源，优化煤电厂内部能源结构，将企业生产流程数字化、智能化，支持耦合分布式光伏系统、污泥处置系统，打造高产高效、环境友好型的现代化电厂。

三、“十三五”时期浙江省能源消费需求研究

浙江省既是能源消费大省，也是能源禀赋小省，一次能源自给率长期低于5%，煤炭、石油、天然气等能源资源供应严重依赖外部调入。2020 年，浙江省一次能源消费量在华东地区排名第 2 位，消费增速排名第 1 位。2020 年，浙江省非化石能源、清洁能源、可再生能源（含省外调入水电）和煤炭占一次能源消费比重分别达到20%、31. 9%、12. 5%和42. 8%；发电、供热用煤占煤炭消费比重在85%以上；天然气消费比重达到 10%左右；人均居民生活用电达到 1522 千瓦·时，年均增长 14. 2%；城镇人口天然气气化率达到 50%左右。

表 14-4　2020 年浙江省能源消费来源

能源品种	能源总消费量	本地区生产量	外省（区、市）调入量	进口量	本省调出量	库存增减量
煤炭/万吨	13676. 90	—	11134. 99	2609. 28	-0. 09	-67. 27
石油/万吨	3472. 30	—	822. 33	2961. 00	-18. 68	-292. 36
天然气/亿立方米	140. 22	—	140. 22	—	—	—
电力/（亿千瓦·时）	2205. 27	1036. 69	1379. 82	—	-211. 25	—

由表 14-4 可以看出，2020 年浙江省能源消费总量 2. 24 亿吨标准煤，其中，煤炭消费量为 1. 37 亿吨，全部依靠外部调入，其中外省（区、市）调入1. 11 亿吨，国外调入 2609. 28 万吨。浙江省石油消费量 2017 年首次突破 3000 万吨，同比增长 13. 9%，2020 年消费 3472. 30 万吨，其中外省（区、市）调入 822. 33 万吨，国外购买 2961. 00 万吨。2020 年，天然气消费量达到 140. 22 亿立方米，同比增长 28%，外省（区、市）调入 140. 22 亿立方米。全社会用

电量2205.27亿千瓦·时，本地发电1036.69亿千瓦·时，外省（区、市）调入1379.82亿千瓦·时。由此可见，浙江省本身几乎不生产能源，能源消费严重依赖外部输入，因此，“十四五”时期，浙江省要建成全球油气全产业链、国家清洁能源生产基地和国家智慧能源示范区。一方面，要推动“一中心三基地一示范区”油气全产业链建设。其中，“一中心”指国际油气交易中心，“三基地”指国际油品储运基地、国际石化基地、国际海事服务基地，“一示范区”指国家智慧能源示范区，力争“十四五”末期，油品储备规模达到7000万吨以上，液化天然气的年接收能力达到2300万吨，油气年吞吐量达到1亿吨以上，炼化能力达到9000万吨以上。另一方面，要积极打造国家清洁能源生产“四基地”。第一，形成以浙北、浙东南、浙南三大区域为主的沿海核电基地。第二，形成华东抽水蓄能基地。第三，形成海上风电基地。依托浙江沿海的区位基础，积极推进海上风电项目开发建设，打造若干个百万千瓦级海上风电基地。第四，形成清洁煤电基地。煤电在未来较长时间内仍将是浙江省的主力电源。新建一批支撑性基础性清洁煤电项目，并进一步提升现有煤电的清洁化、高效化水平，打造国际领先的清洁煤电基地。

四、“十三五”时期江西省能源消费需求研究

江西省能源消费总量偏小，人均能耗低，能耗强度低，能源消费总量居全国第22位，全社会用电量居全国第21位，与GDP居第15位、人口数量居第13位有一定差距。人均能耗水平最低，居全国倒数第1位。

江西省能源消费以煤为主的状况没有得到根本改变，煤炭消费量占全省能源消费总量的60%以上。目前，非化石能源消费占能源消费总量的比重仅为14%，低于全国平均水平1.8个百分点。2020年，江西省规模以上工业水电、风电、太阳能发电等一次电力生产占全部发电量比重为12.1%，比全国平均水平低16.7个百分点。火电用煤比重持续提高，2020年，江西省规模以上工业发电量1320.58亿千瓦·时，比2015年增长56.6%。其中，火力发电量1160.81亿千瓦·时，比2015年增长50.3%。火力发电用煤占规模以上工业原煤消费量的64.5%，比2015年提高12.9个百分点。能源消费特别是电

力消费的刚性需求总体呈持续增长态势，以火电为主的生产和消费结构必然导致原煤消费需求不断增长。

“十三五”时期，江西省煤炭省外调入能力从5000万吨提高到约7350万吨（见表14-5），电力总装机容量从2482万千瓦提高到4401万千瓦，油气长输管道从2431千米提高到3599千米，其中，原油长输管道从3千米提高到6千米，成品油长输管道从226千米提高到936千米，天然气长输管道从2202千米提高到2657千米。

表14-5　2020年江西省能源消费来源

能源品种	能源 总消费量	本地区 生产量	外省（区、市） 调入量	进口量	本省 调出量	库存增减量
煤炭/万吨	7995.94	503.61	7347.70	138.66	-46.09	52.05
石油/万吨	787.96	—	153.70	634.04	—	0.22
天然气/ 亿立方米	25.56	0.03	25.54	—	—	-0.01
电力/ （亿千瓦·时）	434.74	274.94	159.80	—	—	—

由表14-6可以看出，2020年江西省规模以上工业六大高耗能行业能耗占规模以上工业能耗比重达86.9%，比2015年提高1.4个百分点。“十三五”时期，高耗能行业能耗占比不降反升，产业结构重型化特征没有明显改变，这是决定工业能源消费走势的关键因素，高耗能行业在今后一段时期仍是江西工业节能的重点。

表14-6　2020年江西省能源消费结构

能源品种	农林牧渔业	工业	建筑业	交通运输业	批发零售、 住宿餐饮	其他	居民生活	合计
煤炭/万吨	20.00	2441.09	3.00	8.03	24.00	20.00	250.10	2766.22
石油/万吨	66.50	200.84	48.00	590.52	57.40	50.17	212.00	1225.43
天然气/ 亿立方米	—	13.53	—	0.81	2.30	2.20	5.40	24.24

续表

能源品种	农林牧渔业	工业	建筑业	交通运输业	批发零售、住宿餐饮	其他	居民生活	合计
电力/（亿千瓦·时）	13.71	879.04	29.39	38.45	83.88	131.30	287.56	1463.33

2020年，水能、风能、太阳能、生物质能等新能源和可再生能源发电装机容量为2025.67万千瓦，比2015年年末增长2.2倍，年均增长43.7%，占全省发电装机总容量的46.0%，比2015年提高20.9个百分点。其中，水电装机容量660万千瓦，比2015年增长34.7%，占比15%；风电装机容量510万千瓦，增长4倍，占比11.6%；太阳能发电装机容量77.6万千瓦，增长6.6倍，占比17.6%；生物质发电装机容量79.8万千瓦，增长2.4倍，占比1.8%。

五、“十三五”时期福建省能源消费需求侧分析

2020年，福建省火力发电量为1561.4亿千瓦·时，占比为61.54%；水力发电量为207.6亿千瓦·时，占比为8.18%；风力发电量为112.3亿千瓦·时，占比为4.43%；核能发电量为652.5亿千瓦·时，占比为25.72%；太阳能发电量为3.29亿千瓦·时，占比为0.13%。

其中，核电是福建省的优势产业。2012年12月28日，福建首座核电站——宁德核电站1号机组首次并网成功，实现福建核电零的突破。2016年7月、2017年9月，宁德核电一期和福清核电一期各4台机组全部建成投产。2020年年底，随着“华龙一号”全球首堆福清核电5号机组成功并网，福建省建成投产的核电机组已达9台，总装机容量987万千瓦，核电在运容量居全国第2位，核电占比居全国第1位。同时，在建核电机组容量居全国第1位：福清核电6号核电机组2021年建成投产，漳州核电一期2台机组计划“十四五”期间投入商运。

由表14-7可以看出，福建省属于煤炭和油气资源贫乏省份，要发挥福建省港口资源及区位优势，推进与东南亚、大洋洲地区的油气、煤炭等能源合作。

表 14-7 2019 年福建省能源消费来源

能源品种	能源总消费量	本地区生产量	外省（区、市）调入量	进口量	本省调出量	库存增减量
煤炭/万吨	8718.32	845.74	5030.89	4233.98	-1705.52	313.23
石油/万吨	2559.36	—	—	2551.36	—	8.00
天然气/亿立方米	52.77	—	22.74	30.03	—	—
电力/（亿千瓦·时）	996.21	1166.82	1.25	—	-171.86	—

首先，加强优质煤炭进口，打造我国海上“丝绸之路”对接西太平洋的优质煤炭进口中转基地。2019 年，福建省煤炭消费量为 8718.32 万吨，其中本省产量为 845.74 万吨，仅为消费总量的 10%左右，外省（区、市）调入量为 5030.89 万吨，国外进口量为 4233.98 万吨。

其次，2019 年福建省石油消费量为 2559.36 万吨，主要依靠海外进口，进口量为 2551.36 万吨。

再次，福建省天然气消费也全部依赖外部输入。2016 年底，“西气东输”三线工程东段干线全线建成，目前 8 座分输站都已投产，2020 年向福建省运输天然气 22.73 亿立方米。2008 年建成的福建液化天然气接收站，引进印度尼西亚东固气田液化天然气，陆续建成莆田、厦门、晋江 3 个燃气电厂，目前液化天然气的年周转能力约 630 万吨，储运、调峰能力保持全国领先。2019 年国外进口天然气 30.03 亿立方米，占全省天然气消费量的 60%左右。

最后，福建省电力消费中，2019 年本省生产电力 1166.82 亿千瓦·时，消费量只有 996.21 亿千瓦·时，还向省外调出 171.86 亿千瓦·时。

第十五章　华东地区能源大省转型发展典型案例分析

第一节　安徽省——全面融入长三角的区域能源供应地

安徽省是华东地区煤炭资源最丰富的省份，截至 2020 年，安徽省煤炭保有量为 611 亿吨，全国排名第 9 位，占全国保有量的 1.82%。但安徽省煤炭资源开发历史长，开发强度大，保有资源中已利用 221 亿吨。

安徽省内 99%以上的煤炭资源集中在皖北的淮北煤田和淮南煤田。作为我国十四大煤炭基地之一，“两淮”基地开采历史悠久，已经接近衰老期。安徽省产煤以炼焦煤为主，其占资源总量的 99.13%。焦煤品种齐全，煤质具有一定优势，普遍具有低—中灰、特低—低硫、中高—高热值的特点。

由表 15-1 可以看出，从地区看，安徽省煤矿产能集中在淮南市、淮北市、阜阳市、宿州市、亳州市五市，其中淮南市与淮北市的产能占全省产能的 64%。从企业看，安徽省省内重点煤炭企业包括淮南矿业集团有限责任公司（以下简称淮南矿业）、淮北矿业集团有限责任公司（以下简称淮北矿业）和皖北煤电集团有限责任公司（以下简称皖北煤电），三家企业分别位居 2019 年全国煤炭企业煤炭产量 50 强的第 14 位、第 23 位、第 29 位。淮南矿业、淮北矿业与皖北煤电 2019 年省内产能分别为 5010 万吨、4016 万吨和 1495 万吨，共占全省产能的 78%。安徽省省内其他产能主要集中于中煤矿山建设集团有限公司。总体来看，安徽省省内煤炭产能集中在两淮地区。

表 15-1　安徽煤炭基本情况一览表

煤田名称	所属区域	煤种	灰分/%	硫分	挥发分	发热量/（千卡/千克）
淮北煤田	宿州市、淮北市、涡阳县、萧县	1/3 焦煤、气煤、焦煤等	25~30	<0.5	10~37	3164~8095
淮南煤田	淮南市、凤台县、阜阳市	气煤为主，1/3 焦煤次之	18~25	<0.5	31~46	5497~6496

资料来源：中国煤炭地质总局。

一、“十三五”时期安徽省煤炭行业去产能状况

2016 年 7 月，安徽省出台《关于煤炭行业化解过剩产能　实现脱困发展的实施意见》，2016—2020 年，安徽省计划省属和地方煤炭企业关闭煤矿 21 处，合计退出产能 3183 万吨。截至 2018 年年底，已超额完成该目标。2019 年，继续退出煤炭产能 165 万吨（见表 15-2）。

表 15-2　“十三五”时期安徽省煤炭去产能情况一览　　单位：万吨

	2016 年	2017 年	2018 年	2019 年	2020 年	“十三五”目标
去产能	2362	705	1190	165	210	3183

资料来源：《安徽统计年鉴》。

煤矿结构方面，安徽省以大、中型煤矿居多。截至 2018 年年底，安徽省省内生产煤矿共 43 座，其中产能 500 万吨/年及以上煤矿 7 座，产能 120 万~500 万吨/年煤矿 31 座，产能 30 万~120 万吨/年煤矿 5 座，产能 120 万吨/年及以上生产煤矿数量占比达 88. 37%。平均产能方面，安徽省煤矿全国领先，43 座生产煤矿产能 1. 34 亿吨/年，单井平均产能 318 万吨/年，居全国首位（见图 15-1）。

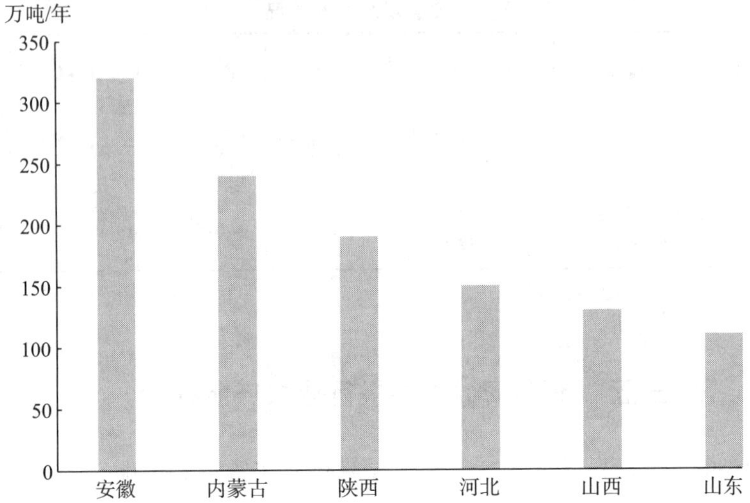

图 15-1　全国主要产煤省区煤矿单井平均产能比较

二、能源产业融入长三角经济带，成为区域能源基地

长三角城市群（以下简称长三角）处于东亚地理中心和西太平洋的东亚航线要冲，是“一带一路”与长江经济带的重要交会地带。根据 2016 年国家发展改革委公布的《长江三角洲城市群发展规划》，长三角的规划范围在上海市、江苏省、浙江省、安徽省之内，包括上海市，江苏省的南京、无锡、常州、苏州、南通、盐城、扬州、镇江、泰州，浙江省的杭州、宁波、嘉兴、湖州、绍兴、金华、舟山、台州，安徽省的合肥、芜湖、马鞍山、铜陵、安庆、滁州、池州、宣城，共 26 个市。2019 年，长江三角洲经济协调会第十九次会议宣布，长三角扩大至上海市、江苏省、浙江省和安徽省所有城市。截至 2019 年年底，一市三省总面积 35 万平方千米，常住人口 2.2 亿人，经济总量 21 万亿元，分别约占全国总量的 1/27、1/6 和 1/4。长三角一体化已上升为国家战略，区域协同发展持续推进。

从产业结构来看，2018 年安徽省第一、第二、第三产业增加值分别为 2638.01 亿元、13842.09 亿元、13526.72 亿元，三大产业结构之比为 8.8 : 46.1 : 45.1。工业是拉动经济增长的主要部门，安徽省尚处于工业化前期，在生产要素与产业结构方面与后工业化阶段的上海市以及工业化后期的江苏省和浙江省具有明显的互补性。

（一）“皖煤东送”

长三角地区经济发达，但煤炭资源相对缺乏，仅安徽省资源较多，其余省份的资源储量低，经济可采的煤炭资源基本枯竭。长三角地区煤炭消费依赖进口与调入。安徽省与西部、北方省份相比，运输距离少1000千米以上，区位优势较明显。2020年安徽省原煤产量11084万吨，其中约85%用于省内消费，15%输出到江苏、上海、浙江、湖北、湖南等地。如果考虑电力输送，共有4100万吨煤（含电）输出到省外，约占煤炭产量的36%。

（二）“皖电东送”

在2005年，安徽省就做出了“皖电东送”的战略决策，规划建设一批大型电站，建设连接华东主网的500千伏东、中、西通道，建设“淮南—皖南—浙北—上海”特高压输电通道。“皖电东送”工程于2013年9月25日投入正式运行，通过利用淮南丰富的煤炭资源，加强煤电基地建设，变输煤为输电，使淮南成为华东地区的能源基地。截至2019年年底，这条电力高速通道已累计向华东输送电能1139.7亿千瓦·时。2019年12月颁布的《长江三角洲区域一体化发展规划纲要》提出，“支持安徽打造长三角特高压电力枢纽。依托两淮煤炭基地建设清洁高效坑口电站，保障长三角供电安全可靠”。

三、发展新型能源化工产业

在煤化工产业方面，安徽省内已经形成淮南、淮北两大新型煤化工产业基地。

（一）淮南基地

根据《安徽淮南新型煤化工基地总体规划》（2015—2030年），计划到2020年，淮南基地实现总投资1175.60亿元，销售收入638.56亿元，利税141.90亿元，利润97.02亿元，基地将发展成为全国重要的化工产业基地、安徽煤化工产业核心区、沿淮经济带最大的化工产业聚集区，产品市场辐射到中原经济区和长三角地区。中国石化积极在安徽布局煤化工，淮南中安联合70万吨/年煤制烯烃项目已于2019年7月产出合格聚丙烯、聚乙烯产品。

（二）淮北基地

根据淮北市政府2019年发布的《关于加快新型煤化工基地发展的思路及对策》，淮北基地包括“一个亚洲最大、三个国内最大”，即亚洲最大的临涣选煤厂，国内最大的独立焦化临涣焦化股份有限公司、煤矸石发电临涣中利电厂、煤矸石建材加工基地。淮北基地立足园区资源优势和产业基础，以百万碳基新材料项目为龙头，深挖煤炭资源潜能，着力延伸产业链条，向“高科技、高附加值、低污染、低能耗”方向发展，实现对煤炭资源的充分利用。

第二节　山东省——能源大省的新旧动能转型

一、“十四五”时期山东省能源供给转型

（一）煤炭行业

1. 煤炭资源较少，产能结构单一

山东省煤炭种类多，煤质优，其中以焦煤为主，其他煤类较少。鲁西煤炭基地是国家14个大型煤炭基地之一，由兖州煤矿、济宁煤矿、新汶煤矿、枣滕煤矿、龙口煤矿、淄博煤矿、肥城煤矿、临沂煤矿、巨野煤矿和黄河北矿10个矿区组成。其中，巨野煤矿为重点开发建设的矿区，黄河北矿为后备矿区。山东省煤炭保有量为227.96亿吨，全国排名第11位，占全国保有量的1.17%。其中焦煤保有量为200.83亿吨（占全省资源量的88%），居全国第5位。2018年山东省原煤产量7400万吨，居全国第13位。

2. 煤矿整体规模小，落后产能占比高

2019年年底，山东省省内生产煤矿共106座，其中产量500万吨及以上煤矿5座，产量120万~500万吨煤矿25座，产量30万~120万吨煤矿76座。产量120万吨以下煤炭产能占比34.74%。与全国产煤大省（区）相比，山东

省小煤矿占比高，煤矿平均产能低，落后产能淘汰出清任务重（见图 15-2）。

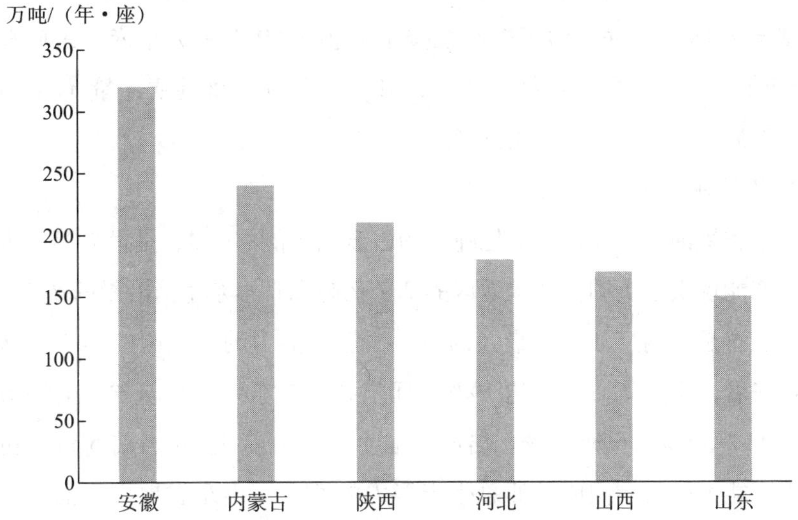

图 15-2　全国产煤大省（区）煤矿平均产能比较

2016 年，山东省按照国家煤炭去产能的统一部署，加快落后产能退出。2016—2018 年共退出落后产能 2796 万吨，根据《山东省煤炭行业加快新旧动能转换实现转型升级实施意见》，到 2022 年，山东省大型煤矿实际产量比重达到 90%以上，煤炭产能压减到 1.3 亿吨以下，煤炭产量控制在 1 亿吨以下。

3. 煤炭产业形成两强格局

山东省拥有山东能源集团有限公司（以下简称山东能源集团）、兖矿集团有限公司（以下简称兖矿集团）两家大型煤炭集团，分别位居 2019 年全国煤炭 50 强的第 2 位和第 4 位，2019 年煤炭产量分别排全国煤炭 50 强的第 5 位和第 3 位。山东能源集团、兖矿集团在山东的煤炭产能主要集中在济宁、泰安、枣庄和菏泽，四地产能占全省产能的 93.86%。

（二）油气行业

山东省是我国重要的原油生产基地，同时也是我国第一化工大省，石油及化学工业几乎所有的门类在山东都有产能产量。

1. 石油天然气开采业

山东胜利油田是我国重要的石油工业基地，也是中国石化旗下第一大油田。截至2018年年底，油田探矿权登记面积8.99万平方千米，采矿权登记面积6501.8平方千米，共发现油气田81个，探明石油地质储量54.82亿吨，天然气地质储量2663.81亿立方米。

2. 炼油业

山东省炼油总产能达2.1亿吨，约占全国产能的1/4，是世界第三大炼油中心，产能仅次于美国休斯敦地区的2.7亿吨和日本东京湾沿岸的2.2亿吨。

山东省是国内炼油产能最大的省份，炼油能力约占全国的26%。从成品油产量来看，山东省占比高达19%；辽宁省、广东省、江苏省、上海市分别以占比11%、9%、6%和5%位居成品油生产能力前5。排名前5位省份的成品油生产能力已占中国成品油总生产能力的51%。山东省地方炼油厂是山东省乃至全国炼油能力的重要组成，目前山东省的地方炼油企业大约有40多家，是地方炼油企业最多的省份。2018年年底，全国炼油总能力约为8.13亿吨，而地方炼油产能约2.4亿吨，占全国产能的30%。山东省的地方炼油产能约1.4亿吨/年，占全国炼油总产能的17%，占全国地方炼油能力的58%。

2018年中国炼油能力达到8.13亿吨，开工率只有75%左右，远远低于世界平均水平（85%），因此，国内的炼油能力已经出现了一定程度的过剩。山东省地方炼油厂的外部竞争环境也更加恶劣，主要缘于新建炼化一体化炼油厂带来巨大的规模效应，原料采购议价能力、能耗成本和运输成本显著优于山东省地方炼油厂。例如，恒力石2000万吨项目已于2019年投产；浙江石化400万吨项目一期即将全线投产，二期项目顺利推进；盛虹石化1600万吨项目也已经开建。国内市场竞争将扩大一体化炼油厂与山东省地方炼油厂盈利水平的差距，山东省地方炼油厂丧失价格优势。在炼化一体化大趋势下，地方炼油厂不得不进行产业结构升级以及转型。

3. 石油化工业

由图15-3可以看出，虽然山东省是我国第五大原油生产省份，但却是我国第一大汽油、柴油、原盐和烧碱生产省份，第二大纯碱生产省份，塑料、化纤、农药原料、硫酸等化工产品的产量也名列各省份前茅。

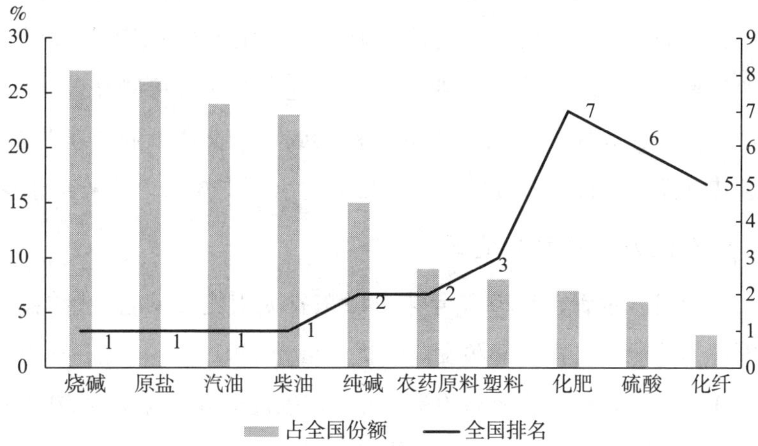

图 15-3　山东省主要能源化工产品占全国份额及排名

山东省是我国的化工大省，也是我国的化工强省。2019 年石油和化工联合会发布的 2018 年化工企业 500 强名单中，山东省以 104 家企业位列全国各省份第 1 位，化工企业 500 强数量约占全国的 21%，远超其他省份（见图 15-4）。

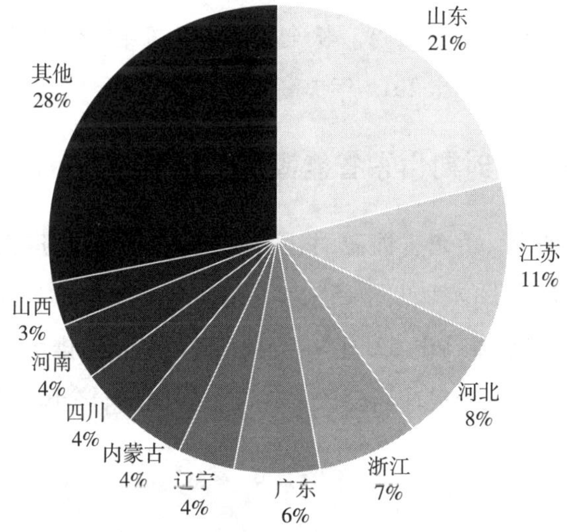

图 15-4　2018 年全国化工企业 500 强各省份分布

但是，山东省石油化工行业乃至整个经济体系资源型和重化型产业占比较高；产业层次低，高端先进技术少，关键性人才缺乏、研发能力薄弱；质量效益差，污染排放重。山东省传统产业占工业比重约为70%，重化工业占传统产业比重约为70%，多数产业处于价值链中低端，转型升级压力大。新兴产业占比低，在高端化学品和先进材料领域实力整体偏弱，新业态、新模式处于起步或跟跑阶段，新动能对经济发展的引领支撑作用尚未充分发挥。

（三）新能源和可再生能源

从发电装机容量看，2020年年末，山东省太阳能、风能、核能、生物质能、水能等新能源和可再生能源发电装机容量为4791.2万千瓦，比2015年年末增长3.3倍，5年年均增长33.9%；占山东省发电装机容量的30.1%，5年累计提高18.7个百分点。其中，光伏发电装机、生物质发电装机分别达到2273万千瓦、366万千瓦，分别是“十二五”末期的17.1倍、2.4倍，稳居全国首位；风电装机达到1795万千瓦，是“十二五”末期的2.5倍，居全国第4位。核电装机实现“零的突破”，海阳核电一期2台百万千瓦级机组建成投运。

从发电情况看，2020年，山东省新能源和可再生能源发电量为823.8亿千瓦·时，比2015年增长2.9倍，5年年均增长31.6%；占全省发电量的14.2%，5年提高10.0个百分点。从全国看，山东省新能源和可再生能源发电量2019年居第16位，比2015年提高6个位次。

二、“十四五”时期山东省能源消费转型

从能源消费来看，山东省能源消耗强度高，能源需求量大。2019年山东省能源消费量排名第1位（见图15-5），比排名第2位的广东省多19.61%，万元GDP能耗比广东省高出52.16%。高耗能产业全国排名靠前，2018年山东省钢材、焦炭、水泥产量均居全国第3位，发电量居全国首位。

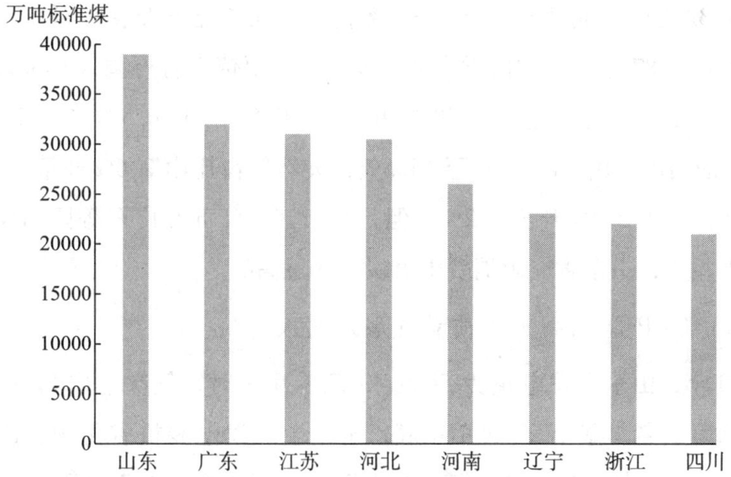

图 15-5　2019 年全国能源消费大省排行

（一）煤炭消费粗放，环保压力大

2016 年，山东全省煤炭散烧量 3000 万吨左右，二氧化硫、氮氧化物、二氧化碳等大气主要污染物排放总量均居全国第 1 位，雾霾天气频发，全省 17 个设区市均未达到国家空气质量二级标准。山东省济南、淄博、济宁、德州、聊城、滨州、菏泽市 7 个城市被列入京津冀大气污染传输通道的“2+26”个重点城市。

（二）能源消费结构单一，供给压力大

“十三五”时期，山东省能耗总量累计增长 6.3%，以年均 1.2%的增速较好地支撑了 GDP 年均 6.0%的增长。其中，煤炭消费量累计下降约 10.5%，石油消费量累计增长约 9.6%，天然气消费量累计增长 1.6 倍，用电量累计增长 28.2%。从全国来看，山东省能耗总量一直居全国首位，但占全国比重由 2015 年的 9.1%降至 2019 年的 8.5%；煤炭消费量由全国第 2 位退居 2020 年第 3 位，占全国消费比重由 10.9%降至 9.4%左右；用电量仍居全国首位，占全国比重由 9.3%升至 9.4%。

随着山东省调整能源消费结构的力度不断加大，煤炭占比呈下降趋势，但在相当长时期内，以煤炭为主的能源结构难以改变。2017 年，山东省煤炭

产量为1.32亿吨，而消费量达到3.82亿吨，高耗能产业耗煤量大，仅火力发电就耗煤1.87亿吨，省内供求缺口较大，主要依靠省外调入和进口解决煤炭缺口。在山东省能耗总量中煤炭占比由2015年的76.5%降至2019年的67.3%，油品占比由14.7%升至15.5%，天然气占比由2.6%升至5.0%，非化石能源占比由2.3%升至7.2%，但是与浙江、江苏和广东等国内经济第一梯队省份相比，山东省能源消费中煤炭占比过高。

（三）GDP能耗高，高质量发展压力大

2020年，山东省发电量为5806.43亿千瓦·时，仅次于内蒙古自治区，位列全国第2名。截至2020年年底，全国十大发电装机省份中，山东省以15560万千瓦位列第1位。2020年，全国范围内的总发电量为7.42万亿千瓦·时，其中火力发电量达到了5.28万亿千瓦·时，占全国总发电量的71.16%。而山东省总发电量为5513亿千瓦·时，其中火力发电量达到了5067千瓦·时左右，占比达到了91.9%。山东省主要以工业发展为主，尤其是重工业发展得非常迅速，包括钢铁、电解铝、冶金等产业，而这些产业大多属于高耗能产业。因此，山东省用电量高于广东省，但是GDP却仅有7.3万亿元，与广东省11.1万亿元的GDP相差3.8万亿元。

三、“十四五”时期山东省能源转型路线

（一）煤炭行业转型

1. 省内煤炭企业“走出去”

推进“走出去”战略，一方面，提升省内企业本部转型发展的层次和水平，有序消化、转移压减的产能，培育企业新的经济增长点；另一方面，建设省（国）外稳固的能源供应基地，加快甘肃陇东、内蒙古鄂尔多斯等地区煤炭资源开发，保障省内能源稳定供应。截至2019年年底，山东省煤炭企业累计在省外（国外）获得资源储量764亿吨以上，规划产能达3.05亿吨，主要分布在山西、陕西、贵州、云南、安徽、内蒙古、新疆、黑龙江、吉林、河北、江苏等国内11个省区和澳大利亚等国家。

2. 省内煤炭消费“做减法”

突出煤炭、煤电“做减法”，淘汰低质、低效产能，实现能源消费增量全部由清洁能源供给，电力消费增量主要由清洁电力供应。实施“外电入鲁”提质增效行动，与吉林、内蒙古、甘肃、宁夏、青海等“外电入鲁”送端省份深化能源战略合作，签订跨区域长期购售电协议。鼓励骨干能源企业“走出去”，在甘肃平凉、白银、庆阳，吉林白城、松原和内蒙古、宁夏等地区主导开发配套煤电一体化、风电、光伏等电源项目，保障通道稳定可靠送电。到 2025 年，接纳省外电量达到 1500 亿千瓦·时以上，力争达到 1700 亿千瓦·时左右；可再生能源电量占比达到 30%左右。

（二）油气行业转型

1. 提升油气资源供应保障能力

首先，推动山东省省内油气稳储稳产。加大胜利油田油气资源勘探开发力度，“十四五”期间，原油、天然气产量分别稳定在 2100 万吨、4 亿立方米左右。其次，加大油气资源管道和液化天然气站建设。加快建设日照、烟台及东营原油港建设，到 2025 年，原油管道里程达 6600 千米，大型原油码头全部实现管道疏港，成品油管道里程达到 3500 千米，主要炼厂全部实现原油管道供应和成品油管道外输。最后，加快沿海液化天然气接收站和天然气管网建设，补齐基础设施短板，提升天然气供应能力。到 2025 年，山东省天然气综合保供能力达到 400 亿立方米以上。

2. 炼油行业的规模化转型

山东省地方炼油厂的装置规模小、配置低，同时市场压力也造成开工率偏低和成品油出厂价格低，但是大约一半的地方炼油厂仍能赢利，其中地方炼油厂多年来规避消费税是主要的因素。但是 2018 年 3 月，国家税务总局发布《关于成品油消费税征收管理有关问题的公告》，要求成品油经销企业所有成品油发票均需通过增值税发票管理新系统中成品油发票开具模块开具，且可开具成品油发票的总量应不大于所取得的成品油专用发票对应的同一商品和服务税收分类编码的油品总量。这意味着规避消费税成为不可能。2018 年 10 月，山东省政府出台《关于加快七大高耗能行业高质量发展的实施方案》，对地方炼油行业转型升级工作进行全面部署。总体目标是：到 2025 年，将 500 万吨及以下地方炼油企业的炼油产能分批分步进行整合转移，全省地方炼油行业原油加工能力压减到 9000 万吨/年左右。山东省地方炼油厂淘汰整合的主要方法是山东裕龙岛模式，通过收购、整合省内中小型地方炼油企业的炼油指标，置换出炼化一体化项目产能，一方面获得了大炼化的稀缺指标，另一方面将原本没有深加工和精细化工能力的中小型炼油厂产能置换出可以大体量生产精细化工品的产能，在不增加本省炼油负担的情况下做到产业链价值延伸，符合国家对于石油化工行业的“十四五”规划思路。这也将是 2021—2025 年中国石油化工行业关于大炼化项目新批新建的参考对象和重要方向。

3. 石油化工行业的新旧动能转换

2018 年 1 月，国务院正式批复山东建设新旧动能转换综合试验区。2021 年 4 月，山东省印发《山东新旧动能转换推出 2021—2022 年行动方案》，提出提升传统产业，改造形成新动能。要用新技术、新管理和新模式改造传统行业，努力打造高端化工产业。

石油化工是山东省新旧动能转换计划的重点发展领域，通过统计分析发现大部分项目集中在清洁油品、天然气、石化基础原料（烯烃芳烃及其衍生物）、煤化工、工程塑料、高端化纤、特种橡胶、氢能源、燃料乙醇、有机硅、氟化工、石墨烯/碳纤维、电子化学品、水处理化学品、可降解塑料和化学助剂等若干领域。其中，高端化学品、工程塑料、特种橡胶、高端化纤、可降解塑料、石墨烯/碳纤维等是山东省新旧动能转换的重点方向。精细化工领域产品种类繁多，其中电子化学品、水处理化学品和化学助剂是新旧动能转换计划重点发展的方向。

（三）新能源行业转型

1. 实施可再生能源倍增行动

以海上风电为主战场，积极推进风电开发，充分利用海上风电资源，打造千万千瓦级海上风电基地。适度有序地推进陆上风电开发建设，重点打造鲁北盐碱滩涂地千万千瓦级风光储输一体化基地。到 2025 年，风电装机规模达到 2500 万千瓦。

坚持集散并举，大力发展光伏发电。加快发展集中式光伏，因地制宜发展“光伏+”集中式电站。大力发展分布式光伏，开展整县（市、区）分布式光伏规模化开发试点，到 2025 年，光伏发电装机规模达到 5700 万千瓦。

2. 实施核能积极有序开发利用行动

在确保安全的前提下，积极有序地推进核电项目建设，加快核能综合利用示范推广。围绕打造胶东半岛千万千瓦级核电基地，按照“3+2”核电总体开发布局，积极推进海阳、荣成、招远三大核电厂址开发。到 2025 年，在运在建核电装机规模达到 1300 万千瓦左右。

3. 打造新能源装备制造基地

在烟台、威海、东营等地建设高端风电装备产业基地，重点打造中国北方风电母港。发挥太阳能利用规模优势，大力发展太阳能光热、光电制造及配套产业，积极培育太阳能热水器制造龙头企业、光电开发利用骨干企业和其他配套企业。

依托沿海核电基地建设，聚焦“国和一号”、“华龙一号”、高温气冷堆等三代及以上核电关键技术装备国产化，重点在烟台、威海、济南等地布局核电装备产业园区。

第十六章　推进华东地区能源转型的战略设计

第一节　协同推进长三角跨区域能源转型战略

除安徽省外，长三角地区资源禀赋非常贫乏，上海市、江苏省、浙江省均是能源输入型城市，总体上看，长三角地区是中国“北煤南运”“西气东输”和“西电东送”等跨省份跨区重大能源基础工程的主要目的地，在保障能源供应安全方面面临很多风险。

2018 年，江苏、浙江、上海两省一市的全社会用电量超过 1.2 万亿千瓦·时，占全国用电量的 18%，人均电力消费量是全国平均水平的 1.5 倍。长三角地区的能源发展具有需求总量大、化石能源比重高、对外依赖性强等特点，在能源低碳发展、保障能源安全等方面压力较大。

经过几十年的能源基础设施建设，长三角地区在电源建设、管网建设等方面取得了较大成就，江苏省、安徽省、浙江省、上海市三省一市在煤电机组单机效率方面始终保持在全国乃至全世界前列。但从区域能源系统整体效率来看，长三角与国际上其他城市群之间依然存在较大差距，例如，安徽省和上海市电网线损率始终维持在 7.4%和 6%左右，浙江省与江苏省则在 4%左右，整体电网可靠，但与洛杉矶、东京以及慕尼黑等国际城市群仍有差距，天然气管网损失率也依然较高，且区域内部存在发展不平衡的情况。

一、统筹建设油气基础设施

长三角经济区是我国最早利用天然气的地方，2018 年，全国天然气表观消费量 2810 亿方米，其中以江苏省、浙江省、上海市为主组成的长三角经济区消费天然气 515.1 亿立方米，约占大陆地区天然气表观消费量的 18%以上，其中江苏省消费 285.2 亿立方米，为全国消费量最大的省份；浙江省消费 120.9 亿立方米，上海市消费 109 亿立方米，安徽省消费 53.7 亿立方米，长三角经济区已成为全国天然气消费的主要区域。

长三角经济区目前已经形成以西一线、西二线、“川气东送”为主的陆上管道气以及东海气、国内液化天然气、国外进口液化天然气多种气源的供气格局，属于完全的能源输入型区域。长三角经济区天然气供气以管道气供应为主，海上进口液化天然气主要来自 6 家，包括江苏如东液化天然气接收站、中海油宁波液化天然气接收站、广汇启东液化天然气接收站、新奥舟山液化天然气接收站、上海五号沟液化天然气接收站、上海洋山液化天然气接收站，总接收能力达到 1815 万吨/年，占全国总能力的 26.2%。

近年来，大量液化天然气接收站的建设为长三角经济区提供了丰富的天然气资源，但在液化天然气规划布局及液化天然气资源统筹匹配方面需要进行系统的安排，防止过度建设和资源匹配方面产生的整体资源浪费问题。因此，“十四五”期间，长三角经济区要进一步完善区域油气设施布局，推进油气管网互联互通。加快建设浙沪联络线，推进浙苏、苏皖天然气管道联通。加强液化天然气接收站的互联互通和公平开放，加快上海、江苏如东、浙江温州液化天然气接收站，以及宁波舟山液化天然气接收站和江苏沿海输气管道、滨海液化天然气接收站及外输管道扩建。积极推进浙江舟山国际石油储运基地、芜湖液化天然气内河接收（转运）站建设，支持液化天然气运输船舶在长江上海段、江苏段、安徽段开展航运试点。

二、加快长三角经济区电网建设

2019 年，以长三角经济区为主体的年用电量近 1.72 万亿千瓦 · 时，约占全国的 24%。华东地区省份内和省际市场化交易电量分别达到 5943 亿千瓦 · 时和 306.8 亿千瓦 · 时，同比分别增长 39%和 42%。

在长三角经济区，两条电网“半环”的出现将四省市紧密连接。下“半环”是“皖电东送”，西起淮南，经皖南、浙北直抵上海，连接“两淮”煤电基地和华东电网负荷中心；上“半环”是淮南—南京—上海 1000 千伏交流特高压输变电工程+苏通 GIL 综合管廊工程，形成贯穿华东的特高压交流环网，这上下“半环”构建了长三角经济区的电力能源主动脉。

“十四五”期间，依托“两淮”煤炭基地建设清洁高效坑口电站，保障长三角经济区供电安全可靠。同时，积极拓展长三角经济区外来电通道，优化“皖电东送”，强化“送受并举”电网，为华东电网的电力供应提供安全保障。推进电网建设改造与智能化应用，优化“皖电东送”、三峡水电沿江输电通道建设，开展区域大容量柔性输电、区域智慧能源网等关键技术攻关，支持安徽打造长三角特高压电力枢纽。完善电网主干网架结构，提升互联互通水平，提高区域电力交换和供应保障能力。加强跨区域重点电力项目建设，加快建设淮南—南京—上海 1000 千伏交流特高压输变电工程过江通道，实施南通—上海崇明 500 千伏联网工程、申能淮北平山电厂二期、省际联络线增容工程。

三、协同推动长三角经济区新能源制造业发展

长三角经济区是我国新能源产业发展的高地，聚集了全国约 1/3 的新能源产能，包括 60%的光伏企业、20%的风电装备制造业、54%的核电站装机和 40%的生物质发电装机。

长三角经济区是中国光伏制造产业链最完整、产量最大、企业和从业人员最集聚的区域，尤其江苏省几乎占据中国光伏制造业“半壁江山”，素有“世界光伏看中国，中国光伏看江苏”之称。

根据工业和信息化部发布的《光伏制造行业规范条件》，符合条件的企业共 186 家，其中长三角经济区拥有 103 家，占比 55. 4%，尤其是江苏省已形成从硅料提取、硅锭制备、电池生产到集系统应用于一体的完整产业链，集中了全国一半以上的重点光伏制造企业（见图 16-1），多晶硅、硅片、电池片、组件等产量占全国比重均超过 40%。2020 年全球组件出货前 10 中长三角

经济区占据 8 席，天合光能、协鑫能源等大多数企业已经成为集制造、服务于一体的智慧能源集成服务商。

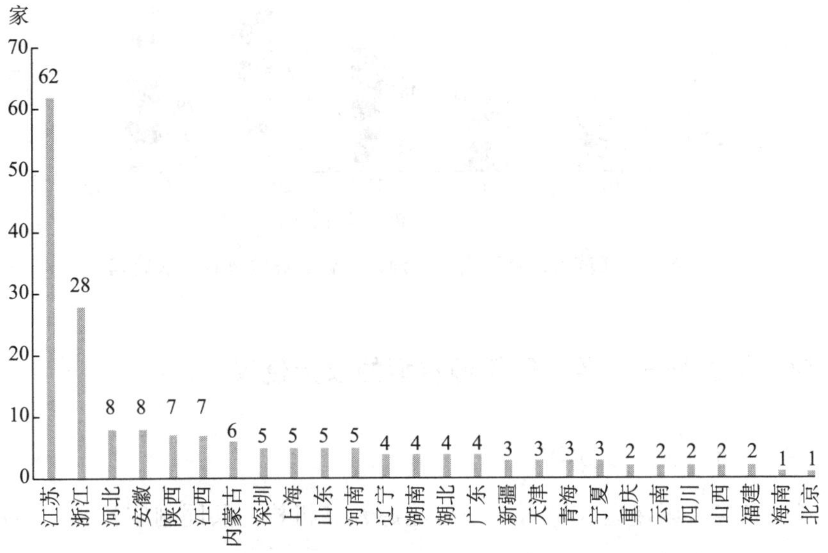

图 16-1 国内各省份符合《光伏制造行业规范条件》公告企业数量

根据全球风能理事会（GWEC）发布的《全球风电市场——供应侧报告》，全球风机制造商前 15 强中，有 8 家中国公司，其中长三角经济区占 3 家，分别为远景能源、运达风电、上海电气，市场份额合计占全球份额的 13.1%。长三角经济区集聚了恒润重工、振江股份、日月股份、泰胜风能等一批上市企业，是全国风电制造领域上市企业数量最为集聚的区域。同时，作为东部沿海地区，长三角经济区近海风能资源极为丰富，风电装机容量、风电利用小时数等指标在全国处于领先水平，上海电气海上风电市场占有率居全国第 1 位。可以看出，无论是风机制造领域还是风电利用领域，长三角经济区在全国都具有较强竞争力。

长三角经济区是我国分布式光伏的主阵地之一。截至 2019 年年底，江苏省、浙江省、上海市共计开发分布式光伏 1693 万千瓦（见图 16-2），占全国分布式光伏装机总量的 27%。

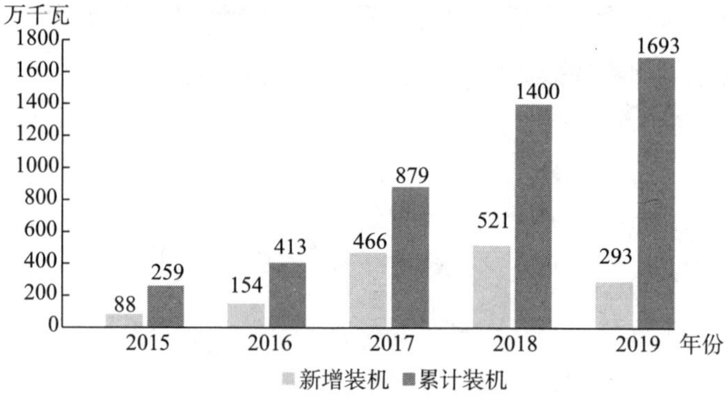

图 16-2　江苏省、浙江省、上海市共计分布式光伏增长趋势

四、推进长三角经济区能源转型的政策建议

（一）推进统一大市场形成

长三角经济区建立区域内统一的能源领导机构，共同制定长三角经济区能源一体化发展规划，共同建设和完善长三角经济区电网和天然气管网等基础设施，共同构建统一的、多能协同的能源管理信息平台。依托长三角一体化发展示范区，打造长三角能源一体化先行示范区，推动现代化能源大系统建设，并总结经验、逐步推广，在长三角一体化发展示范区内电力一体化初具雏形的基础上，纳入更多的能源种类和更新的能源管理模式，把能源合作从单一的项目合作发展为全面深度一体化合作。

（二）深化能源体制改革

深化能源体制改革，以打破行业壁垒、省际壁垒为重点，实现互联互通、多能协同、优化组合。长三角经济区应坚持能源市场化改革方向，深入实施重点领域和关键环节的改革，建立健全区域内能源利益协调和补偿机制，打破能源管理体制壁垒，提升长三角经济区能源互济、互保、互给能力。大力培育能源市场，在市场运行中建立能源价格形成机制，实现资源优化配置。可在长三角经济区率先推进电力市场化改革，建立开放统一的电力市场，合理推进电网输配价格，推进跨省份跨区电力用户与发电企业直接交易；完善峰谷电价，通过电价机制鼓励智能家居的布局，对家用光伏电池、储能系统进行合理补贴，实现电力削峰填谷，保障供电安全。此外，完善清洁能源价格机制，建立长三角跨省份跨区清洁能源消纳政策。

（三）加速能源互联网建设

在长三角经济区推动现代化能源大系统规划建设，率先实现国家提出的“互联网+”智慧能源发展战略，建议长三角经济区抓住科技发展机遇，推进多能协同的能源系统信息化建设，开展能源流与信息流深度融合的研发工作。同时，研究长三角能源一体化建设，实施数据共享，建立一体化标准协议与数据接口；推进大数据技术、人工智能（AI）技术等在能源系统中的应用。大力发展各种类型的微型能源系统，充分发挥科研优势，加快区域内“政产学研用”一体化科技创新体系和创新能力建设，着力突破微型能源系统领域的关键核心技术，积极探索实施一批微型能源系统示范工程。因地制宜地探索分布式能源微网的建设，为长三角经济区率先构建现代化能源大系统提供有益示范。依托长三角经济区雄厚的能源装备制造业基础，突出重点，进一步掌握核心技术，着力突破燃气轮机、超超临界发电、核电、氢能和燃料电池等领域的技术攻关，进一步降低风电、光伏装备制造成本，提高性价比，实现储能由研发示范向商业化初期过渡，继而实现向规模化发展转变。总之，推动长三角经济区能源产业率先实现“质量变革、效率变革、动力变革”，引领全国能源产业高质量发展。

第二节　推进山东省能源综合示范区转型战略

一、保障山东省能源稳定可靠供应

（一）稳定煤炭供应保障

优化山东省内开发布局，实施“退出东部、收缩中部、稳定西部、储备北部”的煤炭开发战略。加强煤炭对外合作，围绕保障“外电入鲁”通道配套煤电项目用煤，加快甘肃陇东、内蒙古鄂尔多斯等地区煤炭资源开发。完善煤炭输送网络，发挥山东沿海港口和交通枢纽优势，推进“铁路+”多式联运体系建设，提升“外煤入鲁”通道能力。按照市场化原则，推进社会煤炭储备能力建设和运营，支持在消费集中地、主要铁路运输节点和主要接卸港口等区域新建或改扩建煤炭储备项目。

（二）增强油气供应保障

推动胜利油田东部老区保持高效滚动建产力度，深化高效注采，稳定油气产量。加大海上油气藏开发，打造埕岛东部新区百万吨产能阵地。重点加强与中国石油、中国石化和中国海油等上游企业的战略合作，扩大油气调入规模。积极参与国际油气合作，加大海外原油和液化天然气资源引进。

完善原油输送网络，提升原油接卸能力，构建“港炼直通”的原油输送网络。补齐成品油网络短板，建成京博至日照港、广饶至东营港等向海外运输管道，打通东明至浚县、枣庄至蚌埠等向陆外运输通道，满足成品油下海和跨省区外输需要，增强油气储备能力。

（三）强化电力供应保障

强化煤电托底保障，积极推动煤电由主体性电源向提供可靠容量、调峰调频等辅助服务的基础性电源转变。与吉林、内蒙古、甘肃、宁夏、青海等“外电入鲁”送端省份深化能源战略合作，签订跨区域长期购售电协议。以满足沿海核电基地、海上风电基地、陆上大型风光基地等送出需求，推动烟威电源配套送出等1000千伏工程建设，完善特高压主网架。推动电网适应大规模集中式和量大面广分布式能源发展，围绕打造以新能源为主体的新型电力系统，多措并举提升清洁能源消纳能力。

二、加快山东省能源结构调整步伐

（一）实施可再生能源倍增行动

首先，加快发展海上风电。按照统一规划、分步实施的总体思路，坚持能建尽建原则，以渤中、半岛南、半岛北三大片区为重点，充分利用海上风电资源，打造千万千瓦级海上风电基地。

其次，坚持集散并举，大力发展光伏发电。加快发展集中式光伏，充分利用潍坊、滨州、东营等市盐碱滩涂地和济宁、泰安、菏泽、枣庄等市采煤沉陷区，重点打造鲁北盐碱滩涂地千万千瓦级风光储输一体化基地、鲁西南采煤沉陷区百万千瓦级“光伏+”基地。

最后，坚持因地制宜，统筹推进生物质能、地热能、海洋能等清洁能源多元化发展。

（二）实施天然气供应能力提升行动

第一，加快沿海液化天然气接收站建设，打造全国重要的沿海千万吨级液化天然气接卸基地。有序推进威海港、日照港、东营港等液化天然气接收站项目。

第二，加快输气干线、支线、联络线建设，构建“一网双环”输气格局。建成中俄东线（山东段）国家级输气干线管道，提升管道气供应能力；建成山东天然气环网、沿海液化天然气接收站外输管道等省级输气干线，满足沿海液化天然气送出需要。

（三）实施“外电入鲁”计划

坚持高效利用存量和高质发展增量相结合，围绕打造全国重要的跨区域电力消纳基地，加快送端配套电源建设，持续扩大省外来电规模。围绕提升既有直流通道送电能力和可再生能源比例，按照“风光火（储）一体化”模式，加快上海庙至临沂特高压直流通道千万千瓦级电源基地建设；加快陇东至山东±800 千伏特高压直流输变电工程建设，形成“三直三交”特高压受电格局，新增接纳省外来电能力 800 万千瓦；配套建设千万千瓦级风光火（储）一体化电源基地。

三、培育山东省发展新产业、新业态、新模式

（一）抢占国内氢能开发利用新高地

围绕创建“国家氢能产业示范基地”，发挥山东省氢能产业基础优势，健全完善制氢、储（运）氢、加氢、用氢全产业链氢能体系，打造山东半岛“氢动走廊”。实施“氢进万家”科技示范工程，推动氢能创新链与产业链的融合发展。加大燃料电池关键材料、核心部件制造等技术突破与成果转化，推动燃料电池装备规模化生产。

（二）提升国内储能利用综合能力

以市场化为导向，科学合理选择经济技术可行的路线，优先发展大容量、高效率、长时间储能设施，鼓励新建集中式风电、光伏项目按照一定比例配建或租赁储能设施。支持建设运营共享储能设施，鼓励风电、光伏项目优先租赁共享储能设施，建立健全储能配套政策，完善储能市场化交易机制和价格形成机制，支持储能设施参与辅助服务市场和电力现货市场。

（三）打造能源高端装备制造基地

以海上风电基地开发为契机，吸引国际国内风电装备制造领域的龙头企业落户山东，在烟台、威海、东营等地建设高端风电装备产业基地。依托沿海核电基地建设，聚焦三代及以上核电关键技术装备国产化，重点在烟台、威海、济南等地布局核电装备产业园区；发挥太阳能利用规模优势，大力发展太阳能光热、光电制造及配套产业，积极培育太阳能热水器制造龙头企业、光电开发利用骨干企业和其他配套企业。围绕特高压输电、智能电网装备，做强做大泰安智能输变电装备制造基地；围绕超深井油气开采、大型煤炭综采成套装备等高端装备制造，在东营、烟台、泰安和济宁打造油气、煤炭开采高端装备制造产业园。

第三节　华东地区其他省份能源转型战略

一、江西省能源转型战略研究

（一）打造江西九江智能炼化一体化基地

1. 推进九江石化打造炼化行业环保、智能制造标杆，加快炼油适应性改造，实现发展模式由单一炼油至炼化一体化的转型升级

以九江石化对二甲苯项目为着力点，推动九江芳烃产业链式发展，建设对二甲苯（芳烃）—精对苯二甲酸—聚酯—终端产品的产业链。重点发展烯烃、芳烃、精对苯二甲酸、聚酯、溶剂油、轮滑油等重要石化原料，将聚酯长丝、聚酯短纤、高端光学 PET 薄膜、瓶用切片等产品作为产业链下游的发展方向，鼓励 C4、C5 资源综合利用。

2. 大力推广“石化+智能化”发展模式

在重点行业和关键岗位加大工业机器人的推广应用，推进一批智能制造单元、智能车间、智能工厂建设。推动企业管理系统与控制系统的有效集成，实现数据信息集成共享。运用云计算、物联网、大数据等信息技术实现生产设备与虚拟信息网络的融合，推动原材料采购、生产制造过程、物流仓储产供销产业链一体化。

3. 加快构建“石化+互联网”平台

引导石化企业与互联网企业、电信运营商深度合作，将数据中心、业务系统、设备向云上迁移。加强园区信息化基础设施建设，鼓励园区采用云计算、大数据、物联网、地理信息系统等信息技术，建立网上交易、仓储、物流、检验检测等公共服务平台。

（二）加快光伏、锂电新能源产业基地构建

以宜春、新余、上饶、赣州等市为重点，打造赣西、赣东北、赣南三大新能源产业集聚区。加快上饶光伏国家新型工业化示范基地、新余国家硅材

料及光伏应用产业化基地和宜春国家锂电新能源高新技术产业化基地等平台建设，培育形成若干特色产业集群。

巩固提升光伏产业，支持骨干企业做强做大，继续扩大生产规模，加快现有产线技术改造，优化产品结构。围绕完善产业链配套，依托龙头光伏企业，加快培育并引进相关配套企业。以一体化和专业化为导向，支持龙头企业，做精做优专业细分领域。加强锂资源综合利用，多层次、多用途开展，合理利用，提高锂资源经济效益。

（三）形成“安全、高效、清洁、低碳”的现代能源保障体系

积极稳妥发展光伏、风电、生物质能等新能源，力争装机达到1900万千瓦以上。优化发展支撑性“兜底”火电电源，强化电力调峰能力建设，大力发展抽水蓄能。有序推进天然气发电，积极引入优质区外电力，建成雅中直流工程，争取引入第二回特高压直流入赣通道。稳妥推进核能综合利用，优化提升电力输送网络，完善500千伏骨干网，构建形成“1个中部核心双环网+3个区域电网”，即江西中部核心双环500千伏电网，北部、南部、东部3个区域500千伏电网的供电主网架。

推进成品油管道建设，构建形成“十”字形输油网架。加快省级天然气管网建设，构建形成多点互联互通输气网架，实现“县县通气”目标。积极推进新昌电厂600万吨煤炭吞吐储运项目、湖口天然气储备二期、新余煤储基地等煤炭储备项目建设。全省发电装机容量力争达到7000万千瓦，非化石能源消费占比持续提升。

二、福建省能源转型战略研究

（一）依托“两基地一专区”，推进石化产业高级化、精细化发展

围绕古雷石化基地、湄洲湾石化基地、江阴化工新材料等石化产业集聚区建设，加快推进乙烯、炼化一体化等项目，延伸完善原油—烯烃、芳烃—下游产品炼化一体化产业链、对二甲苯—精对苯二甲酸—聚酯/涤纶—下游产品产业链、苯—环己酮—己内酰胺—聚酰胺6（尼龙6）—下游产品产业链、

苯/甲苯—TDI/MDI—聚氨酯—下游产品产业链。重点发展工程塑料、氟硅材料、功能性膜材料、石油催化剂等高端精细化学品和化工新材料。

在湄洲湾石化基地，推进丙烷脱氢制丙烯及下游新材料、丙烷脱氢（PDH）及聚丙烯（PP）等项目建设。在漳州古雷石化基地，推进中沙古雷乙烯、古雷炼化一体化二期等项目建设。在福州江阴化工新材料专区，推进中景石化聚丙烯、万华化学（福建）产业园等项目建设。

围绕炼化一体化项目，延伸发展新型高档汽车用塑料、包装材料、农用管材、医用材料等塑料产品以及溶聚丁苯橡胶、稀土顺丁橡胶、丁腈橡胶、乙丙橡胶等高性能合成橡胶，大力发展蚀刻剂、封装材料、高纯试剂、特种气体、溶剂、电子专用胶黏剂、功能树脂等专用电子化学品。

（二）围绕新能源电池和海上风电制造推动新能源产业转型

“十四五”时期，福建省将以沿海一带为新能源产业创新走廊，以宁德、漳州储能产业基地、兴化湾—平海湾海上风电产业园为两翼，打造新能源产业发展格局。

支持宁德时代、中航锂电、福建巨电等动力和储能电池生产企业做强做大，原电池行业上下游实现全产业链发展，加快推进产业链扩能项目建设，打造全球最大新能源动力和储能电池先进制造业中心。围绕新能源电池产业打造“三基地、两集群”新能源汽车生产基地，即培育壮大“福宁岩莆”新能源乘用车、“厦漳”新能源客车、“岩明”新能源货车和专用车 3 个生产基地，打造闽东北新能源乘用车、闽西南新能源商用车 2 个产业集群，形成一个产业中心。

福建省是我国海上风能资源最为丰富的地区之一，发展潜力巨大，尤其福建漳州海上风电资源禀赋非常优越，东山岛外侧的漳州外海浅滩具备大规模海上风电的开发建设条件。该区域面积约 8800 平方千米，水深 8～30 米，年均风速达 9 米/秒，年利用小时数超 4000 小时。一方面，福建省要依托良好海上风电条件，重点推进莆田平海湾、福州兴化湾、平潭岛周边等资源较好地区的海上风电项目开发，到 2030 年年底海上风电装机要达到 300 万千瓦以上。在海上风电基地建设过程中，大容量机组的使用是降低海上风电单位千瓦造价的重要途径，而福州兴化湾已建起14台大容量风电机组，成为全球首个国际化大功率海上风电试验场。另一方面，在福州市江阴港打造高端海上风电产业链聚集地，积极发挥产业园强大的科技创新和自主研发能力，持续开展补链强链工作，不断提升风电产业发展层次，联合研制更大容量海上风电机组，全力推进大型海上风电基地建设。

（三）构建煤、油、气、核与可再生能源多轮驱动的能源供应体系

依托规划的罗源湾国家煤炭应急储煤基地，规划建设4000兆瓦的超临界神华罗源湾火电厂，重点推进漳州核电、霞浦核电等大型核电项目建设，到2025年，力争福建电力总装机达8000万千瓦以上。

建成“北电南送”新增输电通道和闽粤联网工程，在更大区域范围内提高资源优化配置能力。加强天然气基础设施建设，推进液化天然气接收站及外输管线和西三线支干线、海西二期管网和互联互通工程等天然气管道建设，尽快实现设区市全部通管道天然气，形成多气源一张网、市场化的天然气发展新格局。

第五篇

能源革命视角下的华中地区
能源发展战略研究

华中地区处于我国中部，包括河南省、湖北省和湖南省三省，以全国11%的能源消费量支撑起全国13.85%的GDP和全国15.84%的常住人口。受制于能源禀赋，华中地区能源供给存在总量不足和结构失衡并重的问题，直接制约能源消费的总量控制和比例调整。能源产量严重低于能源的消费量，能源缺口量巨大。能源供求结构中，化石能源占比过高，尤其是煤炭能源的生产和消费占比过高的问题较为突出，这给华中地区的能源革命的推进和“双碳”目标的实现带来了严峻的挑战。此外，华中地区是我国重要产业承接区域，能源消费和碳排放压力较大，产业经济的绿色低碳转型道路依然漫长。

从能源禀赋来看，华中地区的化石能源总体储量较低，除河南省拥有相对较多的煤炭资源外，湖北省、湖南省的煤炭、石油、天然气资源都相对稀缺，在全国属于化石能源储量较低的地区；而可再生能源方面，除湖北省拥有较为丰富的水能资源外，华中三省在大规模、高质量的可再生能源开发方面均处于劣势，不同于沿海和西北内陆拥有丰富的风能和太阳能资源。

能源生产受制于能源禀赋，华中地区的化石能源产能不足，可再生能源低效分散。湖北省虽然水能丰富，有大量盈余，但是由于电力东输，本地的能源供给转型面临着更加沉重的压力。2020年，湖北全省发电量3291.34亿千瓦·时，全社会用电量累计2471.54亿千瓦·时，有819.8亿千瓦·时的溢出。三峡电厂发电量1031.33亿千瓦·时，在“西电东输”的能源调配体系中，发挥了举足轻重的作用，对于周边的湖南省、江西省，乃至上海市、江苏省等地区起到了重要的支持作用。但湖北省在水电资源外输的同时，依然面临着巨大的能源清洁转型压力。

从能源消费方面来看，华中地区整体煤炭消费总量大，结构失衡现象较为严重。其中河南省的问题最为严重，虽然河南省的能源禀赋和生产能力较弱，但能源消费的总量却居全国第5位。2020年，河南省煤炭一次能源生产总量为1.04亿吨标准煤，但消费总量却达到了2.28亿吨标准煤。其中煤炭的消费比重高达67.6%，虽然相比2015年下降了8.8个百分点，但仍然远超全国平均水平。非化石能源消费仅占能源消费的11.2%，能源消费的绿色低碳转型还有很长的路要走。

为了落实碳达峰和碳中和目标，“十四五”期间，华中三省将基于自身能源禀赋和能源供求现状，从供求两侧推动能源体系的绿色低碳、安全高效转型，推动能源革命和区域经济的深度融合，实现能源、环境和经济的协调发展。三省将优化产业结构与调整能源结构相结合，深入落实能源革命与区域经济发展的整合。河南省要尽快从严重依赖煤炭的旧格局中走出来，努力开发分布式能源，借用油气管网和电网中转的优势，构建低碳高效的能源支撑体系；湖北省要加大水电自留比例，将火电调峰改进为燃气和清洁能源互补调峰，构建战略性新兴产业引领、先进制造业主导、现代服务业驱动的现代产业体系；湖南省要结合电网和油气管网寻找自身定位，争取核电建设项目，构建绿色低碳、循环发展的经济体系。

第十七章　华中地区的能源状况分析

第一节　华中地区的能源禀赋状况

一、华中地区的化石能源禀赋状况

《2020年全国矿产资源储量统计》显示，华中地区化石类能源资源相对较少，除河南省拥有较为丰富的煤炭、石油资源外，整个华中地区的化石能源储量都相对较低。与能源禀赋不足相对应的，却是大量的人口和快速发展的经济，华中地区能源禀赋不足以保障区域性能源安全。

（一）华中地区的煤炭资源禀赋

2020年，全国的煤炭储量为1622.88亿吨，而华中地区的煤炭储量相对较少，仅为38.61亿吨，占全国总量的2.38%。华中三省中，河南省煤炭储量最多，达到33.65亿吨，占华中地区煤炭储量的87.15%，占全国储量的2.07%。湖南省煤炭资源较少，有4.86亿吨，占华中地区的12.59%，占全国储量的0.3%。湖北省煤炭资源最少，仅有1000万吨（见图17-1），占华中地区的0.26%，在全国的份额中，可以忽略不计。

华中地区的煤炭资源禀赋存在先天性不足。地方发展的能源供给和消费主要依赖于周边资源富集区，在早期的经济发展中受到了较强的能源约束。为了满足经济高质量发展的要求，在逐渐降低煤炭使用比例的同时，需要进一步发展煤炭的清洁化开发与利用技术。在华中地区能源革命进程中，煤炭消费比例降低后，资源约束效应将进一步降低。由于华中地区煤炭资源分布较少因而所带来的煤炭产业升级转型压力也较小，迈向新型能源体系的历史包袱也相对较轻。

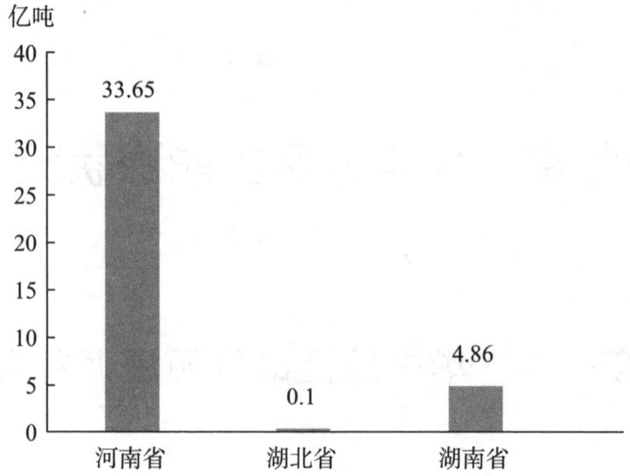

图 17-1　2020 年华中地区的煤炭储量

（二）华中地区的石油资源禀赋

2020 年，全国的石油储量为 361885.75 万吨，而华中地区的石油储量相对较少，仅为 4077.74 万吨，占全国总量的 1.13%。华中三省中，河南省的石油储量最多，达到 3022.24 万吨，占华中地区石油储量的 74.12%，占全国总量的 0.84%。湖北省石油资源较少，有 1055.5 万吨，占华中地区的 25.88%，占全国总量的 0.29%。湖南省则基本没有可供开发的石油资源（见图 17-2）。

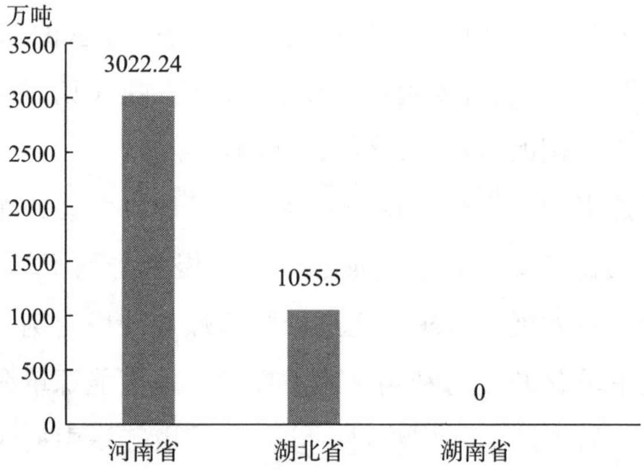

图 17-2　2020 年华中地区的石油储量

从图 17-2 中可以看出，华中地区的石油资源较少，即使华中地区石油储量最大的河南省，在全国的石油储量占比中都不足 1%。因而，河南省、湖北省和湖南省石油储量低的资源禀赋成为经济发展、人民生活的重要约束。基于目前的储量水平，无论是现在还是在今后相当长的时间内，华中地区都难以实现石油资源的自给自足。地方发展的石油资源主要依赖于周边资源富集区和进口，石油的运输调配体系是实现石油安全能源供应的重要保障。随着经济的发展，石油消费量不断增加，石油资源禀赋稀缺的不利局面在华中地区将进一步凸显。

（三）华中地区的天然气资源禀赋

2020 年，全国天然气储量为 62665.78 亿立方米，华中地区的天然气储量相对较少，仅为 107.41 亿立方米，占全国总量的 0.17%。华中三省中，河南省的天然气储量较多，达到 62.82 亿立方米，占华中地区天然气储量的 58.49%，占全国天然气储量的 0.1%。湖北省的天然气资源较少，有 44.59 亿立方米，占华中地区天然气储量的 41.51%，占全国天然气储量的 0.07%。湖南省基本不具备可供开发的天然气资源储量（见图 17-3）。

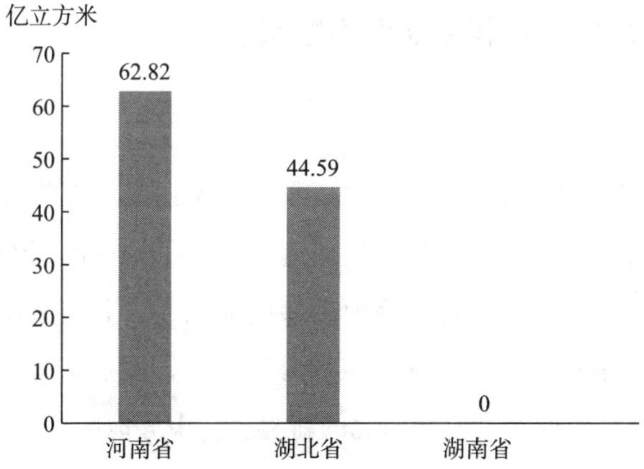

图 17-3　2020 年华中地区的天然气储量

从图 17-3 中可以看出，华中地区的天然气资源相对稀缺，三省储量总计不足全国的 0.2%，严重限制了地区的天然气生产和消费，难以满足本地区的生产和生活需求。用于地方发展的天然气资源主要依赖于周边天然气资源富集地区和进口，能够满足部分生活需求。随着经济高质量发展的要求和人民生活水平的提高，交通运输和清洁供暖等对天然气的需求将更加旺盛，而本地区天然气资源短缺的困境在未来将更加突出。

（四）华中地区其他化石能源

从 2020 年华中地区的能源矿产资源探明情况来看，除石煤外，页岩气、煤层气、油页岩以及油砂等方面基本没有可开采价值的矿产。石煤资源方面，全国储量共计 10.41 亿吨，其中湖南省储量为 6 亿吨，占总储量的 57.64%。但是，石煤是一种含碳少、热量低的劣质煤炭资源，同时也是一种低品位、多金属的共伴生矿，在开发与利用的过程中，容易造成严重的环境污染。

综上所述，华中地区除煤炭资源相对充足外，其他能源均存在严重短缺。能源禀赋不足将制约能源的生产供应以及能源产业的发展，能源生产和加工体系的完整性也将难以建立。能源消费也将严重依赖资源富集区和进口，能源供应安全、能源成本以及能源价格波动都将是华中地区经济发展和社会生活中的重要约束。

二、华中地区的可再生能源禀赋状况

（一）风能

我国位于亚欧大陆东部，东临太平洋，季风强盛。内陆的山川和高原改变了从东南到西北的气压分布和大气环流，增加了季风的复杂性。冬季风主要来自西伯利亚地区和蒙古高原等中高纬度地区，由北向南逐步递减。夏季风主要来自太平洋和印度洋，从东南沿海到内陆，逐步递减。因此，风能分布比较丰富的地区主要为沿海和西北的新疆、甘肃等地区。

中国 10 米高度层的风能资源总储量为 32.26 亿千瓦，其中实际可开发利用的风能资源储量为 2.53 亿千瓦。东南沿海及其附近岛屿是风能资源丰富地区，其有效风能密度普遍在 200 瓦/平方米以上，沿海岛屿有效风能密度在 300 瓦/平方米以上。新疆北部、内蒙古、甘肃北部也是中国风能资源丰富地区，有效风能密度为200~300瓦/平方米。黑龙江、吉林东部、河北北部及辽东半岛的风能资源也较好，有效风能密度在200瓦/平方米以上。青藏高原北部有效风能密度在150~200瓦/平方米，但青藏高原海拔高、空气密度小，所以有效风能密度也较低。云南、贵州、四川、甘肃、陕西南部、河南、湖南西部、福建、广东、广西的山区及新疆塔里木盆地和西藏的雅鲁藏布江，为风能资源贫乏地区，有效风能密度在50瓦/平方米以下，风能潜力很低。

华东、华中地区位于我国中部，属于季风性气候，风向和风速具有明显的季节性特征。该地区冬半年多为偏北风，而夏半年多为偏南风。一般来讲，年平均风速在每秒3米以上的地区才具备可开发的价值，与全国范围相比，华中地区属于资源贫乏区，仅有少数部分地区具备可开发的价值。

（二）太阳能

我国是太阳能资源丰富的国家之一，但太阳能的分布具有显著的区域差异。我国总面积2/3以上地区年日照时数大于2000小时，年辐射量在5000兆焦/平方米以上。陆地面积每年接收的太阳辐射总量为3.3×10^3兆~8.4×10^3兆焦/平方米，相当于2.4×10^4亿吨标准煤的储量。

根据中国气象局风能太阳能评估中心的划分标准，我国太阳能资源地区分为以下四类：

1. 一类地区（资源丰富带）

全年辐射量在6700~8370兆焦/平方米，相当于230~285千克标准煤燃烧所发出的热量。主要包括青藏高原、甘肃北部、宁夏北部、新疆南部、河北西北部、山西北部、内蒙古南部、宁夏南部、甘肃中部、青海东部、西藏东南部等地。

2. 二类地区（资源较富带）

全年辐射量在5400~6700兆焦/平方米，相当于180~230千克标准煤燃烧所发出的热量。主要包括山东、河南、河北东南部、山西南部、新疆北部、吉林、辽宁、云南、陕西北部、甘肃东南部、广东南部、福建南部、江苏中北部和安徽北部等地。

3. 三类地区（资源一般带）

全年辐射量在4200~5400兆焦/平方米，相当于140~180千克标准煤燃烧所发出的热量。主要包括长江中下游、福建、浙江和广东的一部分地区，该地区春夏多阴雨，秋冬季太阳能资源较为充足。

4. 四类地区

全年辐射量在4200兆焦/平方米以下，主要包括四川、贵州两省。该区是我国太阳能资源最少的地区。

国家电网在2021年1月发布实施的《光伏发电资源评估方法》中，给出了不同省份的年总辐射量数据；同时，将不同省份的资源划分为较好水平、中等水平、较差水平的四种资源状况。其中：上四分位数是指资源最好的1/4地区的太阳能年总辐射量，中位数是指资源平均的太阳能年总辐射量，下四分位数是指资源最差的1/4地区的太阳能年总辐射量。

根据国家电网文件中的数据，各地的优、中、差太阳能年总辐射量如表17-1所示。

表17-1 我国各区域太阳能辐射数据

	年/（千瓦·时/平方米）			年/（兆焦/平方米）		
	上四分位数（75%）	中位数（50%）	下四分位数（25%）	上四分位数（75%）	中位数（50%）	下四分位数（25%）
国网经营	1391	1373	1358	5008	4944	4889
华中	1318	1271	1253	4744	4575	4512
河南	1369	1336	1304	4927	4811	4696
湖北	1325	1286	1261	4769	4628	4540
湖南	1241	1205	1173	4467	4337	4223

注：千瓦·时/平方米为单位的数值更接近于年利用小时数，兆焦/平方米要除以3.6换算成千瓦·时/平方米。

从表17-1中可以看出，华中地区高质量的太阳能资源相对较少。主要原因在于华中地区整体海拔较低，光照穿透云层折损后到达地面，辐射强度受到较大的折损。从气候来看，除河南省以外，湖北省和湖南省属于亚热季风性气候，整体上比较湿润，降雨较多，光照时间短，辐射强度低，不具备良好的光照条件。因此，华中地区不具备大规模、高效率的集中式光伏能源布局条件，比较适合因地制宜地开发分布式能源。

（三）水能

中国地域辽阔，降水分布受气候和地形地貌影响明显。受大陆季风区控制的东部地区降水相对丰富，而在西北内陆所处的非季风区干旱异常。从地形分布来看，降水分布明显受西高东低的三级阶梯状地势影响，呈现出从西往东逐渐递增的趋势。降水分布的南北差异也十分明显。以秦岭—淮河为界，南部亚热带季风气候区降水充沛，而北部温带季风气候区降水明显偏少。

另外，华中地区的降水还有一个不尽如人意的地方，就是随时间的分布极不均匀。一年中大部分降水都集中在夏季，6—9 月汛期的降水占全年的 75%以上。此外，华中地区降水年际变化也大。降水的年际、年内剧烈变化，给防洪和水资源利用带来了很大的难度，使本来就有限的水资源更难以被充分有效地利用。

华中三省的总水能蕴藏量为 3832. 94 万千瓦，占全国水能蕴藏量的 5. 67%。其中湖北省水能资源最为丰富，达到 1823. 13 万千瓦，占华中地区水能蕴藏量的 47. 56%，占全国水能蕴藏量的 2. 7%。湖南省水能蕴藏量达到 1532. 45 万千瓦，占华中地区水能蕴藏量的 39. 98%，占全国水能蕴藏量的 2. 27%。而河南省的水能蕴藏量则相对较少，仅为 477. 36 万千瓦，占华中地区水能蕴藏量的 12. 45%，占全国水能蕴藏量的 0. 71%（见图 17-4）。

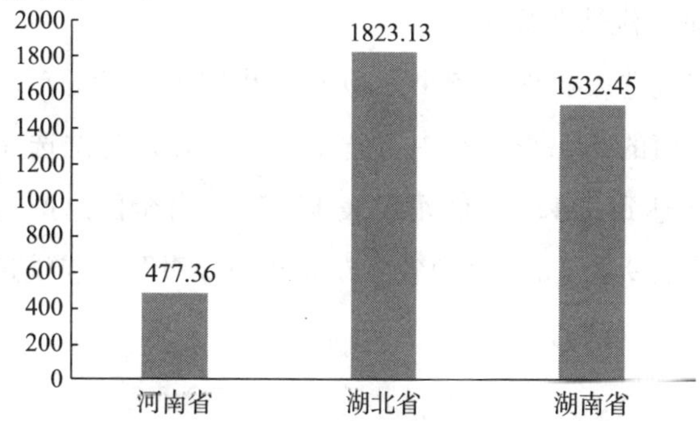

图 17-4　华中地区的水能蕴藏量

虽然华中地区的水能蕴藏量不如降水丰富、河流众多、落差较大的西南地区。但是，由于华中地区湖北、湖南两省的海拔相对较低，开发难度相对较小，地方经济发展对能源电力需求量巨大，距离能源电力消耗量大的江、浙、沪等地区较近，因此，在水能资源的开发上有较为良好的基础和成功的经验。

第二节　华中地区的能源产业基础和现状

华中地区的能源禀赋相对较差，缺乏丰富的能源储备，因而，也未能发展起大规模的能源产业。整体而言，能源产业规模相对较小，未能形成体系齐全的能源经济，能源产业与整体经济的密切程度低于资源富集区。

一、华中地区能源产业现状

（一）华中地区化石能源产业现状

华中地区的化石能源禀赋较差，基于能源开发形成的开采业相对薄弱。与此同时，华中地区经济发展水平也比东部沿海地区的江苏、浙江、广东等省份低，能源化工产业发展相对较弱。具体表现为，华中地区煤炭开采与洗选行业、石油加工与炼焦行业的产值和每年的固定投资总额都相对较低，在全国的占比也较低。能源产业与经济发展的互动关系相对较小，对经济的拉动作用有限。

1. 煤炭开采与洗选业规模

煤炭开采与洗选产业规模较小，2020 年华中地区的总产值为 3336.78 亿元，占全国总产值的 5.59%。华中三省中，煤炭开采与洗选业规模最大的是河南省，2020 年达到 3142.39 亿元（表 17-2），占全国总产值的 5.26%，占华中地区总产值的 94.17%。湖南省和湖北省的煤炭开采与洗选业规模都相对较小，产业基础十分薄弱。

2. 石油加工与炼焦方面

石油加工与炼焦方面，华中地区的总产值为 559.60 亿元，占全国总产值的 2.60%。其中产业规模最大的河南省为 300.57 亿元，占全国总产值的 1.40%，占华中地区总产值的 53.71%。其次是湖北省，产业规模为 259.03 亿元，占全国总产值的 1.20%，占华中地区总产值的 46.29%。最后是湖南省，由于资源禀赋所限，未发展起相应的产业规模。

3. 石油、煤炭及其他燃料加工业方面

石油、煤炭及其他燃料加工业方面，2020 年华中地区的产业规模达到 1222.14 亿元，占全国总产值的 3.26%。首先是产业规模最大的河南省，为 810.07 亿元，占全国总产值的 2.16%，占华中地区总产值的 66.28%。其次是湖北省，产业规模为 222.04 亿元，占全国总产值的 0.59%，占华中地区总产值的 18.17%。最后是湖南省，产业规模为 190.03 亿元，占全国总产值的 0.51%，占华中地区总产值的 15.55%。

表 17-2　2020 年华中地区化石能源产业规模

行业	全国/亿元	河南/亿元	湖北/亿元	湖南/亿元	三省合计占全国比重/%
煤炭开采与洗选业	59712.45	3142.39	3.33	191.09	5.59
石油加工与炼焦	21507.69	300.57	259.03	0.00	2.60
石油、煤炭及其他燃料加工业	37434.26	810.07	222.04	190.03	3.26

资料来源：《中国工业统计年鉴》（2021）。

从表 17-2 中可以看出，受能源禀赋约束，华中三省化石能源的开采和加工业产值较小，在全国所占份额较低，未能形成体系完整的化石能源开采与加工体系，能源产业与社会经济活动的互动效应有限。在资源环境约束日益收紧的形势下，坚持绿色低碳发展战略，加快能源转型发展，对传统化石能源产业在清洁化开发与利用方面提出了更高的要求。

（二）华中地区的可再生能源产业状况

华中地区位于内陆地区，可再生能源禀赋有限，除水能相对丰富以外，风能和太阳能的大规模开发与利用都面临着效率不高的困境。可再生能源行业的产值和每年的固定投资总额都相对较低，在全国的占比也较低。

从图 17-5 中的水电投资方面来看，华中三省表现出不同的增长态势。其中河南省因为水能资源有限，将近年来的工作重心放在了老旧水电站技术改造、优化水电调度和提升安全管理上。因此，河南省近年来的水电投资额度相对有限。2020 年，河南省的水电投资为 49.92 亿元，占华中地区总投资额的 21.37%，占全国总投资额的 0.71%。湖北省三峡水电站于 2012 年投产，水能资源开发利用迈上了一个新台阶。随后，湖北省的水能利用率也日趋饱和，从而表现出比较平稳的增长态势。2020 年，湖北省水电投资为 41.41 亿元，占华中地区总投资额的 17.73%，占全国总投资额的 0.71%。湖南省水能资源有限，所开发的多为小水电，2019 年以来保持着较低位置的平稳态势。2020 年湖南省的水电投资额为 142.29 亿元，占华中地区总投资额的 60.91%，占全国总投资额的 2.45%。2020 年湖南省投资迅速增加的原因在于，湖南省开展了大规模的小水电整改、保护和修复河流生态系统工作。

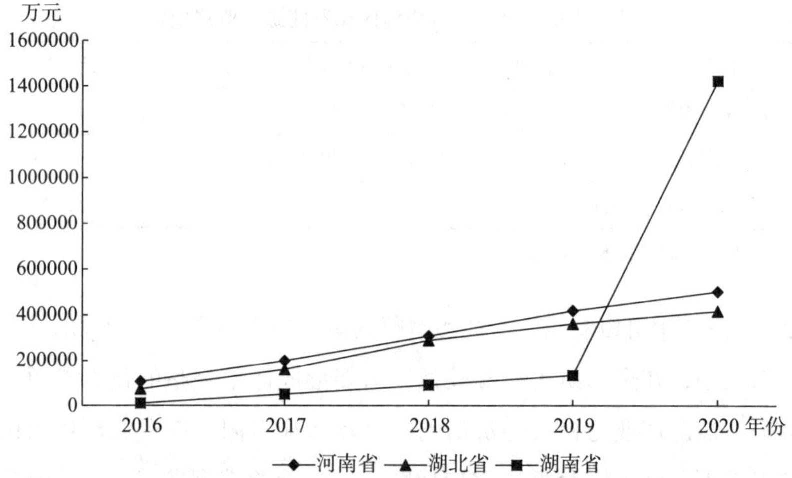

图 17-5　2016—2020 年华中地区水电建设累计完成投资

在能源革命的推动下，华中地区的能源供给结构也在发生变化，风能、光伏等可再生能源投资快速增长。

从图 17-6 中可以看出，河南省的可再生能源增速较快，2020 年的累计投资达到 336.06 亿元，占华中地区累计投资的 55.43%，占全国累计投资的 3.96%；2020 年湖北省的可再生能源累计投资达到 100.72 亿元，占华中地区累计投资的 16.61%，占全国累计投资的 1.19%；湖南省的可再生能源累计投资达到 169.49 亿元，占华中地区累计投资的 27.96%，占全国累计投资的 2%。

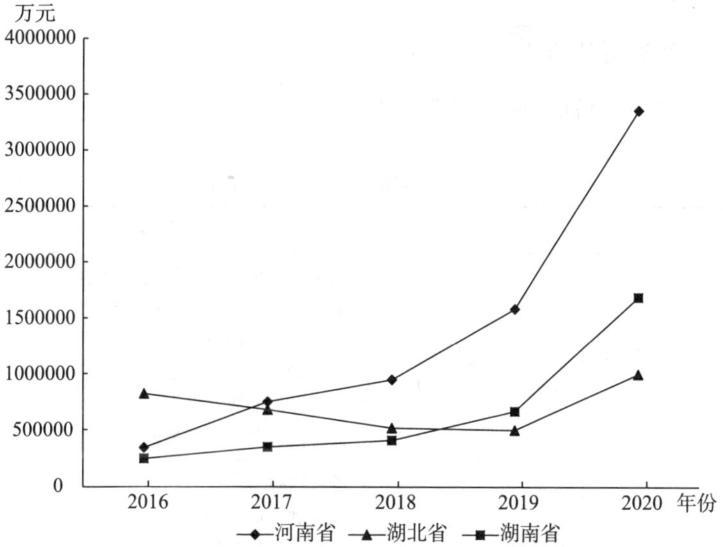

图 17-6　2016—2020 年华中地区可再生能源等累计完成投资

二、华中地区能源政策基础

为突破能源资源约束，实现能源供给的安全保障和能源消费的绿色节能，华中三省推出了一系列的能源专项规划与政策。围绕能源安全供应、能源绿色消费、能源技术创新以及能源体制改革等方面，华中三省进行了主体性能源规划设计，辅以能源安全生产、能源装备升级、能源环保督察等细分性能源政策补充，构建起了系统性的能源规划体系，有效地保障了华中地区的能源供求平衡，推动了社会经济的快速发展。

本书主要选取了华中三省的能源类五年规划以及能源类政策，通过梳理发现，在“十二五”时期及以前，能源规划主要以安全供应为主，对化石能源的重视程度较高，而对非化石能源的重视程度不足。在发展非化石能源中，对核能高度重视，进行了大量的选址与评估。“十三五”时期，大规模地发展非化石能源，实现对化石能源的逐渐替代成为华中地区能源规划的共同方向，化石能源尤其是煤炭的逐步退出以及清洁化开采与利用成为主要引导方向。非化石能源中，水能、风光以及生物质能开发成为主要发力点，而对核能采取更加审慎的态度。

（一）河南省能源政策

表 17-3 为河南省重点能源规划政策。

表 17-3 河南省重点能源规划

序号	发布时间	政策名称	主要内容
1	2006 年 11 月 7 日	《河南省“十一五”能源发展规划》	（一）继续推进全国大型煤炭基地建设； （二）努力建设全国重要火电基地； （三）积极利用省内外油气资源； （四）加快发展可再生能源； （五）加强农村能源建设； （六）促进能源节约和环境保护
2	2012 年 3 月 19 日	《河南省“十二五”能源发展规划》	（一）持续增强电力保障能力； （二）集约利用煤炭资源； （三）加强油气供应保障体系建设； （四）加快新能源和可再生能源发展； （五）积极构建农村绿色能源体系； （六）加强能源行业节能减排工作； （七）合理控制能源消费总量
3	2013 年 5 月 15 日	《河南省能源中长期发展规划（2012—2030 年）》	（一）协调发展电源电网，构建现代电力体系； （二）优化发展化石能源，夯实能源安全保障基础； （三）大力发展非化石能源，增强有效替代能力； （四）加强农村能源建设，提高普遍服务水平； （五）强化节能优先，构建节约环保型能源体系
4	2017 年 1 月 4 日	《河南省“十三五”能源发展规划》	（一）突出结构调整，加快发展非化石能源； （二）坚持清洁高效，优化发展化石能源； （三）突出有效保障，统筹发展现代电力； （四）坚持创新驱动，提升能源装备行业水平； （五）突出普遍服务，加强农村能源建设； （六）坚持绿色低碳，加快转变能源消费方式； （七）坚持系统优化，构建智慧能源系统

续表

序号	发布时间	政策名称	主要内容
5	2017年11月14日	《河南省推进能源业转型发展方案》	（一）煤电领域，淘汰落后产能，实施节能改造，推进绿色煤电建设； （二）煤炭领域，严控煤炭产能，发展现代煤炭物流储运，促进煤炭企业规模化、精细化、智慧化； （三）可再生能源领域，推进地热供暖（清丰、鹿邑、沈丘、兰考等），加快风光发电，多元利用生物质能； （四）农村能源方面，推进示范点建设； （五）能源运输渠道方面，加快油气外来管道建设，以及“外电入豫”网络； （六）能源体制方面，深化电力体制改革和油气体制改革
6	2022年2月22日	《河南省“十四五”现代能源体系和碳达峰碳中和规划》	（一）积极推动能源绿色低碳转型，加快非化石能源发展，促进化石能源绿色转型，构建新型电力系统； （二）大力推进节能降碳增效，推动能源生产绿色化，促进用能方式低碳化，提升节能降碳管理能力； （三）着力增强能源安全保障能力，构建多渠道全方位能源外引格局，完善能源输运网络，增强能源风险管控能力； （四）积极培育现代能源发展新优势，推动能源智慧化升级，强化能源科技创新，打造能源产业发展新引擎； （五）创新完善能源领域碳达峰、碳中和体制机制，深化能源领域体制改革，拓展农村能源革命试点示范，强化政策保障和能源监管

从表17-3中可以看出，“十一五”期间河南省确立了以煤为基础、以电为中心，立足省内、开拓省外的能源发展思路。煤炭消费主要依靠本地和周边山西、陕西以及内蒙古的煤炭资源。电力发展以火电为主，主动发挥中部地区的电网输送中心优势，承担华中电网南北水火电调剂运行的火电补偿任务。河南省“十一五”期间的煤炭消费占一次能源的90%以上，长期使用煤炭等化石能源的初级产品，未能延长煤炭产品的产业链，成为山西、陕西、内蒙古等煤炭能源富集区下游的化工产品基地，形成了煤炭资源禀赋不足、产业链过短、能源消费过度依赖初级能源产品的局面，给后续的能源转型埋下了隐患。“十二五”期间，河南省能源结构单一、资源环境约束的问题更加突出。随之，河南省将能源的重心转移至电力发展，沿南太行、豫南煤矿区

以及陇海线等煤炭生产和运输网络布局煤电，开展热联电和核电建设，巩固河南省在电网的输配中心地位。煤炭的集约化利用得到了进一步的提升，煤炭在一次能源消费中的比例虽然降至76%，但依然过高。热联电和核能的发展受技术和政策影响，未能大规模地投产并网，电力的供应依然是以火电为主。2015年9月21日，中共中央、国务院印发《生态文明体制改革总体方案》，阐明了我国生态文明体制改革的指导思想、理念、原则、目标、实施保障等重要内容，提出要加快建立系统完整的生态文明制度体系，为我国生态文明领域改革做出了顶层设计。而彼时，河南省的能源消费总量中，非化石能源仅占5.8%。“十三五”时期，河南的经济增长面临着更加严峻的资源环境约束，能源发展开始强调非化石能源的发展。但河南省的风光资源禀赋有限，不适合大规模地集中式开发，因此河南省转而积极推进豫北、豫东等平原地区低风速分散式发电项目建设，推进有条件的产业集聚区、公共设施及商业建筑屋顶和个人家庭建设分布式光伏发电系统，在豫西南和豫北开展纤维燃料乙醇产业化示范。化石能源的开发方面，开始大力提倡智能建设、清洁开发、选洗加工、清洁利用。“十四五”时期，河南省的能源规划更具体系化，具体表现为：建设“一廊道（沿黄绿色能源廊道）、两张网（智能电网、油气管网）、三基地（能源储备基地、农村能源革命基地、能源创新基地）”，形成区域优势互补、协调互动的能源发展格局。

通过能源的五年规划，河南省对社会经济发展中的能源供求、绿色低碳转型进行了系统性的规划和设计，对于保障经济增长、改善人民生活起到了重要作用。但是也应该看到，河南省的能源禀赋和产业结构决定了能源转型的困难程度，降煤减排需要供求两侧共同发力，克服成本上升、产业转型缓慢的阻力。目前，河南省能源缺口依然较大，要打通电力、油气管网等能源运输设施，运用好国内、国外两个市场，保障河南省社会经济发展中的能源供应。

（二）湖北省能源政策

表 17-4 为湖北省重点能源规划政策。

表 17-4　湖北省重点能源规划政策

序号	发布时间	政策名称	主要内容
1	2007 年 5 月 7 日	《湖北省能源发展“十一五”规划》	以电力为中心，布局煤炭保障、油气资源开发，加大可再生能源开发，兼顾能源储备与环保： （一）电力方面，有序开发水电，优化发展火电，加快发展核电，加强电网建设； （二）煤炭方面，实现煤炭的安全生产和矿区保护； （三）油气方面，加大鄂西、江汉平原油气勘探，完善天然气管网建设； （四）其他可再生能源方面，加强风光、生物质能开发和利用； （五）能源战略储备及保障供给方面，建设能源储配中心，发挥水运和铁路优势，构建长效的煤炭、天然气稳定供应机制； （六）节能与农村能源方面，运用新技术，实现产业间能源消耗的节约化，在农村推广生物质能
2	2013 年 1 月 16 日	《湖北省能源发展“十二五”规划》	（一）优化发展化石能源，优化发展火电，加强煤炭安全开发和对外合作，推动天然气快速规范发展，促进石油增储稳产； （二）大力发展非化石能源，整合利用水电资源，积极做好核电厂址保护工作，高效利用风能资源，有序开发生物质能； （三）加强能源输运和储备设施建设，构建完善现代电网体系，积极支持油气管网建设，推进煤运通道建设，加强能源储备能力建设； （四）合理控制能源消费总量，优化能源生产与消费结构，加强能源需求侧管理，建立健全工作协调机制，合理分解能源消费总量，加强监管调控体系建设
3	2015 年 1 月 18 日	《关于加快推动能源生产和消费革命的指导意见》	（一）推进电力、石油、天然气、节能环保等领域体制改革，激发市场活力； （二）提升能源供给能力，夯实能源保障体系； （三）调整优化能源结构，促进能源绿色发展； （四）强化“第五能源”理念，推进能源消费革命； （五）发挥科教比较优势，推进能源产业升级

续表

序号	发布时间	政策名称	主要内容
4	2015年4月15日	《关于加快新能源汽车推广应用的实施意见》	（一）加快充电设施建设，在城市规划、建设用地和电价政策方面进行支持； （二）推进新能源汽车关键技术攻关； （三）积极引导企业创新商业模式，完善售后服务体系建设，鼓励投融资创新，发挥信息技术的积极作用； （四）以城市公交、党政机关等为突破口，推动公共服务领域率先推广应用
5	2017年10月28日	《湖北省能源发展“十三五”规划》	（一）推动能源生产革命，打造多元化能源供应体系，落实优质煤炭资源保障，推进油品升级改造，提高天然气资源供应保障能力，科学有序发展清洁火电，统筹推进水电保护性开发，开发建设风电、太阳能、生物质能项目，做好核电场址保护工作； （二）推进能源通道建设，构建高效能源流通体系，加强煤炭物流建设，加强油气管网基础设施建设，加强电网设施建设，加快电动汽车充电基础设施建设； （三）推动能源消费革命，积极倡导科学合理用能，控制总量与调整结构相结合，推动化石能源的清洁高效利用和清洁能源的规模化利用； （四）推动能源技术革命，促进能源产业升级； （五）推动能源体制革命，完善能源市场体系，推动电力市场，石油、天然气市场的体制改革

从表17-4中可以看出，湖北省表现出与河南省迥异的能源发展路线。“十一五”期间，湖北省就基于水能资源优势和水陆交通优势，打造以电力为中心、化石能源为支撑、可再生能源为补充的能源体系，为湖北省的绿色能源系统奠定了良好的基础。但是，湖北省着力于发展水电，仍面临着以下困境：①水电受季节性降水影响，容易造成季节性电力短缺，无力进行主动调节。②鄂西地区水电丰富，但用能负荷主要在东部，大规模的“西电东输”给电网的安全性和经济性带来了挑战。③根据“十五”末的数据，水电装机为3326万千瓦，开发率达到88.3%。而湖北全省煤炭储量不足全国的1%，依托如此少的煤炭禀赋对水电丰富、季节性明显的电力系统进行调峰，压力巨大。

进入“十二五”时期，湖北省针对水电的不稳定和不均衡性进行了系统配置，以火电调峰，大规模实现“西电东输”。加强全省煤炭资源的勘探开发力度，深化与山西、陕西、内蒙古、新疆等地的能源合作，保障煤炭资源的安全供应。结合水陆交通优化火电布局，关停低效锅炉和小机组，改进技术提高火电高效清洁利用。但石油、天然气等方面的对外储存度较高、能源价格上涨等因素，给湖北省能源安全供应带来了诸多挑战。但总体来说，湖北省的能源格局较好，“十二五”规划对“十一五”规划形成了良好的补充，也为“十三五”规划指明了方向。“十三五”期间，根据“四个革命，一个合作”的能源革命新战略，湖北省进行了能源领域的顶层设计，基于自身的能源对外依存状况和水陆交通优势，着重进行了能源通道建设，构建高效能源流通体系的规划。总体而言，湖北省的能源体系相对清洁高效，经济产业的转型也更为接近碳达峰、碳中和的目标。

（三）湖南省能源政策

湖南省对核能、风光等清洁能源的重视程度相对较高，能源政策重点及演变与河南、湖北两省有着较为显著的差异。湖南省化石能源中，除石煤相对丰富以外，石油、天然气等其他资源短缺较为严重。从山西、陕西、内蒙古、新疆等地区运输煤炭的成本较高，也推高了下游的火电、工业和生活用煤价格。湖南省地处内陆，海拔较低，大规模、集约性的风、光资源也不够丰富，因此，湖南省对构建稳定、经济的能源体系的需求更为迫切。2008 年 2 月，国家发展改革委批准湖南桃花江、湖北大畈和江西彭泽 3 个内陆核电项目开展前期准备工作。湖南省开始着手构建以核能为中心、水电为支撑、其他化石能源和清洁能源为辅的能源体系。但是，受 2011 年日本福岛核电站泄漏的影响，国际和国内对核电的态度更加谨慎，我国仅在沿海地区开展核电建设，湖南的核电建设陷入停滞。“十二五”以后，湖南开始回头继续开发传统能源，重点开发火电，持续开发水电。核电建设停滞后，其他如风能、光伏、地热和生物质能得到了较高的重视。为弥补本省能源供给的不足，湖南省大力进行电网建设和油气管网建设，在一定程度上满足了本省能源的需求。随着生态文明的持续推进，能源系统的绿色低碳转型得到了更多的关注。进入“十三五”时期，湖南省的水电经济充分开发，已经接近饱和，化石能源的储量和产量都十分有限，其他清洁能源虽然发展较快，但依然无法满足本省能源的需求。湖南省的能源规划开始更多地转向产业结构调整、节能减排。随着经济的发展，湖南省的用能需求越来越大，长期以来生活水平的提高也将湖南省调温用电的需求释放出来，能源短缺局面更加严峻。“十四五”时期，湖南省能源规划更加关注产业结构调整和节能环保，通过技术创新和数字化推动经济和能源供求的绿色低碳转型。作为中部崛起、承接产业转移的核心区域，湖南省目前的能源消费结构无法满足社会经济发展的长远要求。在经济转型的同时，湖南省要基于自身资源禀赋优势，寻找主力能源供应，打通电网、油气管网等渠道，建立安全稳定的能源供给体系。湖南省重点能源规划政策见表 17-5。

表 17-5　湖南省重点能源规划政策

序号	发布时间	政策名称	主要内容
1	2010 年 1 月 13 日	《湖南省新能源产业振兴实施规划（2010—2020 年）》	（一）重点以核为主，兼顾其他，实行核能与生物质能、太阳能等发展相结合； （二）大力发展核电、风电、光伏等能源装备制造业
2	2012 年 9 月 11 日	《湖北省能源发展“十二五”规划》	（一）稳步开发传统能源，稳定煤炭生产，重点发展火电，深度开发水电，加快油气资源勘探和管道建设； （二）大力发展新兴能源，安全建设核电，积极发展风电、光伏、地热和生物质能； （三）加快能源通道建设，加强与陕西等资源富集区的联系，保障能源供应和电网畅通； （四）推进重点区域、重点行业和重点企业的节能减排，以及在全社会进行宣传引导
3	2016 年 7 月 21 日	《湖南省能源发展补短板行动计划（2016—2018 年）》	（一）实施农网改造升级工程，全面提升农村电网供电能力； （二）启动光伏扶贫工程，打响精准脱贫攻坚战； （三）推进城市配电网建设，提升中心城区和城镇供电质量； （四）加快充电基础设施建设，打造布局合理、科学高效的充电基础设施体系； （五）全力推进“气化湖南”工程，提高天然气利用水平； （六）大力发展能源装备制造业，打造千亿产业集群

续表

序号	发布时间	政策名称	主要内容
4	2016年11月4日	《湖南省2016—2020年新能源汽车推广应用奖补政策》	（一）对新能源公交、家用车等进行补贴，促进新能源汽车的消费； （二）完善充（换）电基础设施建设； （三）激励新能源汽车企业
5	2019年7月25日	《湖南省小水电清理整改实施方案》	全面开展小水电项目的综合评估，纠正长江经济带生态环境保护情况审计等发现的小水电违规建设
6	2022年3月22日	《湖南省新能源与节能产业“十四五”发展规划》	一是加快产业集聚发展。从打造多元产业集聚基地、提升产业链现代化水平、推进产业链就近配套等3个方面着手打造若干规模效益显著、产业链条完整、功能设施完善、综合竞争力强的新能源与节能产业集聚区。 二是培育壮大市场主体。从大力发展领航企业、培育“专精特新”企业、培育集成服务企业等3个方面发展壮大市场主体。 三是推动产业转型升级。抓住“互联网+”机遇，推动新能源及节能产业与互联网的深度融合，引导企业推进数字化改造、网络化协同、智能化升级、绿色化发展。 四是提升自主创新能力。从加强核心关键技术攻关、加强科技创新平台建设、大力强化协同创新合力、加速科技成果转化应用等4个方面着手提升新能源与节能产业的自主创新能力。 五是加强质量品牌建设。着力加强标准体系建设、加强优质产品品牌培育和企业品牌建设、强化知识产权保护，实现新能源与节能产业质量品牌建设。 六是深入推进开放合作。通过积极融入国内大循环、主动参与国际合作、大力开展精准招商等方式深入推进开放合作。 七是强化示范引领带动。着力实施绿色工厂、清洁生产、工业固体废物资源综合利用、园区循环化、绿色建筑、绿色消费等六大示范工程，发挥示范工程引领作用，带动产业发展

三、华中地区的经济基础与能源强度

（一）华中地区的经济基础

1. 河南省经济状况

近年来，河南省经济增长速度较快，高于全国平均水平。2021 年，河南省 GDP 达到 58887.41 亿元，是中部地区的重要增长引擎。经济的持续发展带来的是能源消耗的不断增加，2021 年河南省生产总值 58887.41 亿元，同比增长 6.3%，2020 年、2021 年两年平均增长 3.6%。其中，第一产业增加值 5620.82 亿元，同比增长 6.4%；第二产业增加值 24331.65 亿元，同比增长 4.1%；第三产业增加值 28934.93 亿元，同比增长 8.1%（见图 17-7）。三次产业结构比为 9.5∶41.3∶49.1。全年人均地区生产总值 59410 元，比 2020 年增长 6.4%。三大产业及产业内部不断优化，经济发展中的单位能耗不断降低，全年全省规模以上工业综合能源消费量比 2020 年下降 1.4%，规模以上工业单位增加值能耗下降 7.27%。

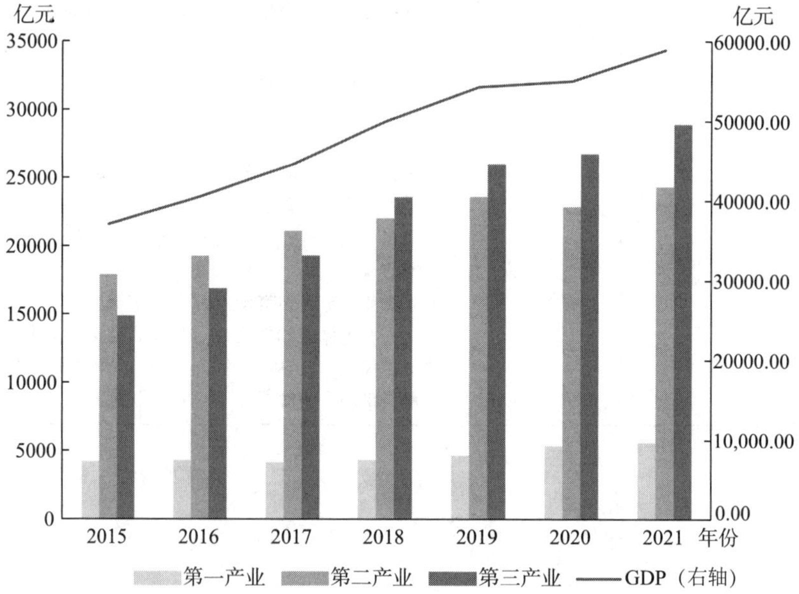

图 17-7　2015—2021 年河南省 GDP 与三大产业产值

2021 年河南全省固定资产投资（不含农户，下同）比 2020 年增长 4.5%。其中，第一产业投资下降 10.4%，第二产业投资增长 11.6%，第三产业投资增长 2.4%（见图 17-8）。

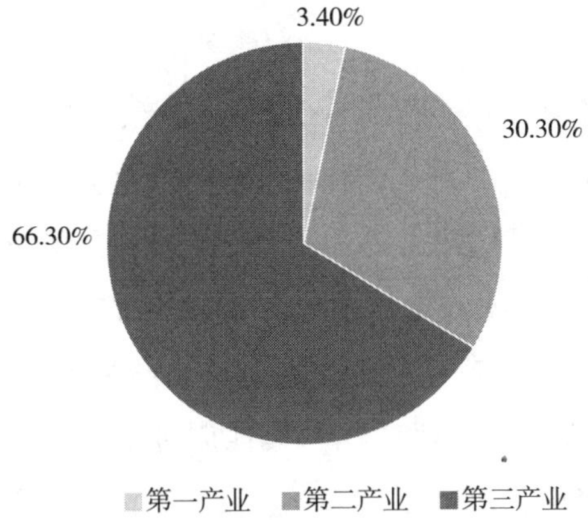

图 17-8　2021 年河南省三大产业固定资产投资占比

河南省工业投资增速较快，除技术改造外，其他门类的增长速度均超过了 8%，其中高技术制造业达到了 32.1%。作为中部产业承接的核心区域，河南省持续在工业制造业方面进行投资，以富士康为代表的高技术制造业吸纳了大量的就业人口，促进了河南省的工业发展。但是，高耗能工业投资增速较快，技术改造投资不足，不利于节能减排的持续发展，也不利于碳达峰、碳中和目标的实现（见表 17-6）。

表 17-6　2021 年河南省工业投资状况　　单位：%

指标	比上年增长	占固定资产投资的比重
工业投资	11.7	30.5
其中：五大主导产业①	10.4	11.7
其中：传统支农产业	8.3	13.2
其中：高耗能工业	8.4	10.2
其中：高技术制造业	32.1	3.6

①　工业五大主导产业包括装备制造、食品制造、新型材料制造、电子制造、汽车制造等。

续表

指标	比上年增长	占固定资产投资的比重
其中：技术改造	-0.9	5.9

资料来源：《2021 年河南省国民经济和社会发展统计公报》。

2. 湖北省经济状况

2021 年，湖北全省生产总值为 50012.94 亿元，按可比价格计算，比 2020 年增长 12.9%。其中，第一产业增加值 4661.67 亿元，增长 11.1%；第二产业增加值 18952.90 亿元，增长 13.6%；第三产业增加值 26398.37 亿元，增长 12.6%（见图 17-9）。三次产业结构比由 2020 年的 9.6∶37.1∶53.3 调整为 9.3∶37.9∶52.8。在第三产业中，交通运输仓储和邮政业、批发和零售业、住宿和餐饮业、金融业、房地产业、其他服务业增加值分别增长 22.9%、18.3%、19.9%、4.5%、9.3%、12.4%。人均地区生产总值为 86416 元，按可比价格计算，比 2020 年增长 13.8%。经济的快速发展带来了能源消费需求的大幅增长，湖北省化石能源不足、水电资源富余的能源格局面临着结构性调整。

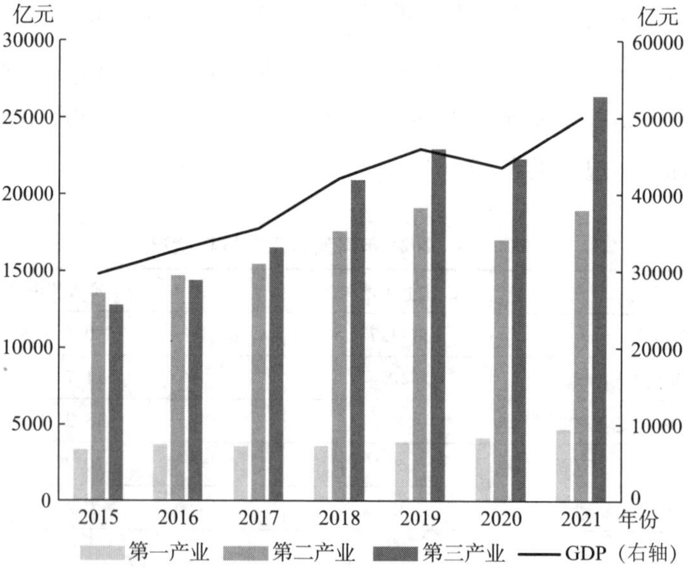

图 17-9　2015—2021 年湖北省 GDP 与三大产业产值

从17-10可以看出，2021年湖北省完成的固定资产投资（不含农户）比2020年增长20.4%。按产业划分，第一、第二、第三产业投资分别占2.5%，34.9%和62.6%，产业结构得到进一步优化。产业结构优化有利于基础设施投资和工业投资以及高新技术制造业的增长。从产业结构来看，湖北省面向高新技术产业转型的成效明显，高端制造、医药产业获得了快速发展。产业结构升级将会促进电力需求的增加，从而促进能源消费结构的转型。湖北省电力输出转内消的旧格局将面临新一轮的调整。

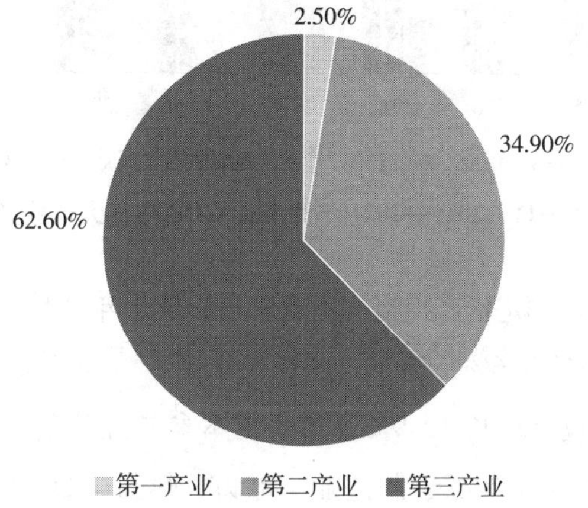

图17-10　2021年湖北省三大产业固定资产投资占比

3. 湖南省经济状况

2021年湖南省生产总值为46063.1亿元，比2020年增长7.7%；2020年、2021年两年平均增长5.7%，高于全国平均水平。其中，第一产业增加值4322.9亿元，增长9.3%；第二产业增加值18126.1亿元，增长6.9%；第三产业增加值23614.1亿元，增长7.9%（见图17-11）。按常住人口计算，人均地区生产总值69440元，增长7.8%。第一、第二、第三产业增加值对经济增长的贡献率分别为12.4%、34.6%和53.0%。其中，工业对经济增长的贡献率为32.3%，生产性服务业对经济增长的贡献率为24.2%。

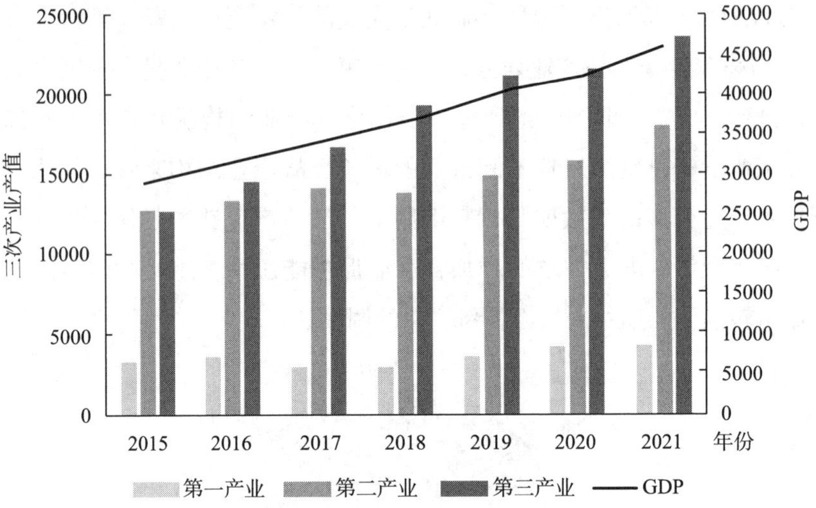

图 17-11　2015—2021 年湖南省 GDP 与三大产业产值

2021 年湖南省的固定资产投资（不含农户）比上年增长 8.0%（见表 17-7）。其中，民间投资增长 9.6%，高于总的增长水平。分经济类型看，国有投资下降 5.1%，非国有投资增长 12.9%，私人资本参与经济的积极性进一步提升。第二产业的贡献度主要来源于制造业，电力、热力、燃气及水生产和供应业均有小幅下降，建筑业固定投资下降明显，房地产行业的投资热度得到了有效控制。第三产业方面，民生工程投资下降 3.8%，生态环境投资增长 3.9%，基础设施投资增长 3.6%，高技术产业投资增长 15.6%，工业技改投资增长 17.5%。总体来看，湖南省面向经济转型的高新技术领域增长较快，制造业、信息产业和金融业固定资产投资快速增加，短期内产业结构调整幅度较大，经济结构得到较好优化。

表 17-7　2021 年湖南省固定资产投资增长速度　　单位:%

指标	比上年增长
固定资产投资（不含农户）	8.0
第一产业	10.1
第二产业	14.0

续表

指标	比上年增长
其中：采矿业	-0.5
制造业	17.5
电力、热力、燃气及水生产和供应业	-3.9
建筑业	-32.4
第三产业	4.3
其中：交通运输、仓储和邮政业	6.7
信息传输、软件和信息技术服务业	28.5
批发和零售业	-17.7
住宿和餐饮业	5.5
金融业	39.1
房地产业	7.0
租赁和商务服务业	2.2
科学研究和技术服务业	5.3
水利、环境和公共设施管理	1.5
居民服务、修理和其他服务业	-11.5
教育	1.8
卫生和社会工作	-3.7
文化、体育和娱乐业	7.9
公共管理、社会保障和社会组织	-6.3

资料来源：《2021 年湖南省国民经济和社会发展统计公报》。

（二）华中地区的能源强度

随着华中地区经济的快速增长，区域性能源消费也持续增加，但总体来讲，华中地区的能源消费增长速度低于经济增长速度，因此，华中地区的能源强度呈下降趋势。其中，湖北省能源强度下降趋势最为明显，湖南省次之，河南省能源强度最高（见图 17-12）。

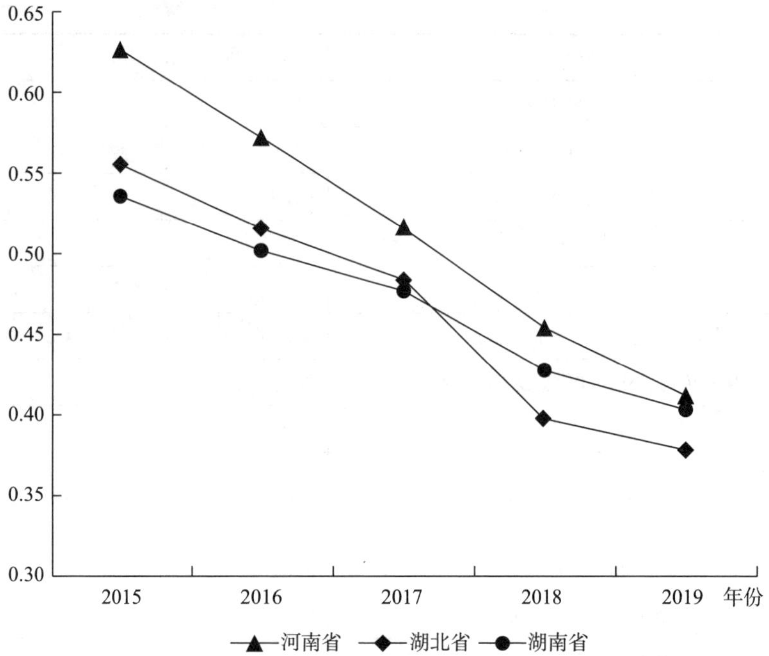

图 17-12　2015—2019 年华中地区能源强度

1. 经济总量和结构方面

河南省的经济体量最大，湖北省次之，湖南省最小。而在产业结构调整方面，湖北省向高端制造和高新技术产业转型的成效更为显著，湖南省绿色经济的发展也取得了长足进步。华中三省在实现经济增长的同时，逐步优化产业结构，对于控制能源强度起到了积极作用。

2. 能源结构和能效管理方面

近年来，华中三省都通过规划和政策对能源结构进行了优化调整，实行了能效管控。但受制于资源禀赋和能源供求状况，河南省的化石能源占比较高，湖南和湖北两省较好地运用了水能资源，清洁化程度相对较高。

四、华中地区的人口基础与人均能耗

近年来，华中地区出现了明显的城镇化、老龄化和低生育化三种现象。人口结构和分布的变化会导致能源消费的变化，人均收入和消费的增加会提高居民的生活水平，并进一步释放居民的能源需求。

（一）华中地区的人口基础

1. 河南省人口与收支状况

河南人口表现出明显的城镇化、老龄化和低生育化趋势。2021 年河南全省常住人口 9883 万人，其中城镇常住人口 5579 万人，乡村常住人口 4304 万人，常住人口城镇化率为 56. 5%（见表17-8），比 2020 年末提高 1. 02 个百分点。全年出生人口 79. 3 万人，人口出生率为 8. 00‰；死亡人口 73. 0 万人，人口死亡率为 7. 36‰；自然增加人口 6. 3 万人，自然增长率为 0. 64‰。

表 17-8　2021 年末河南省常住人口及其构成

指标	人数/万人	占比/%
全省常住人口	9883	100. 0
其中：城镇	5579	56. 5
乡村	4304	43. 6
其中：男性	4966	50. 3
女性	4917	49. 8
其中：0~15 岁（含不满 16 周岁）	2358	23. 9
16~59 岁（含不满 60 周岁）	5742	58. 1
60 周岁及以上	1783	18. 0
其中：65 周岁及以上	1383	14. 0

资料来源：《2021 年河南省国民经济和社会发展统计公报》。

河南省人口“三化”的趋势会对能源消费产生缓慢而深远的影响，其中城镇化意味着更多的居民从农村走向城镇，从使用秸秆、沼气等转向使用电力和燃气，从而会促进电力和天然气需求的提升。老龄化和低生育化的到来在一定程度上降低了能源需求。因而，未来的能源需求状况将更加复杂。

2021 年，河南省居民人均可支配收入 26811 元，比 2020 年增长 8. 1%（见图 17-13）。按常住地划分，城镇居民人均可支配收入 37095 元，同比增长 6. 7%；农村居民人均可支配收入 17533 元，同比增长 8. 8%。城乡居民人均可支配收入比值为 2. 12，比 2020 年降低 0. 04。从可支配收入来看，河南省的人均居民收入持续增加，消费以及能源消费也将逐渐释放出来。2021 年全省居民人均消费支出 18391 元，比 2020 年增长 13.9%。按常住地划分，城镇居民人均消费支出 23178 元，同比增长 12.3%；农村居民人均消费支出 14073 元，同比增长 15.3%。

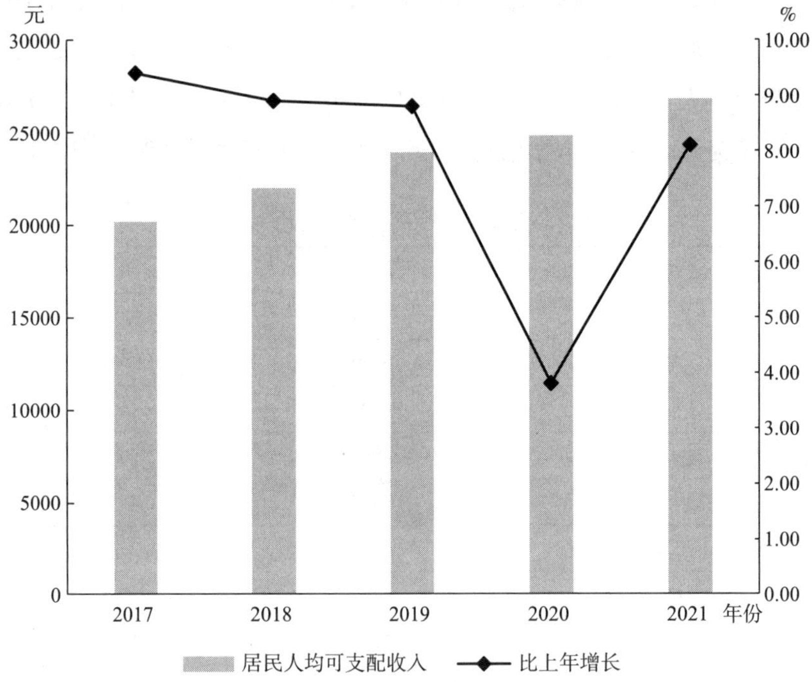

图 17-13　2017—2021 年河南省居民人均可支配收入及增速

2. 湖北省人口与收支状况

2021 年，湖北全省常住人口 5830 万人，其中，城镇常住人口 3736.45 万人，乡村常住人口 2093.55 万人，城镇化率达到 64.09%。全年出生人口 40.40 万人，出生率为 6.98‰；死亡人口 45.49 万人，死亡率为 7.86‰，人口自然增长率为-0.88‰。从人口分布来看，湖北省已经达到了较高的城镇化水平，而且人口的负增长现象已经凸显。

2021 年湖北省人均可支配收入 30829 元，比 2020 年增长 10.6%。按常住地划分，城镇居民人均可支配收入 40278 元，同比增长 9.7%；农村居民人均可支配收入 18259 元，同比增长 12.0%。全体居民人均消费支出 23846 元，同比增长 23.9%。按常住地划分，城镇居民人均消费支出 28506 元，同比增长 24.6%；农村居民人均消费支出 17647 元，同比增长 21.9%。

3. 湖南省人口与收支状况

2021 年，湖南省常住人口为 6622 万人。其中，城镇常住人口 3954 万人，城镇化率为 59.71%，比 2020 年年末提高了 0.95 个百分点。全年出生人口 47.3 万人，出生率为 7.13‰；死亡人口 54.93 万人，死亡率为 8.28‰；人口自然增长率为-1.15‰。16~59 岁（含不满 60 周岁）人口比重为 60.03%，比 2020 年提高了 0.65 个百分点；60 岁及以上人口比重为 19.78%，老龄化趋势明显。

2021 年，湖南省居民人均可支配收入为 31993 元，比 2020 年增长 8.9%；人均可支配收入中位数为 25834 元，增长率为 8.6%。按常住地划分，城镇居民人均可支配收入为 44866 元，增长率为 7.6%；城镇居民人均可支配收入中位数为 40177 元，增长率为 7.2%。农村居民人均可支配收入为 18295 元，增长率为 10.3%；农村居民人均可支配收入中位数为 16496 元，增长率为 11.2%。城乡居民可支配收入比值由 2020 年的 2.51 缩小为 2.45。

（二）华中地区的人均能耗

随着华中地区人均收入的增加，人民生活水平逐年提高，用能需求将逐渐释放。作为中部地区，华中三省仅有河南中部和北部拥有相对完善的冬季供暖设施，其他地区要承受相对长时间的冬季低温。城镇化后，广大农村居民要从秸秆等生物质能转为电气用能。

与此相对的是，河南省的人均能源消费量较低，2019 年，河南省的人均能源消费仅为 2.92 吨标准煤，虽然在华中三省中是最高的，但低于全国平均水平（3.53 吨标准煤）。居民收入和消费的增加意味着生活水平的改善和能源消费的进一步增加，收入的增加会刺激居民在交通、取暖等方面的用能需求，从而对电力、石油和天然气等能源产生更高的需求。

2019 年，湖北省的人均能源消耗仅为 2.5 吨标准煤，是华中三省中能源消耗居第 2 位的省份，但低于全国人均 3.5 吨标准煤的水平。人均能源消耗的低水平增加反映出地区能源禀赋不足，经济发展和人民生活水平提高受到严重的阻碍。而城镇化以及收入的增加会改善居民的生活质量，进而释放出更多的能源消费需求。

从能源消费上看，河南省的人均能源消费较低，2019 年河南省的人均能源消费仅为 2.25 吨标准煤，是华中三省中最低的，也低于全国的能源消费水平（见图 17-14）。随着社会经济的发展，河南省的能源消费需求将得到进一步释放，如何满足人民日益增长的能源需求将成为河南省经济发展的重要课题。

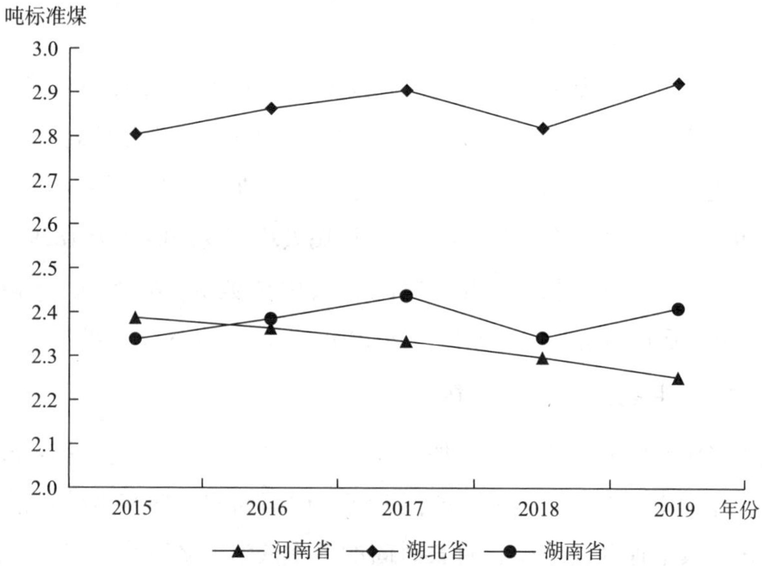

图 17-14　2015—2019 年华中地区人均能耗

第十八章　华中地区的能源供给侧与需求侧分析

第一节　华中地区的能源供给侧分析

一、华中地区的化石能源供给分析

（一）煤炭供给

2020年，华中地区的煤炭产量为3253.01万吨，占全国煤炭产量的6.9%。

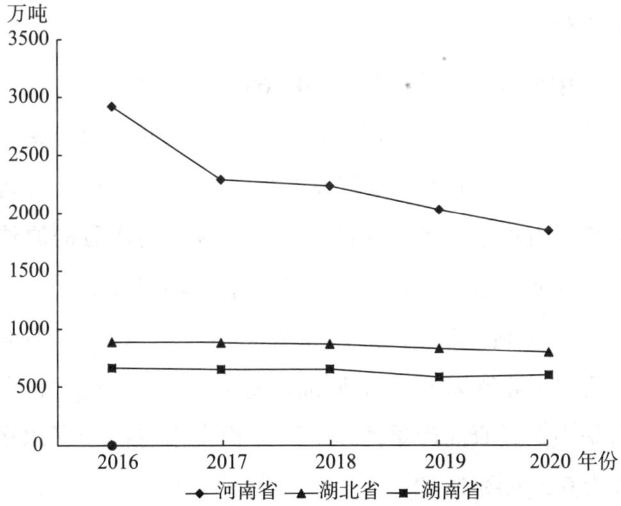

图18-1　2016—2020年华中地区的煤炭产量

从图18-1中可以看出，近年来华中地区的煤炭产量呈下降趋势，在全国煤炭生产中的份额也逐渐降低。华中三省中，河南省煤炭产量较高，2020年达到 1847.84 万吨，占全国煤炭产量的 3.92%，占华中地区煤炭产量的 56.8%。近年来，河南省的煤炭产量下降趋势非常明显，2016 年到 2020 年，煤炭产量从 2919.89 万吨下降到 1847.84 万吨，降幅达到 36.72%。湖北省、湖南省两省煤炭资源产量有限，其中湖北省 2020 年的煤炭产量为 801.18 万吨，占全国煤炭产量的 1.7%，占华中地区煤炭产量的 24.63%；湖南省的煤炭产量为 603.99 万吨，占全国煤炭产量的 1.28%，占华中地区煤炭产量的 18.57%。湖北、湖南两省煤炭产能也呈现出下降的趋势。

华中地区的能源产量受制于先天禀赋，产能有限，品质较差。在能源革命的推动下，华中地区的落后煤炭产能逐渐退出市场，规模小、品质差、污染大的煤矿陆续关停，区域煤炭供给能力持续下降。从全国范围来看，煤炭的生产格局已经发生了重大变化，煤炭产能越来越多地集中于陕西、内蒙古和新疆等能源富集区。随着能源革命的进一步推进，华中地区的煤炭供应将进一步降低，及时补齐煤炭退出所造成的能源缺口，发展新能源，成为未来能源安全供应的重要保障。

（二）石油供给

2019 年，华中地区的原油产量为 304.68 万吨，占全国原油产量的 1.6%。从近年的数据来看，华中地区的原油产量受资源禀赋约束，整体上呈下降趋势。华中三省中，河南省原油产量较高，2019 年达到 251.06 万吨，占全国原油产量的 1.31%，占华中地区原油产量的 82.4%。河南省的原油占华中地区的较大份额，产量下降趋势最为明显，2016 年到 2019 年，原油产量从 315.74 万吨下降到 251.06 万吨，降幅达到 20.49%。此外，湖北、湖南两省石油资源产量有限，其中湖北省 2019 年的原油产量为 53.62 万吨，占全国原油产量的 0.28%，占华中地区原油产量的 17.6%；而湖南省由于资源禀赋所限，其原油产量基本为 0（见图 18-2）。

从图 18-2 中可以看出，华中地区的能源产量受制于先天禀赋，原油的产量十分有限，相比本地区所拥有的人口数量和经济体量，石油资源的供应存在严重不足的问题。近年来，随着石油消费的提高，我国的石油对外依存度越来越高，能源安全问题越发突出，而这一问题在华中三省表现得尤为突出。

在当年的情况下，华中地区的石油供应已经不仅仅需要周边资源富集区的石油供应，还需要在国内外双循环体系中，寻找自己的石油供应来源，保障区域经济的平衡发展。

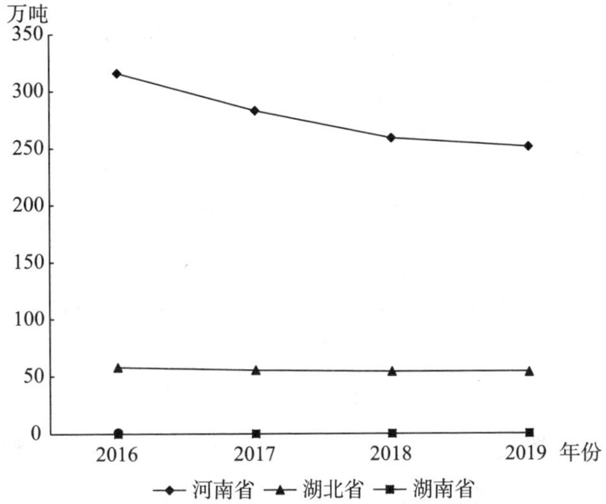

图 18-2　2016—2019 年华中地区的原油产量

（三）天然气供给

华中地区的天然气产量为 3.94 亿立方米，占全国天然气产量的 0.2%，在全国的天然气产能中占有份额很低，与华中地区的经济体量和人口数量不相匹配。2020 年，河南省的天然气产量较高，达到 2.9 亿立方米，占全国天然气产量的 0.15%，占华中地区天然气产量的 73.6%。2020 年，湖北省的天然气产量为 1.01 亿立方米，占全国天然气产量的 0.05%，占华中地区天然气产量的 25.63%。近年来，湖北省的天然气产量波动很大，2016 年在政策的推动下进行了 98.9 亿元的固定资产投资，推动了随后两年的天然气产量。但是，受资源禀赋所限，自 2018 年以后，湖北省天然气产量迅速下降，目前在全国的天然气产能中占有份额已经十分微小。湖南省的天然气产能相对较低，2020 年天然气产能仅有 300 万立方米，无论是在全国还是在华中地区，所占份额都十分微小（见图 18-3）。

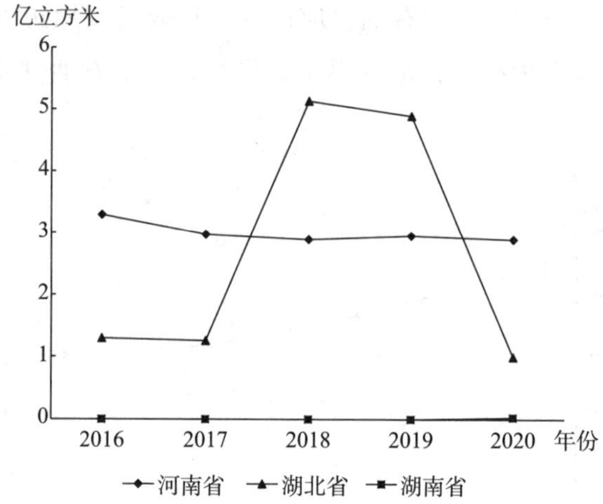

图 18-3　2016—2020 年华中地区的天然气产量

从图 18-3 中可以看出，华中地区的天然气产量受制于先天禀赋，产能十分有限。作为居民燃气、供暖，以及交通领域的能量来源，清洁能源在社会生活中具有十分重要的地位。由于天然气产能有限，华中地区难以大规模采用天然气能源进行生产生活供能。在能源革命的推进中，天然气作为相对清洁低碳的能源，对于调整能源供给结构、降低环境污染具有重要作用。受制于天然气禀赋和产能，华中地区需要对天然气的期望值进行适时调整，对于天然气资源丰富的周边省份以及国外市场，要进行充分的合作和利用，通过智能化的能源调配体系进行天然气供给的补充，以满足本地区生产生活的需要。

二、华中地区可再生能源供给分析

（一）风能

根据 2020 年全国新能源消纳监测预警中心公布的数据，全国并网风电装机 2.81 亿千瓦，其中华中地区的风能装机为 2667 万千瓦，占全国装机容量的 9.49%。其中河南省风电装机容量最高，2020 年达到 1518 万千瓦，占全国装机容量的 1.81%，占华中地区装机容量的 56.92%；湖北省 2020 年风电装机容量为 502 万千瓦，占全国装机容量的 1.79%，占华中地区装机容量的

18. 82%；湖南省的风电装机容量为 647 万千瓦，占全国装机容量的 2. 3%，占华中地区装机容量的 24. 26%（见表 18-1）。

表 18-1　2020 年华中地区风电装机量、发电量和利用率

	风电装机量/万千瓦	风电发电量/亿千瓦·时	风电利用率/%
全国	28100	1326. 0	96. 90
河南	1518	138. 5	98. 30
湖北	502	81. 8	100. 00
湖南	647	98. 9	99. 00

资料来源：全国新能源消纳监测预警中心。

从风能累计发电量来看，2020 年全年风能发电量为 1326. 0 亿千瓦·时，环比增长 40. 8%，同比增长 16. 0%。华中地区的风能发电量占全国风能发电量的 24. 07%。其中河南省的风能发电量为 138. 5 亿千瓦·时，占全国风能发电量的 10. 44%，占华中地区风能发电量的 43. 39%；湖南省的风能发电量为 98. 9 亿千瓦·时，占全国风能发电量的 7. 46%，占华中地区风能发电量的 25. 63%；湖北省的风能发电量为 81. 8 亿千瓦·时，占全国风能发电量的 6. 17%，占华中地区风能发电量的 30. 98%。

从风能利用率来看，华中地区在新能源消纳能力方面取得了长足进步，各省的风电利用率都超过了 98%，其中湖北省更是达到了 100%的利用率，均高出全国平均水平。风电利用率的大幅提升得益于智能电网系统的发展。能量利用率（EBA）是实际发电量和理论发电量的比值，风电的利用率是指实际风力发电量和理论发电量的比值，通过风能利用率管理，把风电场的实际数据纳入智能管理系统，有利于更好地对风电厂实行生命周期的标准化管理。

华中地区的风电装机和发电量都实现了历史性突破，在风电利用率持续提高、煤炭比例下降的背景下，风能作为清洁能源，在能源供给体系中的比例进一步提高。但是从表 18-1 中可以看出，华中地区受制于自然环境，不属于东南沿海、西北内陆等风能资源丰富的地区，可供高效开发的风能资源有限，所占份额略低于西北和南方地区。

在能源革命的推动下，华中地区作为化石能源禀赋不足、能源需求量旺盛的地区，风电装机和发电的快速发展极大地改善了华中地区的能源供给结构，从供给侧驱动能源消费的绿色、低碳转型，对于华中地区如期实现碳达峰、碳中和具有重要意义。

（二）太阳能

华中地区的光伏并网容量达到 2611.9 万千瓦，占全国并网容量的 9.4%。

表 18-2　华中地区的太阳能并网容量　　单位：万千瓦

	2021 年前三季度新增并网容量			截至 2021 年 9 月底累计并网容量		
	合计	其中：集中式光伏电站	其中：分布式光伏	合计	其中：集中式光伏电站	其中：分布式光伏
全国总计	2555.6	915.0	1640.6	27782.6	18383.5	9399.1
河南	199.2	16.0	183.2	1373.8	619.9	753.9
湖北	127.1	112.1	15.0	821.8	594.9	226.9
湖南	26.1	7.8	18.3	416.4	198.1	218.3

注：以上统计不包括港澳台地区。

资料来源：中国电力企业联合会、国家可再生能源中心。

从表 18-2 中可以看出，近年来华中地区的光伏并网容量呈下降趋势。其中，河南省的光伏并网容量较高，2021 年 9 月底累计达到 1373.8 万千瓦，占全国并网容量的 4.94%，占华中地区并网容量的 52.6%，其中 619.9 万千瓦为集中式光伏电站，753.9 万千瓦为分布式光伏；湖北省 2021 年 9 月底累计达到 821.8 万千瓦，占全国并网容量的 2.96%，占华中地区并网容量的 31.46%，其中 594.9 万千瓦为集中式光伏电站，226.9 万千瓦为分布式光伏；湖南省 2021 年 9 月底累计达到 416.4 万千瓦，占全国并网容量的 1.5%，占华中地区并网容量的 15.94%，其中 198.1 万千瓦为集中式光伏电站，218.3 万千瓦为分布式光伏。

从表 18-2 中还可以看出，近年来，华中地区虽然持续投资于太阳能资源，发展速度很快，但受制于先天禀赋，华中地区太阳能资源产能依然有限，在全国的太阳能发电中所占份额也相对较低。在能源革命的推动下，太阳能作为清洁低碳的能源类型，对调整能源供给结构、促进能源消费转型具有重要作用。但是，华中地区由于地处内陆，海拔较低，除河南省外，湖北、湖南两省降雨丰富，太阳辐射能量有限，不具备大规模、高质量的太阳能资源可供开发。因此，在太阳能的供给上，应该注重规模小、灵活性高的分布式能源发展。与此同时，应促进智能电网系统的建设，将分布式能源与集中式能源并入电网，进行调剂余缺，充分激发市场和居民对太阳能生产的积极性，提高太阳能的普及率和使用率。

（三）水能

华中地区的水能发电量为2361.09亿千瓦·时，占全国水能发电量的17.42%，从近年的数据来看，华中地区的水能发电量基本平稳，略有下降。其中湖北省的水能发电量最高，2020年达到1647.22亿千瓦·时，占全国水能发电量的12.15%，占华中地区水能发电量的69.77%。河南省、湖南省水能资源产量有限，发电量相对较小，其中河南省2020年的水能发电量为140.21亿千瓦·时，占全国水能发电量的1.03%，占华中地区水能发电量的5.94%；2020年湖南省的水能发电量为573.66亿千瓦·时，占全国水能发电量的4.23%，占华中地区水能发电量的24.30%（见图18-4）。

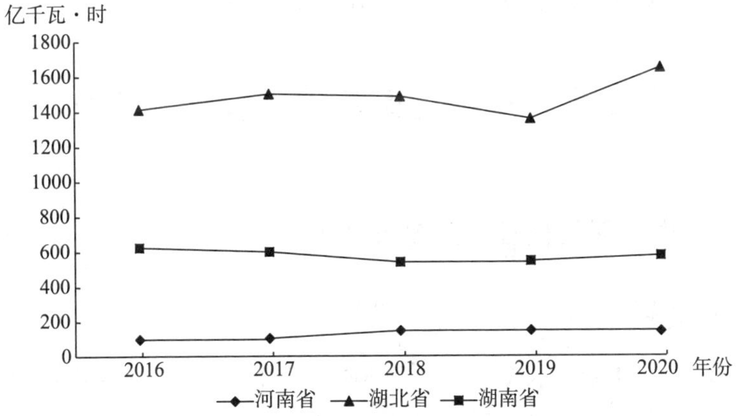

图18-4　2016—2020年华中地区的水能发电量

从图 18-4 中可以看出，华中地区的水能资源相对丰富，尤其是湖北省东西部落差较大，长江等流域的水流资源蕴含的较大产能得以开发。2020 年全省发电量为 3291.34 亿千瓦·时，同比增长 8.39%，全社会用电量累计 2471.54 亿千瓦·时，同比增长 15.27%。三峡电厂发电量为 1031.33 亿千瓦·时，是湖北省及江、浙、沪等地区的重要电力来源。而湖南省、河南省受制于地势落差等自然环境，水能发电量有限。在能源革命的背景下，水能作为清洁能源对于构建绿色低碳的新型能源体系具有重要意义。但是，华中三省作为中部地区，水能资源的开发程度已经相对较高，可继续深入开发、大幅提高的潜力有限。水能资源开发的进一步拓展将转向降水多、河流多、落差大的西南地区。

（四）其他可再生能源

除风能、太阳能和水能以外，华中地区还在氢能、生物质能等多个领域发力，取得了丰硕的成果。为了促进可再生能源的发展，华中三省纷纷颁布相关的产业规划。湖北省已出台《武汉制造 2025 行动纲要》《武汉氢能产业发展规划方案》《武汉经济开发区（汉南区）加氢站审批及管理办法》等政策。河南省出台了《河南省“十三五”战略性新兴产业发展规划》《河南省新能源及网联汽车发展三年行动计划（2018—2020 年）》等政策。湖南省出台了《株洲市新能源产业发展规划（2018—2022 年）》。

第二节　华中地区的能源需求侧分析

一、华中地区的化石能源需求分析

（一）煤炭

2019 年，华中地区的煤炭产量为 50473 万吨，占全国煤炭产量的 9.19%；从近年的数据来看，华中地区的煤炭消费量呈下降趋势。在华中地区，河南省煤炭消费量最高，2019 年达到 20045 万吨，占全国煤炭消费量的 4.34%，占华中地区煤炭消费量的 47. 19%；其次是湖北省，2019 年煤炭消费量为 11768. 33 万吨，占全国煤炭消费量的 2. 55%，占华中地区煤炭消费量的 27. 70%；最后是湖南省，2019 年煤炭消费量为 10664. 02 万吨，占全国煤炭消费量的 2. 31%，占华中地区煤炭消费量的 25. 10%。华中三省中，除河南省外，其他两省煤炭消费量和占比都相对较低，即使是消费量最高的河南省，近年来的煤炭消费量也呈持续下降的趋势（见图 18-5）。

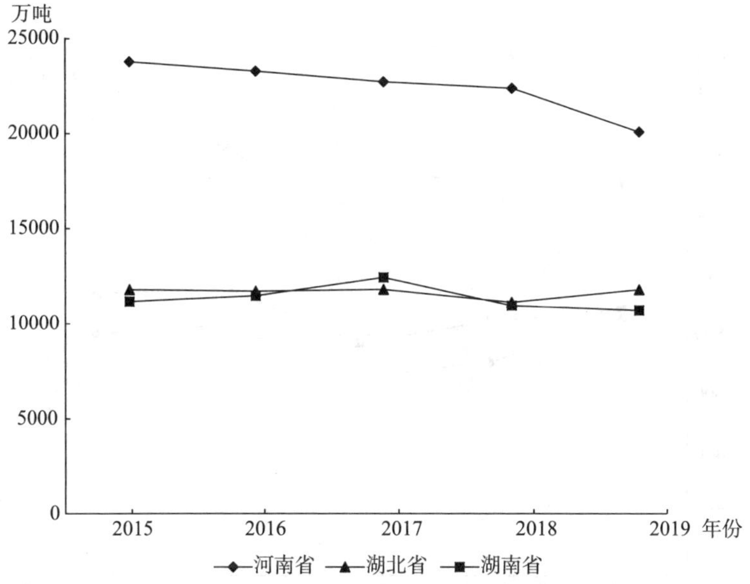

图 18-5　2015—2019 年华中地区的煤炭消费量

结合图 18-5 可以看出，华中地区的煤炭消费量与其资源禀赋和产量密切相关，呈现出由北向南逐渐递减的趋势。华中地区目前的能源消费结构中，煤炭的占比依然过高，大量的煤炭消费造成了严重的环境污染和碳排放。在能源革命的推动下，能源消费中的煤炭消费绝对量持续下降，在能源结构中的比例也越来越低，能源的绿色清洁水平进一步提高。

（二）石油

2019 年，华中地区的石油消费量为 3251. 22 万吨，占全国石油消费量的 4. 96%，从近年的数据来看，华中地区的石油消费量持续上升。在华中地区，石油消费量最高的是湖北省，2019 年达到 1516. 49 万吨，占全国石油消费量的 2. 31%，占华中地区石油消费量的 46. 64%；其次是湖南省，2019 年石油消费量为 935. 12 万吨，占全国石油消费量的 1. 43%，占华中地区石油消费量的 28. 76%；最后是河南省，2019 年石油消费量为 799. 61 万吨，占全国石油消费量的 1. 22%，占华中地区石油消费量的 24. 59%。华中三省中，除湖北省外，其他两省石油消费量和占比都相对较低，但整体而言，近年来的石油消费量呈持续上升的趋势。

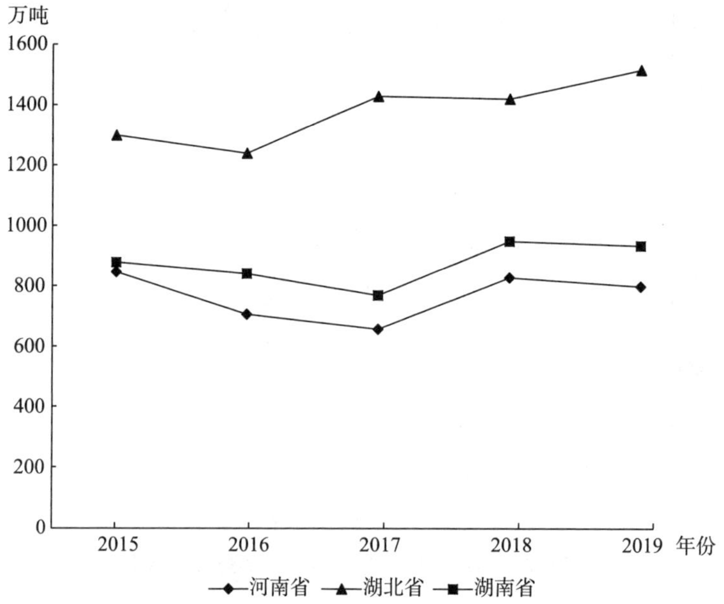

图 18-6　2015—2019 年华中地区石油消费量

从图 18-6 中可以看出，华中地区的石油消费量与其资源禀赋和产量之间存在着巨大的缺口，该地区的石油生产无法满足日益增长的石油消费需求，主要依赖外部资源输入，石油依赖性较高，能源安全问题面临挑战。在能源革命的推动下，石油能源的消费来源在借力石油能源富集区的同时，还要充分发挥国际合作平台作用，运用好国内、国外两个市场，在双循环的背景下，为华中地区石油能源消费提供多元化来源。

（三）天然气

2019 年，华中地区的天然气消费量为 210.7 亿立方米，占全国天然气消费量的 7.29%；从近年的数据来看，华中地区的天然气消费量呈上升趋势。在华中地区三省中，河南省天然气消费量最高，2019 年达到 109.34 亿立方米，占全国天然气消费的 3.78%，占华中地区天然气消费的 51.89%；其次是湖北省，2019 年天然气消费量为 68.46 亿立方米，占全国天然气消费的 2.37%，占华中地区天然气消费的 32.49%；最后是湖南省，2019 年天然气消费量为 32.9 亿立方米，占全国天然气消费的 1.14%，占华中地区天然气消费的 15.61%。华中三省近年来天然气的消费量虽然略有增加，但是从全国范围来看，其所占比例依然很低。

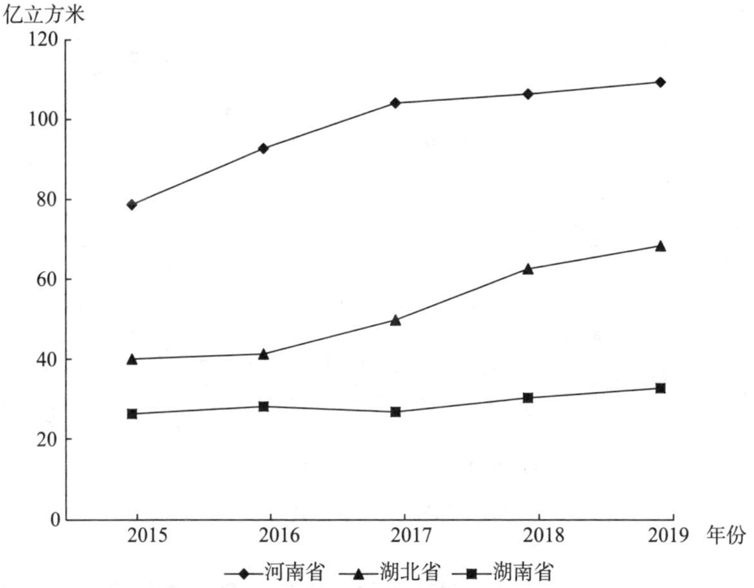

图 18-7　2015—2019 年华中地区天然气消费量

结合图 18-7 以及天然气储量和天然气产量可以看出，华中地区的天然气消费量与其资源禀赋和产量具有密切关系，呈现出由北向南逐渐递减的趋势。天然气作为化石能源中清洁程度较高的能源品种，在能源革命和“双碳”目标的推动下，对构建绿色低碳的能源体系、改善能源结构具有非常重要的意义。

二、华中地区可再生能源需求分析

随着华中地区对新能源投资的增加，包括水能、太阳能、风能和核能在内的可再生能源的发电量也越来越大，在整个电力消费中，可再生能源贡献的绿色低碳电力也越来越多地发挥着积极作用。由于可再生能源都是作为电力并入电网进行输配使用，其消费数据无法在统计年鉴中获取，因此，水能、风能、光伏以及核能的发电量均被计入可再生能源的消费。

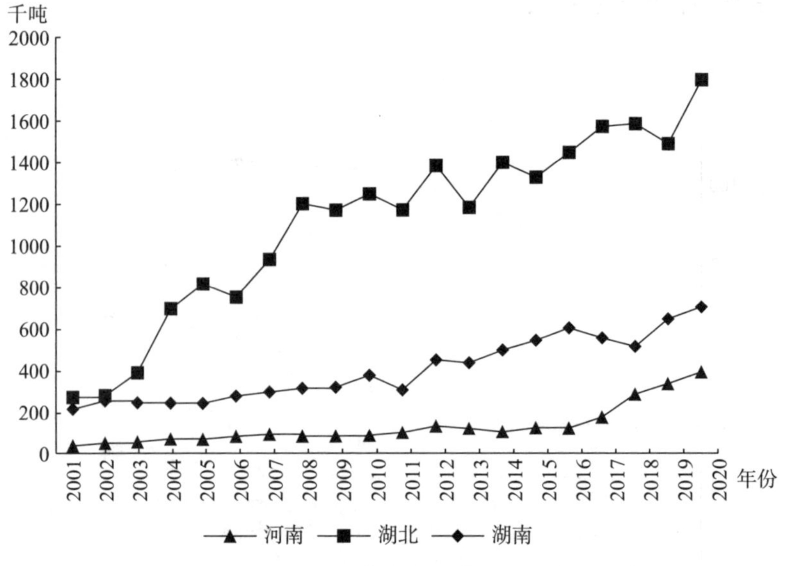

图 18-8　2001—2020 年华中三省可再生能源消费

从图 18-8 中可以看出，湖北地区的可再生能源消费量较高，2002—2008 年迅速增长，仅在 2006 年有小幅回落，随后在波动中保持着增长趋势。湖北省可再生能源消费量的持续增长有赖于本地区的水电优势，以及湖北省以水电为中心，风电、光伏等其他可再生能源为补充的可再生能源体系。但目前，水电开发已经接近饱和的情况下，加大对风能、太阳能等可再生能源的开发力度是湖北省可再生能源消费得以满足的重要条件，也是湖北省实现能源系统绿色低碳转型的必然之路。湖南省的可再生能源消费相比湖北省有了大幅的落后，主要是由于缺乏湖北省那种落差大、水量足而形成的水能禀赋。湖南省降雨充沛，河流众多，但没有像长江一样的主干道，在地势的落差上相对较小，可供开发的多是规模较小的水电。同时，地处内陆、海拔较低的湖南省，在风能和太阳能上也不具有优势。可再生能源在禀赋上的不足导致了供给不足，进而形成了湖南省可再生能源消费长期以来发展缓慢的局面。河南省是华中地区可再生能源消费量最小的省份，长期以来缓慢增长，仅在2006年以后增长略有加快，主要是因为河南省可供大规模开发的可再生能源较少，水电、风能和太阳能等禀赋相对较弱。相比湖北、湖南两省，河南省虽然是黄河干道的流经省份，但黄河流经河南区域存在落差小、水量少、泥沙沉积等问题，可供大规模开发的水电资源有限。虽然大规模、集约化地进行风能、太阳能开发资源不足，但是，河南省近年来推广分布式能源的效果显著，将分布式能源与扶贫相结合，取得了突出的成效。

第三节　华中三省能源供求平衡分析

从上文对华中地区河南、湖北、湖南三省的能源供求分析可以看出，华中地区总体上能源短缺比较严重，难以满足经济发展和人民群众对能源的大量需求，在能源结构上表现出不同的供求失衡状态。从化石能源方面来看，华中三省煤炭需要从资源丰富的陕西、山西、内蒙古、新疆等地获取，石油需要大量外运，天然气需要从四川、青海等地获取。电能方面，除湖北省能做到自给自足，并且对外输送外，河南和湖南两省都需要借助电网，大量补充外部能源。

一、河南省能源供求平衡分析

（一）河南省煤炭供求平衡分析

表 18-3 为 2019 年河南省煤炭能源供求平衡表。

表 18-3　2019 年河南省煤炭能源供求平衡表　　单位：万吨

项目	煤合计	原煤	洗精煤	煤制品	煤矸石	焦炭
一、可供本地区消费的能源量	20004.54	22190.34	-705.71	383.00	290.23	-597.56
1. 一次能源生产量	10937.76	10937.76	—	—	—	—
2. 外省（区、市）调入量	15961.88	13887.68	1321.58	399.39	294.67	577.63
3. 进口量	—	—	—	—	—	—
4. 本省调出量（-）	-6837.18	-2811.45	-2026.44	-20.50	—	-1171.76
5. 出口量（-）	—	—	—	—	—	—
6. 境外飞机和轮船在境内的加油量（-）	—	—	—	—	—	—
7. 库存增（-）、减（+）量	-57.92	176.36	-0.85	4.10	-4.44	-3.43
二、加工转换投入（-）、产出（+）量	-15752.33	-18452.50	705.71	7.42	-205.93	2029.53
1. 火力发电	-10149.78	-9950.80	—	—	-206.34	—
2. 供热	-1825.84	-1773.91	—	—	-69.09	—
3. 煤炭洗选	-825.69	-6472.25	3408.60	—	69.50	—
4. 炼焦	-2749.55	-46.66	-2702.89	—	—	2029.53
5. 炼油及煤制油	—	—	—	—	—	—
6. 制气	-201.57	-201.57	—	—	—	—
7. 煤制品加工	0.10	-7.32	—	7.42	—	—
三、损失量	—	—	—	—	—	—
四、终端消费量	4293.11	3778.75	—	390.42	84.30	1431.96
1. 农、林、牧、渔业	59.65	59.65	—	—	—	—
2. 工业	3785.30	3658.44	—	2.91	84.30	1431.85
#用作原料、材料	1028.04	1012.86	—	—	—	141.77

续表

项目	煤合计	原煤	洗精煤	煤制品	煤矸石	焦炭
3. 建筑业	30.26	30.26	—	—	—	0.11
4. 交通运输、仓储和邮政业	0.09	0.09	—	—	—	—
5. 批发和零售业、住宿和餐饮业	55.92	—	—	55.92	—	—
6. 其他	30.31	30.31	—	—	—	—
7. 居民生活	331.58	—	—	331.58	—	—
五、平衡差额	-40.90	-40.90	—	—	—	—
六、消费量合计	20045.45	22231.25	2702.89	390.42	359.73	1431.96

从表 18-3 中可以看出，河南省在煤炭方面存在供给不足、严重依赖周边资源富集区、煤炭资源多以初级产品形式进行使用、深加工产业链不足等问题。具体表现为：①供给不足，对外依赖严重。2019 年，河南省煤炭生产量仅为 10937.76 万吨，社会的煤炭消费量为 20045.45 万吨，从周边的山西、陕西、内蒙古以及新疆等地区补充煤炭 15961.88 万吨。②河南省煤炭的深加工不足。洗精煤、焦炭、煤制油、煤制气等产品生产不足，大量的煤炭用于火力发电和供热，煤炭产业具有较高附加值的化工产业活动较少。③终端消费中工业用煤占比过高，接近 1/4 的煤炭被工业消耗。总体来看，河南省的煤炭在火力发电、供热和工业消耗上占 3/4 的份额，河南省所采取的降污染、拓产品、增价值的行动严重不足。

（二）河南省的石油供求平衡分析

表 18-4　2019 年河南省石油能源平衡表　　单位：万吨

项目	油品合计	原油	汽油	煤油	柴油	燃料油	石脑油	润滑油
一、可供本地区消费的能源量	2404.54	799.62	563.17	29.94	803.38	5.84	19.45	20.66
1. 一次能源生产量	251.06	251.06	—	—	—	—	—	—
2. 外省（区、市）调入量	3201.85	714.81	726.42	92.65	1143.44	9.55	19.77	22.73

续表

项目	油品合计	原油	汽油	煤油	柴油	燃料油	石脑油	润滑油
5. 本省调出量（-）	-1056.01	-171.80	-161.95	-63.27	-343.19	-3.80	-0.20	-2.03
8. 库存增（-）、减（+）量	7.64	5.55	-1.30	0.56	3.13	0.09	-0.12	-0.04
二、加工转换投入（-）、产出（+）量	-39.49	-790.72	206.59	62.71	202.44	-1.49	24.21	—
1. 火力发电	-6.91	—	—	—	-1.54	-0.20	—	—
2. 供热	-13.96	—	—	—	-0.19	-5.09	—	—
5. 炼油及煤制油	80.99	-790.72	206.60	62.71	204.16	3.93	24.21	—
#油品再投入量（-）	-99.60	—	—	—	—	-0.13	—	—
三、损失量	0.39	—	—	—	—	—	—	—
四、终端消费量	2364.66	8.90	769.77	92.65	1005.82	4.35	43.66	20.66
1. 农、林、牧、渔业	180.45	—	27.07	6.79	146.58	—	—	—
2. 工业	337.86	8.90	9.65	0.31	35.95	0.96	43.66	0.87
#用作原料、材料	196.58	—	0.09	—	0.18	0.03	43.62	0.32
3. 建筑业	172.56	—	76.31	2.03	70.59	2.35	—	—
4. 交通运输、仓储和邮政业	962.73	—	196.08	78.87	673.24	1.05	—	11.88
5. 批发和零售业、住宿和餐饮业	189.34	—	128.13	0.98	35.66	—	—	—
6. 其他	67.74	—	38.45	3.67	25.52	—	—	—
7. 居民生活	453.99	—	294.08	—	18.27	—	—	7.91
城镇	203.18	—	138.67	—	4.26	—	—	4.96
乡村	250.81	—	155.41	—	14.01	—	—	2.95
五、平衡差额	—	—	—	—		—	—	—
六、消费量合计	2404.54	799.61	769.77	92.65	1005.81	9.77	43.66	20.66

从表 18-4 中可以看出，河南省在石油资源的供求方面存在以下问题：①供不应求，对外依赖严重。2019 年，河南省的石油产量为 251.06 万吨，占本地可供消费的 2404.54 万吨的 10.44%，石油的对外依存度远高于全国平均水平，安全问题突出。②石油化工发展不足。2019 年可供本地消费的油品合计为 2404.54 万吨，主要为原油、汽油和柴油；中间环节用于加工部分不足，燃料油、石脑油和润滑油等石油化工产品相对较少。③终端消费中，交通运输、仓储和邮政业，居民生活和工业是石油消费的主要领域，且柴油消费较高，污染相对严重，需要开展进一步的电气化改造。

（三）河南省天然气及其他能源的平衡分析

表 18-5 2019 年河南省天然气及其他能源平衡表

项目	天然气/亿立方米	液化天然气/万吨	热力/万百万千焦	电力/亿千瓦·时	其他能源/万吨标准煤
一、可供本地区消费的能源量	105.26	-17.60	0.56	1051.17	427.64
1. 一次能源生产量	2.96	—	—	334.81	417.56
2. 外省（区、市）调入量	102.28	5.99	0.56	734.54	—
5. 本省调出量（-）	—	-22.23	—	-18.18	—
6. 出口量（-）	—	—	—	—	—
8. 库存增（-）、减（+）量	0.02	-1.35	—	—	10.08
二、加工转换投入（-）、产出（+）量	-6.11	35.81	33392.61	2553.50	-328.55
1. 火力发电	-3.97	—	-3600.59	2553.50	-326.04
2. 供热	-3.16	—	31088.44	—	-22.46
6. 制气	6.51	—	—	—	19.95
7. 天然气液化	-5.49	35.81	—	—	—
9. 回收能	—	—	5904.75	—	—
二、损失量	1.98	—	—	240.50	—

续表

项目	天然气/亿立方米	液化天然气/万吨	热力/万百万千焦	电力/亿千瓦·时	其他能源/万吨标准煤
四、终端消费量	97.17	18.21	33393.17	3364.17	99.09
1. 农、林、牧、渔业	—	—	—	73.58	44.06
2. 工业	41.08	9.57	19281.46	2116.37	51.96
#用作原料、材料	3.72	0.78	—	—	—
3. 建筑业	1.48	8.64	26.47	45.81	—
4. 交通运输、仓储和邮政业	8.96	—	31.29	83.82	0.36
5. 批发和零售业、住宿和餐饮业	10.28	—	2878.78	215.50	—
6. 其他	1.44	—	2721.63	218.48	2.71
7. 居民生活	33.93	—	8453.53	610.60	—
城镇	31.33	—	5035.96	289.25	—
乡村	2.60	—	3417.57	321.35	—
五、消费量合计	106.83	18.21	36993.76	3604.67	447.59

从表18-5中可以看出，河南省在天然气和电力方面也存在严重的短缺。2019年，河南省的天然气产量仅为2.96亿立方米，本地区的总供给量为105.26亿立方米；其中102.28亿立方米为外地调入，本地的自给水平极低，天然气方面的对外依存度远高于全国水平。在终端消费方面，工业和居民生活是天然气消费的主要领域，但是居民消费中的城乡差距较大。2019年，城镇的天然气消费量达到31.33亿立方米，而农村的天然气消费量仅有2.60亿立方米，大量的农村地区依然将柴火等作为主要的生活供热能源。农村地区管网设施线路长、网点分散、建设成本高，会进一步推高终端的供气价格，难以促进农村居民的有效需求。

电力方面，2019年河南省的电力短缺也较为严重，全省最终消费的3604.67亿千瓦·时的电量中，从外省（区、市）输入的电力多达734.54亿千瓦·时，并且河南省的发电主体为火力发电，对于“双碳”目标的实现十分不利。

此外，其他能源方面，可供本地区的能源供求维持在较低水平的平衡状态。

二、湖北省的能源供求平衡分析

（一）湖北省的煤炭供求平衡分析

表 18-6　2019 年湖北省煤炭能源供求平衡表　　单位：万吨

项目	煤合计	原煤	洗精煤	煤制品	煤矸石	焦炭
一、可供本地区消费的能源量	11768.33	10539.49	1162.50	46.67	16.35	281.40
1. 一次能源生产量	40.76	40.76	—	—	—	—
2. 外省（区、市）调入量	11715.98	10484.85	1164.89	47.56	16.29	321.11
3. 进口量	51.12	51.12	—	—	—	—
4. 境内飞机和轮船在境外的加油量	—	—	—	—	—	—
5. 本省调出量（-）	—	—	—	—	—	—
6. 出口量（-）	—	—	—	—	—	—
7. 境外飞机和轮船在境内的加油量（-）	—	—	—	—	—	—
8. 库存增（-）、减（+）量	-39.53	-37.25	-2.39	-0.90	0.06	-39.72
二、加工转换投入（-）、产出（+）量	-7149.95	-6030.27	-1162.50	—	—	834.12
1. 火力发电	-5355.93	-5355.93	—	—	—	—
2. 供热	-590.50	-590.50	—	—	—	—
3. 煤炭洗选	-41.01	-83.85	—	—	—	—
4. 炼焦	-1162.50	—	-1162.50	—	—	834.12
5. 炼油及煤制油	—	—	—	—	—	—
#油品再投入量（-）	—	—	—	—	—	—
6. 制气	—	—	—	—	—	—
#焦炭再投入量（-）	—	—	—	—	—	—
7. 天然气液化	—	—	—	—	—	—

续表

项目	煤合计	原煤	洗精煤	煤制品	煤矸石	焦炭
8. 煤制品加工	—	—	—	—	—	—
9. 回收能	—	—	—	—	—	—
三、损失量	—	—	—	—	—	—
四、终端消费量	4618.38	4509.21	—	46.67	1635.00	1115.52
1. 农、林、牧、渔业	190.16	190.16	—	—	—	—
2. 工业	3343.52	3300.42	—	16.20	16.35	1115.52
#用作原料、材料	547.20	547.20	—	—	—	0.44
3. 建筑业	34.62	34.62	—	—	—	—
4. 交通运输、仓储和邮政业	44.63	44.63	—	—	—	—
5. 批发和零售业、住宿和餐饮业	246.48	240.91	—	5.57	—	—
6. 其他	257.52	257.52	—	—	—	—
7. 居民生活	501.46	440.96	—	24.90	—	—
城镇	73.95	54.50	—	4.52	—	—
乡村	427.51	386.46	—	20.38	—	—
五、平衡差额	—	—	—	—	—	—
六、消费量合计	11768.33	10539.48	1162.50	46.67	16.35	1115.52

从表 18-6 中可以看出，湖北省在煤炭方面存在严重的供给不足、利用单一、产业链较短等问题。具体表现为：①供给不足，对外依赖严重。2019 年，湖北省煤炭的消费总量为 11768.33 万吨，但本地区的生产量仅为 40.76 万吨，占总消费的 0.3%；大量的煤炭供给依赖于周边的山西、陕西、内蒙古以及新疆等地区。②湖北省煤炭的深加工不足。煤化工产品较少，产业链较短，大量的煤炭用于火力发电和供热。③终端消费中工业用煤占比过高，接近 1/3 的煤炭被工业消耗。

总体来看，在煤炭的生产、加工方面，湖北省与河南省比较相似，在供给不足下形成大量的煤炭依赖，在发电、供热和工业的迫切需求下，煤炭未能经过深入的精细化工环节就投入使用。在未来的发展中，湖北省要更加注意高峰火电的集约高效利用和工业用能中的电气化改造。

(二) 湖北省的石油供求平衡分析

表 18-7　2019 年湖北省石油能源平衡表　单位：万吨

项目	油品合计	原油	汽油	煤油	柴油	燃料油	润滑油
一、可供本地区消费的能源量	2926.70	1516.49	462.12	-20.59	510.38	141.77	11.59
1. 一次能源生产量	53.62	53.62	—	—	—	—	—
2. 外省（区、市）调入量	2783.44	1292.25	475.82	—	523.77	165.70	11.71
3. 进口量	168.96	167.23	—	—	0.24	1.40	0.09
4. 境内飞机和轮船在境外的加油量	—	—	—	—	—	—	—
5. 本省调出量（-）	-31.39			-20.74	—	—	—
6. 出口量（-）	-35.85	—	—	—	-4.60	-31.24	—
7. 境外飞机和轮船在境内的加油量（-）	—	—	—	—	—	—	—
8. 库存增（-）、减（+）量	-12.08	3.40	-13.70	0.15	-9.02	5.91	-0.21
二、加工转换投入（-）、产出（+）量	-31.22	-1509.93	402.47	149.06	465.14	6.93	
1. 火力发电	-2.56	—	—	—	-0.78	-0.10	—
2. 供热	-4.81	—	—	—	-0.01	-0.03	—
3. 炼油及煤制油	178.41	-1509.93	402.47	149.06	465.94	7.06	—
#油品再投入量（-）	-202.27	—	—	—	—	—	—
三、损失量	—	—	—	—	—	—	—
四、终端消费量	2895.48	6.56	864.59	128.47	975.53	148.70	11.59
1. 农、林、牧、渔业	120.34	—	19.95	—	100.39	—	—
2. 工业	596.54	6.56	6.16	0.74	77.43	6.85	2.02
#用作原料、材料	267.42	—	0.13	0.09	0.57	0.01	0.06
3. 建筑业	195.14	—	28.08	0.36	60.16	2.27	—
4. 交通运输、仓储和邮政业	1288.30	—	458.17	107.27	560.63	137.13	9.57

续表

项目	油品合计	原油	汽油	煤油	柴油	燃料油	润滑油
5. 批发和零售业、住宿和餐饮业	147.35	—	45.40	—	61.44	—	—
6. 其他	159.41	—	124.96	—	32.00	2.45	—
7. 居民生活	388.39	—	181.87	20.11	83.48	—	—
城镇	251.70	—	131.17	—	47.87	—	—
乡村	136.69	—	50.70	20.11	35.61	—	—
五、平衡差额	—	—	—	—	——	—	—
六、消费量合计	2926.70	1516.49	864.59	128.47	976.32	148.83	11.59

从表 18-7 中可以看出，湖北省在石油资源的供求方面存在以下问题：①供不应求，对外依赖严重。2019 年，湖北省的石油产量仅为 53.62 万吨，占本地最终石油消费 2926.70 万吨的 1.83%，石油的对外依存度远高于全国平均水平，也高于相邻的河南省，石油安全问题更加突出。②石油化工发展不足。2019 年可供本地消费的油品合计为 2926.70 万吨，主要为原油、汽油和柴油，中间环节用于加工部分不足，燃料油、石脑油和润滑油等石油化工产品相对较少。③终端消费中，交通运输、仓储和邮政业，居民生活和工业是石油消费的主要领域，且柴油消费较高，污染相对严重，需要开展更进一步的电气化改造。

（三）湖北省的天然气及其他能源的平衡分析

表 18-8 2019 年湖北省天然气及其他能源平衡表

项目	天然气/亿立方米	液化天然气/万吨	热力/万百万千焦	电力/亿千瓦·时	其他能源/万吨标准煤
一、可供本地区消费的能源量	71.45	-21.70	—	853.37	284.58
1. 一次能源生产量	4.89	—	—	1487.56	277.80
2. 外省（区、市）调入量	66.49	—	—	205.40	—
3. 进口量	—	—	—	—	—

续表

项目	天然气/亿立方米	液化天然气/万吨	热力/万百万千焦	电力/亿千瓦·时	其他能源/万吨标准煤
4. 境内飞机和轮船在境外的加油量	—	—	—	—	—
5. 本省调出量（-）	—	-22.06	—	-839.59	—
6. 出口量（-）	—	—	—	—	—
7. 境外飞机和轮船在境内的加油量（-）	—	—	—	—	—
8. 库存增（-）、减（+）量	0.08	0.36	—	—	6.77
二、加工转换投入（-）、产出（+）量	-13.18	25.08	12856.70	1469.94	-153.43
1. 火力发电	-6.69	—	-2719.08	1469.94	-140.54
2. 供热	-1.16	—	12406.48	—	-12.89
3. 煤炭洗选	—	—	—	—	—
4. 炼焦	—	—	—	—	—
5. 炼油及煤制油	-1.61	—		——	—
#油品再投入量（-）	—	—	—	—	—
6. 制气	—	—	—	—	—
#焦炭再投入量（-）	—	—	—	—	—
7. 天然气液化	-3.71	25.08	—	—	—
8. 煤制品加工	—	—	—	—	—
9. 回收能	—	—	3169.30	—	—
三、损失量	—	—	—	129.41	—
四、终端消费量	58.28	3.38	12856.70	2193.90	131.15
1. 农、林、牧、渔业	—	—	—	39.67	—
2. 工业	24.18	3.38	11692.76	1291.44	60.83
#用作原料、材料	0.30	—	—	—	—
3. 建筑业	0.03	—	90.25	40.32	—
4. 交通运输、仓储和邮政业	6.74	—	14.30	69.27	—

续表

项目	天然气/亿立方米	液化天然气/万吨	热力/万百万千焦	电力/亿千瓦·时	其他能源/万吨标准煤
5. 批发和零售业、住宿和餐饮业	6.94	—	1059.40	114.81	—
6. 其他	2.41	—	—	201.92	—
7. 居民生活	17.98	—	—	436.47	70.32
城镇	17.50	—	—	288.47	—
乡村	0.48	—	—	148.00	70.32
五、平衡差额	—	—	—	—	—
六、消费量合计	67.99	3.38	15575.78	2323.31	284.58

从表 18-8 中可以看出，湖北省在天然气方面也存在严重短缺。2019 年，湖北省的天然气产量仅为 4.89 亿立方米，本地区的总消费量为 67.99 亿立方米，天然气的自给程度较低，其中 66.49 亿立方米由外地调入，天然气方面的对外依存度远高于全国水平。在终端消费方面，工业和居民生活是天然气消费的主要领域，但是居民消费中的城乡差距较大。2019 年，城镇的天然气消费量达到 17.50 亿立方米，而农村的天然气消费量仅有 0.48 亿立方米，大多数农村地区依然将柴火等作为主要的生活供热能源。

在电力方面，湖北省的电力则相对丰富，在能满足自身需求的同时向外输送。2019 年，湖北省的一次能源电力生产量达到 1487.56 亿千瓦·时，火电调峰等形成的电力产量达到 1469.94 亿千瓦·时，这使得湖北省在满足本地 2323.31 亿千瓦·时消费量的基础上，还能向周边的安徽以及东部的江苏、浙江及上海等地区提供电力。

其他能源方面，湖北省的可再生能源发展虽然较快，但仅可供本地区的能源供求维持在较低水平的平衡状态。

三、湖南省能源供求平衡分析

（一）湖南省煤炭供求平衡分析

表 18-9　2019 年湖南省煤炭能源供求平衡表　　单位：万吨

项目	煤合计	原煤	洗精煤	煤制品	煤矸石	焦炭
一、可供本地区消费的能源量	10664.02	9330.16	550.75	591.66	277.55	396.27
1. 一次能源生产量	1473.46	1473.46	—	—	—	—
2. 外省（区、市）调入量	9192.89	7856.11	550.73	591.80	276.16	426.99
3. 进口量	219.56	219.56	—	—	—	—
4. 境内飞机和轮船在境外的加油量	—	—	—	—	—	—
5. 本省调出量（-）	-117.79	-117.79	—	—	—	—
6. 出口量（-）	-0.03	-0.03	—	—	—	—
7. 境外飞机和轮船在境内的加油量（-）	—	—	—	—	—	—
8. 库存增（-）、减（+）量	-104.07	-101.15	0.02	-0.14	1.39	-30.72
二、加工转换投入（-）、产出（+）量	-4665.64	-4071.94	-548.23	—	-119.07	586.26
1. 火力发电	-3320.46	-3320.46	—	—	-119.07	—
2. 供热	-327.84	-211.81	—	—	—	—
3. 煤炭洗选	-176.38	-539.67	292.73	—	—	—
4. 炼焦	-840.96	—	-840.96	—	—	586.26
5. 炼油及煤制油	—	—	—	—	—	—
#油品再投入量（-）	—	—	—	—	—	—
6. 制气	—	—	—	—	—	—
#焦炭再投入量（-）	—	—	—	—	—	—
7. 天然气液化	—	—	—	—	—	—
8. 煤制品加工	—	—	—	—	—	—
9. 回收能	—	—	—	—	—	—
三、损失量	33.11	27.95	2.52	1.86	0.83	2.85

续表

项目	煤合计	原煤	洗精煤	煤制品	煤矸石	焦炭
四、终端消费量	5965.27	5230.27	—	589.80	157.65	979.68
1. 农、林、牧、渔业	523.88	488.92	—	34.96	—	30.20
2. 工业	3346.91	3183.76	—	18.15	157.65	949.48
#用作原料、材料	—	—	—	—	—	—
3. 建筑业	250.48	229.89	—	20.39	—	—
4. 交通运输、仓储和邮政业	335.27	300.36	—	34.91	—	—
5. 批发和零售业、住宿和餐饮业	517.45	283.07	—	234.38	—	—
6. 其他	582.89	366.64	—	216.25	—	—
7. 居民生活	408.39	377.63	—	30.76	—	—
城镇	125.06	114.22	—	10.84	—	—
乡村	283.33	263.41	—	19.92	—	—
五、平衡差额	—	—	—	—	—	—
六、消费量合计	10664.02	9330.16	843.48	591.66	277.55	982.53

从表 18-9 中可以看出，湖南省在煤炭方面存在严重的供给不足、利用单一、产业链较短等问题。具体表现为：①供给不足，对外依赖严重。2019 年，湖南省煤炭的消费总量为 10664.02 万吨，但本地区的生产量仅为 1473.46 万吨，占总消费的 13.82%。湖南省煤矸石产量相对较大，但依然无法满足本地区的用能需求，大量的煤炭供给依赖于周边的山西、陕西、内蒙古以及新疆等地区，由于运输线路较长，成本要高于河南和湖北两省。②湖南省煤炭的深加工不足。煤化工产品较少，产业链较短，大量的煤炭用于火力发电和供热。③终端消费中工业用煤占比过高，接近 1/3 的煤炭被工业消耗。

总体来看，在煤炭的生产、加工方面，湖南省与湖北省和河南省比较相似，供给不足下形成过高的煤炭依赖，在发电、供热和工业的迫切需求下，煤炭未能经过深入的精细化工环节就投入使用。在未来的发展中，要更加注意煤炭的集约高效利用和工业用能中的电气化改造。

（二）湖南省石油供求平衡分析

表 18-10　2019 年湖南省石油能源供求平衡表　　单位：万吨

项目	油品合计	原油	汽油	煤油	柴油	燃料油	石脑油	润滑油
一、可供本地区消费的能源量	2112.29	935.12	539.59	-33.82	453.39	78.74	5.01	12.32
1. 一次能源生产量	—	—	—	—	—	—	—	—
2. 外省（区、市）调入量	2280.62	931.36	631.53	1.37	490.86	79.72	5.35	12.41
3. 进口量	11.69	—	—	—	—	—	—	—
4. 境内飞机和轮船在境外的加油量	—	—	—	—	—	—	—	—
5. 本省调出量（-）	-101.34	—	-47.29	-33.83	-15.62	—	—	—
6. 出口量（-）	-0.08	—	—		—	—	—	—
7. 境外飞机和轮船在境内的加油量（-）	—	—	—	—	—	—	—	—
8. 库存增（-）、减（+）量	-78.60	3.76	-44.65	-1.36	-21.85	-0.98	-0.34	-0.09
二、加工转换投入（-）、产出（+）量	-49.72	-934.10	280.10	98.85	218.79	2.81	22.67	—
1. 火力发电	-12.98	—	—	—	-0.42	-0.38	—	—
2. 供热	-6.38	—	—	—	-0.01	-0.26	—	—
3. 煤炭洗选	—	—	—	—	—	—	—	—
4. 炼焦	—	—	—	—	—	—	—	—
5. 炼油及煤制油	112.98	-934.10	280.30	98.85	219.22	4.31	22.67	—
#油品再投入量（-）	-143.34	—	-0.20	—	—	-0.86	—	—
6. 制气	—	—	—	—	—	—	—	—
#焦炭再投入量（-）	—	—	—	—	—	—	—	—
7. 天然气液化	—	—	—	—	—	—	—	—
8. 煤制品加工	—	—	—	—	—	—	—	—
9. 回收能	—	—	—	—	—	—	—	—
三、损失量	—	—	—	—	—	—	—	—

续表

项目	油品合计	原油	汽油	煤油	柴油	燃料油	石脑油	润滑油
四、终端消费量	2062.57	1.02	819.69	65.03	672.18	81.55	27.68	12.32
1. 农、林、牧、渔业	26.40	—	15.52	—	10.63	0.01	—	0.01
2. 工业	367.87	1.02	36.74	1.99	33.02	10.96	27.68	3.89
#用作原料、材料	—	—	—	—	—	—	—	—
3. 建筑业	74.33	—	22.05	0.24	50.56	0.07	—	0.01
4. 交通运输、仓储和邮政业	916.33	—	255.47	60.22	489.29	65.58	—	4.31
5. 批发和零售业、住宿和餐饮业	117.38	—	78.15	1.89	15.83	2.16	—	1.45
6. 其他	132.86	—	97.69	0.69	22.41	1.09	—	1.38
7. 居民生活	427.40	—	314.07	—	50.44	1.68	—	1.27
城镇	255.69	—	191.05	—	17.35	1.18	—	1.08
乡村	171.71	—	123.02	—	33.09	0.50	—	0.19
五、平衡差额	—	—	—	—	—	—	—	—
六、消费量合计	2112.29	935.12	819.89	65.03	672.61	83.05	27.68	12.32

从表 18-10 中可以看出，湖南省在石油资源的供求方面存在以下问题：①供给空白，对外依赖严重。湖南省并无石油资源，因此，2019 年湖南省的石油产量为零，本地最终石油消费 2112.29 万吨完全依靠外部供给，形成了石油完全对外依赖的局面，相比河南省和湖北省，湖南省石油安全问题更加突出。②石油化工发展不足。2019 年可供本地消费的油品合计为 2112.29 万吨，主要为原油、汽油和柴油，中间环节用于加工部分不足，燃料油、石脑油和润滑油等石油化工产品相对较少。③终端消费中，交通运输、仓储和邮政业、居民生活和工业是石油消费的主要领域，且柴油消费较高，污染相对严重，需要进行更进一步的电气化改造。另外，湖南省广大农村地区的石油消费较少，在交通道路基础设施的不断完善下，农村地区的私家车等用油需求将会持续地释放出来，这将进一步加剧湖南省石油对外依赖的困境。

（三）湖南省天然气及其他能源供求平衡分析

表 18-11　2019 年湖南省天然气及其他能源平衡表

项目	天然气/亿立方米	液化天然气/万吨	热力/万百万千焦	电力/亿千瓦·时	其他能源/万吨标准煤
一、可供本地区消费的能源量	31.94	6.95	—	949.73	777.51
1. 一次能源生产量	—	—	—	644.82	—
2. 外省（区、市）调入量	32.04	7.53	—	399.59	779.43
3. 进口量	—	—	—	—	—
4. 境内飞机和轮船在境外的加油量	—	—	—	—	—
5. 本省调出量（-）	—	-0.13	—	-94.68	—
6. 出口量（-）	—	—	—	—	—
7. 境外飞机和轮船在境内的加油量（-）	—	—	—	—	—
8. 库存增（-）、减（+）量	-0.10	-0.45	—	—	-1.92
二、加工转换投入（-）、产出（+）量	-0.72	—	8547.18	914.60	-186.80
1. 火力发电	-0.03	—	—	914.60	-185.87
2. 供热	—	—	5026.82	—	-0.93
3. 煤炭洗选	—	—	—	—	—
4. 炼焦	—	—	—	—	—
5. 炼油及煤制油	-0.69	—	—	—	—
#油品再投入量（-）	—	—	—	—	—
6. 制气	—	—	—	—	—
#焦炭再投入量（-）	—	—	—	—	—
7. 天然气液化	—	—	—	—	—
8. 煤制品加工	—	—	—	—	—
9. 回收能	—	—	3520.36	—	—
三、损失量	—	—	—	131.63	—

续表

项目	天然气/亿立方米	液化天然气/万吨	热力/万百万千焦	电力/亿千瓦·时	其他能源/万吨标准煤
四、终端消费量	31.22	6.95	8547.18	1732.70	590.71
1. 农、林、牧、渔业	0.10	—	—	23.04	166.79
2. 工业	15.61	3.25	8542.40	828.71	231.61
#用作原料、材料	—	—	—	—	—
3. 建筑业	0.09	—	—	28.76	—
4. 交通运输、仓储和邮政业	2.97	2.45	—	65.05	47.92
5. 批发和零售业、住宿和餐饮业	3.31	1.20	—	102.31	—
6. 其他	2.81	—	4.78	175.31	—
7. 居民生活	6.33	0.05	—	509.52	144.39
城镇	6.17	0.05	—	245.66	64.76
乡村	0.16	—	—	263.86	79.63
五、平衡差额	—	—	—	—	—
六、消费量合计	31.94	6.95	8547.18	1864.33	777.51

从表 18-11 中可以看出，湖南省在天然气方面也存在绝对依赖。由于湖南省没有天然气资源，2019 年本地区的总消费量（31.94 亿立方米）全部需要从外部获取。在终端消费方面，工业和居民生活是天然气消费的主要领域，但是居民消费中的城乡差距较大。2019 年，城镇的天然气消费量达到 6.17 亿立方米，而农村的天然气消费量仅有 0.16 亿立方米，大量的农村地区依然将柴火等作为主要的生活供热能源。在天然气的使用方面，湖南省受制于资源禀赋，远远落后于华中地区的河南省和湖北省。

在电力方面，湖南省的电力相对丰富，基本能够满足自身需求，仅需要少量的补充。2019 年，湖南省的一次能源电力生产量达到 644.82 亿千瓦·时，火电调峰等形成的电力产量达到 914.60 亿千瓦·时，这使得湖南省能够基本上满足本地 1864.33 亿千瓦·时的消费量。其他能源方面，湖南省的可再生能源发展虽然较快，但仅可供本地区的能源供求维持在较低水平的平衡状态。

第十九章　华中地区能源供求协同推进路径分析

华中地区能源禀赋较差，煤炭储量较少，石油和天然气更为稀缺，清洁能源方面除水能略占优势外，风能、太阳能等相比西北内陆和东南沿海，并不具有大规模、高质量的可供开发的能源禀赋。在资源禀赋的约束下，华中地区难以实现大量本土化的能源供应，难以应对人口众多、经济快速发展对能源的需求，面临着巨大的能源缺口。随着能源革命的推进，华中地区需要立足本地区的能源禀赋、能源供求结构和经济环境现状，基于需求引导，实现能源供给的绿色低碳转型；同时，基于供给创造能源的低碳消费，通过能源供求的良性互动，实现地区的能源、环境和经济的良性循环。

第一节　建立科学、动态、全息的能源供求预警体系

传统的能源预警，是指对能源的供给和需求进行预测，以确保能源的供给安全，把握能源消费的未来趋势。但随着碳达峰、碳中和目标的临近，以化石能源为主尤其是以煤炭消费为主的能源结构正在发生着重大调整，可再生能源在能源系统中的占比正在逐渐提高。华中地区化石能源禀赋有限，随着能源革命的深入推进，可再生能源得到了更多的重视，大量的分布式能源建设和并网大大增加了电力系统的随机性。能源供求的环境变量也在社会、经济、人口的基础上增加了气候和环境等维度，因此，要基于新的能源、经济和环境建立科学、动态、全息的能源供求预警体系。

一、构建基于“社会—经济—能源—环境”全维度的能源监测体系

在传统的经济、能源人口基础上，充分考虑新能源的气候属性，将极端天气以及气候数据纳入监测，全面覆盖能源系统的供给、输配和消费，归集

华中地区的能源数据，并保障其时效性和准确性。根据系统监测数据，实时监测社会经济和环境的变化，形成能源供给系统的数据、报告和服务等产品，为数据分析和数字化提供基础。

二、积极推进能源数字化、智能化决策

随着大数据、云计算和物联网的发展，数字与能源系统已经开始深度整合，并推动能源向数字化、智能化转型。在能源系统监测的基础上，推进数据共享、价值挖掘和智慧决策，对于构建清洁低碳、智能开放的能源系统具有重要意义。

三、建立基于碳排放的监测预警机制

数字化和智能化的碳排放监测可以更好地反映能源的供求联动，精准全面地把握能源从生产到消费的全生命周期流动，从而实现能源产业中不同能源类型全产业链的碳排放监测。通过能源系统供求输配的监测和决策，可以更好地掌握能源系统的碳排放问题与结构，进而有针对性地开展节能减排行动。

第二节　开展能源革命与区域经济环境深度融合

华中地区区域位置相邻，但能源禀赋、社会经济发展状况以及生态环境各异，在推进能源革命的过程中，只有结合区域异质性才能切实构建起华中地区的绿色低碳、安全高效的能源体系，为社会经济发展和人民生活的改善提供能源保障。

一、开展能源供给革命与区域经济环境深度融合

（一）实现化石能源的清洁化开发

华中地区能源消费中煤炭等化石能源占比较高。2019 年，华中地区化石能源的消费占比较高，其中河南省煤炭的消费占比为 67%，湖北省煤炭的消

费占比为54%。化石能源尤其是煤炭的低效利用造成了大量的环境污染与二氧化碳排放。目前，华中地区的煤炭资源无法实现自给自足，煤炭的低水平开发和利用造成的环境污染问题较为严重，尤其是在“双碳”目标的压力下，煤炭开发和利用的形势尤其严峻。油气资源的依赖度较高，其中石油、天然气大量依赖于资源富集区以及进口。新能源虽然发展迅速，但在华中地区的能源消耗的比重不足20%，成本和新能源并网问题依然突出。传统化石能源的污染主要是由于低水平的开发与利用，而不是利用化石能源就意味着污染，清洁化开发和利用化石能源与环保减排是可以走向统一的。此外，大量的传统能源基建投资形成了巨大的沉没成本，构建以新能源为主的现代能源体系需要长时间的持续投入，面临着技术、资本等诸多不确定性因素。在短期内，华中地区很难放弃煤炭等化石能源并迅速转变为以新能源为主的能源消耗结构。因此，能源的清洁开发与利用对华中地区的能源革命进程乃至经济的稳定发展具有重要意义。

（二）扩大分布式清洁能源的生产规模

水能、风能和光伏虽然相对清洁，但受气候环境影响较大，具有较强的随机性。华中地区风光资源禀赋较弱，不具备大规模集约化开发的条件，而水能资源在湖北省和湖南省已经得到相对充分的开发，待释放的潜力已经十分有限。华中地区的化石能源消费多集中于火力发电、交通运输和工业生产，普通居民尤其是广大农村居民的人均能源消耗很低，现有的能源供给输配体系与价格在一定程度上抑制了广大农村对能源的需求。因此，华中地区清洁能源生产的扩大要更多地关注分布式能源以及生物质能的发展。

分布式能源可以直接满足终端用户的多种需求，在刺激居民消费的同时，还可以提高居民的生活水平，这主要依赖于一次能源的燃气和二次能源的热电供应。华中地区农业基础较好，有着丰富的生物质能，长期以来未能进行充分开发。将农作物秸秆等转化为沼气，在技术难度和成本方面都比较适合在广大农村推广，在减少低效燃烧的同时，还能提高农村用能的环保与安全。二次能源中的热电供应主要通过风能和太阳能进行热能和电能转化而来，可以灵活高效地提供热能和电力资源。城市的公共建筑、工业园区等有大量的制冷或者制热以及微电力需求，推广绿色建筑，应用分布式能源，可以对原有的集中式能源供给系统形成有益补充。广大农村地区的公共设施以及家用制冷、制热设施都是分布式能源的应用载体，借助分布式能源，可以有效地缓解原有能源供给的不足和维护困难的局面，更加充分地满足人民群众对美好生活的向往和需求。

二、开展能源消费革命与区域经济环境深度融合

（一）进行电气化改造

从华中地区的能源消费结构可以看出，煤炭等化石能源的消费占比过高，清洁能源占比不足的现象较为突出。火电和工业是煤炭的主要消费领域，也是煤炭消费比例居高不下、碳排放等空气污染的主要源头。如果不及时降低火电比例，对工业用煤进行电气化改造，碳排放快速增长的趋势将难以扼制。华中地区是产业承接的重要区域，未来的工业用能将会持续提高。虽然华中地区电力消费总量在持续上升，但人均生活用电量仍然处于较低水平。作为中部地区，冬冷夏热的气候温差较大，供冷、供热的潜在需求尚未完全释放。在产业承接持续增加、人民生活用能日益增加的趋势下，快速高效地进行电气化改造对于控制碳排放、驱动经济增长具有重要意义。一方面，终端能源消费的电气化能够直接影响二氧化碳排放；另一方面，电力消费与经济增长之间存在因果关系。中国的电气化进程已经取得了巨大进步。在工业化和城市化过程中，中国的电气化得到了快速发展，电气化水平从 1997 年的 14%大幅上升到 2016 年的 22%，基本与美国（22%）和欧盟（23%）的发达国家电气化水平处于同一水平。同时，我国终端能源消费的电气化仍然保持着增长势头，2016 年国家发展改革委等八部门联合印发《关于推进电能替代的指导意见》，以完善电能替代配套政策体系，推进电能替代趋势。在碳中和的背景下，国际能源署（International Energy Agency，IEA）等机构预测，中国 2050 年的终端电气化程度将达到 50%甚至更高。因此，要从以下几个方面进行改进：

1. 加大电气化政策力度，发挥政府的正式规制以弥补市场配置的不足

煤电和工业用煤的很多企业都具有国有资产背景，其市场化配置方式难以激发企业的电气化改造积极性，需要采取行政手段，按碳排放目标执行煤电产能退出和工业的电气化目标。

2. 建立从西部到中部的跨区输电、输气网络

华中地区除湖北省之外，其他两省的电力都难以满足自身的需求，燃气方面更是稀缺。进行电气化改造，需要稳定的电力和燃气供应，构建电气化能源从西部资源富集区向华中地区流动的畅通渠道。

3. 结合分布式能源，解决消费群体的长尾端需求

受到管网和价格的制约，广大农村地区的人均用电量和用气量都很少，而通过利用分布式能源，将生物质能、风能、太阳能等转化为生活能源，可以提高农村地区的电气化水平。

（二）提高新能源的消纳水平

“十三五”期间，新能源装机容量大幅提升，困扰新能源持续发展的并网问题也得到了有效改善，但面向“十四五”，新能源必将迎来更大规模、更高速度的增长，消纳压力将进一步增加。能源系统的调节能力建设还比较滞后，新能源跨省输送的比例仍然较低，因此，新能源技术高效吸纳的基础尚不牢固，需要从以下几个方面改进。

1. 强化新能源消纳的政策支持

新能源并网在一定程度上会形成火电、水电等电力资源的占用和利益的冲击，要从制度层面重新梳理电力能源的利益分配机制，推动华中地区火电改造，引导电网以更加开放的姿态接纳新能源电力。在分布式能源方面，鼓励新能源就地消纳，小范围内上网交易。

2. 推动技术和模式创新

定向突破和利用新能源高精度预测、智慧调度、储能运输技术，建设可靠性高、灵活性强的绿色低碳电站，将新能源的建设、发电、输配和消费进行全生命周期的管理，并进行新能源电力流动的跨区监测管理，实现新能源资源的优化配置。

3. 构建新能源的成本分摊机制

新能源的成本包括建设成本和系统成本，但目前的新能源成本核算中，对系统成本的考虑不足。原有的电网规划多为煤电、水电与核电而设计，现有的新能源发展迅速，大规模高随机性的电力供应会对电网形成较大的冲击和压力，充分考量新能源建设过程中的成本，有利于更大限度地拓展新能源的消纳空间。

（三）扩大新能源内需

在能源供给侧结构性改革的推动下，新能源产能逐渐提高，但在消费端并未得到充分的消化。按照新能源产品的生产阶段，可将新能源产品分为中间产品和最终产品，设备制造企业生产的新能源设备可归为新能源中间产品；通过项目建设所生产的电能、热能等产品为新能源最终产品。结合新能源产能的消纳情况，我国目前大量的新能源中间品都出口解决，国内市场无法消纳。而在终端市场，新能源充电桩大量闲置，造成严重的资源浪费。新能源产品种类单一，价格较高，居民消费意愿较低。2020 年，我国汽车销量为 2531.1 万辆，其中，新能源汽车销量为 136.7 万辆，仅占汽车总销量的 5.4%。面对新能源补贴的退坡，居民对新能源产品的消费意愿可能会受到更多的不利影响，因此，需要从以下方面进行思考和规划。

1. 定义新能源内需的范畴

要基于具体国情，参考供求关系和需求管理理论，对新能源内需的范畴进行界定。新能源需求侧要尊重生产的第一性，将供给侧的改革作为前提，并且充分发挥需求对供给的牵引作用，从而体现出新能源供求两侧的动态均衡与互动。

2. 构建综合性能源系统，推动新能源要素和产品市场的一体化

基于供给侧，构建综合性能源系统，推动新能源要素和产品市场的一体化。在能源供给侧结构性改革的推动下，煤电产能逐步降低，新能源发电迅速增加。但是，与火电、水电等传统能源相比，光伏、风电等新能源具有更强的随机性，并且在新能源的生产区域上存在供求不对称问题，难以被集中式能源系统并网和消纳。所以，在规划新能源需求侧时，要充分评估新能源

供求的随机波动和非对称分布，构建一个吸纳和兼容能力更强的综合性能源系统。与此同时，要推动新能源市场中价格导向机制的确立，减小政府补贴对新能源产品市场的扭曲，降低新能源企业融资歧视造成的资本要素扭曲以及东西部经济差距造成的劳动要素扭曲，建设要素和产品自由流通的新能源市场体系。

3. 构建政府主导、市场参与的新能源投资体系

基于供给创造，构建政府主导、市场参与的新能源投资体系。在能源供给创造下，新能源投资领域依然存在对装备、技术的进口依赖和对政府的补贴依赖。要重点评估新能源产业链的完整度，技术和装备的自主化水平，资本、劳动等要素投入的有效性，进而评价新能源投资的效率。结合新能源产业投资中技术、生产设备和最终产品的竞争性和排他性，厘定政府与市场的定位和边界，构建政府引导、市场参与的和谐有序的新能源投资体系。

4. 构建种类丰富、服务健全的新能源产品体系，刺激和预测消费需求

基于供给创造，构建种类丰富、服务健全的新能源产品体系，对消费需求进行刺激和预测。在能源供给侧的推动下，新能源热能、电能等产能迅速提升，但是，市场上产品种类单一、价格较高、维护保养困难，成了居民消费新能源产品的重要制约因素。再加上新能源消费补贴的退坡以及新能源出口摩擦，国内新能源消费需求提升显得尤为重要。通过对异质性消费群体对不同新能源产品的消费意愿进行分析，探究新能源消费的影响因素。结合供给侧的结构性调整，对新能源的需求进行结构分解和总量预测，对于促进新能源消费、实现新能源消费的供求均衡具有重要意义。

三、开展能源技术革命与区域经济环境深度融合

能源技术革命是推动能源消费革命、能源供给革命、能源体制革命和加强国际合作的重要支撑。近年来，随着大数据、云计算和物联网技术的迅猛发展及其与能源产业的深入整合，电力电子技术和数字技术已经成为驱动能源产业创新变革的重要力量，也成为进一步实现能源绿色低碳目标的技术保障。国际能源署发布的《数字化与能源》预测，数字技术的规模化应用可以

有效降低油气生产成本，提高风能、太阳能发电的弃电率，减少二氧化碳的排放量。通过智能电网技术的应用，可以对电力系统进行实时监测、分析和决策，实现电力系统效用的最大化。能源产业的技术革命推进，有利于推动技术与能源产业的进一步融合，催生新的业态，提高能源企业的经营效率，提升整个行业的生产力和竞争力。为此，要在以下方面推动能源技术革命的进一步深入。

（一）推动能源技术革命与区域社会经济的协调发展

华中地区三省的社会经济发展状况各异，能源的禀赋以及供求状态都不尽相同。能源技术革命需要结合本地的研究基础、装备制造基础以及人力资源基础来推进，在火电清洁化、分布式能源、微电网、生物质能等方面进行重点突破，推动区域能源技术革命与经济环境的深度协调发展。

（二）促进能源革命与数字化的融合

随着大数据和云计算的兴起，能源技术革命在数字化方面已经取得了显著成果，在多个地区和领域也获得了丰富的成功经验。华中地区三省应以数字化为契机，发掘能源领域存在的问题，引领能源技术关键领域创新，拓展能源技术的应用场景。

（三）加快人才培养

能源技术革命的推进需要能源和工程技术、信息技术、材料技术等多领域的复合型人才，进行问题发掘和技术突破以及转化应用。要在原有创新型人才培养的基础上，引入和强化开放式创新，继续完善以能源企业为先导的产、学、研培养体系，为能源技术革命源源不断地提供高素质人才。

（四）注意防范能源技术革命带来的安全风险

随着技术创新的加快，越来越多的技术和设备从实验环节走向应用场景，在推动能源革命进程的同时，也增加了信息系统风险。能源技术革命涉及能源生产、加工和消费以及能源系统管理，需要软件和硬件的结合，也需要新型人才的补充，是一个高度复杂的系统性工程。新的安全风险可能来自软硬件的兼容性、外部网络、人员操作等多个环节，因此，要重视能源技术革命带来的相关风险，合理地设计风险管理预案。

四、开展能源体制革命与区域经济环境深度融合

能源体制革命是能源革命的重要组成部分，也是能源供给革命、能源消费革命、能源技术革命以及能源国际合作的制度保障。能源体制革命旨在面向能源系统中的资源配置、价格机制、监管法制等领域进行改革，明晰政府和市场的作用与边界，以“有效市场+有为政府”的模式，推动能源系统向安全高效、清洁低碳转型。华中地区虽然不是能源的主要生产单位，但是，作为能源消费以及能源输配环节的重要地区，能源体制的改革对于华中地区能源的优化配置具有重要意义。为此，要从以下方面加以推进。

（一）重构能源系统中的垄断与竞争关系

重新梳理能源系统中的垄断性业务和竞争性业务，放宽市场准入，鼓励更多的市场主体进入能源产业的不同领域。打通省内和区域间的能源市场制度，统一规则，互补功能，实现煤炭、油气和电力交易的公平有效衔接，将新能源纳入能源管理系统，推动华中地区构建起集中式能源与分布式能源以及储配能互联互通的现代能源体系。

（二）重塑能源价格机制

放开能源领域的竞争性环节，引入市场主体打破垄断，形成政府指导、市场决定的价格机制，实现电力供求两端价格有节制波动，形成具有激励和反馈机制的电价体系。对于油气管网的输配价格也需要逐步市场化，形成由供求关系决定的油气价格。对于公益性行业以及生活困难的居民进行价格补贴，健全能源价格的配置作用。

（三）建立新型能源系统监管体系

设立独立于政府的专业化机构部门，妥善处理好中央和地方、本省与能源富集区之间的关系，疏通能源管网的调配功能，打破能源系统的不合理垄断，推动能源系统的自由竞争，提高监管效能，维护能源市场的公平公正。

（四）完善能源系统的法律法规

随着社会经济的发展，能源系统在“双碳”目标的引领下，也正在与时俱进地进行变革。在化石能源的清洁化开发与利用中以及可再生能源尤其是分布式可再生能源的大规模推广中，原有的《中华人民共和国煤炭法》《中华人民共和国电力法》《中华人民共和国可再生能源法》都已经无法满足能源产业的发展需要，通过能源发展“十四五”规划的方式进行能源设计的法律效力又十分有限，因此，华中地区要在原有法律、法规的基础上，及时进行补充性规则的制定，为现代能源体制变革提供法律依据。

第三节　在双循环背景下推动能源的国际合作

随着社会经济发展和人民生活水平的提高，华中地区对能源的需求越来越多，对煤炭、石油和天然气资源的依赖性也越来越大。受新冠肺炎疫情和国际贸易摩擦的影响，新能源出口受到越来越多的影响，能源安全问题进一步凸显。传统能源安全的主要关注点是油气资源的安全供应，随着“双碳”目标的约束和能源格局的变化，能源安全要充分考虑到清洁、低碳、绿色和高效的发展理念，能源国际合作目标和范围需要进一步拓展。随着“一带一路”倡议的推进，国内外两个能源市场的融合度进一步提升，为了充分利用双循环背景所形成的能源合作平台，华中地区需要在以下方面持续改进。

一、积极对接多元化的能源设施和渠道，保障能源供应安全

目前，我国已经形成西北、东北、西南、海上 4 个稳定的油气进口战略通道，基本建成中亚—俄罗斯、中东、非洲、美洲、亚太五大油气合作区。电力国际合作方面，我国与俄罗斯、蒙古国、缅甸、老挝等国家实现了电力互联，推动了清洁电力在更大范围内的优化配置。华中地区离油气和电力转入的集散点较远，要积极推进新一代油气管网和电力电网的建设，将国内外能源资源引入本地，支持社会经济的持续发展。

二、加大能源技术领域合作

华中地区能源技术储备有限，面对未来煤电清洁化，在进行分布式能源推广以及生物质能进一步开发时，要积极开发相关领域的国际合作，实现技术的消化吸收和落地推广。要充分发动本地的高校研究资源、能源企业资源进行技术的吸收与创造，形成能源技术创新的可持续力量。

三、积极开展对外交往，建设能源治理的新体系

在现代能源治理方面，华中地区还需要结合国际成功经验，进行能源领域的市场化改革，推进要素配置在能源市场作用的进一步发挥。通过开发能源治理模式的改进与革新，积极参与能源治理的体系，为进一步促进本地能源市场的开放与公平、维护能源输送通道的安全提供保障。

第四节　实现能源领域的供求协同发展

“十三五”时期，能源供给侧结构性改革取得显著效果，绿色、多元、清洁的能源供应体系构建已经初见成效。“十四五”时期，如何在能源需求侧持续发力，构建能源供给侧与需求侧协同的绿色低碳发展政策保障体系，成为今后一段时期能源政策设计的指导性原则。华中地区的能源供给侧结构性改革要面向社会经济发展对能源的需求，以适应能源的绿色低碳、安全高效转型。能源的供给侧已经不仅局限于狭义的商品生产环节，而且涉及能源在被消费之前的生产、运输、分销等所有环节，这意味着能源的供给侧结构性改革涉及能源的生产、加工、运输和价格调控等多个方面，是由一个个小的循环系统组成的相互影响的大系统。因此，推进能源供给侧结构性改革，首先，要明确区域经济发展对能源的需求；其次，要在需求的引导下进行能源的供给结构调整；再次，由于华中地区的能源供求缺口较大，需要建立智慧化的能源运输调配体系；最后，要推进能源的价格、财税、金融等领域的体制机制改革，构建“有为政府+有效市场”的能源供给体制。

第六篇

能源革命视角下的华南地区能源发展战略研究

本篇对中国华南地区能源发展状况及其未来发展战略进行分析。中国华南地区位于中国南部，包括广东省、广西壮族自治区、海南省、香港特别行政区、澳门特别行政区五个省区。受数据所限，本书仅研究广东省、广西壮族自治区、海南省三省区。第二十章对华南地区的经济发展状况与能源产业发展现状进行简要介绍；第二十一章从能源产业“双重迭代”升级路线出发，分析华南地区化石能源的清洁高效利用情况以及可再生能源的替代发展情况；第二十二章针对华南地区的石油储备成效进行分析。通过上述分析，结合华南地区区情，提出华南地区进一步发展能源产业的战略路径。

第二十章　华南地区能源产业发展现状

第一节　华南地区区情分析

一、华南地区基本情况

（一）广东省

广东省地处中国大陆最南部，自东至西依次与福建省、江西省、湖南省、广西壮族自治区交界，毗邻中国香港、澳门特别行政区，西南端隔琼州海峡与海南省相望。全省陆地面积 17.97 万平方千米，约占全国陆地面积的 1.87%。除大陆部分外，广东省还有面积超过 500 平方米的海岛 759 个，岛屿面积共 1448 平方千米，约占全省面积的 0.81%。

广东省陆地地表形态主要分为山地、丘陵、平原、台地四种类型，地形总体呈北高南低之势。山地丘陵居多，全省海拔 500 米以上的山地约占省内土地总面积的 35.3%，海拔低于 500 米的丘陵约占土地总面积的 27.4%。草地分布面积较小，约占土地总面积的 0.02%。平原分为三角洲平原和河谷冲积平原两种类型，约占土地总面积的 23.4%。珠江三角洲平原是广东省最大的三角洲平原，面积 1.09 万平方千米；其次为潮汕平原，面积 4700 平方千米。较大的河谷平原有北江的英德平原，东江的惠阳平原，粤东的榕江、练江平原，粤中的潭江平原，粤西的鉴江平原和漠阳江平原。珠江三角洲平原土地肥沃，水源充沛，交通便利，经济发达，土地利用水平较高。

广东省河流众多，以珠江流域的东江、西江、北江和珠江三角洲及独流入海的韩江流域和粤东沿海、粤西沿海诸河为主，集水面积占全省面积的 99.8%，其余水域属于长江流域的鄱阳湖和洞庭湖水系。全省流域面积在 100

平方千米以上的各级干支流共614条，其中，集水面积在1000平方千米以上的有60条。独流入海河流52条，较大的有韩江、榕江、漠阳江、鉴江、九洲江等。全省多年平均水资源总量1830亿立方米，其中地表水资源量1820亿立方米，地下水资源量450亿立方米，地表水与地下水重复计算量440亿立方米。除省内产水量外，还有来自珠江、韩江等上游从邻省入境的水量2361亿立方米。

（二）广西壮族自治区

广西地处祖国南疆，东连广东省，南临北部湾并与海南省隔海相望，西与云南省毗邻，东北接湖南省，西北靠贵州省，西南与越南社会主义共和国接壤。广西总体是山地丘陵性盆地地貌，分山地、丘陵、台地、平原、石山、水面六类。山地以海拔800米以上的中山为主，海拔400~800米的低山次之，山地约占广西土地总面积的39.7%。海拔200~400米的丘陵占土地总面积的10.3%。海拔200米以下的地貌包括谷地、河谷平原、山前平原、三角洲及低平台地，占土地总面积的26.9%。水面仅占土地总面积的3.4%。盆地中部被两列弧形山脉分割，外弧形成以柳州为中心的桂中盆地，内弧形成右江、武鸣、南宁、玉林、荔浦等众多中小盆地。平原主要有河流冲积平原和溶蚀平原两类，河流冲积平原中较大的有浔江平原、郁江平原、宾阳平原、南流江三角洲等，面积最大的浔江平原达到630平方千米。广西境内喀斯特地貌广布，集中连片分布于桂西南、桂西北、桂中和桂东北，约占土地总面积的37.8%，发育类型之多世界少见。

广西境内水资源总量2377.3亿立方米，全年平均降水量1806毫米，2017年年末全区监测的58座大型水库蓄水总量289.2亿立方米。广西河流众多，水力资源丰富。2014年，广西壮族自治区地表水资源量1978.06亿立方米，地下水资源量402.97亿立方米。流域面积23.67万平方千米，常年径流量约1978.10亿立方米，水力资源蕴藏量2133万千瓦。自治区内河流分属珠江水系、长江水系、桂南独流入海水系、百都河水系四大水系，其中以珠江水系为主。珠江水系在广西的流域面积为20.24万平方千米，占广西总面积的85.2%；其干流西江在广西境内总长1239千米，其中红水河段658千米，滩多水急，水能资源丰富，被誉为“中国水电资源的富矿”。

（三）海南省

海南省地处中国华南地区，北以琼州海峡与广东划界，西临北部湾与广西、越南相对，东濒南海与中国台湾对望，东南和南部在南海与菲律宾、文莱、马来西亚为邻。海南省陆地总面积3.54万平方千米，其中海南岛3.39万平方千米，海域面积约200万平方千米。

海南岛地势四周低平，中间高耸，呈穹隆山地形，以五指山、鹦哥岭为隆起核心，向外围逐级下降，由山地、丘陵、台地、平原等地貌构成。海南岛的山脉多数在500~800米，实际上是丘陵性低山地形。海拔超过1000米的山峰有81座，成为绵延起伏在低丘陵之上的长垣；海拔超过1500米的山峰有五指山、鹦哥岭、俄鬃岭、猴弥岭、雅加大岭和吊罗山等。

海南省雨量充沛，年降水量在1000~2600毫米，年平均降水量为1639毫米，有明显的多雨季和少雨季。每年的5—10月是多雨季，总降水量达1500毫米左右，占全年总降水量的70%~90%；雨源主要有锋面雨、热雷雨和台风雨。每年11月至翌年4月为少雨季节，仅占全年降水量的10%~30%，少雨季节干旱常常发生。

海南岛地势中部高、四周低，比较大的河流大多发源于中部山区，组成辐射状水系。全岛独流入海的河流共154条，其中水面超过100平方千米的有38条。南渡江、昌化江、万泉河为海南岛三大河流，三条大河的流域面积占全岛面积的47%。南渡江发源于白沙县南峰山，斜贯岛北部，至海口市入海，全长311千米；昌化江发源于琼中县空示岭，横贯海南岛西部，至昌化港入海，全长230千米；万泉河上游分南、北两支，分别发源于琼中县五指山和风门岭，两支流到琼海市龙江合口咀合流，至博鳌港入海，主流全长163千米。海南岛上自然形成的湖泊较少，人工水库居多，著名的有松涛水库、牛路岭水库、大广坝水库和南丽湖等。海南岛大小河流水能理论蕴藏量100多万千瓦，可开发约90万千瓦。地下水资源储量约75亿立方米，占水资源总量的20.0%左右，其中理论可开发利用储量为25.30亿立方米。

接下来，分别从经济发展现状、产业基础、资源禀赋条件及环境状况四个方面对华南地区区情进行分析。

二、华南地区经济发展现状

表 20-1 展示了广东、广西、海南三省区 2014—2020 年地区生产总值及其占全国的比重。可以看出，广东的生产总值遥遥领先于广西和海南，2020 年广东生产总值占全国的比重达 10.90%，增长趋势非常稳定。广西的生产总值占全国的比重为 2.18%，海南的生产总值仅占全国的 0.54%。

表 20-1　2014—2020 年华南地区生产总值及其占全国的比重

省区		2020 年	2019 年	2018 年	2017 年	2016 年	2015 年	2014 年
广东	生产总值/亿元	110760.94	107671.07	97277.77	89705.23	80854.91	72812.55	67809.85
	占全国比重/%	10.90	10.91	10.58	10.78	10.83	10.57	10.54
广西	生产总值/亿元	22156.69	21237.14	20352.51	18523.26	18317.64	16803.12	15672.89
	占全国比重/%	2.18	2.15	2.21	2.23	2.45	2.44	2.44
海南	生产总值/亿元	5532.39	5308.93	4832.05	4462.54	4053.20	3702.76	3500.72
	占全国比重/%	0.54	0.54	0.53	0.54	0.54	0.54	0.54

表 20-2 展示了 2014—2020 年广东、广西、海南三省区的人均地区生产总值与全国人均地区生产总值的对比情况。

表 20-2　2014—2020 年华南地区人均 GDP 与全国人均 GDP 对比　单位：元

省区	2020 年	2019 年	2018 年	2017 年	2016 年	2015 年	2014 年
广东	88210	94172	86412	80932	74016	67503	63469
广西	44309	42964	41489	38102	38027	35190	33090
海南	55131	56507	51955	48430	44347	40818	38924
全国	72000	70328	65534	59592	53783	49922	46912

从表 20-2 中可以看出，广东的人均地区生产总值高于全国平均水平，而

广西、海南的人均地区生产总值在全国平均水平之下，广西人均地区生产总值与全国平均水平相距最远。

三、华南地区产业基础

表 20-3 显示了 2014—2020 年广东、广西和海南三省区第一产业增加值及其占全国的比重。2020 年，广东的第一产业增加值占比最高，达 6. 13%；海南的占比最低，仅为 1. 46%。

表 20-3　2014—2020 年华南地区第一产业增加值及其占全国的比重

省区		2020 年	2019 年	2018 年	2017 年	2016 年	2015 年	2014 年
广东	增加值/亿元	4769. 99	4351. 26	3831. 44	3611. 44	3694. 37	3345. 54	3166. 82
	占全国比重/%	6. 13	6. 17	5. 92	5. 82	6. 14	5. 79	5. 69
广西	增加值/亿元	3555. 82	3387. 74	3019. 37	2878. 30	2796. 80	2565. 45	2413. 44
	占全国比重/%	4. 57	4. 81	4. 66	4. 63	4. 65	4. 44	4. 34
海南	增加值/亿元	1135. 98	1080. 36	1000. 11	962. 84	948. 35	854. 72	809. 52
	占全国比重/%	1. 46	1. 53	1. 54	1. 55	1. 58	1. 48	1. 46

表 20-4 显示了 2014—2020 年广东、广西和海南三省区第二产业增加值及其占全国的比重。2020 年，广东第二产业增加值占全国的比重达 11. 31%，广西第二产业增加值占全国的比重为 1. 85%，海南第二产业增加值占全国的比重仅为 0. 27%。

表 20-4　2014—2020 年华南地区第二产业增加值及其占全国的比重

省区		2020 年	2019 年	2018 年	2017 年	2016 年	2015 年	2014 年
广东	增加值/亿元	43450. 17	43546. 43	40695. 15	38008. 06	35109. 66	32613. 54	31419. 75
	占全国比重/%	11. 31	11. 44	11. 15	11. 46	11. 88	11. 59	11. 33
广西	增加值/亿元	7108. 49	7077. 43	8072. 94	7450. 85	8273. 66	7717. 52	7324. 96
	占全国比重/%	1. 85	1. 86	2. 21	2. 25	2. 80	2. 74	2. 64

续表

省区		2020 年	2019 年	2018 年	2017 年	2016 年	2015 年	2014 年
海南	增加值/亿元	1055.26	1099.03	1095.79	996.35	905.95	875.82	875.97
	占全国比重/%	0.27	0.29	0.30	0.30	0.31	0.31	0.32

表 20-5 显示了 2014—2020 年广东、广西和海南三省区第三产业增加值及其占全国的比重。2020 年，广东第三产业增加值占全国的比重与第二产业占全国的比重相当，广西和海南第三产业增加值占全国的比重比第二产业占比略高，分别为 2.07%和 0.60%。

表 20-5　2014—2020 年华南地区第三产业增加值及其占全国的比重

省区		2020 年	2019 年	2018 年	2017 年	2016 年	2015 年	2014 年
广东	增加值/亿元	62540.78	59773.38	52751.18	48085.73	42050.88	36853.47	33223.28
	占全国比重/%	11.29	11.16	10.77	10.97	10.76	10.54	10.69
广西	增加值/亿元	11492.38	10771.97	9260.20	8194.11	7247.18	6520.15	5934.49
	占全国比重/%	2.07	2.01	1.89	1.87	1.85	1.86	1.91
海南	增加值/亿元	3341.15	3129.54	2736.15	2503.35	2198.90	1972.22	1815.23
	占全国比重/%	0.60	0.58	0.56	0.57	0.56	0.56	0.58

综合来看，广东的第二产业和第三产业增加值占全国的比重相对较高，广西和海南的第一产业增加值占全国的比重相对较高。各地区的主导产业表现为不同类型。

四、华南地区资源禀赋条件

表 20-6 展示了 2014—2019 年广东、广西、海南三省区的水资源总量和人均量。其中，广西的水资源总量和人均量均最多，广东的水资源总量虽然与广西相差不多，但 2019 年人均量不及广西的一半。海南的水资源总量最少，但人均量超过广东。

表 20-6　2014—2019 年华南地区水资源量及人均水资源量

省区		2019 年	2018 年	2017 年	2016 年	2015 年	2014 年
广东	水资源量/亿立方米	2068.2	1895.1	1786.6	2458.6	1933.4	1718.4
	人均水资源量/立方米	1808.9	1683.4	1611.9	2250.6	1792.4	1608.4
广西	水资源量/亿立方米	2105.1	1831.0	2388.0	2178.6	2433.6	1990.9
	人均水资源量/立方米	4258.7	3732.5	4912.1	4522.7	5096.5	4203.3
海南	水资源量/亿立方米	252.3	418.1	383.9	489.9	198.2	383.5
	人均水资源量/立方米	2685.5	4495.7	4165.7	5360.0	2184.9	4266.0

五、华南地区环境状况

表 20-7 和表 20-8 分别展示了 2016—2019 年和 2014—2019 年广东、广西、海南三省区废水中污染物排放量和工业废水治理设施处理能力。广东废水中污染物排放量远高于其他两省区，而其废水治理设施处理能力基本与广西持平。

表 20-7　2016—2019 年华南地区废水中污染物排放量　　单位：吨

污染物	省区	2019 年	2018 年	2017 年	2016 年
总氮	广东	131780	131615	132137	124700
	广西	47028	47042	42859	42393
	海南	9476	9272	10399	10468
总磷	广东	6860	7354	7451	11786
	广西	3924	3696	3661	3781
	海南	677	620	699	758
石油类	广东	769	810	890	1274
	广西	109	100	115	200
	海南	10	17	11	7

表 20-8　2014—2019 年华南地区工业废水治理设施处理能力

单位：万吨/日

省区	2019 年	2018 年	2017 年	2016 年	2015 年	2014 年
广东	1140	1178	1067	1176	1269	1551
广西	1105	1115	1220	1132	1089	960
海南	44	40	31	101	40	45

表 20-9 和表 20-10 分别展示了 2016—2019 年、2014—2019 年广东、广西、海南三省区工业废气中污染物排放量和废气治理设施处理能力。2019 年，广东依然有相对最高的废气排放量，但其废气治理设施处理能力不及广西的 1/3。

表 20-9　2016—2019 年华南地区工业废气中污染物排放量　　单位：吨

工业废气	省区	2019 年	2018 年	2017 年	2016 年
二氧化硫	广东	120421	150979	187284	255568
	广西	95139	100645	105198	137892
	海南	6874	8092	9659	13363
氮氧化物	广东	699701	716098	764960	797660
	广西	365189	374721	372240	373584
	海南	48739	49064	55287	55963
颗粒物	广东	586655	617715	541177	781024
	广西	383691	375397	376883	381431
	海南	23111	15979	17350	22488

表 20-10　2014—2019 年华南地区工业废气治理设施处理能力

单位：万立方米/时

省区	2019 年	2018 年	2017 年	2016 年	2015 年	2014 年
广东	207850	174567	128406	108317	93504	82411
广西	786649	703772	601321	101587	32684	34239
海南	11565	5083	5259	11687	4197	3618

表 20-11 展示了 2016—2019 年广东、广西、海南三省区一般工业固体废物及危险废物产生量和综合利用量。2019 年，广东和广西在一般工业固体废物的产生量上基本持平，但在一般工业固体废物的综合利用量上广东更胜一筹。广东的危险废物产生量显著高于其他两省区，但各省区危险废物的综合利用水平均较高，基本与其产生量持平。综合来看，华南地区危险废物的综合利用效率明显高于一般工业固体废物的综合利用效率。

表 20-11　2016—2019 年华南地区一般工业固体废物及危险废物产生量和综合利用量

单位：万吨

省区	废物		2019 年	2018 年	2017 年	2016 年
广东	一般工业固体废物	产生量	10111.0	9112.0	8214.0	8270.0
		综合利用量	7331.0	7283.0	6734.0	6997.0
	危险废物	产生量	466.4	409.8	343.1	286.7
		综合利用量	433.5	375.7	325.7	277.7
广西	一般工业固体废物	产生量	10278.0	9769.0	9284.0	9427.0
		综合利用量	5408.0	4799.0	4765.0	4791.0
	危险废物	产生量	279.5	259.2	248.4	230.0
		综合利用量	265.6	248.4	243.1	197.0
海南	一般工业固体废物	产生量	609.0	490.0	474.0	333.0
		综合利用量	398.0	269.0	241.0	225.0
	危险废物	产生量	4.9	6.1	4.2	4.4
		综合利用量	5.9	7.3	4.1	4.4

整体来看，广东的环境污染问题在华南三省区之中相对严重，其废水、废气中的污染物排放量以及工业固体废物产生量均较高，但其污染治理能力和固体废物综合利用能力仍存在明显不足。

第二节　华南地区能源产业现状

一、华南地区能源生产情况

表 20-12 展示了 2014—2019 年广东、广西、海南三省区各种化石能源产品生产量占全国的比重。2019 年，从原煤和焦炭的生产情况来看，广西有少量原煤产量，广东和广西的焦炭产量占全国的比重不超过 2%，海南在原煤和焦炭上均无产量。从各种油类产品的生产情况来看，广东煤油的生产量占比最高，超过 15%；原油、燃料油、汽油和柴油的生产量基本占全国的 8%左右。广西原油、燃料油的生产量不高，占比不及全国的 1%；汽油、煤油和柴油的产量占比基本维持在 3%左右。海南原油的产量占比最低，柴油产量占比不超过 2%；燃料油、汽油和煤油的产量相对较高，但也仅占全国产量的 2%~3%。从天然气的生产情况来看，广东产量最高，占全国的比重达 6%以上；广西和海南的天然气生产量极低。

可以看出，华南地区整体的化石能源生产量并不高，只有广东具有一定的化石能源生产能力。

表 20-12　2014—2019 年华南地区化石能源产品生产量占全国的比重　单位:%

年份	省区	原煤	汽油	焦炭	煤油	原油	柴油	燃料油	天然气
2014	广东	0.00	7.92	0.40	17.83	5.89	8.53	10.01	6.43
	广西	0.16	3.71	1.26	3.01	0.28	3.26	1.23	0.01
	海南	0.00	1.98	0.00	4.62	0.13	1.59	0.98	0.12
2015	广东	0.00	7.32	0.54	17.52	7.33	7.88	8.25	7.17
	广西	0.11	3.57	1.31	2.89	0.24	3.29	0.84	0.01
	海南	0.00	2.05	0.00	4.11	0.14	1.84	1.05	0.14
2016	广东	0.00	7.00	1.08	17.14	7.79	7.68	7.91	5.79
	广西	0.13	3.34	1.51	2.22	0.24	2.95	0.68	0.01
	海南	0.00	1.81	0.00	3.80	0.15	1.50	3.11	0.10

续表

年份	省区	原煤	汽油	焦炭	煤油	原油	柴油	燃料油	天然气
2017	广东	0.00	7.13	1.37	16.86	7.49	7.48	6.91	6.03
	广西	0.13	3.75	1.63	2.66	0.23	3.32	0.23	0.01
	海南	0.00	1.69	0.00	3.15	0.16	1.25	1.88	0.07
2018	广东	0.00	8.26	1.28	17.38	7.36	9.24	7.81	6.40
	广西	0.13	3.72	1.54	2.70	0.27	3.35	0.28	0.01
	海南	0.00	1.98	0.00	2.98	0.16	1.50	2.64	0.07
2019	广东	0.00	8.25	1.25	15.94	7.87	8.83	7.24	6.39
	广西	0.11	3.66	1.55	3.03	0.26	3.47	0.47	0.01
	海南	0.00	2.13	0.00	2.98	0.16	1.67	2.29	0.06

表 20-13 展示了 2014—2019 年广东、广西、海南各种可再生能源发电量占全国的比重。从 2019 年总发电量来看，广东最高，其次是广西，海南最少。广东的核能发电量占全国的比重达 30%以上，火力发电量占比也达到 6%之上，水力、风力和太阳能均有一定的发电量，整体可再生能源发电量较高。广西的水力发电量和核能发电量占比相对较高，均在 4%以上。海南的可再生能源发电量普遍较低，核能发电量占比相对较高，达 2%以上。

表 20-13　2014—2019 年华南地区可再生能源发电量占全国的比重　单位：%

年份	省区	总发电量	核能发电量	水力发电量	风力发电量	火力发电量	太阳能发电量
2014	广东	6.93	40.96	3.79	2.71	6.86	0.00
	广西	2.31	0.00	6.10	0.14	1.54	0.00
	海南	0.42	0.00	0.23	0.31	0.49	0.00
2015	广东	6.94	35.51	3.86	2.98	6.85	0.47
	广西	2.24	0.00	6.63	0.32	1.27	0.10
	海南	0.45	0.26	0.10	0.32	0.55	0.50
2016	广东	6.80	57.65	3.74	2.00	6.70	0.73
	广西	2.20	8.44	5.53	0.58	1.29	0.14
	海南	0.47	4.93	0.16	0.27	0.45	0.35

续表

年份	省区	总发电量	核能发电量	水力发电量	风力发电量	火力发电量	太阳能发电量
2017	广东	6.84	35.63	2.66	1.93	7.00	1.26
	广西	2.22	5.65	5.73	0.82	1.32	0.31
	海南	0.46	3.32	0.22	0.18	0.41	0.27
2018	广东	6.58	30.32	2.08	1.73	6.80	2.12
	广西	2.42	5.47	5.68	1.15	1.61	0.52
	海南	0.45	2.62	0.21	0.14	0.41	0.36
2019	广东	6.73	31.63	3.00	1.75	6.58	2.38
	广西	2.46	4.92	4.55	1.51	1.93	0.60
	海南	0.46	2.79	0.13	0.12	0.41	0.62

二、华南地区能源消费情况

表 20-14 展示了 2014—2019 年广东、广西和海南各种能源产品消费量占全国的比重。2019 年，三省区在煤炭和焦炭上的消费量均不多。从各种油类产品的消费来看，广东石油、原油、汽油的消费量占全国的比重达 10%左右，煤油、柴油、燃料油的消费量占比达 7%以上；广西石油、原油、汽油、煤油、柴油的消费量占比基本在 2%左右，燃料油消费量占比较少，不超过 1%；海南只有煤油和原油的消费量占比相对较高，但也仅为全国的 2%左右，其余油类产品的消费量占比不超过 1%。广东的液化石油气消费量占全国的比重较高，达 25%以上，天然气消费量占比也超过 7%；广西液化石油气消费量占比超 2%，但天然气消费占比不到 1%；海南天然气消费量占比略高于液化石油气，但均未达到 2%。

表 20-14　2014—2019 年华南地区能源产品消费量占全国的比重　　单位:%

年份	省区	煤炭	汽油	焦炭	煤油	石油	柴油	原油	燃料油	液化石油气	天然气
2014	广东	3.94	9.38	1.35	10.43	10.12	8.82	9.28	7.88	19.83	7.33
	广西	1.57	2.05	2.46	3.50	2.11	2.83	2.71	0.59	3.49	0.45
	海南	0.24	0.67	0.00	3.28	0.80	0.63	1.84	0.78	1.03	2.52

续表

年份	省区	煤炭	汽油	焦炭	煤油	石油	柴油	原油	燃料油	液化石油气	天然气
2015	广东	3.90	9.29	1.35	9.63	10.13	8.72	9.15	6.61	22.86	7.45
	广西	1.43	2.05	2.49	1.97	1.97	2.67	2.67	0.40	2.84	0.43
	海南	0.25	0.68	0.00	3.00	0.81	0.51	2.09	0.52	1.83	2.34
2016	广东	3.80	10.54	1.93	8.99	10.42	9.31	9.15	6.14	21.81	8.05
	广西	1.51	2.35	2.51	1.92	2.16	2.99	2.43	0.14	2.66	0.74
	海南	0.24	0.68	0.00	3.25	0.79	0.46	2.03	0.18	1.61	1.96
2017	广东	3.95	10.23	2.36	8.38	10.69	9.16	9.05	4.58	22.25	7.78
	广西	1.52	2.39	2.73	1.42	2.15	2.94	2.72	0.14	2.48	0.71
	海南	0.25	0.70	0.00	3.21	0.79	0.46	1.70	0.18	1.11	1.83
2018	广东	3.79	10.23	2.25	8.19	11.36	9.55	9.71	6.64	24.93	7.12
	广西	1.63	2.20	2.47	1.39	2.16	2.78	2.62	0.32	2.52	0.85
	海南	0.26	0.71	0.00	3.42	0.86	0.51	1.74	0.12	0.97	1.65
2019	广东	3.64	10.04	2.25	7.96	11.08	9.37	9.71	7.38	26.68	7.11
	广西	1.74	1.65	2.47	1.18	1.92	2.73	2.62	0.38	2.44	0.96
	海南	0.24	0.69	0.00	3.33	0.88	0.49	1.74	0.13	0.84	1.59

表20-15展示了2014—2019年广东、广西、海南用电量占全国的比重。2019年，广东用电量占比相对较高，达9%左右；广西次之，用电量占全国比重达2%以上；海南用电量相对较少，不及全国的0.5%。

表20-15　2014—2019年华南地区用电量占全国的比重　单位:%

省区	2019年	2018年	2017年	2016年	2015年	2014年
广东	9.05	8.93	9.23	9.25	9.20	9.32
广西	2.58	2.46	2.37	2.39	2.41	2.33
海南	0.48	0.46	0.47	0.47	0.47	0.45

三、华南地区能源资源储量

（一）广东省能源资源

广东省地处欧亚板块与太平洋板块交接处，成矿地质条件优越，矿产资源种类较多，优势矿种集中度高。广东省矿产资源储量简表的矿产有90个矿种、1120处矿区、1859处矿产地。其中：燃料矿产有2个矿种、183处产地；黑色金属矿产有4个矿种、149处产地；有色金属矿产有11个矿种、600处产地；贵金属矿产有2个矿种、146处产地；稀有稀土及分散元素矿产有15个矿种、200处产地；冶金辅助原料非金属矿产有9个矿种、80处产地；化工原料非金属矿产有10个矿种、174处产地；建材和非金属矿产有39个矿种、327处产地。

广东省开采利用的主要矿产有铁、铜、铅、锌、钨、锡、钼、金、银、稀土、硫铁、石膏、灰岩、高岭土、陶瓷土等30多种，具有一定规模及优势。在国内占有重要地位的主要矿产有油页岩、铁、铜、铅、锌、钨、金、银、稀土、普通萤石、硫铁矿、水泥用灰岩、高岭土等。

广东省海岸线长，海域辽阔，海洋资源丰富，沿海还拥有众多的优良港口资源。珠江口外海域和北部湾的油气田已打出多口出油井，沿海的风能、潮汐能和波浪能都具有一定开发潜力。

（二）广西壮族自治区能源资源

广西矿产资源种类多、储量大，尤以铝、锡等有色金属为最，是全国10个重点有色金属产区之一。全自治区发现矿种145种（含亚矿种），占全国探明资源储量矿种的45.8%；探明储量的矿藏有97种，其中64种矿藏储量居全国前10位，有12种居全国第1位。在我国45种国民经济发展支柱性矿藏中，广西探明资源储量的有35种。

（三）海南省能源资源

海南省矿产资源种类较多，全省共发现矿产88种，经评价有工业储量的矿种70种，其中已探明列入矿产资源储量统计的有59种、产地487处。海南矿产资源主要包括石油、天然气、黑色金属、有色金属、贵金属、稀有金属、冶金辅助原料、化工原料、建筑材料、其他非金属矿、地下水、热矿水和饮用天然矿泉水等种类。探明储量位于全国前列的优势矿产有石油、天然气、玻璃用砂、钛铁砂矿、锆英石砂矿、宝石、富铁矿、铝土矿（三水型）、饰面用花岗岩、饮用天然矿泉水、热矿水等。

海南岛周边海域已探明的天然气田主要有崖13-1、东方1-1、乐东15-1等。玻璃用砂已探明大型矿床4处，主要分布于儋州、东方、文昌等地。钛铁砂矿主要分布于海南岛东海岸，已探明矿床24处，其中大型矿床3处、中型矿床1处。锆英石砂矿已探明大型矿床3处、中型矿床6处、小型矿床19处，主要分布于文昌、琼海、万宁、陵水等市县。已探明宝石大型矿床1处，位于文昌境内。富铁矿分布于昌江石碌镇一带，保有储量2.31亿吨，是国内少有的富铁矿之一。已探明铝土矿大型矿床1处，位于海南岛北部的蓬莱地区。

第三节　华南地区能源产业绿色发展评价

一、能源产业绿色发展评价方法

本书采用构建评价指标体系的方法对华南地区能源产业绿色发展水平进行综合评价，采用的评价指标如表20-16所示。

表20-16　华南地区能源产业绿色发展水平评价指标体系

一级指标	二级指标	指标属性
能源生产结构	原煤生产占比	-
	原油生产占比	-
	天然气生产占比	+
	一次电力及其他能源生产占比	+

续表

一级指标	二级指标	指标属性
能源消费结构	煤炭消费占比	−
	石油消费占比	−
	天然气消费占比	+
	一次电力及其他能源消费占比	+
电能替代	发电装机容量	+
	风电装机量	+
	太阳能发电装机量	+
	水电装机量	+
节能降耗	万元地区生产总值能耗下降率	+
	能源加工转换效率	+
	节能环保支出占地方财政总支出比例	+
环境协调	废水中污染物排放量	−
	废气中污染物排放量	−
	一般工业固体废物产生量	−

（一）指标选取依据

为了衡量地区能源产业绿色发展水平，首先，要考察地区能源生产结构和能源消费结构的绿色化，即能源生产和能源消费的清洁化程度。煤炭和石油的生产对资源的依赖性较强，消费过程容易对环境造成污染，相比之下，天然气和电力生产与消费过程的清洁化程度较高。因此，在评价能源产业绿色发展水平的指标体系中，将原煤和原油的生产和消费占比作为反映能源生产和消费结构绿色化的负向指标，而将天然气和电力的生产和消费占比作为反映能源生产和消费结构绿色化的正向指标。其次，能源产业绿色发展的重要环节是可再生能源对化石能源的替代，为了衡量可再生能源替代程度，本书用发电装机容量、风电装机量、太阳能发电装机量和水电装机量 4 个指标来反映地区可再生能源产业发展状况，这 4 个指标反映地区可再生能源替代化石能源的状况，因而均为正向指标。再次，能源产业绿色发展水平还可以通过节能降耗程度反映，从总量来看，地区生产总值与其能源消耗量间的数量关系可以较准确地反映地区能耗水平，这里用万元地区生产总值能耗下降率来反映地区能耗的变动趋势，作为反映地区能源绿色发展水平的正向指标。从效率来看，有限的能源资源产生的价值量的大小也可以间接反映节能降耗水平，这里使用能源加工转换效率这一正向指标予以反映。从投入来看，地区节能降耗成果同样依赖地方政府的支持和引导作用，本书用节能环保支出占地方财政总支出比例来反映地方政府对绿色发展的支持程度，同样是正向指标。最后，能源产业发展的绿色化还可以表现为环境协调性，即能源产业发展对环境造成的影响，这里用反映环境污染的 3 个指标——废水中污染物排放量、废气中污染物排放量和一般工业固体废物产生量作为反映能源产业发展环境协调性的负向指标。

（二）资料来源

上述指标数据来自《中国统计年鉴》《中国能源统计年鉴》《广东统计年鉴》《广西统计年鉴》《海南统计年鉴》《中国环境统计年鉴》，部分缺失值采用插值法进行补充。

（三）指标处理

由于评价指标体系中同时包含正向指标和负向指标，为了分析的一致性并且剔除不同指标量纲的影响，本书对正向指标和负向指标分别采用下述方法进行归一化处理。

正向指标归一化为

$$\widetilde{x_{ij}} = \frac{x_{ij} - x_{j\min}}{x_{j\max} - x_{j\min}}$$

负向指标归一化为

$$\widetilde{x_{ij}} = \frac{x_{j\max} - x_{ij}}{x_{j\max} - x_{j\min}}$$

对归一化处理之后的各二级指标数据，采用变异系数法计算其权重。

各指标的变异系数为

$$cv_j = \frac{stdev_j}{average_j}$$

各指标的权重为

$$w_j = \frac{cv_j}{\sum_n cv_j}$$

其中，n 代表同一个一级指标下的二级指标个数。

对二级指标加权求和后得到的一级指标，采用同样的方法赋权、求和，即可得到最终的评价指数。

二、能源产业绿色发展评价结果

根据上述评价指标的计算方法，各二级指标的加权和即为各一级指标的指数值，再对各一级指标加权求和即可得到最终的地区能源产业绿色发展指数，结果如表 20-17 所示。

表 20-17　2016—2020 年华南地区能源产业绿色发展指数

省区	2020 年	2019 年	2018 年	2017 年	2016 年
广东	50. 13	50. 23	47. 55	45. 58	35. 38
广西	29. 99	30. 73	35. 54	35. 68	34. 17
海南	53. 71	56. 69	52. 72	45. 07	51. 31

截至 2020 年，海南的能源产业绿色发展指数为 53. 71，位居榜首；其次是广东，能源产业绿色发展指数为 50. 13；最后是广西，能源产业绿色发展指数仅为 29. 99。2016 年以来，广东的能源产业绿色发展指数整体保持增长趋势，但近年的增长趋势越发缓慢。海南的能源产业绿色发展指数呈波动上升趋势，先是从 2016 年的 51. 31 下降为 2017 年的 45. 07，又一路攀升至 2019 年的 56. 69，在 2020 年又回落至 53. 71，能源产业绿色发展指数整体较高。广西的能源产业绿色发展指数一直偏低，未曾表现出明显的改善趋势，反而在 2019 年之后越发降低。

总体来讲，海南和广东的能源产业绿色发展趋势较好，但也存在后劲不足的问题，2020 年与 2019 年相比有所下滑，后续如何保持绿色发展趋势是两省必须着重考虑的问题。广西的问题在于尚未出现能源产业绿色发展趋势，能源产业绿色发展成效明显落后于其他地区，未来需采取更有力的措施来推动能源产业绿色化发展。

为了准确把握华南地区能源产业绿色发展的关键点和薄弱环节，为未来进一步促进能源产业绿色发展提供经验依据，接下来分别从能源生产结构、能源消费结构、电能替代、节能降耗和环境协调 5 个方面对华南地区能源产业绿色发展绩效差异进行分析。

（一）能源生产结构

如表 20-18 所示，从能源生产结构来看，广东和海南的能源生产结构绿色化程度相对更高，广西相对落后，但三省区表现差异不大。可以发现，广东的能源生产结构绿色化程度在 2020 年有所下降。

表 20-18　2016—2020 年华南地区能源生产结构指数

省区	2020 年	2019 年	2018 年	2017 年	2016 年
广东	59. 51	63. 38	59. 64	49. 28	50. 11
广西	46. 89	44. 82	45. 68	47. 91	43. 16
海南	56. 00	55. 04	58. 65	60. 42	63. 39

（二）能源消费结构

如表 20-19 所示，从能源消费结构来看，三省区均表现出较好的发展趋势，特别是在 2020 年，华南地区能源消费结构绿色化程度均有明显提升。能源消费结构绿色化程度相对最高的是广东，其次是海南，最后是广西。

表 20-19　2016—2020 年华南地区能源消费结构指数

省区	2020 年	2019 年	2018 年	2017 年	2016 年
广东	62. 77	59. 17	46. 43	49. 63	49. 57
广西	50. 58	43. 97	47. 63	48. 24	47. 97
海南	56. 00	51. 12	45. 91	47. 85	41. 15

（三）电能替代

如表 20-20 所示，从电能替代情况来看，三省区存在显著差异。广东的电能替代发展趋势良好且发展迅猛；广西的电能替代发展速度相对较缓但趋势良好；海南的电能替代进程则十分缓慢，导致其与其他地区的差距不断扩大，这也成为制约海南能源产业绿色发展成效的主要因素。

表 20-20　2016—2020 年华南地区电能替代指数

省区	2020 年	2019 年	2018 年	2017 年	2016 年
广东	95.55	80.46	72.41	60.83	46.03
广西	60.56	42.42	39.06	33.39	25.00
海南	5.56	5.20	5.14	1.53	0.59

（四）节能降耗

如表 20-21 所示，从节能降耗情况来看，三省区同样存在显著差异。表现最佳的是海南，但其 2020 年的节能降耗指数相比 2016 年和 2019 年有明显下降。其次是广东，但其节能降耗情况表现出恶化趋势。广西的节能降耗指数最低，但其 2016 年的节能降耗指数高于广东，在 2016 年之后则一直呈快速降低趋势，成为制约广西能源产业绿色发展成效的主要因素。

表 20-21　2016—2020 年华南地区节能降耗指数

省区	2020 年	2019 年	2018 年	2017 年	2016 年
广东	36.22	67.35	56.63	50.09	44.55
广西	1.33	19.62	39.87	40.25	52.95
海南	56.99	62.84	52.16	33.90	72.58

（五）环境协调

如表 20-22 所示，从环境协调情况来看，表现最佳的是海南，其环境协调指数一直稳居高位，但同时需注意到，海南的环境协调指数存在轻微下降趋势。与海南相比，广东和广西的环境协调指数较低，环境污染问题较严重。

表 20-22　2016—2020 年华南地区环境协调指数

省区	2020 年	2019 年	2018 年	2017 年	2016 年
广东	18.94	12.86	19.37	24.94	16.09
广西	25.13	22.34	29.33	34.88	35.16
海南	94.53	97.87	98.79	98.70	99.14

从以上分析可以看出，制约华南地区能源产业绿色发展成效的因素不尽相同。广东和海南虽然整体绿色发展指数较高，但广东在环境协调发展方面还有很大的提升空间。海南的能源产业在电能替代方面还需加快步伐，尽早使用更清洁的能源代替污染性较高的能源。广西的能源产业绿色发展指数相对最低，主要的制约因素在节能降耗和环境协调方面。广西的能源加工转换效率偏低，政府的环保性支出相对不足，污染物的排放量特别是工业固体废物的产生量居高不下。未来，华南地区应在找准各自能源产业绿色发展的薄弱环节的基础上，加快转变步伐，加大政策措施力度，有力提升能源产业绿色发展水平。

第二十一章　华南地区能源产业“双重迭代”升级成效

第一节　能源产业“双重迭代”升级的内涵

历史经验表明，能源转型是一项复杂的系统工程。早在2020年，欧盟国家可再生能源发电量就已超过化石能源。但2021年夏季以来，受气候影响，欧洲风电供给明显下降，对化石能源的需求大幅增加，导致天然气价格暴涨。从结果看，在新能源大规模接入后，以当前的技术和基础设施规模，尚无法有效保障能源系统的灵活调节能力。此外，欧洲“超前”的转型力度已经带来了较为沉重的经济负担和社会负担，这些因素都将阻碍能源转型进程。

过于激进的能源转型目标往往会导致误判。从20世纪70年代开始，瑞典历届政府都会针对瑞典能源供应转型制订大胆的计划。该国在2006年便做出承诺，将在不使用任何核能的前提下，于2020年成为世界上首个不使用石油的国家。根据这一目标，瑞典必须在6年内将一半的一次能源供应转换为可再生能源，其难度可想而知。事实上，直到2019年，瑞典仅有30%的交通用能来自可再生能源。

事实证明，传统能源的逐步退出，应建立在新能源安全可靠的替代基础上。当前，我国可再生能源发电累计装机容量突破10亿千瓦大关，占比超过40%。但是，由于发电可利用小时数远低于燃煤机组经济运行小时数，发电量占比不及总发电量的30%，尤其是装机增速更快的风电和光伏，装机容量占比接近25%，但发电量占比不足10%。再加上光照、来风、来水情况都要“靠天吃饭”，可再生能源在当前能源系统中尚难成为中流砥柱。接下来，在持续加大太阳能、风能等新能源投资力度的同时，必须着力提升新能源消纳和存储能力，积极构建以新能源为主体的新型电力系统，健全完善有利于全社会共同开发利用可再生能源的体制机制和政策体系，有力推动可再生能源从补充能源向主体能源转型。

与此同时，包括煤炭、天然气在内的化石能源既是保障能源安全的“压舱石”，又是高比例新能源接入的新型电力系统下电力安全的“稳定器”。一方面，应立足于以煤为主的基本国情，抓好煤炭的清洁高效利用，推动煤炭和新能源优化组合。在充分发挥煤炭在能源系统中“压舱石”作用的同时，做到“吃粗粮干细活”，大力推进煤炭清洁高效利用，发展现代煤化工，优化煤炭产能布局。根据发展需要，合理建设先进煤电，继续有序淘汰落后煤电，最大限度地减少煤炭资源开发对生态环境的不利影响。另一方面，应充分重视天然气作为过渡能源的作用。当前及未来较长时期内，我国能源发展进入增量替代和存量替代并存的发展阶段，天然气是碳排放量较低的化石能源，灵活性强，大力发展天然气对于降低碳排放具有重要意义。随着“双碳”目标的提出，天然气在我国能源绿色低碳转型中的“桥梁”作用日益突出。要充分利用好国内、国际两个市场，坚持立足于国内，持续提升国内气田增产增供水平，加快推进“全国一张网”建设，提升互联互通能力，进一步完善储气调峰体系，增强多元化进口能力，多措并举应对可能出现的国际油气供应中断和价格波动。

能源转型在做到“开源”的同时，也不能忽视“节流”。节能是能源消费革命的核心。《2021 年国务院政府工作报告》提出，单位国内生产总值能耗降低 3%左右，年度实际完成降低 2. 7%，距离完成指标尚有一些差距。未来，要继续把节约能源资源放在首位，实行全面节约战略，持续降低单位产出能源资源消耗和碳排放，提高投入产出效率，倡导绿色低碳生活方式，从源头和入口形成有效的碳排放控制阀门（王轶辰，2022）。

《2022 年国务院政府工作报告》指出，要立足于我国的资源禀赋条件，坚持先立后破、通盘谋划，循序渐进地推进能源低碳转型。2022 年 3 月，习近平总书记在参加内蒙古代表团审议时提出，绿色转型是一个漫长的过程，不是一蹴而就的事情。要先立后破，而不能未立先破，能源转型不可拔苗助长，必须立足于基本国情，把握好转型节奏，实现不同能源品种之间的平稳过渡。所谓先立后破，就是在保证化石能源生产供应的前提下，寻找更加清洁的能源供应来源，逐步调整能源生产供应结构，最终实现低碳目标。因此，能源产业转型升级以低碳为目标，应首先保证化石能源消费在能源消费总量中的基础性地位，以先进技术实现化石能源的清洁高效利用，充分发挥禀赋优势，这是我国能源产业升级的第一重迭代。然后，在此基础上，寻找清洁的替代能源，以逐步减少对化石能源的依赖，这是我国能源产业升级的第二重迭代。能源产业低碳升级要围绕这一"双重迭代"路线进行整体布局谋划，依托地区禀赋条件，因地制宜地推进能源产业低碳升级。

接下来，围绕能源产业"双重迭代"升级路线，分别对华南地区化石能源的清洁高效利用情况及可再生能源替代情况展开讨论。

第二节　华南地区化石能源的清洁高效利用情况

一、华南地区能源生产结构

从表 21-1 所示的 2019—2020 年华南地区能源生产结构来看，广西的原煤生产占比略微增加，广东的原油生产占比有所提升，海南的原油生产占比也有所增加。从清洁能源的生产来看，广东的天然气产量有下滑趋势；海南的天然气产量有所提升，但电力生产有所下降；广西的清洁能源生产占比变化不大。可见，华南地区清洁能源的生产势头不足，高碳排放的煤炭、石油生产量占比不降反增。在保障地区能源生产供应的同时，调整能源生产结构，进一步提高清洁能源生产占比，逐渐降低高碳产品产量，是华南地区未来一段时期能源转型的重要方向之一。

表 21-1　2019—2020 年华南地区能源生产结构　　单位:%

年份	省区	原煤生产占比	原油生产占比	天然气生产占比	一次电力及其他能源生产占比
2019	广东	0.00	25.20	17.80	57.10
	广西	5.00	2.00	0.00	93.00
	海南	0.00	8.82	2.45	88.73
2020	广东	0.00	26.90	17.70	55.40
	广西	5.10	1.80	0.00	93.10
	海南	0.00	9.27	2.57	88.16

二、华南地区能源加工转换效率

表 21-2 展示了 2016—2020 年华南地区能源加工转换效率的变化情况。能源加工转换效率用火力发电、供热、炼焦、炼油和制气的生产效率均值代表。可以看出，华南地区总体能源加工转换效率较高，海南的能源加工转换效率一直保持在 80%以上，广东和广西的能源加工转换效率也基本维持在 70%左右。从能源加工转换效率的变化趋势来看，广东和海南的能源加工转换效率变化不大，广西的能源加工转换效率呈明显下降趋势。提高能源加工转换效率是节约能源资源、降低能耗、实现低碳发展的重要任务之一，华南地区能源加工转换效率不增反降，将会严重阻碍其能源转型进程。

表 21-2　2016—2020 年华南地区能源加工转换效率　　单位:%

省区	2020 年	2019 年	2018 年	2017 年	2016 年
广东	75.51	74.94	74.56	76.06	76.41
广西	68.25	70.80	73.35	75.90	78.45
海南	83.68	84.79	84.86	83.48	84.77

三、华南地区能源生产清洁化成效

表 21-3 展示了 2016—2020 年华南地区能源利用效率的变化情况，能源利用效率的变化用每万元生产总值能耗下降速度来衡量。

表 21-3　2016—2020 年华南地区每万元生产总值能耗下降速度　单位:%

省区	2020 年	2019 年	2018 年	2017 年	2016 年
广东	1. 16	3. 52	3. 42	3. 69	3. 62
广西	2. 42	3. 64	6. 78	6. 35	4. 55
海南	2. 97	1. 46	1. 24	2. 02	3. 70

从表 21-3 中可以看出，华南地区每万元生产总值能耗一直保持下降趋势，只有广西 2020 年的每万元生产总值能耗与 2019 年较为接近，其他地区每万元生产总值能耗均逐年下降。但要注意的是，华南地区每万元生产总值能耗下降的速度存在减慢趋势，广东在 2017 年实现能耗下降最快速度，到 2020 年能耗下降速度只有 2017 年的 1/3 左右。海南 2016 年的能耗下降速度为 3. 70%，随后不断减缓，直到 2020 年才有所恢复。广西则在 2018 年达到能耗下降最快速度，之后的能耗下降速度不断减慢。

因此，尽管华南地区的每万元生产总值能耗一直保持逐年下降趋势，但保持并逐年提升能耗下降速度，是华南地区仍需努力实现的低碳目标之一。

四、华南地区石油化工产业发展情况

华南地区的石油化工产业主要集中在广东，广东拥有中国最大的石油化工生产基地之一——中国石油化工股份有限公司茂名分公司。茂名地处广东沿海，现在是全国最大的乙烯生产基地和第二大炼油基地，打造世界级的石化产业基地是广东省委、省政府对茂名的最新定位，依托茂名石化、做强做大茂名石化产业一直是茂名市委、市政府的重要战略思想。时任广东省委书记汪洋在茂名视察时指出：“开发石化下游产品，是茂名最大的潜力和希望所在。”

目前，茂名存在的石化下游企业很多都是以中国石化茂名分公司的炼油和乙烯副产品作为原料进行加工生产，只要茂名炼油和乙烯发展到一定的规模，茂名的石油化工下游产业就有可能发展壮大，进而延伸出更多的石油化工下游企业，形成规模化的石油化工下游产业集群。然而，茂名如果只有大炼油和大乙烯工业，就很难摆脱工业强而不大的命运。要想实现茂名地方经济的腾飞，就必须利用大炼油、大乙烯的资源优势，丰富并完善石油化工下游产业链，提高精细化率，形成石油化工下游产业的集聚效应。

乙烯是世界上产量最大的化学产品之一。乙烯工业是石油化工产业的核心，乙烯产品占石化产品的75%以上，在国民经济中占有重要地位。在世界范围内，乙烯产量已经被广泛看作衡量一个国家石油化工发展水平的重要标志之一。中商产业研究院数据库显示，近年来全国乙烯产量持续增长，2021年达近年来产量最高值。2021年全国乙烯产量为2826万吨，同比增长18.3%，产量持续增长。表21-4展示了2021年乙烯产量位列全国前10的省份。2021年全国乙烯产量前10省份排名分别是辽宁省、广东省、山东省、江苏省、福建省、上海市、新疆维吾尔自治区、天津市、浙江省、黑龙江省。其中，辽宁省2021年产量为440.11万吨，位居全国榜首。广东省排名第2位，2021年产量为417.75万吨。2021年乙烯产量超400万吨的有2个省，分别是辽宁省、广东省。

表21-4　2021年全国前10省份乙烯产量情况

排名	省份	产量/万吨
1	辽宁	440.11
2	广东	417.75
3	山东	261.50
4	江苏	243.71
5	福建	211.90
6	上海	194.87
7	新疆	160.11
8	天津	149.04
9	浙江	142.83
10	黑龙江	135.90

资料来源：《中国乙烯市场前景及投资机会研究报告》（2021年）。

2016—2021年广东乙烯产量如表21-5所示。从中可以看出，2021年之前，广东的乙烯产量始终位列全国首位，并且，广东的乙烯产量始终保持稳步增长趋势。

表 21-5　2016—2021 年广东乙烯产量

项目	2016 年	2017 年	2018 年	2019 年	2020 年	2021 年
产量/万吨	241.80	248.20	299.30	348.20	365.70	417.75
排名	1	1	1	1	1	2

表 21-6 展示了 2019—2020 年广东主要炼油产品的产量情况。可以看出，广东的石油加工类产品的种类十分丰富，并且已经形成较大规模。

表 21-6　2019—2020 年广东二次能源生产量　　单位：万吨

年份	原油加工	汽油	煤油	柴油	燃料油	液化石油气
2020	6211.95	1206.19	668.74	1592.53	576.73	464.49
2019	5587.93	1165.50	840.45	1469.20	174.13	461.35

表 21-7 展示了 2019 年广东各种石油化工产品的调出量和出口量，间接反映出广东的石化加工行业规模。

表 21-7　2019 年广东石油化工产品调出量和出口量　　单位：万吨

项目	原油	汽油	煤油	柴油	燃料油	润滑油	石蜡	溶剂油	石油沥青	石油焦	液化石油气	其他石油制品
调出量	1603.82	—	346.91	—	—	44.38	3.05	58.44	68.09	177.66	103.40	867.85
出口量	8.44	292.10	401.63	252.63	55.02	2.68	3.10	0.18	23.99	1.39	74.76	2.79

通过表 21-8 展示的广东几个代表性石油化工产业的营业收入情况可以看出，广东的石油化工产业在全国总体上处于领先地位。2020 年，广东化学原料和化学制品业营业收入为 5685.26 亿元，排全国第 3 位，仅次于江苏的 8659.69 亿元和山东的 8273.00 亿元。广东石油、煤炭及其他燃料加工业的营业收入也居全国第 3 位，化学纤维制造业营业收入列第 6 位，橡胶和塑料制品业营业收入居全国首位。可见，整体而言，广东的石油化工产业发展规模较大，处于全国前列。

表 21-8　2020 年广东石油化工产业营业收入

项目	化学原料和化学制品业	化学纤维制造业	橡胶和塑料制品业	石油、煤炭及其他燃料加工业
营业收入/亿元	5685.26	173.92	5407.13	2883.41
在全国排名	3	6	1	3

广东的石油化工产业已取得较好的发展成效，在此基础上，广东将继续增强石油化工产业优势，在扩大行业规模的同时，不断延长下游产业链。2022 年 3 月，广东省发展改革委发布了 2022 年全省重点建设项目的计划。其中，2022 年计划投产的重大石化项目主要有 4 个，包括恒力石化（惠州）对苯二甲酸项目、惠州石化产品结构优化及升级项目、广东石化 2000 万吨/年重油加工工程、中国石油吉化（揭阳）分公司 60 万吨/年丙烯腈-丁二烯-苯乙烯共聚物类树脂（ABS）及其配套工程。其中，广东石化 2000 万吨/年重油加工项目重点建设 120 万吨/年的乙烯，总投资 654 亿元，2022 年计划投资 109 亿元；揭阳的丙烯腈-丁二烯-苯乙烯共聚物类树脂（ABS）项目主要建设 60 万吨/年的 ABS、13 万吨/年的丙烯腈和 5 万吨/年的甲基丙烯酸甲酯（MMA），总投资 65 亿元，2022 年计划投资 15 亿元。

2022 年续建石化类项目 3 个，包括埃克森美孚惠州乙烯项目、巴斯夫（广东）一体化基地以及东华能源（茂名）项目。其中，埃克森美孚 120 万吨/年乙烯及下游产品项目计划 2026 年投产，总投资 651 亿元，截至 2021 年已投资 48 亿元，2022 年计划投资 60 亿元。巴斯夫（广东）一体化基地主要建设 100 万吨/年的乙烯联合装置及其下游装置，计划 2025 年投产，总投资 651 亿元，截至 2021 年已投资 48 亿元，2022 年计划投资 60 亿元。东华能源（茂名）烷烃资源综合利用项目目前一期（Ⅰ）和（Ⅱ）项目已经进入建设阶段，两者合计投资 215 亿元，截至 2021 年累计投资 63 亿元，2022 年计划投资 28 亿元。一期（Ⅰ）项目主要建设 60 万吨/年丙烷脱氢制丙烯（PDH）、40 万吨/年聚丙烯（PP），计划于 2022 年底投产；一期（Ⅱ）项目主要建设 60 万吨/年丙烷脱氢制丙烯（PDH）、2×40 万吨/年聚丙烯（PP），预计 2023 年投产。目前，一期（Ⅰ）项目已进入设备全面安装阶段。

另外，广东省发展改革委还公布了多个烯烃及下游产业预备项目。其中，中科炼化接连发布了4个预备项目，总投资142亿元，公司已投产10万吨/年EVA装置、80万吨乙烯产能，此次预备新项目，公司计划再上10万吨EVA装置，同时将80万吨/年乙烯产能最高扩能30%。另外，公司还规划了60万吨/年PDH装置及下游30万吨/年环氧丙烷、40万吨/年聚丙烯装置。

同时从预备项目名单看到，除茂名综合利用一期（Ⅰ）和（Ⅱ）项目，东华能源还规划了一期（Ⅲ）项目，计划再投资135亿元，上马两套100万吨/年丙烷脱氢制丙烯装置和4套50万吨/年聚丙烯装置。另外，可以看到巨正源（揭阳）90万吨/年丙烷脱氢项目也在预备项目中，总投资112亿元，建设90万吨/年丙烷脱氢装置、40万吨/年聚丙烯改性装置。忠信化工还计划上两个项目，总投资52亿元，建设60万吨/年丙烷脱氢及下游配套聚丙烯、苯酚/丙酮装置。①

未来，广东将牢牢抓住石油化工产业优势，打造全国石油化工产业高地。

第三节　华南地区可再生能源的替代发展情况

一、华南地区可再生能源产业发展概述

（一）可再生能源发电

表21-9展示了2019—2020年华南地区可再生能源发电装机量。可以看出，广东和广西的可再生能源发电装机量近两年增长迅速，可再生能源发电产业规模显著增加。海南的可再生能源发电装机量虽远低于其他地区，但也保持着上升趋势，只有水电装机量出现轻微下滑。

---

① 广东省发展改革委《关于下达广东省2022年重点建设项目计划的通知》（粤发改重点〔2022〕157号）。

表 21-9　2019—2020 年华南地区可再生能源发电装机量　单位：万千瓦

年份	省区	发电装机容量	风电装机量	太阳能发电装机量	水电装机量
2019	广东	12870	441	610	1576
	广西	4615	287	135	1681
	海南	918	29	140	154
2020	广东	14224	565	797	1666
	广西	5178	653	205	1759
	海南	999	29	143	151

从表 21-9 可以看出，华南地区特别是广东和广西的可再生能源发电量在全国范围内占有重要地位，尤其是水力发电和核能发电，在全国占有较高比重。可以说，华南地区较充分地利用了自身丰富的海洋、湖泊资源优势，相对充裕的水资源优势未来也将继续发挥更大的利用价值，为华南地区水力发电产业及其他相关可再生能源产业注入持久的发展动力。

（二）新能源汽车产业

表 21-10 展示了 2018—2019 年华南地区新能源汽车充电桩数量及其占全国的比重。可以发现，广东的新能源汽车充电桩数量占全国的比重较高，2018 年占比为 10.87%，2019 年增加为 12.17%，其新能源汽车产业已形成较大规模。相比之下，其他省区新能源汽车充电桩数量较少，占比不超过全国的 1%。尽管如此，仍然可以看到，广西和海南的新能源汽车充电桩数量占全国的比重呈上升趋势，广西的占比从 2018 年的 0.55%提高到 2019 年的 0.70%，海南的占比则从 2018 年的 0.42%提高到 2019 年的 0.65%。因此，华南地区新能源汽车产业规模整体呈扩张趋势，发展势头较好。

表 21-10　2018—2019 年华南地区新能源汽车充电桩数量及其占全国的比重

省区	2019 年		2018 年	
	数量/个	占比/%	数量/个	占比/%
广东	62834	12.17	36009	10.87

续表

省区	2019 年		2018 年	
	数量/个	占比/%	数量/个	占比/%
广西	3596	0.70	1807	0.55
海南	3354	0.65	1401	0.42
全国	516396	—	331294	—

1. 广东新能源汽车产业现状

2021 年我国新能源汽车实现了“产销两旺”。工业和信息化部数据显示，2021 年，我国新能源汽车产量为 354.5 万辆。其中，广东省新能源汽车产量达到 53.5 万辆，同比增长 155.6%，占全国同期产量的 15.1%，新能源汽车产销量进入全国前列。2020 年，广东新能源公交车保有量占全部公交车的比例超 75%，其中纯电动公交车占比超 65%，基本实现纯电动公交车的规模化、商业化运营。珠三角地区新能源公交车保有量占比超 85%，其中纯电动公交车占比超 75%，珠三角地区成为全国纯电动公交车推广应用的示范区域。全省基本形成以使用者居住地、驻地停车位（基本车位）配建充换电设施为主体，以城市公共停车位、路内临时停车位配建充换电设施为辅助，以城际、城市充电站、换电站为补充，数量适度超前、布局合理、使用便利、标准规范统一的充换电设施服务体系。2020 年，全省新能源汽车推广应用累计超 25 万辆，其中私人乘用车领域新能源汽车推广应用量超 20 万辆。

作为连续 5 年全国汽车产量居第 1 的省份，广东省新能源汽车产业发展后劲十足。随着 2022 年广东省重点项目清单的公布，广东省将以新能源和智能化为发展方向布局新能源汽车产业，持续打造产业发展优势。

伴随《广东省发展汽车战略性支柱产业集群行动计划（2021—2025 年）》（以下简称《行动计划》）的出台和实施，广东持续推动新能源汽车产业实现高质量发展。2021 年，《行动计划》实施取得了阶段性进展，新能源汽车实现“产销两旺”。广东省发展改革委发布《广东省 2021 年汽车以旧换新专项行动公告》，开展 2021 年汽车“以旧换新专项行动”，对省内报废旧车，购买新能源车的，在使用环节补贴资金 10000 元/辆；省内转出旧车，购买新能源车的，在使用环节补贴资金8000元/辆，“以旧换新专项行动”有效释放了消费潜力。

作为新能源汽车龙头企业聚集地，国内新能源汽车企业产销前10名企业中广东占3家，分别是比亚迪、广汽埃安、小鹏汽车。

在新冠肺炎疫情零星散发、芯片供应紧张等复杂背景下，作为龙头企业集聚地，“稳生产、保供应”成为广东新能源汽车产业的工作重点。芯片是我国新能源汽车产业最薄弱、最容易被“卡脖子”的环节。2021年，全球汽车市场“缺芯潮”也印证了芯片对包括新能源汽车在内的汽车行业的重大影响。广东省工业和信息化厅有关领导介绍，芯片是亟待攻关的重点领域，也是广东大干快干的战略性新兴产业集群之一。事实上，2021年广东已经开始大力实施“广东强芯”工程，构建集成电路产业发展“四梁八柱”，即在基金、平台、大学和园区等支撑性方面打造产业“四梁”，从制造、设计、封测、材料、装备、零部件、工具和应用等专业领域构建“八柱”。经过一年建设，“广东强芯”工程已经取得阶段性成效，推动组建了规模均超百亿元的三大产业集团，设立总规模达千亿元级的六大产业基金，支持广州、深圳、珠海等打造集成电路产业发展集聚区，引进建设先进制造生产线。

为持续提升供应链产业韧性，广东将继续全面实施“广东强芯”工程，扩大芯片制造产能供给，实施汽车芯片应用牵引工程，推动形成关键领域芯片战略储备机制，搭建电子元器件和集成电路国际交易中心。同时，广东省还将推进三大产业集团加快项目投资建设，大力引进产业链项目落地，加快构建集成电路产业发展“四梁八柱”，进一步打造中国集成电路第三极。

在全力保供应的同时，广东省不忘着眼新能源汽车未来，积极布局和抢占下一代技术。根据《广东省重点领域研发计划“十四五”行动方案》，广东省将持续开展新能源汽车及无人驾驶重大专项项目申报工作，超前部署研发下一代技术，加速推进新材料、新技术、专用芯片、高性能器件的产业化，力促产业链、供应链自主可控，推动广东省汽车产业集群迈向全球价值链高端。广东省已将纯电动汽车动力电池系统、电子电气架构、车载充电机以及氢燃料电池动力系统和智能网联汽车域控制器系统等关键技术研发纳入广东省重点领域研发计划——“新能源汽车”重大科技专项，这进一步提升了广东新能源汽车企业的综合竞争力。

2. 广西新能源汽车产业现状

“十三五”期间，广西深入实施“工业强桂”战略，多措并举、全力推动新能源汽车产业高质量发展。新能源汽车累计产量达到 31.6 万辆，其中，2020 年产量达到 18.9 万辆，国内新能源新车占有率达 13.8%，一举跨入新能源汽车产销大省行列。截至 2021 年 12 月 31 日，广西新能源汽车总保有量达 250914 辆，新能源汽车充电基础设施累计建成 89887 个，累计规划新能源汽车专用停车位 51815 个，已建成的充电桩中有 68%已接入“八桂充”平台，接入规模在南方电网营业五省份中体量最大。为贯彻落实国家关于加快推广应用新能源汽车的部署要求，广西壮族自治区财政厅多措并举助力新能源汽车产业发展换挡提速。为加快推进自治区新能源充电基础设施建设工作，广西壮族自治区财政厅会同行业主管部门及时开展新能源汽车充电基础设施建设及配套运营服务补贴申请审核工作，并根据审核结果及时下达自治区本级承担部分资金 3125 万元，支持市、县加快推进新能源汽车充电基础设施建设相关工作。广西壮族自治区财政厅会同自治区发展改革委、工业和信息化厅、科学技术厅研究制定了《广西壮族自治区新能源汽车推广应用三年行动财政补贴实施细则》，进一步明确了新能源汽车推广应用三年行动期间财政资金补贴时限、补贴范围、补贴标准、补贴申报及审核程序等。

广西新能源汽车产业主要集聚在柳州、南宁等地，初步形成以上汽通用五菱汽车股份有限公司、东风柳州汽车有限公司、广西汽车集团有限公司等企业为主的新能源汽车整车研发及生产格局，拥有 8 家新能源整车生产企业。南宁乾元新能源乘用车项目、广西宁达新能源乘用车项目正加快建设，吉利智慧新能源整车工厂项目积极推动。广西加快构建新能源汽车生产体系，大力推进新能源汽车产业重大项目布局，以三大核心部件为重点的新能源汽车零部件本地配套体系不断完善。动力电池方面，引进鹏辉能源，国轩高科 5 吉瓦·时的动力电池生产基地项目建成投产；驱动电机方面，柳州旺林 12 万套/年新能源电机新建生产线、五菱柳机电机及电机控制器生产线等项目竣工投产；电控系统方面，引进联合电子；其他关键零部件方面，五菱工业、柳州松芝空调、耐世特等企业实现电制动、电空调、电动转向等本地化配套。

尽管如此，广西新能源汽车产业仍面临诸多挑战。当前，世界百年未有之大变局加速演进，国内外环境正在发生深刻复杂变化，技术创新与关键核心技术已成为新能源汽车产业发展的关键。广西新能源汽车产业发展面临更加激烈的竞争环境。随着我国对外商投资汽车产业管控的进一步放宽，竞争格局将发生重大改变，竞争对手更多的是国际强企，竞争已由单纯的产品竞争演变为多方融合的产业平台竞争。传统汽车企业在整车生产环节虽已有一定的自主能力，但在新能源汽车关键零部件方面比较薄弱，关键技术逐步从整车延展到关键零部件和子系统研发。传统汽车产业中整车企业对在产业链中价值占比较高的整车产品有很大的话语权，但在新能源汽车领域的话语权减弱，核心价值点向关键系统部件以及上下游分别转移。整车企业要从产品提供者转变为“产品+服务+出行”解决方案的提供者，服务成为重要的竞争要素，这对广西整车生产企业提出更高要求。

《广西新能源汽车产业发展“十四五”规划》（以下简称《规划》）指出，到 2025 年，广西力争建成国内重要的新能源汽车生产基地、研发基地和产业链核心零部件配套生产基地，新能源汽车新车产销量超 100 万辆/年，占汽车新车产销总量 30%左右。此外，《规划》还指出，广西新能源汽车产业链体系基本建成，零部件本地配套率达到 70%以上，初步形成零部件到整车的全产业链生产体系。“十四五”期间，新建公共充电桩 8 万个，新建自用充电设施 14.7 万个。新能源汽车保有量新增 45 万辆以上，其中，到 2023 年底新增 28.2 万辆以上，在新能源汽车领域谋划实施重点项目 116 项，力争完成项目投资超 1700 亿元。《规划》还提出，支持以柳州新能源汽车城（基地）、南宁新能源汽车城（基地）、桂林新能源商用车基地、玉贵（玉林、贵港）新能源商用车基地为重点的新能源汽车基地建设。以整车为龙头带动新能源汽车零部件配套体系建设，形成广西“四基一链”新能源汽车产业集群布局。建设南宁新能源汽车城，重点培育吉利、宁达、乾元等新能源乘用车企业，大力支持申龙新能源客车、公交车、物流车、卡车的发展，支持汽车成套散件出口，打造面向东盟的南方新能源汽车出口制造基地。

3. 海南新能源汽车产业现状

海南是中国率先提出2030年“禁售燃油车时间表”的省份，也是全球首个提出全域清洁能源汽车发展战略的岛屿经济体。近年来，海南持续出台政策措施，加快基础设施建设，培育新能源汽车消费市场。

2021年，海南省共推广新能源汽车5.87万辆，保有量占比7.2%，高出全国4.6个百分点，在新增车辆中占比25.8%，高出全国13.1个百分点，保有量增速达91%，居全国第1位。据海南省发展改革委统计，2021年海南省新增充电桩超2万个，累计建设充电桩超过4.72万个，累计建设换电站32座，是全国唯一高速公路建设充电桩100%全覆盖的省份，新能源汽车车桩比为2.4∶1，优于全国车桩比的平均水平。据测算，2020年，海南省推广的清洁能源汽车相比同样数量的燃油汽车，在应用环节当年能够实现减少二氧化碳约13.8万吨、二氧化硫约69.7吨、二氧化氮约305.5吨，折合成标准煤能够减少约5.6万吨；2025年，预计当年能够实现减少二氧化碳约45.6万吨、二氧化硫约230吨、二氧化氮约1008.7吨，折合成标准煤能够减少约18.6万吨；2030年，预计当年能够实现减少二氧化碳约110.2万吨、二氧化硫约555.8吨、二氧化氮约2437.1吨，折合成标准煤能够减少约44.8万吨。

2022年海南省政府工作报告提出“新能源汽车在新增车辆中占比超过30%”的目标。海南省工业和信息化厅新能源汽车发展与监察处处长徐涛表示，2022年海南省将采取有效措施加快新能源汽车推广和市场消费，研究出台奖补政策，稳定市场预期，继续开展新能源汽车下乡活动，推动农村地区消费升级。

海南独特的热带气候环境为清洁能源汽车的产品研发、技术评价和实际应用提供了最佳验证环境和应用生态。海南岛陆地面积3.54万平方千米，环岛G98高速公路612.8千米，作为相对独立的地理单元，地域幅员大小与清洁能源汽车续驶里程、高效基础设施网络建设等高度契合，具备天然地理优势。海南太阳能光伏、风能、潮汐能、天然气及核能等清洁能源资源储量丰富。预计到2030年，全岛清洁能源装机比例将达到80%，一方面，能够为清洁能源汽车提供充足的能源保障；另一方面，能够真正实现从能源发电端到车辆使用排放端全生命周期的清洁化。海南在车辆清洁能源化更新替换、能源供应、基础设施建设、商业模式创新等方面更能够长远布局，在借鉴国内外先行地区经验的基础上做到引领示范。

海南清洁能源汽车产业仍面临一些发展制约。首先，基础设施建设较为滞后。对照“多规合一”改革总体要求，省内新能源汽车充（换）电站、加氢站以及天然气汽车加气站等基础设施规划与城市发展、交通、能源等规划未能充分衔接。省内审批流程和建设经验不足，规范标准不完善，涉及车、地、电、气、桩、站、网等多方面，“多规合一”优势未得到充分体现，各领域问题仍亟待解决。其次，车辆使用环境尚不成熟。清洁能源汽车性能水平、一次性购置成本与燃油汽车相比仍有一定差距，消费驱动力不足；能源加注、交通管理、售后服务等政策法规体系尚未健全。特别是在市政管理、住宅小区配套、机关企事业单位内部管理等方面，制约新能源汽车推广应用的现象广泛存在，消费者在新能源汽车的购买和使用上仍存在诸多顾虑。再次，各区域发展仍较不平衡。海南尚属欠发达省份，经济基础薄弱，区域之间、城乡之间发展不平衡，清洁能源汽车市场化应用需要的财政、产业、环境等基础支撑仍显不足。最后，新能源货运车型尚不能完全满足市场需求。目前，国内生产并实现大规模市场化应用的清洁能源货车中，仍以天然气汽车为主，新能源汽车车型较少，集中体现在中重型货车方面，可供市场选择替代的车型仍较为缺乏。

二、生物质能基本情况介绍

（一）生物质能的零碳属性

生物质是指通过光合作用而形成的各种有机体，包括所有的动植物和微生物。人类历史上最早使用的能源是生物质能。而所谓生物质能，就是太阳能通过光合作用贮存二氧化碳，转化为生物质中的化学能，即以生物质为载体的能量。它直接或间接地来源于绿色植物的光合作用，可转化为常规的固态、液态和气态燃料，取之不尽、用之不竭，是一种可再生能源，同时也是唯一一种可再生的碳源。据计算，生物质储存的能量比目前世界能源消费总量大2倍。

作为重要的可再生能源，生物质能是国际公认的零碳可再生能源，具有绿色、低碳、清洁等特点。生物质资源来源广泛，包括农业废弃物、木材和森林废弃物、城市有机垃圾、藻类生物质以及能源作物等。生物质能通过发电、供热、供气等方式，广泛应用于工业、农业、交通、生活等多个领域，是其他可再生能源无法替代的。若结合生物能源与碳捕获和储存（BECCS）技术，生物质能将创造负碳排放。在未来，生物质能将在各个领域为我国2030年碳达峰、2060年碳中和做出巨大减排贡献。

发展生物质能可以解决我国城乡各类有机废弃物无害化、减量化处理问题，如果生物质废弃物没有得到有效利用，在自然分解的情况下，将释放出甲烷等温室效应更强的气体。因此，生物质能的环境、民生、零碳等社会价值需要获得足够的关注。在全面推进乡村振兴战略的大背景下，未来生物质能发展将要走一条“农业—环境—能源—农业绿色低碳”的闭合循环发展之路，在发电利用和非电利用上生物质能都将扮演重要角色，促进乡镇能源结构的整体提升。

对农林剩余物、畜禽粪污、有机生活垃圾进行无害化、减量化和资源化利用，不仅变废为宝，同时散煤替代和沼渣、沼液等副产品的循环利用，会极大地解决农村环境、清洁用能、土地保护和农民收入问题，促进我国尽早实现碳达峰，而且可改变农村居民生产生活方式，形成新时代农村绿色低碳循环可持续发展模式，促进社会主义新农村和新型城镇化建设，为实现我国农业现代化不断注入绿色动能，实现农业现代化高值化发展。

生物质产业减碳及环保效果明显。与燃料煤相比，使用生物质燃料可减排二氧化碳97.91%、减排二氧化硫99.15%、减排氮氧化物72.09%。同时，生物质气化燃气锅炉产生的炭渣可进一步加工成木质活性炭、高端烧烤炭等高附加值产品，而生物质直燃锅炉产生的残灰是生产有机肥和土壤改良剂的优质原材料。可见，采用生物质替代燃料煤几乎没有固体废物排放。在碳达峰碳中和战略目标下，发展生物质能产业可以在补充能源供应来源的同时，极大地降低环境污染。据统计，华南地区每年可利用的农作物秸秆量为 3182 万吨，折合成标准煤量为 1403 万吨，除部分可用于工农业循环使用外，60% 的秸秆都可能被遗弃或直接焚烧处理。生物质能的发展不仅是能源的替补方式，更是社会解决多余废旧资源、倡导变废为宝的要求。

（二）生物质资源分布

据测算，生物进行光合作用，所产生的生物质能够达到 1700 万吨。目前，生物质能成为仅次于石油、煤和天然气三大常规能源的第四大消费能源，占世界总能耗的 11%。据估计，中国每年产生的生物质资源总量有 50 多亿吨，相当于 20 多亿吨油当量，但目前利用量还不到其总量的 5%，生物质开发利用潜力巨大。

农作物的秸秆能作为新能源的原料。它使用的主要是水稻、棉花、小麦等作物秸秆。其中，水稻、小麦、玉米秸秆合计占农作物秸秆的 84. 3%。目前，国家正在积极地对这些农作物秸秆进行回收利用，用它们来进行新能源的研制。我国目前是一个农业大国，农产品的种植有很大的面积，所以，农作物的秸秆供应量还是十分充足的。农作物秸秆资源取决于农作物产量和草谷比，而农作物产量与播种面积和单位产量的乘积成正比。2020 年，华南地区粮食播种面积达 5281. 5 千公顷，其中谷物播种面积达 4565. 3 千公顷（见表 21-11）。

表 21-11　2016—2020 年华南地区粮食、谷物播种面积　　单位：千公顷

省区	农作物	2020 年	2019 年	2018 年	2017 年	2016 年
广东	粮食	2204. 7	2160. 6	2151. 0	2169. 7	2177. 8
	谷物	1959. 9	1916. 6	1910. 2	1929. 2	2077. 3
广西	粮食	2806. 1	2747. 0	2802. 1	2853. 1	2897. 1
	谷物	2377. 9	2333. 9	2379. 1	2436. 5	2594. 3
海南	粮食	270. 7	272. 6	286. 1	282. 5	292. 0
	谷物	227. 5	229. 7	246. 1	246. 7	289. 3
全国	粮食	116768. 2	116063. 6	117038. 2	117989. 1	119230. 1
	谷物	97964. 2	97847. 0	99671. 4	100764. 6	94394. 0

林业剩余物及能源植物能够被能源化利用的程度很高，资源的潜力十分大。生活垃圾与有机废弃物同样具有很高的能源化利用价值。生活垃圾是指城市日常生活或为城市日常生活提供服务的活动中产生的固体废物以及法律、行政规定的被视为城市生活垃圾的固体废物，具体包括居民生活垃圾，商业垃圾，集市贸易市场垃圾，街道清扫垃圾，公共场所垃圾和机关、学校等单位的生活垃圾。表 21-12 显示了 2016—2020 年华南地区城市生活垃圾清运量。

表 21-12　2016—2020 年华南地区城市生活垃圾清运量　　单位：万吨

省区	2020 年	2019 年	2018 年	2017 年	2016 年
广东	3102. 5	3347. 3	3035. 4	2644. 5	2391. 0
广西	519. 6	497. 7	466. 5	438. 3	411. 2
海南	253. 6	256. 5	222. 4	213. 1	188. 7
全国	23511. 7	24206. 2	22801. 8	21520. 9	20362. 0

有机废弃物主要指有机废水，城市中产生的废水总量十分大，在这些废水中，有将近一半是可以进行能源利用的。由于中国城镇众多，一些城镇为了当地经济的发展，引进大量的高能耗企业，产生了大量的废水，所以，有机废水总量十分可观，它的可利用程度很高。

除此之外，中国养殖业发展历史悠久，繁殖和喂养的畜禽种类很多，养殖形式包括传统的自然放养和集中圈养。养殖牲畜中牛和猪是主要的粪便获得来源。目前，中国畜禽粪便资源总量约 8. 5 亿吨，折合 7840 多万吨标准煤，畜禽粪便能源化利用潜力也很大。

我国生物质资源受到耕地短缺的制约，以各类剩余物和废弃物为主（被动型生物质资源），主要包括农业废弃物、林业废弃物、生活垃圾、污水污泥等。目前，我国主要生物质资源年产生量约为 34. 94 亿吨，生物质资源作为能源利用的年开发潜力为 4. 6 亿吨标准煤。截至 2020 年，我国秸秆理论资源量约为 8. 29 亿吨，可收集资源量约为 6. 94 亿吨，其中，秸秆燃料化利用量为 8821. 5 万吨；畜禽粪便总量达到 18. 68 亿吨（不含清洗废水），沼气利用粪便总量达到 2. 11 亿吨；可利用的林业剩余物总量为 3. 5 亿吨，能源化年利用量为 960. 4 万吨；生活垃圾年清运量为 3. 1 亿吨，其中垃圾焚烧量为 1. 43 亿吨。废弃油脂年产生量约为 1055. 1 万吨，能源化利用量约为 52. 76 万吨；污水污泥年产生量干重 1447 万吨，能源化利用量约为 114. 69 万吨。

我国秸秆资源主要分布在东北、河南、四川等产粮大省，资源总量排名前 5 位的省份分别是黑龙江、河南、吉林、四川、湖南，占全国总量的 59. 9%。畜禽粪便资源集中在重点养殖区域，资源总量排名前 5 位的省份分别是山东、河南、四川、河北、江苏，占全国总量的 37. 7%。林业剩余物资源集中在我国南方山区，资源总量排名前 5 位的省份分别是广西、云南、福建、广东、湖南，占全国总量的 39. 9%。生活垃圾资源集中在东部人口稠密地区，资源总量排名前 5 位的省份分别是广东、山东、江苏、浙江、河南，占全国总量的 36. 5%。污水污泥资源集中在城市化程度较高区域，资源总量排名前 5 位的省份分别是北京、广东、浙江、江苏、山东，占全国总量的 44. 3%。

在 2030 年碳达峰背景下，生物质能利用主要在供电、供热等领域实现对化石能源的替代。2021—2030 年，生物质清洁供热和生物天然气能在县域有效替代燃煤使用，在县域及村镇构建分布式能源站，将有望彻底改变农村用能结构。在处理各类废弃物的同时，生物质清洁供热和生物天然气的应用能够实现以清洁能源为居民供暖、供气，助力实现全面乡村振兴。预计到 2030 年，生物质能各类途径的利用将为全社会碳减排超过 9 亿吨。2030—2060 年，电气化将占据用能主导地位。生物质能利用主要集中在难以用电气替代的领域，如航空、生物基材料等。生物能源与碳捕获和储存（BECCS）作为负减排技术将会得到大力发展。到 2060 年，将实现碳减排超过 20 亿吨。

（三）生物质资源利用方式

1. 生物质发电

国际可再生能源署（IRENA）最新发布的《2020 年可再生能源发电成本》报告显示，大多数新建风电、光伏等可再生能源的发电成本，已经比最便宜的化石燃料发电成本还要低。越来越低的发电成本，使得从现在开始用可再生能源大规模代替煤炭发电成为可能。根据国际可再生能源署的研究，近10年生物质发电的设备降本空间不大，影响发电成本的主要因素是原料的价格。受原料的收集成本、运输半径的限制，预计未来发电成本保持平稳。

尽管生物质发电成本远高于风电、光伏等其他可再生能源，但是生物质发电输出稳定，能够参与电力调峰，如果与储热结合，更能参与电力市场的深度调峰。未来生物质发电在电力交易市场获取辅助服务、备用容量等收益的同时，能够灵活参与热力市场，提供清洁热力。

目前，国内外主要的生物质发电工艺分为三类：生物质锅炉直接燃烧发电、生物质气化发电和生物质混合燃烧发电。

（1）生物质锅炉直接燃烧发电

生物质在适合其燃烧的特定锅炉中直接燃烧，所产生的蒸汽能驱动汽轮发电机发电。生物质直接燃烧发电的技术基本成熟，已进入推广应用阶段。美国大部分生物质都采用这种发电方式，10年来已建成生物质燃烧发电站约6000兆瓦，处理的生物质大部分是农业废弃物或木材厂、纸厂的森林废弃物。这种技术单位投资较高，大规模生产效率也较高，但它要求生物质集中，数量巨大，只适用于现代化大农场或大型加工厂的废物处理，对生物质较分散的发展中国家不是很合适，而且生物质大规模收集或运输的成本也较高（Kuai，2000）。

欧洲等国的生物质直接燃烧发电技术相当成熟，发电利用率高。丹麦BWE公司率先研发秸秆生物燃烧发电技术，于1988年诞生了世界上第一座秸秆燃烧发电厂，迄今在这一领域仍是世界最高水平的保持者（Watt，2001）。

在我国，也已经生产出各种型号的木柴木屑锅炉、甘蔗渣锅炉、稻壳锅炉等设备用于生物质直接燃烧发电，但作为商品的供应很少。国内市场应用的多为中小容量锅炉产品，大型设备主要是出口到国外生物质供应量大且集中的国际市场。

（2）生物质气化发电

生物质气化发电，是指生物质在气化炉气化生成可燃气体，经过净化后在内燃机或燃气轮机中燃烧驱动发电机发电。生物质气化发电是更洁净的利用方式，它几乎不排放任何有害气体。

小规模的生物质气化发电已进入商业示范阶段，它比较适合于生物质的分散利用，投资较小，发电成本也低。目前，小型生物质气化发电系统主要集中在发展中国家，特别是非洲、印度和中国以及东南亚国家。美国、欧洲等发达地区虽然小型生物质气化发电技术非常成熟，但由于发达国家和地区生物质能源价格相对较高，而能源供应系统完善，对劳动强度大、使用不方便的小型生物质气化发电技术应用非常少，只有少数供研究用的实验装置（Niels，2003）。

中型生物质气化发电系统在发达国家应用较早，技术较成熟，但由于设备造价很高，发电成本居高不下，所以在发达国家应用极少。发达国家大型生物质气化发电一般采用整体煤气化联合循环（Integrated Gasification Combined Cycle，IGCC）技术，该技术适合于大规模开发利用生物质资源，发电效率也较高，是今后生物质工业化应用的主要方式，目前已进入工业示范阶段。美国、英国和芬兰等国家都在建设 6~60 兆瓦的示范工程。该系统的主要问题是系统造价高。例如，意大利 12 兆瓦的生物质 IGCC 示范项目的发电效率约为 31.7%，但建设成本高达 25000 元/千瓦，发电成本达 1.2 元/千瓦·时。由于投资高，技术尚未成熟，在发达国家也未进入实质性的应用阶段。近年来，发达国家也进行了其他技术路线的研究，如比利时和奥地利的生物质气化—外燃式燃气轮机发电技术、美国的史特林循环发电技术等，在提高发电效率的前提下降低生产成本（Niels，2003）。

近年来，我国的生物质气化技术取得了较大进步。根据不同原料和不同用途主要发展了三种工艺类型：第一种是上吸式固定床气化炉，其气化效率达 75%，最大输出功率约 1400 兆焦/小时。该系统可将农作物秸秆转化为可燃气，可生产 800 立方米可燃气，通过集中供气系统供给用户、居民炊事用能。第二种是下吸式固定床气化炉，其气化效率达 75%，最大输出功率约 620 兆焦/小时。该系统主要用于处理木材加工厂的废弃物，每天可生产 2600 立方米可燃气，作为烘干过程的热源。第三种是循环流化床气化炉，其气化效率达 75%，最大输出功率约 2900 兆焦/小时。该系统主要处理木材加工厂的废弃物，如木粉等，为工厂内燃机发电提供燃料，其 1 兆瓦电站系统已在三亚成功运行3年，并在全国推广20余套（许静，2004）。

（3）生物质混合燃烧发电

生物质混合燃烧发电一种是将生物质直接送入燃煤锅炉，与煤共同燃烧，生产蒸汽，带动蒸汽轮机发电；另一种是先将生物质在气化炉中气化生成可燃气体，再通入燃煤锅炉，可燃气体与煤共同燃烧生产蒸汽，带动蒸汽轮机发电。在大型燃煤电厂，将生物质与矿物燃料联合燃烧，许多现存设备不需进行太大的改动，整体投资费用低。更积极的影响是大型电厂的可调节性大，能适应不同混合燃烧，使混燃装置能适应当地生物质的特点。这一技术在斯堪的纳维亚半岛和北美地区使用相当普遍。在美国，有300多家发电厂采用生物质与煤炭混燃技术，装机容量达6000兆瓦（俞国胜，2006）。

综上所述，可以发现在林木生物质能源发电产业中，各种生产技术都相对成熟，在国外都已经有很多成功的先例。所以从短期来看，各种生物质发电技术更新和优化的可能性不大，从各种发电技术的角度来说，短期内对发电成本降低的空间不大。

2. 生物质清洁供热

生物质清洁供热主要用于工业园区、工业企业、商业设施、公共服务设施、农村居民采暖等供热领域，主要供热方式有生物质热电联产、生物质锅炉集中供热、户用锅炉炉具等。

从目前县域环境发展来看，生物质热电、供热、生物天然气可以在消费侧直接替代散煤等传统化石能源，因地制宜地利用生物质资源，对推动乡村生产生活用能方式具有革命性影响，为农村居民提供稳定价廉的清洁可再生能源，使其享受与城市居民无差别的用能服务。从经济性方面进行测算，生物质清洁供热同电供热、天然气供热相比，也是目前成本最接近燃煤、居民可承受的供热方式。随着可再生能源发电成本逐步走低，全面电气化将是未来发展趋势。在此到来之前，在未来10年间，应大力发展生物质清洁供热，在县域替代燃煤小锅炉，发挥生物质零碳属性，在供热供暖领域做出减排贡献。

根据对全国各省份的燃煤锅炉的统计分析，目前额定蒸发量小于等于130

吨/小时的燃煤锅炉超过 1.7 万台，总额定蒸发量约 52 万吨/小时。其中，广东额定蒸发量小于等于 130 吨/小时的燃煤锅炉有 419 台，广西有 230 台，额定蒸发量分别为 9293 吨/小时和 3850 吨/小时，生物质替代燃煤锅炉供热潜力较大（见表 21-13）。

表 21-13　华南地区小于等于 130 吨/小时的燃煤锅炉台数及总额定蒸发量

省区	台数/台	锅炉总额定蒸发量/（吨/小时）
广东	419	9293
广西	230	3850

3. 生物天然气

生物天然气是以农作物秸秆、畜禽粪污、餐厨垃圾、农副产品加工废水等各类城乡有机废弃物为原料，经厌氧发酵和净化提纯产生的绿色低碳清洁可再生的天然气。未来将会以工业化、规模化生物天然气项目（日产生物天然气超过 1 万立方米）发展为主，一方面，可在乡村、县域构建分布式供气体系，在处理农村有机废弃物的同时为县域供气；另一方面，可以保证国家能源安全，有效缓解我国天然气进口压力，优化天然气供给结构。

根据 2019 年 12 月 10 部委出台的《关于促进生物天然气产业化发展的指导意见》，到 2030 年，生物天然气年产量将超过 200 亿立方米。届时将在天然气消费量中达到 5%左右，预计碳减排量将超过 6000 万吨。到 2060 年，生物天然气产量将达到 1000 亿立方米，极大地缓解我国天然气供需紧张的局面，碳减排量将超过 3 亿吨。

生物天然气项目在厌氧发酵过程中产生大量的沼渣、沼液，其中富含有机质、腐殖质、微量营养元素、多种氨基酸、酶类和有益微生物。经过腐熟剂腐熟生产成肥料后，可以替代或部分替代化肥施用，改善土壤环境、提升农产品品质、抑制病虫害等。作为优质的有机肥资源，可以为发展绿色有机农业提供支撑，为农业领域减排做出贡献。

4. 生物质液体燃料

在交通领域应用方面，生物质液体燃料具有巨大的发展潜力。燃料乙醇可以有效替代化石汽油，生物柴油可以替代化石柴油，生物航空煤油已经在航空领域得到应用验证。通过生物质液体燃料替代化石石油，为交通领域碳减排拓宽新的途径。

目前，生物液体燃料的生产成本仍然较高，是制约其发展的重要原因。根据调研和测算，目前燃料乙醇和生物柴油的成本在6000元/吨左右，在市场上还不具备竞争力，但是其成本仍低于氢能成本。如果未来以秸秆为原料的二代燃料乙醇能够实现技术突破，预计成本将会降低40%左右，将会有大的发展空间。另外，从国外发展趋势来看，生物燃料是未来降低航空排放水平，实现化石能源替代最直接、最有效的手段。利用电能和氢能替代航空燃油的难度较大，我国是航空运输大国和化石能源进口大国，生物燃料的研究和推广应用需求比国外更为迫切。中金的研究成果显示，生物质燃油和氢能无法完全替代传统航空燃油，到2060年，在航空领域，生物质供能占比将达到30%。

接下来，对华南地区规模化发展生物质能产业的可行性进行分析。

三、生物质能产业规模化发展的可行性分析

（一）华南地区生物质能产业发展的优势

目前，广东省已批准并建设完成投入运营的生物质发电企业主要有2家，分别是湛江生物质发电厂和韶能生物质发电厂，这2家企业目前已正式投产并网发电。此外，还有不少生物质发电项目正计划落成，如阳山生物质发电项目和新丰生物质发电项目。经过多年的探索前进，广东省的生物质能利用技术呈现多元化发展，生物质成型燃料、生物质燃气、生物质发电、生物质液体燃料等多种燃料利用技术不断进步，应用技术亦渐趋成熟。

在广东，生物质成型燃料从业单位主要包括燃料设备生产、燃料生产、合同能源管理应用等类别。目前，在珠三角经济区的应用已涵盖纺织印染、食品饮料、医药化工、造纸包装、五金塑胶等20多个行业。

此外，广东省内有少量企业从事生物质的应用推广，通过掌握生物质成型燃料的燃烧、锅炉运行技术，为客户提供热能服务。这种采用合同能源管

理模式的生物能成型燃料应用企业在广东为数不多，约有50家。

（二）华南地区生物质能产业发展的不足

1. 行业规模小、企业数量多，难以形成规模效益

经过多年的发展，广东省生物质能从业单位逐年增多，但是尚未形成规模化的发展。广东省省内生物质成型燃料的从业单位约有500家，绝大多数为私营企业或个体经营户，且集中分布在生物质原材料比较富余的区域。广东省生物质能企业多以生产或应用颗粒状成型燃料为主，棒状及块状成型燃料为辅，原料来源主要为木质材料，如木屑、木糠等。成型颗粒的生产企业以小微型企业为主，产能1500吨/月以下的生物质成型燃料工厂占60%以上，主要从事单一的生物质成型燃料的生产和销售。广东省从事生物质成型燃料的私营企业大部分为小微型规模企业，导致行业整体呈现出一种规模小、数量多的状态。这些单位的原料比较单一，产品质量可控性稍差，产品价格较低，技术水平不高，容易面临被市场淘汰的局面。广东省生物质能行业规模小、企业数量多的结构特点，对行业的发展会产生一定的影响。生物质能项目的投资回报率低，运行成本高，难以形成规模效益。为降低投资，大多数厂家会采用简单工艺和简陋设备，从而造成能源转化能力低、成本较高的现实问题，更难以发挥其应有的清洁能源优势。

2. 新技术开发慢，技术单一

广东省生物质能源利用工业化技术大多尚处于起步阶段，早期的生物质利用主要集中在沼气利用上，近年来逐渐重视热解气化技术的开发应用，也取得了一定突破，广东省新兴的生物质气化燃气技术取得了显著的成果。生物质气化技术是一种获得高品位燃料的相对有效的转化手段，气态燃料可直接用作锅炉燃料或发电，产生所需的热量或电力。气化技术不仅可以达到更好的环保标准，而且应用范围更为广泛。部分生物质气化从业单位通过生物质气化技术的应用，在广东省建成了较大规模的生物质气化技术工业窑炉、锅炉的示范项目。但是，这种更环保、更实惠的燃烧技术只掌握在广东省少数企业的手中，由于门槛高、难度大，广东省具有该技术并采用合同能源管理模式的生物质企业屈指可数。同时，其他生物质能源利用技术进展非常缓

慢，如生物质热解液化、直接燃烧的工业技术仍不成熟。生物质液化技术就是运用一系列的化学反应，把固体状态的生物质转化成液体燃料的清洁利用技术，转化后的液体燃料主要包括生物质燃料乙醇、生物柴油等，目前，广东省生物质液体燃料技术尚处在技术研发和实验阶段，还未实现大规模的商业化生产和应用。

3. 缺乏有力的行业监管

生物质能是新兴产业，尚未配有完善的政策法规以规范市场，且市场上的小微企业居多，行业自律主要靠的是企业的社会责任感。行业内存在不少乱象，比如生物质成型燃料产品质量参差不齐、从业单位将生物质直燃或掺杂燃烧等，导致环境污染问题层出不穷，造成政府各级监管部门对生物质成型燃料产生误解，给行业的发展造成一定阻碍。

4. 市场不统一，缺乏排放和产品标准

产品和排放标准是生物质企业自律的依据，但是，广东省生物质行业的相关标准仍有待全面完善。生物质企业对生物质锅炉的燃烧应采取何种排放标准仍无法把握。虽然广东省出台了生物质成型燃料的地方标准，但也只是属于推荐性标准，缺乏标准的执行力度。另外，生物质成型燃料锅炉排放的国家标准也已颁布，但能否有效执行还需市场的验证。

（三）华南地区生物质能产业发展面临的挑战

首先，社会各界对生物质能认识不够充分。近年来，广东省生物质能行业在市场需求的推动下快速发展，但行业的发展一直得不到社会和政策上最直接的关注和支持。生物质能开发利用涉及原料收集、加工转化、能源产品消费、伴生品处理等诸多环节，政策分散，难以形成合力。尚未建立生物质能产品优先利用机制，缺乏对生物天然气和成型燃料的终端补贴政策支持。

其次，农林生物质原料难以实现大规模收集，畜禽粪便收集缺乏专用设备，能源化无害化处理难度较大，亟须探索就近收集、就近转化、就近消费的生物质能分布式商业化开发利用模式。

再次，生物天然气和生物质成型燃料仍处于发展初期，受限于农村市场，专业化程度不高，大型企业主体较少，市场体系不完善，尚未成功开拓高价值商业化市场。

最后，尚未建立生物天然气、生物成型燃料工业化标准体系，缺乏设备、产品、工程技术标准和规范，尚未出台生物质锅炉和生物天然气工程专用的污染物排放标准。生物质能检测认证体系建设滞后，缺乏对产品和质量的技术监督，制约了产业专业化、规范化发展。

（四）华南地区生物质能产业发展的机遇

随着碳达峰、碳中和战略目标的落地，大力发展可再生能源已成为我国能源产业未来发展趋势之一。2022 年 3 月，国家发展改革委与国家能源局联合发布《“十四五”现代能源体系规划》（以下简称《规划》）。《规划》明确指出，要推进生物质能多元化利用，稳步发展城镇生活垃圾焚烧发电，有序发展农林生物质发电和沼气发电，因地制宜地发展生物质能清洁供暖。广东拥有丰富的生物质资源，加上各行业产生的副产品如废气木材、秸秆、城市固体有机垃圾、禽兽粪便等，为广东生物质能源产业发展创造了条件。

从目前我国对新能源的需求及生物质能的发展优势来看，生物质能的应用具备广阔的发展空间，供热燃料、发电技术、热电联产都将是生物质产业规模化的主要方向，并有望替代天然气和车用燃料成为新的能源利用方式。

四、华南地区生物质能产业发展建议

针对目前广东省生物质能产业存在的问题，可从以下几个方面入手进行调控。首先，针对目前行业存在的产品质量不一、用能方式不规范导致的环境污染等问题，需健全相关法规政策，制定行业统一标准，加大监管力度。及时取缔产品原料控制不当、燃烧后乱排乱放的现象；制定出台生物质供热工程设计、成型燃料产品、成型设备、生物质锅炉等标准；加快制定生物质供热锅炉专用污染物排放标准，加强检测认证体系建设，强化对工程与产品的质量监督；充分发挥行业协会的作用，引导企业健康发展。其次，要加大对生物质能产业的研发投入，突破关键转化技术，实现生物质资源商业化生产利用。改变目前单一技术的状况，在集成多种技术的基础上再创新，把生物质收集转化为能量的过程系统化、工程化。最后，加强大型生物质锅炉低氮燃烧关键技术进步和设备制造，推进设备制造标准化、系列化、成套化。鼓励企业进行技术投入，提高核心竞争力。此外，发挥行业联盟效应，鼓励企业抱团发展，促使产业发展规模化。具体来讲，可从政策层面、技术层面以及市场层面进行调控，促进生物质能产业的规模化发展。

（一）政策层面

1. 提升对生物质能绿色零碳属性的认识

生物质能是重要的可再生能源，具有绿色、低碳等优势，是我国可再生能源体系中的重要组成部分。同时，不同于其他国家，我国主要是生物质废弃物的能源化利用，环境效益和零碳效益更为突出，因此，需要加强宣传新技术下生物质能利用成效，破除生物质能利用高污染的误区，普及生物质能作为零碳能源的作用，在更多的场合为生物质能发声，让公众重新认识生物质能。

2. 完善生物质能产业发展顶层设计

发展生物质能是一项功在当代、利在千秋的系统工程，从国家层面明确生物质能发展在推动乡村振兴、保障国家能源安全中的定位，推动各地进一步提高认识。建立健全有关部门分工负责、协同推进生物质能发展的工作机制，构建政策支持体系，形成工作合力，促进生物质能可持续健康发展。

3. 建立有机废弃物有偿处理机制

一方面，建立普惠制有机废弃物处理收费制度，按照“谁产生谁付费，谁污染谁付费，谁处理谁受益”原则，逐步形成对畜禽粪污、餐厨垃圾，以及其他有机废弃物处理收费的机制，以市场化方式建立安全高效的原料收集体系。另一方面，地方政府设立废弃物处理公共预算资金，对处理农业、林业废弃物，生活垃圾的企业进行适当补助，落实地方治理环境责任，缓解中央补贴资金压力。

4. 加强生物质替代燃煤锅炉支持力度

一方面，发展生物质清洁供热要与煤改气、煤改电同部署、同落实、同检查、同考核，公平对待、一视同仁，享受与煤改气、煤改电同样的支持政策。另一方面，各级政府要严控燃煤锅炉项目，实施淘汰 130 蒸吨/小时及以下燃煤锅炉专项行动，鼓励用生物质专用锅炉替代燃煤锅炉。

5. 进一步推广配额制

总结生物液体燃料在试点配额方面的经验，根据生物天然气产量、生物质清洁供热情况、生物液体燃料量，选择有条件的区域进一步按照一定的比例要求与化石产品进行配额，促进市场化发展。

（二）技术层面

1. 完善生物质能碳减排方法学

针对生物质利用不同工艺路线，研究完善方法。通过理论计算和实践研究，确定建立各类废弃物处理的边界条件和基准线，研究基准排放、泄漏减排量的计算方法，为生物质各行业进入碳交易市场做好基础支撑。

2. 开展生物质清洁供热各项标准建设

一方面，组织研究机构、行业协会加快开展生物质清洁供热工业化标准研究，包括燃料标准、锅炉标准、工程建设标准等，从源头规范行业发展。另一方面，尽快出台生物质锅炉污染物排放标准，使行业有法可依，促进行业发展。

3. 建立技术创新目录

建立生物质能产业技术创新推进目录，每年根据技术的先进性、安全性、实用性、经济性等指标对行业先进技术进行评选。对入选的技术给予一定的资金支持，并进行宣传推广。

4. 建立生物质能产业监测体系

推动生物质资源信息大数据建设，提升生物质资源的数字化、信息化水平，开展全国统一的生物质资源调查行动，分区域、分类别对各类生物质资源进行统计。建立废弃物处理数据库，对各行业废弃物处理情况进行监测、监控，对产生产品进行统计分析。

（三）市场层面

1. 加大绿色金融支持力度

一方面，开发各类产业绿色信贷、绿色基金、绿色债券等，为产业发展提供良好的金融支持基础条件。另一方面，通过财税政策激励投资者对生物质能行业进行投资，促进产业的发展。

2. 生物质能减排量在碳市场优先交易

因为成本、投资等因素，生物质能项目的成本一直较高，未来下降空间较小。但是，生物质能的碳减排效益远高于其他可再生能源，应优先进入碳市场交易，促进产业良性发展。

3. 打破生物质能源产品消纳壁垒

各级政府要营造良好的营商环境，消除市场壁垒，保证有机废物资源化利用后的热、电、气、肥、油等商品能够被市场无歧视地接受和消纳，促进产业发展，体现生物质减排效益。

第二十二章　华南地区石油储备成效

石油在当代经济社会发展中具有特殊的重要作用，石油供应出现问题或中断，将对经济社会发展造成严重影响。因此，进行石油储备非常重要。目前，国际上战略石油储备有四种模式：以美国为代表的国家储备模式，以德国为代表的机构储备模式，以英国为代表的企业储备模式，以法国、日本为代表的政府、机构与企业相结合混合模式。

战略石油储备有以下几个特点：

第一，战略石油储备是为应对紧急状况而进行的储备。从欧盟及其他地区和国家的实践来看，战略石油储备历史上动用的次数很少，大多数储备除为保持石油品质的正常轮换外，长期一直未予动用，美国、德国地下盐洞储备的原油储存不动的时间更长。

第二，战略石油储备不负责调节石油市场供求及价格。国家石油储备不参与日常的市场活动，不负责对石油市场供求及价格进行调节，与商业性质的储备有根本区别。只有正常的市场条件遭到破坏，出现石油供应短缺或中断的状况，储备石油才会根据命令进入市场。

第三，国家拥有对战略石油储备的控制权。不管采取国家储备、机构储备、企业储备还是混合储备的方式，国家都依法拥有对储备的控制权，并对储备进行监管，确保出现紧急状况时，能在规定时间内将石油投放到市场。

接下来，对华南地区的石油储备情况进行分析。

第一节　华南地区石油储备基地

一、我国的石油储备基地

从历史来看，战略石油储备诞生于“二战”后第一次石油危机。经济合作与发展组织（OECD）国家联手成立了国际能源署，要求成员国至少要储备60天进口量的石油，以应对石油危机，被称为应急石油储备。2000年以前，我国一直未建立石油战略储备体系，石油储备主要依赖中国石油、中国石化、中国海油三大国有石油公司的商业储备，综合储备天数仅为20天左右。随着中国石油对外依存度一路走高，为防范石油供给风险，维护国家经济安全，中国石油储备基地的建设也被正式提上议程。2001年，我国明确提出要建立石油战略储备，并规划从2003年起，分三期完成油库等硬件设施建设。从目前国家公布的最新石油储备数据来看，截至2017年上半年，我国已建成舟山、舟山扩建、镇海、大连、黄岛、独山子、兰州、天津国家石油储备基地及黄岛国家石油储备洞库共9个国家石油储备基地，利用上述储备库及部分社会企业库容，储备原油3773万吨。近年来，随着我国国民经济持续快速发展，中国已成为仅次于美国的世界第二大石油消费国，石油对外依存度已超过50%，战略石油储备也已成为国家能源安全体系最重要的一个环节。

2021年，国家粮食和物资储备局首次以轮换方式分期分批组织投放国家储备原油。通过公开竞价销售向市场投放国家储备原油，将更好地稳定国内市场供需，有力地保障国家能源安全。随着储备规模持续增加，国家石油储备已具备相当实力。通过公开竞价方式向国内市场投放政府储备原油，目的是进一步发挥好石油储备的市场调节作用，保障市场平稳和国家能源安全。通过公开投放政府储备原油，将有效引导市场预期，进一步缓解国内石油、石化企业的原材料上涨压力，有力稳定国内市场供需（林伯强，2021）。但是，相较于在原油储备及其运用上耕耘已久的国家，中国原油储备的投放还存在一些问题，需要在常态化的吞吐中不断改进。从投放的具体情况来看，市场主体参与的积极性还有待提高，主要原因之一是企业原油进口允许量限制了企业参与交易的积极性。在后续批次的国家储备原油投放销售中，建议国家层面配套更加灵活、完善的原油配额和财政税务政策，更好地调动市场主体的参与度和积极性，让国家石油储备发挥更大作用（王能全，2021）。①

二、海南石油储备基地

2014 年 11 月 24 日，中国石化集团旗下海南原油商业储备基地正式投入试运行。海南原油商业储备基地建于海南洋浦经济开发区化工园区，占地面积 795 亩，设计库容 255 万立方米，设置 25 座 10 万立方米浮顶罐，1 座 5 万立方米浮顶罐。同时配套建有 35 千伏变电站、10 千伏变电所、输油泵棚、污水提升泵站、泡沫站、计量站、消防泵房和 2 台 3000 立方米消防水罐等附属设施。

2016 年 7 月 2 日，华信洋浦石油储备基地一期项目投产，成为国内最大的商业石油储备基地之一。油库自控系统采用的是目前国际上最先进的数据采集与监视控制（Supervisory Control And Data Acquisition，SCADA）系统，可以对现场运行设备进行监视和远程控制。为了确保安全，油库配有有毒可燃气体检测系统、线型感温火灾报警系统、周界安防系统、视频监控系统等目前技术领先的安保系统。在消防方面，华信参与建立了洋浦化工园区的海陆消防站，库区消防用水、泡沫供给等按 2 个 10 万立方米的油罐同时灭火进行设计，并对原有的消防水罐、消防水泵、消防供水管道、泡沫罐、泡沫泵等进行了优化变更设计，油库所配置的消防系统是目前国内已经建成的大型油库中标准最高的。在环保设施建设方面，也采取了高标准的防止污染措施，油罐基础、罐区地面全部使用进口防渗膜做了防渗处理。同时，还建立了完善的库区污水和初期雨水的电控分流收集处理系统，确保污水排放达标。华信洋浦石油储备基地项目一期投产的成功，为海南洋浦经济开发区打造“一港三基地”，促进洋浦经济开发区石油资源和市场的合理配置、结构调整，建

① 周锐．中国原油储备正式走向台前［EB/OL］．（2021-10-01）［2022-07-15］．http：//baijiahao. baidu. com/id = 17124166 38915 504082&wfr = spider&for = pc.

成可持续发展的国家级石化工业园区和油品自由贸易港区奠定了坚实基础，对实现国家“一带一路”倡议和维护能源安全具有重要战略意义。

近年来，洋浦经济开发区紧紧围绕“三中心两基地”产业发展定位，大力发展石化产业，加快油气仓储与贸易一体化发展，实现新型工业与现代服务业“双轮驱动”，全区油气储备能力突破 1000 万立方米，一跃成为全国最大的商业石油储备基地。中国石化原油商业储备基地也紧跟洋浦发展步伐，抓住海南建设中国特色自由贸易区（港）的重大历史机遇，不断扩大原油储备量和贸易渠道，完善安全生产监督管理机制，努力建设成为面向东南亚的现代化商业石油储备基地，为把洋浦经济开发区建设成为可持续发展的国家级石化工业园奠定基础。

第二节　国外石油储备的先进经验——以日本为例

总体上看，我国石油储备体系建设取得积极成效，但与发达国家相比，在规模、结构、体制等方面依然存在一定差距。以日本为例，日本的石油储备规模大，超过了标准要求。资料显示，日本的石油战略储备可以在切断外围补给的情况下提供 150 天的支持，而我国 2020 年的石油战略储备仅够支持 90 天。日本早在 20 世纪 70 年代就开始强化本国的石油储备，1975 年就达到 60 天石油储备目标，并于同年颁布《石油储备法》；1989 年实现 50 天石油气储备目标（50 天石油气储备量相当于 90 天的石油储备量）；2016 年石油储备已超过 200 天储备天数，石油气储备已超过 110 天。

一、石油储备方式多样

日本的石油储备分为石油储备和石油气储备两种，石油储备包括国家储备、民间石油企业储备以及与中东国家合作储备 3 个部分，石油气储备包括国家储备和民间储备 2 个部分。石油储备方式主要有地上油罐储备、地下油罐储备、水封式地下岩盘油罐储备和海上油罐储备四种，四种石油储备方式的优点如表 22-1 所示。石油气储备方式有地上低温油罐储备和水封式地下岩盘油罐储备两种。

表 22-1　四种石油储备方式的优点

储备方式	优点
地上油罐储备	成本低； 技术简单； 操作容易
地下油罐储备	漏油、扩散的危险性低； 油罐间距小，土地利用率高； 容量大，是地上储备的 3 倍； 耐震性好； 不影响地面景观
水封式地下岩盘油罐储备	占地面积小； 地震、雷电等自然灾害造成的危险性低； 漏油、扩散的危险性低； 不影响地面景观
海上油罐储备	有效利用海洋空间； 占地面积小； 漏油、扩散的危险性低

二、石油进口来源广泛

日本的储备石油进口来源在全球范围内分布较广泛，其中最主要的来源是中东地区，占比达 80%以上，其中，沙特阿拉伯是日本原油的主要进口国，其次是俄罗斯。此外，还有来自中亚、东南亚、南亚、北美洲、南美洲、非洲和大洋洲等国家的进口原油。

三、石油储备体系完善

日本的石油储备体系较为完善，已建立起多层次的储备模式。日本最早的石油储备模式是民间储备，即由民间石油公司和共同石油储备基地完成储备义务，由政府提供资金支持并进行监督管理。民间储备具有以下特点：①成本低，可以随时利用现有储备设施进行储备；②速度快，短时间内可完成较大储备量；③应变能力强，民间石油储备罐大，多离石油消费区距离较近，短时间内可及时释放石油储备。日本在1978年开始实行国家石油储备，建立国家石油储备基地。相对于民间储备，国家储备规模大、更加集中。当出现石油供应危机时，先动用民间储备进行调节，当危机较严重时，再动用国家储备。除国家储备和民间储备外，日本与中东产油国家的共同储备模式更是开创了世界先例。这一模式是指中东产油国的国营石油公司在日本政府的支持下，租借日本民间油罐进行联合储油，并将其作为中转储备基地向东亚国家供应石油，当日本出现原油供应不足时，有权优先购买该油罐的储油。总体来说，日本的分层石油储备体系可以有力保障本国的石油供应，且具有较强的灵活性。

当然，不可避免的是，日本的石油储备体系也存在一些不足。一方面，日本的石油储备只注重储备数量而忽略了对自然灾害的应急预案。2011年日本发生的大地震使其陷入“油荒”危机，尽管日本拥有超过国际标准的石油储备量，但面对自然灾害仍显得力不从心。另一方面，日本的石油几乎全部依赖进口，且进口的石油主要以原油为主，进口的原油需要经过提炼提纯转化为成品油之后才能使用，这导致危机发生后，储备的石油需经过提炼之后才能转至需要的地方，有一定的时间成本。

第三节　日本石油储备对我国的借鉴意义

日本的石油储备为稳定国内石油供给、平抑国际油价、保障国内政局的稳定和经济的平稳运行做出了极大贡献。日本的石油储备体系为我国储备石油提供了一定的参考意义。

一、建立符合国情的石油储备体系

我国的石油储备主要有政府储备和企业储备两种方式。其中，政府储备包括国家直接投资运营的石油储备和国家出资委托企业开展的石油储备。政府储备由国务院行使所有权并进行统一管理，石油储备基地的工程建设由中国石化、中国石油和中国海油三家公司负责。企业储备是石油公司利用自有设备进行的储备，所有权归企业所有，受国家监管。我国目前的石油储备体系设计仅针对政府储备，针对企业储备的管理体系尚未建立。企业储备具有较高的灵活性，在危机发生时能迅速应对。因此，应尽快建立企业石油储备体系来进一步完善我国的石油储备体系，维护石油供应安全。2009 年 12 月 31 日发布的《国务院关于推进海南国际旅游岛建设发展的若干意见》就提到，“适时规划建设国家石油战略储备基地，鼓励发展商业石油储备和成品油储备”。2019 年 11 月，商务部等十八部门联合发布的《关于在中国（海南）自由贸易试验区试点其他自由贸易试验区施行政策的通知》中又提到“加强顶层设计，探索创新政府储备与企业储备相结合的石油储备模式”。海南具有独特的地理位置，目前战略定位之一就是建设国家重大战略服务保障区，并且海南天然气、石油资源丰富，占全国油气资源总储量的 1/3 以上，适合探索政府储备和企业储备相结合的石油储备模式。

我国是一个发展中大国，巨大的人口规模及经济社会的快速发展使得石油储备尤为重要。因此，我国在建立战略石油储备时，应考虑由国家直接掌握一部分储备，以保证应对紧急情况的及时性、可靠性。但是，若石油完全由国家储备，一方面会造成较大的财政压力，另一方面市场对政府大量采购的反应会比较大。此外，我国的自然地理条件不具备美国、德国那样大量集中、优质的盐洞，如果国家（或机构）不与企业现有设施相结合，专门为战略石油储备另行大规模建设储备设施，在管理上也会对企业现有的管理体系和人力资源产生不利影响。

为了提高储备效率，应尽量发挥企业在石油储备中的作用。从我国实际情况看，我国的石油企业只有中国石油、中国石化及中国海油等为数不多的几家，而且都是由中央人民政府管理的国有独资企业，与其他国家的企业相比，更能为国家的政策目标服务，所以，我国的石油企业完全可以在我国战略石油储备管理体制中发挥重要作用。①

此外，石油储备应实行分层管理模式，具体来讲：①国家能源局行使决

① 中国海南自贸区港．政策解读：海南企业可以为国家做石油战略储备了！［EB/OL］．海南大学，(2020-01-03)［2022-07-15］. http：//ha. hainanu. edu. cn/glh/info/1029/1076. htm.

策权，制定相关储备政策与规划；②国家石油储备中心行使管理权，管理储备石油的采购与释放；③各石油储备基地的储备公司行使执行权，负责储备基地的工程建设和日常管理；④在加强政府监管的同时，采用市场化方式进行运作，形成高效的石油储备运行机制。

二、合理布局石油储备基地

日本的石油储备基地在全国的布局较分散且均衡，国家石油储备基地主要分布在日本的北部和南部，民间油罐储备主要分布在中部地区，国家液化石油气储备主要集中在中部和南部地区。我国已建成的石油储备基地除兰州和独山子以外，其余均分布在东部沿海地区。靠近沿海布局石油储备基地的建设成本相对较低，但从能源供应安全的角度来看，石油储备基地在全国范围内的分布越均衡，越接近能源消费区，对能源危机的抵御能力就越强。再加上我国国土面积大、地域辽阔，更应分散布局石油储备基地，以满足各地区的石油需求。

海南洋浦作为我国华南地区的石油储备基地，既满足了安全性要求，远离人口密集区，也符合便利性要求，靠近石油化工产业区。海南洋浦石油储备基地一方面为华南地区的石油消费提供保障；另一方面，利用其优越的地理位置条件和港口属性，可进一步加强与东南亚等国的能源合作，共同打造联合储备基地，建立稳定的能源合作关系，为保障我国的能源供应开辟更多的供应渠道。与此同时，广东省“十四五”规划中明确指出，新增湛江、茂名、揭阳等地原油商业储备库容 830 万立方米。优化调整成品油库布局，新增成品油库容 80 万立方米。推进广州港、珠海港煤炭储备基地改造升级，增强煤炭储备能力。华南地区利用自身优越的地理位置条件，通过全方位提升能源储备能力，将对保障我国的能源供应安全发挥重要作用。

三、拓宽石油供应渠道

日本的石油全部来自进口，但仍然实现了较高的石油储备规模一个很重要的原因在于，日本的石油进口来源十分广泛，能有效保证其石油供应的稳定性。我国的石油进口依赖度不断提升，自 1993 年成为石油净进口国以来，对石油进口的需求不断攀升。2009 年原油对外依存度突破 50%的国际警戒线，2018 年为 70. 8%，2020 年达到 73. 5%。为保障国内石油供应的稳定性，需要促进石油进口来源的多元化。目前，我国石油的进口来源主要有沙特阿拉伯、俄罗斯、伊拉克、阿曼和伊朗等国，但中东国家易受世界政治、宗教矛盾的影响，原油供应的稳定性和安全性难以保障，这影响中东国家石油外运。因此，我国应扩展石油进口渠道，充分利用“一带一路”倡议形成的多边合作平台，加强与沿线国家的能源合作。2018 年 10 月在举办的首届“一带一路”能源部长会议和第三届国际能源变革论坛上，中国与土耳其、阿尔及利亚等 18 个国家共同对外发布《共建“一带一路”能源合作伙伴关系部长联合宣言》，致力于加强沿线各国的能源合作关系。在此发展契机下，进一步加强与沿线各国的能源储备合作，开展联合储备，降低能源供应危机出现的可能性。

我国华南地区具备得天独厚的地理位置优势，应充分发挥港口优势，积极开展国际能源合作，建立多元化的能源储备基地。

第七篇

能源革命视角下的西南地区能源发展战略研究

第二十三章　西南地区能源资源禀赋和现状分析

第一节　西南地区能源资源禀赋状况

一、西南地区传统能源禀赋

西南地区是我国一个地域辽阔、人口众多的多民族地区，是我国自然资源极为丰富的地区。该区域自然资源种类繁多，数量巨大，分布面广，组合良好，其现实和潜在优势都较突出，这既是区内经济发展的雄厚物质基础，更是国民经济发展实力的后劲所在，在全国各大区中具有独特而显著的优势。

（一）煤炭资源

西南地区煤炭资源丰富，贵州省煤炭储量位居西南地区第 1 位，其次为云南省和四川省，最后是重庆市。贵州省是中国南方煤炭资源最丰富的省份，素以“西南煤海”著称，煤炭资源储量居全国第 5 位。贵州含煤面积占全省总面积的40%以上，是长江以南最大的主要煤基地、国家实施“西电东送”西部大开发战略的主战场之一。贵州省煤炭资源储量大、煤种全、品质优，主要分类有焦煤、1/3 焦煤、肥煤、气煤、瘦煤、贫煤、褐煤、无烟煤及泥炭等资源。探明资源储量相对集中于桐梓—遵义—贵阳—安顺—晴隆—兴义一线以西地区，烟煤分布在六盘水及普安等地，无烟煤分布在纳雍、织金、金沙、大方及遵义市桐梓、习水等地，形成优质煤炭资源集中分布的格局。截至 2019 年，煤炭资源远景储量达 2419 亿吨，累计探明储量 587 亿吨，无烟煤探明保有资源储量 320. 51 亿吨，占全省保有资源储备总量的 63. 56%，炼焦煤保有资源储量 159. 8 亿吨，占全省保有资源储备总量的 31. 69%。

云南省煤炭资源丰富，居西南地区第 2 位，煤炭资源地理分布不均衡，总体呈现东多西少的特征，曲靖、昭通、红河 3 个东部州市保有资源量占全省保有量的 88%。云南省煤炭的变质程度差距较大，以褐煤为主，其次为无烟煤、气煤、肥煤、1/3 焦煤、焦煤、瘦煤、贫瘦煤和贫煤等。截至 2019 年年底，全省煤炭资源总量为 691 亿吨，已探明储量 253 亿吨，保有资源储量为 246 亿吨。云南省煤炭规划矿区内共规划出一级清洁用煤 55.69 亿吨，其中一级焦化用煤 23.06 亿吨；二级清洁用煤 158.65 亿吨，其中二级焦化用煤 28.45 亿吨。

四川省和重庆市煤炭资源占比较少。四川省煤炭种类以无烟煤、贫煤、瘦煤、烟煤、褐煤、泥炭为主，截至 2019 年，煤炭资源保有量 122.7 亿吨，主要分布在川南，位于泸州市和宜宾市的川南煤田赋存了全省 70%以上的探明储量。重庆市綦江区是重庆市最重要的煤炭资源基地之一，区内有大量的矿产资源，主要以煤炭、硫铁矿、天然气为主，其中已经探明的煤矿地质储量 20 亿吨，目前可开采的煤矿资源大约在 14 亿吨。2019 年西南地区各省份煤炭资源储量见图 23-1。

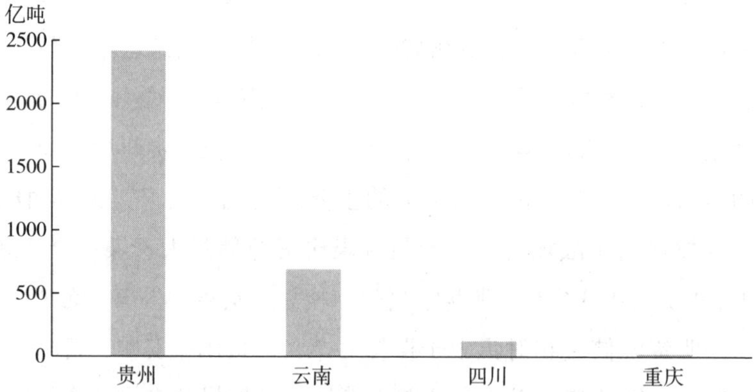

图 23-1　2019 年西南地区各省份煤炭资源储量

（二）石油、天然气

西南地区四川盆地天然气资源丰富，素有“满盆含气”之称，发展潜力巨大，是我国天然气工业的摇篮和未来，在全国天然气管网系统中占有重要地位，已成为西南能源战略枢纽。四川盆地是我国主要的含油气盆地之一，根据四川省自然资源部的“十三五”资源评价，四川盆地天然气总资源量为38.84万亿立方米，主要分布在川南片区、川西北片区、川中片区、川东北片区，另有安岳、普光、川南页岩气等特大气田，是我国天然气勘探开发最具潜力的盆地，天然气资源量居全国之首。2019年四川盆地的油气勘探获重要进展，元坝气田、中江气田、大邑气田等新增天然气探明储量约921亿立方米，相当于新发现一个千亿立方米规模的大气田。元坝气田是全球首个超深层生物礁大气田，新增探明储量约408亿立方米，采取了立体勘探方式，之前主要集中在地下7000米左右的深层探测，而此次新增储量主要集中在地下3000~5000米的中浅层。元坝气田的三级储量（探明储量、预测储量、控制储量）已有1.1万亿立方米，新增探明储量意义重大。《四川省地质勘查规划（2021—2030年）》强调，要加强天然气、页岩气、煤层气及地热能资源调查与勘查，提出在“十四五”时期，新增天然气（页岩气）勘查2万亿立方米，2030年达3万亿立方米的目标，形成2~3处能源示范基地，推进国家天然气（页岩气）千亿立方米级产能基地建设，助力碳达峰、碳中和目标实现和“5+1”现代工业体系发展。

西南地区贵州省页岩气储量丰富，页岩气作为一种清洁、高效的能源资源，存在于页岩及其缝隙中，是继石油、天然气和煤炭等常规资源之后潜力巨大的非常规能源资源。贵州省政府办公厅《关于加快推进页岩气产业发展的指导意见（2019—2025年）》明确要大力提升贵州省页岩气勘探开发力度，将页岩气打造成天然气供应的重要组成部分，以正安、习水等为重点建产区，以道真、桐梓、岑巩等为勘探突破区，以威宁、水城、兴仁、黄平、长顺、务川等为资源潜力后备区。按照整体规划、适度超前、分步实施的原则，统筹规划全省页岩气输出管道建设，将习水—正安—务川—德江天然气管道打造成为黔北页岩气资源输出主通道，确保页岩气就近消纳和余量外输通道互联互通。力争到2025年，探明页岩气储量达500亿立方米，建成页岩气年产能达20亿立方米、年产量达12亿立方米。力争到2025年，获得调查突破区8~10个，出让探矿权6个左右，为滚动开发页岩气提供资源支撑。

二、西南地区水资源禀赋

水电是我国重要的能源战略资源，是国家实现能源清洁化发展转型、完成非化石能源发展目标的重要保障。西南地区水资源丰富，水系发育完整，河网密布，是长江、珠江、澜沧江、怒江、元江（红河）、墨江（黑水河）和红水河等水系发源或流经域，且河流落差大、径流丰富、含沙量相对较小、水力资源极其丰富，易于开发。西南地区水能资源理论蕴藏量达 2.94 亿千瓦，占全国的43%，可开发量为 1.92 亿千瓦，水能发电蕴藏量为 2900 亿瓦，占全国的 43%，可开发的水能资源量约 1920 亿瓦，占全国可开发水资源量的 65.1%，是我国可开发水能蕴藏量最大的地区。水能可开发量以四川为最大，占全国可开发量的 26.8%，占长江流域的 60%；云南水能可开发量约为全国水能可开发量的 20.5%，以金沙江为最多。“十三五”期间科学开发西南水电资源，以重要流域龙头水电站建设为重点，积极有序地推进大型水电基地建设。积极推进金沙江上游等水电基地开发，以及雅砻江两河口、大渡河双江口等龙头水电站建设，坚持开发与市场消纳相结合，统筹水电的开发与外送，完善市场化消纳机制，基本解决了四川、云南水电消纳问题，推动了藏东南“西电东送”接续能源基地建设，基本建成了长江上游、黄河上游、乌江、南盘江红水河、雅砻江、大渡河六大水电基地。

第二节　西南地区能源产业发展现状

一、西南地区开采业发展现状

（一）煤炭开采和洗选业

“十二五”“十三五”期间，西南地区规模以上工业企业的煤炭开采和洗选业主营业务收入整体呈现稳步攀升、缓慢下滑趋势，2013 年出现波峰，营业收入达最大值（3129 亿元），利润总额整体呈现波动中下降趋势（见图 23-2）。“十二五”期间，煤炭企业的经营状况均有所改善和提高，煤炭工业企业积极响应“十二五”能源规划部署，积极提高资源高效清洁利用水平，煤炭洗选比重加大，商品煤质量提高。2015 年，西南地区规模以上工业企业煤炭开采和洗选业实现营业收入 2707.92 亿元，其中，黑色金属矿采选业为 673.36 亿元，较 2011 年增长 23.94%；有色金属矿采选业为 488.03 亿元，较 2011 年增长 9.07%。2015 年，西南地区规模以上工业企业煤炭开采和洗选业行业实现利润总额 199.52 亿元，其中，黑色金属矿采选业为 18.68 亿元，有色金属矿采选业为 33.20 亿元。

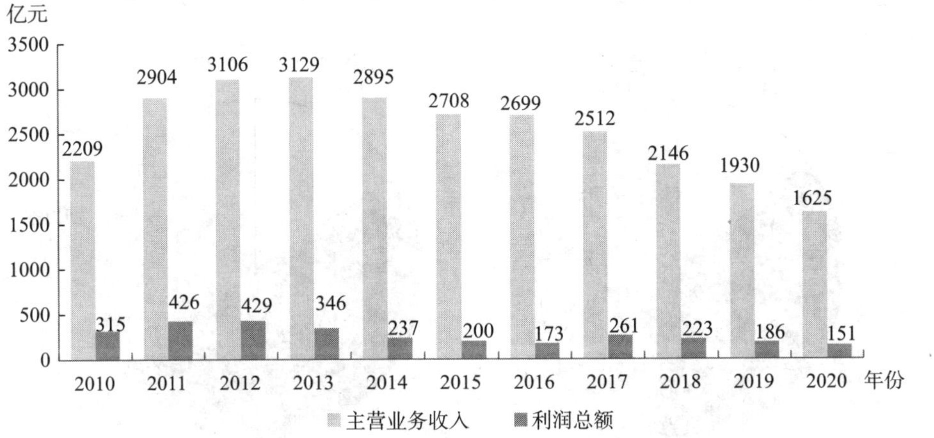

图 23-2　2010—2020 年西南地区规模以上工业企业煤炭开采和洗选业主营业务收入与利润总额

“十三五”期间，西南地区规模以上工业企业煤炭开采和洗选业主营营业收入与利润总额下滑明显。2020 年，西南地区规模以上工业企业煤炭开采和洗选业营业收入为 1624.58 亿元，年均下降率为-11.99%，黑色金属矿采选业为 388.14 亿元，有色金属矿采选业为 56.47 亿元，年均下降率分别为-13.62%、-6.06%。西南地区规模以上工业企业煤炭开采和洗选业利润总额为 150.90 亿元，年均下降率为-3.34%，黑色金属矿采选业为 56.47 亿元，有色金属矿采选业为 74.54 亿元，年均增长率分别为 28.02%、22.41%。总体来看，工业企业利润下滑较大，效益水平有待提升，煤炭工业企业经营压力仍然较大，企业效益状况持续改善存在压力，“十四五”期间，工业经济持续稳定发展仍面临诸多挑战。“十四五”期间，要合理引导耗煤行业节能降耗和用能替代，加强节能高效实用技术及先进装备应用，推进洁净煤技术及高效洗煤、配煤和型煤综合利用技术，以及煤炭地下气化清洁开发技术推广应用，充分建立水资源丰富、配套基础完善的重点开发区，建设煤基燃料、烯烃及多联产升级示范工程，探索符合我国国情的科技含量高、附加值高、产业链长的煤炭深加工产业发展模式，为适应未来能源更替和变革提供战略技术储备。

分省份来看，贵州省规模以上工业企业煤炭开采和洗选业实现主营业务收入大幅提高，“十三五”时期，占比达到西南地区整体的50%（见图23-3）。

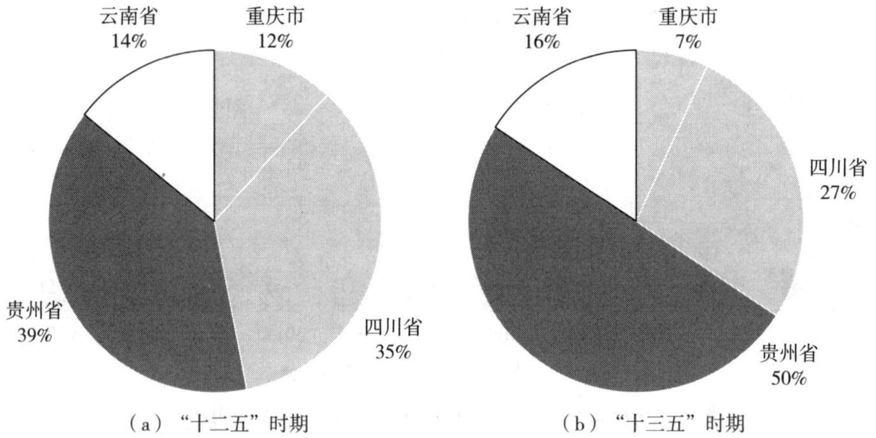

图 23-3　西南地区规模以上工业企业煤炭开采和洗选业营业收入均值占比

“十三五”时期，贵州省实现煤炭工业转型升级智能赋能，建成了西南地区首个复杂地质条件下煤与瓦斯突出矿井智能化采煤工作面，开启了贵州省煤矿综采工作面智能化开采、“无人驾驶”的新模式，实现了以开采机械化、控制智能化、管理信息化为基础，融合大数据的煤炭智能化开采模式；率先建设全国首个能源云系统——贵州能源云，利用煤矿地面集控平台遥控采煤作业，能源云平台进行预测预警和综合决策分析，实现了调度统计、地理信息、预测预警、视频监控、目标管理实时跟踪；煤矿智能化机械化成果显著。截至2019年底，全省实现采煤机械化率达到85%，累计建成机械化采煤工作面233处、智能化辅助系统178处、智能化采煤工作面10处，井下岗位人员减少 4500 人，年人工成本降低 3.2 亿元。

（二）石油、天然气开采业

西南地区石油、天然气发展依据资源禀赋优势出现重心偏移，规模以上工业企业石油、天然气开采业集中在四川、重庆一省一市。四川省天然气资源蕴藏丰富，拥有完善的现代能源装备工业体系，石油、天然气开采业发展迅速。“十二五”“十三五”时期，四川省规模以上工业企业石油、天然气开采业企业经营状况持续改善，营业收入呈现“阶梯式”攀升趋势，2020 年达到 779.18 亿元，是重庆市的 7.77 倍，年均增长率为 7.53%；规模以上工业企业石油、天然气开采业利润总额变化幅度较大，整体呈现“两段式”上升趋势，2011—2015 年，整体上呈现稳步攀升趋势，2016 年出现明显“断裂式”下跌，2017 年后回弹明显，2020 年利润总额达到 169.43 亿元。重庆市规模以上工业企业石油、天然气开采业持续发展，2011—2020 年，利润总额从 0.50 亿元上升至 28.32 亿元，年均增长率为 56.78%；营业收入也在大幅攀高，从 40.99 亿元上升至 128.26 亿元，年均增长率为 13.51%（见表 23-1、图 23-4）。

表 23-1　2011—2020 年西南地区规模以上工业企业石油、天然气开采业利润总额

单位：亿元

省市	2011 年	2012 年	2013 年	2014 年	2015 年	2016 年	2017 年	2018 年	2019 年	2020 年
重庆	0.50	0.52	1.11	3.61	15.86	28.11	27.10	36.36	30.39	28.32
四川	24.38	43.89	30.02	69.98	117.10	1.06	44.67	87.81	130.94	169.43

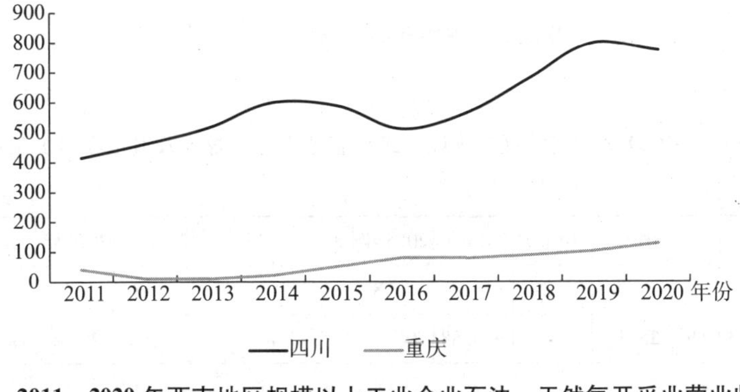

图 23-4　2011—2020 年西南地区规模以上工业企业石油、天然气开采业营业收入趋势

（三）石油、煤炭及其他燃料加工业发展现状

“十二五”“十三五”期间，西南地区规模上工业企业石油、煤炭及其他燃料加工业发展迅速，行业规模持续扩大且分层明显。其中，四川位于第一梯队；其次是云南，2020年实现工业总产值662.87亿元，是2011年的2.62倍，年均增长率为11.32%；第三梯队的是贵州、重庆，2020年分别实现工业总产值148.75亿元、65.74亿元，“十二五”“十三五”期间，工业总产值年均值分别为124.61亿元、118.16亿元。从经营状况来看，“十二五”期间，西南地区营业收入“两极分化”显著，四川省规模以上工业企业实现年均营业收入627.95亿元，云南、贵州、重庆依次递减，分别为288.06亿元、107.98亿元、58.49亿元。

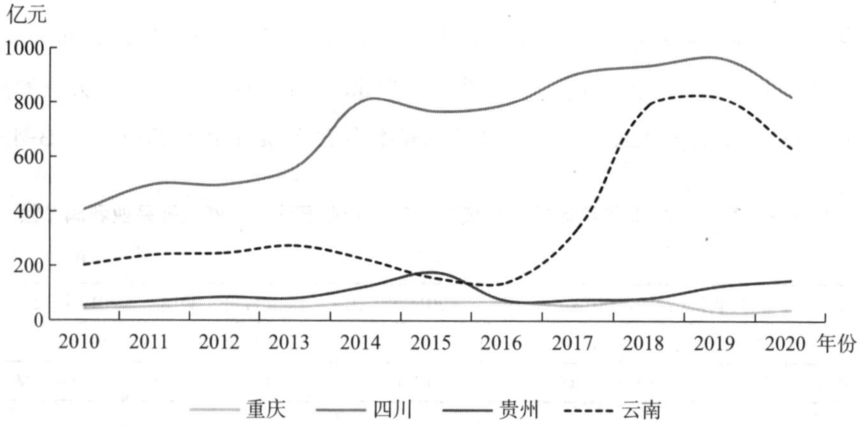

图23-5　2011—2020年西南地区规模以上工业企业石油、煤炭及其他燃料加工业营业收入趋势

表23-2　2011—2020年西南地区规模以上工业企业石油、煤炭及其他燃料加工业利润总额

单位：亿元

省市	2011年	2012年	2013年	2014年	2015年	2016年	2017年	2018年	2019年	2020年	平均值
重庆	3.52	3.58	2.21	4.57	4.18	3.79	2.57	2.58	1.74	5.00	3.38
四川	40.69	25.33	5.48	−34.88	14.23	45.71	44.70	36.52	28.34	30.17	23.79

续表

省市	2011 年	2012 年	2013 年	2014 年	2015 年	2016 年	2017 年	2018 年	2019 年	2020 年	平均值
贵州	5. 39	8. 37	5. 12	4. 61	14. 72	2. 97	4. 42	4. 54	20. 17	8. 46	7. 64
云南	15. 19	5. 97	12. 67	-5. 33	-15. 75	13. 79	-10. 29	228. 24	13. 12	-17. 26	22. 79

如图 23-5、表 23-2 所示，“十三五”期间，石油、煤炭及其他燃料加工业发展迅猛，四川省位于第一梯队，2020 年实现营业收入 826. 31 亿元，利润总额 30. 17 亿元；云南省经营状况明显追赶四川省，规模以上工业企业石油、煤炭及其他燃料加工业营业收入、利润总额大幅提高，2020 年实现营业收入 637. 31 亿元，2018 年利润总额高达 228. 24 亿元；贵州经营状况小幅度改善，2020 年实现营业收入 148. 75 亿元,；重庆盈利规模逐渐缩小，营业收入呈下降趋势，“十三五”期间年均下降率为-12. 65%。

（四）西南地区化工业发展现状

“十二五”“十三五”期间，西南地区规模以上工业企业化工业发展规模持续扩大，规模发展最快的为云南省，工业总产值从 2011 年的 829. 72 亿元增长到 2020 年的 1105. 79 亿元，年均增长率为 3. 24%，其中，发展迅速的行业是橡胶和塑料制品业，工业总产值从 2011 年的 49. 96 亿元增长到 2020 年的 147. 45 亿元，年均增长率为 12. 78%；重庆市规模以上工业企业化工业发展规模增速放缓，工业总产值从 2010 年的 1138. 30 亿元上升到 2020 年的 1296. 21 亿元，年均增长率为 1. 45%，发展规模较快增长的行业为橡胶和塑料制品业，年均增长率为 10. 33%。从西南地区整体经营环境状况来看，化学原料和化学制品制造业的经营状况最好，从“十二五”“十三五”营业收入及利润总额来看，化学原料和化学制品制造业的营业收入、利润总额分别占化工业的 72%、86%（见图 23-6），占比较高且盈利状况逐年攀升，营业收入年均值到达 4726. 73 亿元；橡胶和塑料制品业发展规模迅速，营业收入增速迅猛，利润较低，营业收入从 2011 年的 985. 76 亿元增长到 2020 年的 1798. 89 亿元，年均增长率为 1. 94%，年均利润总额为 25. 45 亿元（见表 23-3）。

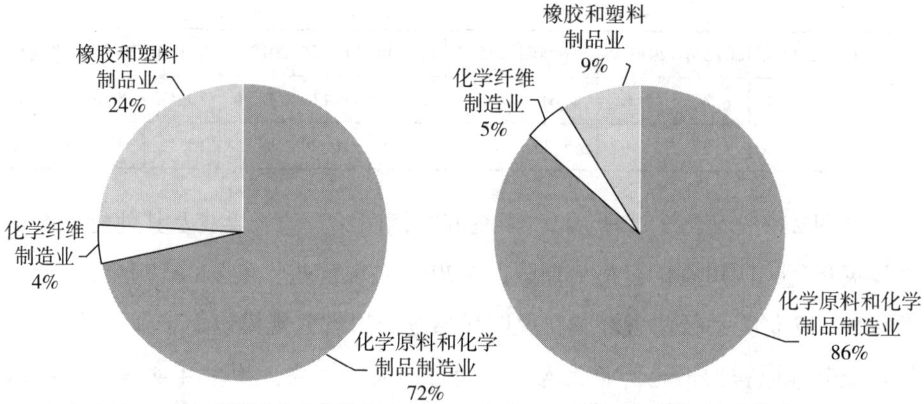

（a）2011—2020年营业收入均值占比（b）2011—2020年利润总额均值占比

图 23-6　西南地区规模以上工业企业化工业经营状况分布

表 23-3　2011—2020 年西南地区规模以上工业企业化工业经营状况

单位：亿元

项目	行业	2011 年	2012 年	2013 年	2014 年	2015 年	2016 年	2017 年	2018 年	2019 年	2020 年	平均值
营业收入	化学原料和化学制品制造业	3925. 90	4187. 59	4443. 66	4716. 06	5072. 03	5414. 57	5098. 72	4980. 56	4758. 06	4670. 20	4726. 73
	化学纤维制造业	197. 67	197. 24	202. 23	220. 57	251. 74	289. 42	302. 60	322. 99	350. 15	436. 67	277. 13
	橡胶和塑料制品业	985. 76	1185. 64	1408. 97	1619. 39	1717. 52	1916. 66	1901. 28	1747. 84	1733. 17	1798. 89	1601. 51
利润总额	化学原料和化学制品制造业	307. 67	279. 04	201. 97	127. 29	158. 77	79. 90	344. 82	341. 35	293. 98	338. 12	247. 29
	化学纤维制造业	11. 13	9. 56	12. 89	11. 32	12. 81	15. 35	14. 12	14. 63	13. 38	20. 11	13. 53
	橡胶和塑料制品业	15. 45	19. 13	23. 21	25. 40	27. 00	29. 70	30. 41	27. 24	26. 58	30. 33	25. 45

分省份来看，重庆、贵州、云南规模以上工业企业的化学原料和化学制品制造业的工业总产值占比最高，化学纤维制造业占比较低。西南地区化学原料和化学制品制造业规模较大且发展成熟，占比均超过 60%，在化工业发展中占据主导地位。化学纤维制造业占比较低，重庆、云南分别仅占 5%、1%（见图 23-7）。

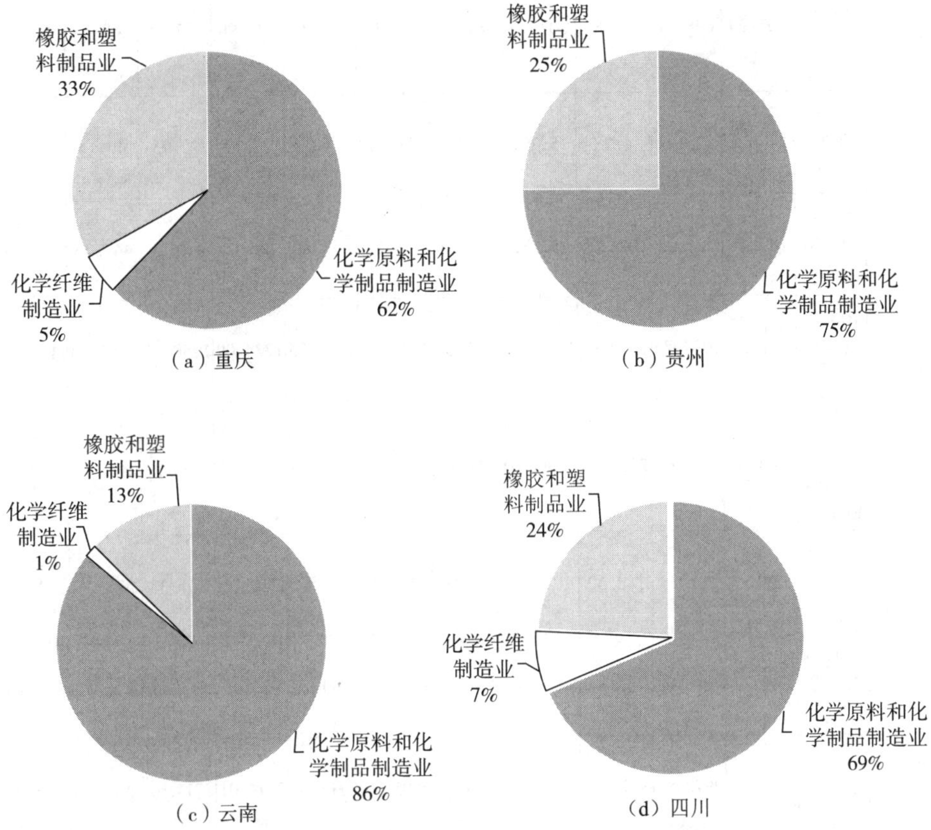

图 23-7　西南地区规模以上工业企业化工业总产值占比

注：四川省未核算化工业总产值，此处用化工业营业收入代替化工产业总产值。

另外，贵州省仅发展化学原料和化学制品制造业与橡胶和塑料制品业。从营业收入来看，化工业营业收入最高的为四川省，年均营业收入实现 3323.47 亿元，是其他三个省份的近3倍，其中，化学原料和化学制品制造业经营规模最大，在2020年实现2467.85亿元，是四川省化工业的重要支柱产业（见表23-4）。

表23-4　2011—2020年西南地区规模以上工业企业化工业营业收入　单位：亿元

省市	行业	2011年	2012年	2013年	2014年	2015年	2016年	2017年	2018年	2019年	2020年	平均值
重庆市	化学原料和化学制品制造业	607.99	698.51	728.88	807.90	881.53	955.15	779.33	778.90	777.45	760.44	753.96
	化学纤维制造业	4.02	2.18	4.75	5.79	13.91	22.03	29.03	26.79	32.75	46.14	17.57
	橡胶和塑料制品业	189.21	304.08	386.28	452.82	515.53	578.24	529.89	418.40	440.14	449.25	394.38
	化工业营业收入	801.22	1004.76	1119.91	1266.51	1410.97	1555.43	1338.25	1224.09	1250.33	1255.83	1165.91
四川省	化学原料和化学制品制造业	2021.09	2123.65	2250.78	2330.04	2400.43	2664.29	2442.33	2450.26	2458.19	2467.85	2289.06
	化学纤维制造业	180.85	181.73	182.52	199.56	222.60	253.19	259.14	280.26	301.37	375.26	231.32
	橡胶和塑料制品业	643.37	667.46	762.44	860.09	890.60	988.12	1011.87	983.49	955.11	971.19	803.10
	化工业营业收入	2845.31	2972.84	3195.74	3389.69	3513.63	3905.60	3713.34	3714.01	3714.67	3814.30	3323.47

续表

省市	行业	2011年	2012年	2013年	2014年	2015年	2016年	2017年	2018年	2019年	2020年	平均值
贵州省	化学原料和化学制品制造业	570.66	575.97	698.13	808.41	967.30	1039.81	970.44	827.83	612.27	544.83	727.80
	化学纤维制造业	—	—	—	—	—	—	—	—	—	—	—
	橡胶和塑料制品业	104.07	106.04	134.17	160.56	180.76	205.84	228.75	205.73	211.46	249.59	169.59
	化工业营业收入	674.73	682.01	832.30	968.97	1148.06	1245.65	1199.19	1033.56	823.73	794.42	897.39
云南省	化学原料和化学制品制造业	726.16	789.46	765.87	769.71	822.77	755.32	906.62	923.57	910.15	897.08	800.56
	化学纤维制造业	12.80	13.33	14.96	15.22	15.23	14.20	14.43	15.94	16.03	15.27	14.51
	橡胶和塑料制品业	49.11	108.06	126.08	145.92	130.63	144.46	130.77	140.22	126.46	128.86	115.96
	化工业营业收入	788.07	910.85	906.91	930.85	968.63	913.98	1051.82	1079.73	1052.64	1041.21	931.04

（五）西南地区规模以上工业企业主要产品产量

分省份来看，四川省规模以上工业企业油品、天然气产量丰富，2020年实现原油7.86万吨、柴油216.84万吨、汽油232.30万吨，相较2005年，油品产业大幅增长，特别是汽油，是2005年产量的8.25倍；2020年实现天然气产量452.41亿立方米，是2005年产量（135.24亿立方米）的近4倍；焦炭、化学纤维、化学原料药、塑料制品产量均呈现不同程度的增长，特别是化学纤维产量在“十三五”期间实现翻三番（见表23-5）。

表 23-5 2005—2020 年四川省规模以上工业企业主要产品产量

产品	2005 年	2010 年	2015 年	2017 年	2018 年	2019 年	2020 年
焦炭/万吨	827.94	1157.09	1304.37	1072.16	1126.87	1066.21	1074.23
化学纤维/万吨	26.56	51.22	118.10	126.50	86.20	81.40	79.00
化学原料药/万吨	5.40	2.67	22.50	29.20	13.00	9.00	6.80
塑料制品/万吨	47.17	254.29	415.50	492.10	398.80	448.80	446.80
原油/万吨	13.92	15.12	15.43	8.67	8.13	8.41	7.86
柴油/万吨	49.23	83.3	340.91	291.88	179.27	243.48	216.84
汽油/万吨	28.16	57.76	217.44	280.34	181.21	262.39	232.30
天然气/亿立方米	135.24	234.16	266.21	356.39	369.82	441.35	452.41

云南省规模以上工业企业主要生产原煤、洗精煤、焦炭，2020 年实现原煤 5265.63 万吨、洗精煤 540.28 万吨、焦炭 1093.32 万吨；化工产业主要生产化学纤维，2020 年化学纤维年产 4.01 万吨、塑料制品 62.79 万吨。重庆、贵州钢材生产量较大，2020 年重庆、贵州分别生产粗钢 900 万吨、461.94 万吨，成品钢 1310 万吨、741.09 万吨。另外，重庆市化工产品塑料制品、合成橡胶产量较大，2020 年生产塑料制品 250.40 万吨、合成橡胶 0.9618 万吨。

二、西南地区电力产业现状评价

（一）西南地区水力发电

习近平总书记在党的十九大报告中要求：“推进能源生产和消费革命，构建清洁低碳、安全高效的能源体系”“优化区域开放布局，加大西部开放力度”“强化举措推进西部大开发形成新格局”。而加快西南水电建设，则是撬动西部大开发形成新格局的重要支点，对于加快电力转型、实现能源电力高质量发展、促进民族团结和社会稳定、点燃西部经济发展“引擎”、建设美丽中国具有重要意义。

西南地区水能资源蕴藏丰富，集中在四川、云南、西藏三省区，理论蕴藏量占全国总量的 2/3，技术可开发量 4.25 亿千瓦，占全国总量的 71%。2020 年，西南水电外送规模达到 8000 万千瓦以上。西南地区拥有三峡、溪洛渡等一批超级水电工程，水电工程技术具有世界领先水平，具有全产业链整合能力。但与发达国家相比，我国水能资源开发程度仍有较大差距。2020年年底，西南地区水电装机容量1.87亿千瓦，开发程度仅为44%（按装机计算），相比发达国家较高的水电开发度，如瑞士（92%）、法国（88%）、意大利（86%）、德国（74%）、日本（73%）、美国（67%），我国西南水电开发潜力巨大。

“十二五”“十三五”期间，西南地区水电电厂发电设备容量大幅增长，“十三五”期间的水电装机设备容量实现“质的飞跃”。“十三五”期间，西南地区6000千瓦及以上水电电厂发电设备容量均值达到17635.14万千瓦，相较“十二五”提高40.12%（“十二五”期间均值为12585.63万千瓦）。整体来看，西南地区水电电厂发电设备容量呈现稳步攀升的态势，特别是“十二五”期间，从2011年的8851.98万千瓦增长到2015年的15760.63万千瓦，年均增长率为15.51%。“十三五”期间，水电发电设备容量增量明显放缓，但总量提升，从2016年的16208.06万千瓦增长到2020年的18772.00万千瓦，年均增长率为3.73%（见表23-6）。

表23-6　2011—2020年西南地区6000千瓦及以上水电电厂发电设备容量

单位：万千瓦

省区	2011年	2012年	2013年	2014年	2015年	2016年	2017年	2018年	2019年	2020年	“十二五”均值	“十三五”均值
重庆	598.00	608.99	650.33	653.00	669.13	686.92	735.03	753.00	768.00	779.00	635.89	744.39
四川	3288.00	3932.01	5266.23	6295.00	6939.30	7245.53	7714.36	7824.00	7846.00	7892.00	5144.11	7704.38
贵州	1702.00	1728.02	1908.28	1993.00	2056.35	2089.23	2119.23	2212.00	2223.00	2281.00	1877.53	2184.89
云南	3263.98	4439.13	5068.00	5773.56	6095.86	6186.39	6666.00	6779.00	7556.00	7820.00	4928.11	7001.48
西南地区	8851.98	10708.15	12892.84	14714.56	15760.63	16208.06	17234.61	17568.00	18393.00	18772.00	12585.63	17635.14

分省份来看，四川省水电装机量提升最为明显（见图23-8）。“十三五”期间，6000千瓦及以上水电电厂发电设备容量达到7704.38万千瓦，相较“十二五”提高49.77%（“十二五”期间均值为5144.11万千瓦）。“十二五”

期间，四川省6000千瓦及以上水电电厂发电设备容量从2011年的3288.00万千瓦上升到2015年的6939.30万千瓦，年均增长率为20.53%；“十三五”期间，从2016年的7245.53万千瓦上升到2020年的7892.00万千瓦，年均增长率为2.16%，“十三五”期间水电装机容量增速相较“十二五”明显放缓。四川省依据完善的工业装备制造体系，电网建设和电力外送逐渐成熟完善。“十二五”期间，中国电网四川省电力公司在川完成电网投资1481亿元，是“十一五”期间的2.1倍；投产110千伏及以上线路2.36万千米、变电容量1.14亿千瓦；建成三大特高压直流外送通道，形成“四交四直”的外送联网格局，累计外送电量3535亿千瓦·时。“十三五”期间，中国电网四川电力计划投资1079亿元加强500千伏及以下输配电网建设。2020年，220千伏及以上线路长度计划达6.37万千米，变电容量3.14亿千瓦；110千伏及以下配电网变电容量达到1.7亿千瓦，线路长度达到26.9万千米；全省特高压变电（换流）站达8座，接纳电源装机1.16亿千瓦，外送能力超过5000万千瓦。

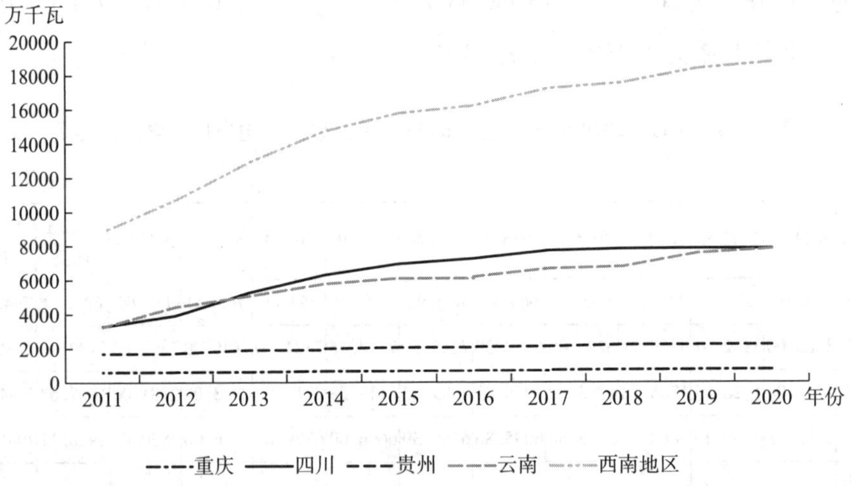

图23-8　2011—2020年西南地区6000千瓦及以上水电电厂发电设备容量趋势

2011—2020年，云南省6000千瓦及以上水电电厂发电设备容量变化趋势与四川省相似，呈现稳步攀升趋势。“十二五”期间，水电电厂发电设备容量从2011年的3263.98万千瓦上升至2015年的6095.86万千瓦，年均增长率为

16.90%；“十三五”期间，水电电厂发电设备容量从2016年的6186.39万千瓦上升至2020年的7820.00万千瓦，年均增长率为6.03%。“十三五”时期水电装机容量相较“十二五”增速明显放缓，但水电装机容量基数明显提高，“十三五”时期，水电装机容量年均值为7001.48万千瓦，是“十二五”时期的1.42倍。重庆、贵州在“十二五”“十三五”期间6000千瓦及以上水电电厂发电设备容量变化趋势相似，均呈现小幅上升趋势。2020年，重庆市6000千瓦及以上水电电厂发电设备容量达到779.00万千瓦，相较2011年的598.00万千瓦提高30.26%；“十三五”期间，重庆6000千瓦及以上水电电厂发电设备容量为744.39万千瓦，相较“十二五”时期的635.89万千瓦提高108.50万千瓦。贵州省6000千瓦及以上水电电厂发电设备容量基数较大，仅低于四川省与云南省，处于第二梯队。2020年，贵州省6000千瓦及以上水电电厂发电设备容量达到2281.00万千瓦，相较2011年的1702.00万千瓦提高了34.02%，提升幅度显著。“十三五”期间，6000千瓦及以上水电电厂发电设备容量为2184.89万千瓦，相较“十二五”期间的1877.53万千瓦提高了16.37%。

西南水电开发条件较为复杂，生态环境保护压力大，移民安置难度高，经济负担和建设成本持续上升。近年来，随着开发规模的不断扩大，西南水电开发在取得突出成绩的同时，也暴露出一些问题。大渡河、雅砻江、金沙江、澜沧江20多座大型水电站有效水量利用率、有效水能利用率均不到80%，弃水问题突出；跨区输电通道能力不足，市场消纳机制不完善，部分地方电力市场交易规则明显保护当地电源，省际间壁垒严重；流域统筹规划和管理薄弱，梯级补偿机制缺位，流域统筹开发和优化调度机制不健全，相关环境管理工作各项目单位分散组织实施，产权归属、管理责任不明晰；移民安置主体责任落实不到位、规划约束性不强等问题严重。

现阶段，西南地区水电发展主要面临着一系列困境，具体来说，主要有复杂区域地质条件下高坝工程防震抗震、复杂工程地质条件下大型水电工程建设技术难题、水电开发与生态环境保护之间的协调关系处理、水电开发与水库移民安置之间的合理关系安排。因此，要统筹研究西南水电开发过程中的不平衡不充分问题，促进水电可持续、高质量发展，积极促进能源结构优化、加大水电开发与电网建设，推进与周边国家开发合作，服务“一带一路”建设。为实现 2030 年化石能源消费比重达到 20%的目标，要进一步推动西南地区水电装机容量提升，实现 2030 年西南水电装机容量达到 2.6 亿千瓦，西南水电外送规模达到 1.2 亿千瓦，每年向中东部地区输送清洁电力超过 5000 亿千瓦·时的目标，实现可替代原煤 2.2 亿吨，减排二氧化碳 4.1 亿吨、二氧化硫 20 万吨、氮氧化物 18 万吨的清洁低碳，拉动机械制造、土建、水泥、钢材等相关产业投资大幅增加，利用西南地区流域优势，合理开发利用雅鲁藏布江、澜沧江、怒江、红河、伊洛瓦底江等国际河流，实现共享资源，共同受益，在维护我国国际河流的正当权益的同时服务“一带一路”建设。

（二）西南地区火力发电

“十二五”“十三五”期间，西南地区 6000 千瓦及以上火电电厂发电设备容量增长幅度显著，2020 年西南地区 6000 千瓦及以上火电电厂发电设备容量实现 8199.00 千瓦，相较 2011 年的 5337.00 万千瓦提高 53.63%。从演变趋势来看，西南地区火电电厂发电设备容量整体呈现快速上升—稳步攀升趋势，在“十二五”期间，呈现快速增长趋势，火电电厂发电设备容量从 2011 年的 5337.00 万千瓦增长到 2015 年的 7071.46 万千瓦，年均增长率为 7.29%；在“十三五”期间，呈现稳步小幅度增长趋势，从 2016 年的 7400.88 万千瓦增长到 2020 年的 8199.00 万千瓦，年均增长率为 2.59%，“十三五”期间的火电装机设备容量增速下降显著（见表 23-7）。

表 23-7　2011—2020 年西南地区 6000 千瓦及以上火电电厂发电设备容量

单位：万千瓦

省区	2011 年	2012 年	2013 年	2014 年	2015 年	2016 年	2017 年	2018 年	2019 年	2020 年	“十二五”均值	“十三五”均值
重庆	695.00	722.15	790.27	1101.00	1341.90	1343.17	1538.75	1557.00	1548.00	1532.00	930.06	1503.78
四川	1476.00	1493.02	1581.86	1547.00	1623.87	1642.13	1661.86	1575.00	1570.00	1596.00	1544.35	1609.00
贵州	2030.00	2185.53	2432.59	2482.00	2683.59	3013.59	3160.09	3263.00	3410.00	3560.00	2362.74	3281.33

续表

省区	2011 年	2012 年	2013 年	2014 年	2015 年	2016 年	2017 年	2018 年	2019 年	2020 年	“十二五”均值	“十三五”均值
云南	1136.00	1442.22	1396.85	1419.00	1422.10	1401.99	1666.51	1514.00	1508.00	1511.00	1363.23	1520.30
西南地区	5337.00	5842.92	6201.57	6549.00	7071.46	7400.88	8027.20	7909.00	8036.00	8199.00	6200.39	7914.42

分省份来看，贵州省火电装机量提升最为明显（见图 23-9）。贵州省焦煤、1/3 焦煤、肥煤、气煤、瘦煤、贫煤、褐煤、无烟煤及泥炭等资源丰富，依靠煤炭资源优势，2020 年火电装机量高达 3560.00 万千瓦，占西南地区火电装机总量的 43%，是西南地区主要的火电发电大省。“十二五”“十三五”期间，贵州省 6000 千瓦及以上火电电厂发电设备容量提升显著，“十三五”期间，6000 千瓦及以上火电电厂发电设备容量均值达到 3281.33 万千瓦，相较“十二五”时期的均值（2362.74 万千瓦）提高了 38.88%。“十二五”期间，贵州省 6000 千瓦及以上火电电厂发电设备容量从 2011 年的 2030.00 万千瓦增长到 2015 年的 2683.59 万千瓦，年均增长率为 7.23%；“十三五”期间，贵州省火电电厂发电设备容量从 2016 年的 3013.59 万千瓦增长到 2020 年的 3560.00 万千瓦，年均增长率为 4.25%，“十三五”期间，贵州省火电装机容量相较“十二五”增速下降显著。贵州省“十四五”规划提出，要平衡水电、火电利益关系，建立清洁高效煤电机组，发展大容量、高参数、超低排放燃煤机组，完成现役机组节能、超低排放、灵活性和智能化改造，推动现役 30 万千瓦级及以下落后机组淘汰退出或升级改造，推进威赫电厂、盘江新光电厂等电源项目建设。

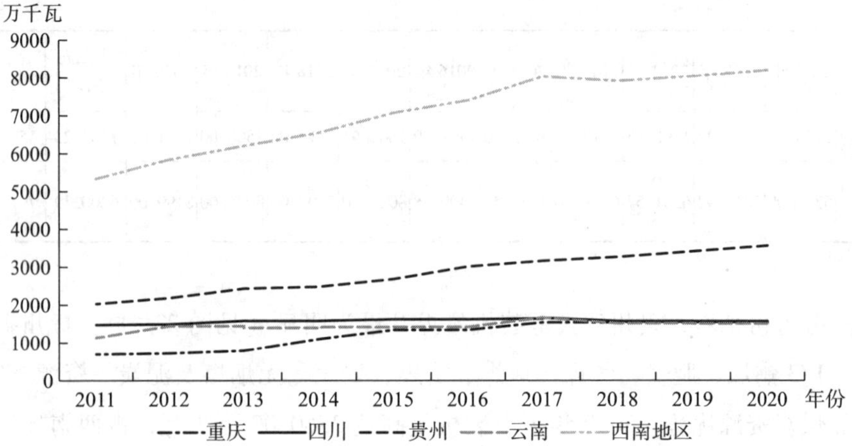

图 23-9　2011—2020 年西南地区 6000 千瓦及以上火电电厂发电设备容量趋势

四川、云南两省的火电装机量总量与变化趋势相近，处于西南地区火电装机量的第二梯队。“十二五”“十三五”期间，四川、云南两省火电装机量总量提升效果明显，“十二五”“十三五”期间，火电装机量差值分别为 64.65 万千瓦、157.07 万千瓦，两省火电装机量呈现在 1000 万～1500 万千瓦范围内稳步攀升。“十二五”期间，四川、云南两省 6000 千瓦及以上火电电厂发电设备容量分别从 2011 年的 1476.00 万千瓦、1136.00 万千瓦增长到 2015 年的 1623.87 万千瓦、1422.10 万千瓦，年均增长率分别为 2.42%、5.78%；“十三五”期间，四川、云南两省火电电厂发电设备容量分别从 2016 年的 1642.13 万千瓦、1401.99 万千瓦增长到 2020 年的 1596.00 万千瓦、1511.00 万千瓦，年均增长率分别为-0.71%、1.89%。重庆市火电装机量处于西南地区最低水平，“十二五”“十三五”期间，火电电厂发电设备年均容量分别为 930.06 万千瓦、1503.78 万千瓦；“十三五”期间火电电厂发电设备容量提升显著，是“十二五”期间的 1.62 倍。2011—2020 年，重庆市火电装机量呈现稳步攀升趋势，“十二五”期间，重庆市 6000 千瓦及以上火电电厂发电设备容量从 2011 年的 695.00 万千瓦增长到 2015 年的 1341.90 万千瓦，年均增长率为 17.88%；“十三五”期间，火电电厂发电设备容量从 2016 年的 1343.17 万千瓦增长到 2020 年的 1532.00 万千瓦，年均增长率为 3.34%。

（三）西南地区风力发电

近年来，随着全球能源资源和环境问题的日益突出，特别是以变暖为重要特征的全球气候变化的日趋明显，风电越来越受到世界各国的关注和重视，并且在各国共同努力下得到了快速的发展，目前全球风电装机容量已经超过了 1 亿千瓦，风电已经成为世界能源的重要组成部分。特别是在全球风电市场的强劲拉动下，风电产业快速发展，风电装机容量迅速增加，风电单机容量不断扩大，风电的安全性和可靠性明显提高，各方面投资风电的积极性空前高涨。经过多年持续的努力，我国西南地区风力发电发展迅速，风电已经处于由小规模补充能源向大规模主要能源转变的重要发展阶段。西南地区 2020 年风电电厂发电设备容量达 1984. 00 万千瓦，是 2011 年（199. 82 万千瓦）的 9. 93 倍，特别是“十三五”期间，风力发电装机量达 1628. 00 万千瓦，是“十二五”时期（477. 35 万千瓦）的 3. 41 倍。从风力发电装机量增速来看，“十二五”时期风电电厂发电设备容量增长较快，6000 千瓦及以上风电电厂发电设备容量从 2011 年的 199. 82 万千瓦增长到 2015 年的 856. 96 万千瓦，年均增长率为 43. 91%；“十三五”期间，西南地区风电电厂发电设备容量从 2016 年的 1258. 97 万千瓦增长到 2020 年的 1984. 00 万千瓦，年均增长率为 12. 04%（见表 23-8）。

表 23-8　2011—2020 年西南地区 6000 千瓦及以上风电电厂发电设备容量

单位：万千瓦

省区	2011 年	2012 年	2013 年	2014 年	2015 年	2016 年	2017 年	2018 年	2019 年	2020 年	“十二五”均值	“十三五”均值
重庆	5. 00	4. 68	9. 63	10. 00	9. 63	27. 95	32. 95	50. 00	64. 00	97. 00	7. 79	54. 38
四川	4. 00	1. 60	10. 95	29. 00	73. 35	124. 70	210. 45	253. 00	325. 00	426. 00	23. 78	267. 83
贵州	96. 46	134. 81	233. 00	322. 60	361. 58	368. 88	386. 00	457. 00	580. 00	580. 00	229. 69	474. 38
云南	94. 36	125. 85	167. 85	280. 00	412. 40	737. 44	818. 65	857. 00	863. 00	881. 00	216. 09	831. 42
西南地区	199. 82	266. 94	421. 43	641. 60	856. 96	1258. 97	1448. 05	1617. 00	1832. 00	1984. 00	477. 35	1628. 00

分省份来看，云南、贵州风力发电装机量基数较大，2020 年 6000 千瓦及

以上风电电厂发电设备容量分别为 881.00 万千瓦、580.00 万千瓦（见图 23-10）。

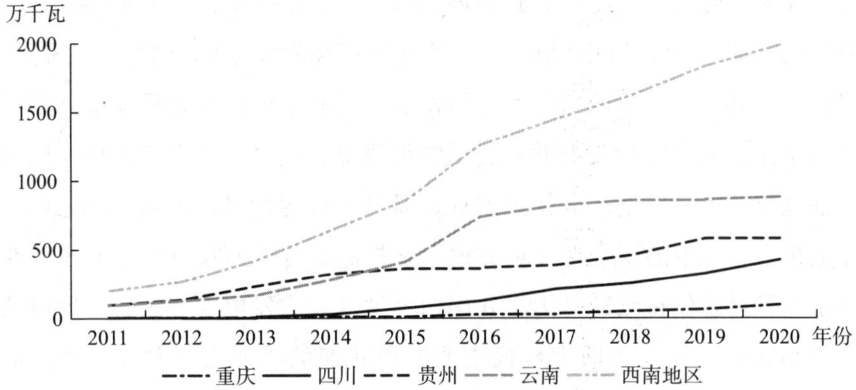

图 23-10　2011—2020 年西南地区 6000 千瓦及以上风电电厂发电设备容量趋势

云南、贵州地理区位特殊，山区大量分布，风力发电的迅速推广有助于抑制温室效应，解决偏远地区供电难的问题。在风力发电的过程中，风力既可以大幅削减常规发电排放的一氧化碳，缓和气候变暖状况，同时又能大幅缓解我国愈加频繁的沙尘暴危害，对荒漠化进行有效遏制。大型风力发电机群的建设将有害的风能转变为电能，并在一定程度上降低风力，缩短沙尘的距离，减缓沙漠扩展的速度，对环境具有一定的保护与改善作用。风力发电的大力推广有助于改善偏远山区供电难的问题，西南地区多为山区，地理位置特殊，地广人稀，土地贫瘠，工业基础薄弱，人均用电量较小，风力分散供电系统能够在一定程度缓解供电压力。风力发电在能源发展战略中起重要作用，是实现清洁低碳安全高效能源体系的重要一环。具体来看，云南、贵州两省在“十二五”期间风电电厂发电设备容量迅速提高，风电电厂发电设备容量分别从 2011 年的 94.36 万千瓦、96.46 万千瓦增长到 2015 年的 412.40 万千瓦、361.58 万千瓦，年均增长率分别为 44.59%、39.14%；“十三五”期间，风电电厂发电设备容量分别从 2016 年的 737.44 万千瓦、368.88 万千瓦增长到 2020 年的 881.00 万千瓦、580.00 万千瓦，年均增长率分别为 4.55%、11.98%。《贵州省国民经济和社会发展第十四个五年规划和 2035 年远景目标纲要》中提出，要科学发展风、光等新能源，推动风光水火储一体化发展，建设毕节、六盘水、安顺、黔西南、黔南等百万千瓦级光伏基地，鼓励分散式、分布式光伏发电及风电项目建设。在六盘水、贵阳、毕节、黔西南等地开展氢加工、氢燃料电池等应用试点，推动氢能全产业链示范项目建设。适当发展分布式气电，推进电力产业数字化转型，加快推动负荷侧与源网协调发展，优化用电负荷结构，加强电力需求侧管理。发展多能互补、协调智能的综合能源服务产业，到2025年，发电装机突破1亿千瓦，发电量超过3000亿千瓦·时，清洁高效电力产业产值超过2000亿元。

第二十四章　西南地区能源供给侧与需求侧分析

近些年，世界经济在深度调整中曲折复苏，增长乏力。当前，国际能源发展呈现出市场宽松化、格局多极化、结构低碳化、系统智能化、竞争复杂化等一系列新特征，新能源技术创新和互联网正引领新一轮工业革命，技术进步促进了水电、核电、太阳能、风能、地热能、潮汐能和生物质能源等新能源和可再生能源的迅速发展，页岩气、深海油气资源开发，以及可燃冰、电动汽车、智能电网等关键技术不断突破。我国经济发展进入以速度变化、结构优化、动力转换为特征的新时代，经济发展方式从规模速度型粗放增长转向质量效率型集约增长，经济结构从以增量扩能为主转向调整存量、做优增量并举的深度调整。国内呈现能源消费增速回落，油气替代煤炭、非化石能源替代化石能源双重更替加快，能源发展动力要素驱动向科技和体制创新转变，能源系统形态向集中式供能与分布式供能并重的系统形态转变。因此，我国要通过加大科技投入研发、加强能源利用效率技术、开发清洁能源、改善能源消费结构、建立健全低碳发展政策制度等途径，来应对日益严重的气候变化形势，促进西南地区经济的可持续发展。

第一节　西南地区能源供给侧结构分析

在构建绿色能源体系和实现能源革命目标的双重任务下，能源供给侧结构性改革的重点任务在于实现清洁化与高效化。化石能源生产要实现低碳化、集约化发展，从根本上降低成本、提高生产效率，促进能源供给侧结构性改革实现提质增效。现阶段，西南地区能源供给仍以化石能源特别是煤炭为主，而以天然气、风能和水能为主的清洁能源占比仍较小。从能源生产结构来看，西南地区原煤产量占比仍较高；其次是一次电力生产，主要以水电为主；而原油、天然气生产占比较低。对比“十二五”时期，“十三五”时期西南地区能源结构明显优化，清洁发展水平不断提高，原煤、原油高碳能源生产占比显著下降，一次电力、天然气等清洁能源占比明显提升。“十三五”时期原煤、原油占比分别为42.23%、0.03%，对比“十二五”分别下降了21.17%、0.04%；“十二五”时期一次电力、天然气占比分别为27.28%、9.26%，“十三五”时期占比大幅提高，分别达到44.02%、13.72%（见图24-1）。

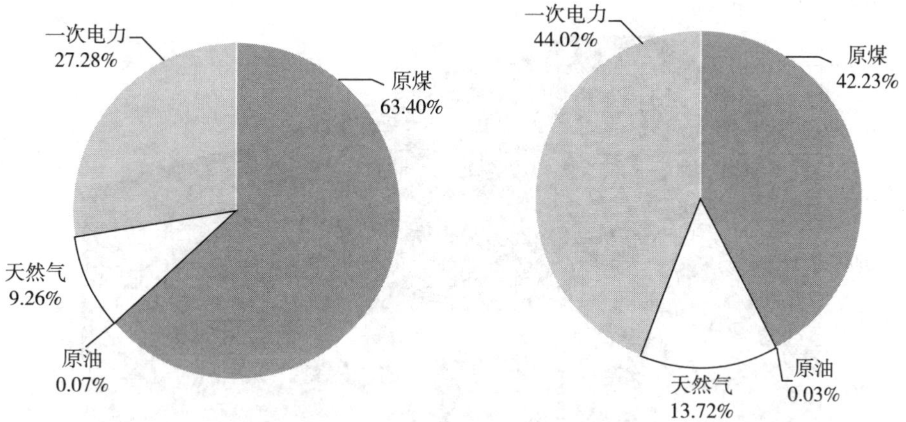

（a）“十二五”时期　（b）“十三五”时期

图24-1　西南地区能源生产结构占比

分省份来看，西南地区能源资源供给侧结构分异特征明显，四川省水资源、常规/非常规天然气资源丰富，煤炭资源有限，风能资源较贫乏，太阳能资源局部富集；电力、天然气外送比例分别达到44.4%、47.3%。重庆市能源资源总体匮乏，属于一次能源匮乏地区，具有“贫煤少水、富气无油”的特征；天然气外调比例为16.4%，但电力调入比例达到55.8%。云南省能源资源以水能、煤炭、太阳能、风能为主，水能、风能资源丰富，而煤炭资源、油气资源相对匮乏；云南省电力外调比例高达52.3%。贵州省能源资源包括丰富的煤炭资源、一定规模的水能资源，但水能资源已基本开发完毕，煤炭产量呈下降趋势；煤炭、电力外调比例分别达到33.5%、78.2%。

一、西南地区原煤生产

西南地区原煤生产大省为贵州省，2020 年原煤标准量（当量）达到 8066.67 万吨标准煤，分别是云南省（2967.30 万吨标准煤）、四川省（1744.50 万吨标准煤）的 2.72 倍、4.62 倍（见图 24-2）。

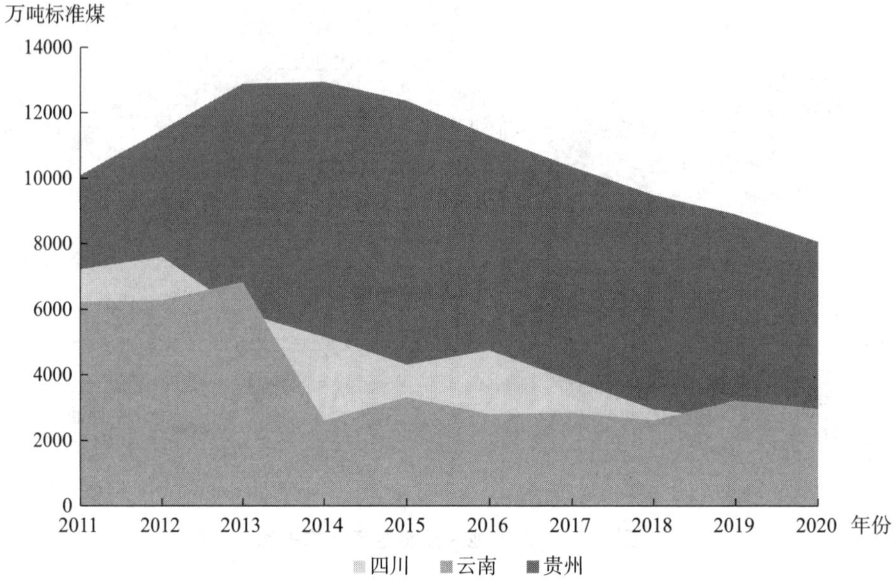

图 24-2　2011—2020 年西南地区原煤生产标准量变化

从贵州省原煤产量的演变趋势来看，“十二五”期间，原煤产量呈现稳步攀升—波峰—逐年递减的趋势，2014 年达到极大值，为 12933.72 万吨标准煤。“十三五”时期，原煤产量下降明显，从 2016 年的 11298.00 万吨标准煤下降到 2020 年的 8066.67 万吨标准煤，年均下降率为 8.08%。为实现基础能源的清洁高效利用，《贵州省国民经济和社会发展第十四个五年规划和 2035 年远景目标纲要》提出：加快煤矿智能化建设，优化煤炭产能产品结构，推动煤矿改造提升和大中型煤矿建设，推广使用煤矿机器人，提升产能利用率，生产煤矿综采综掘基本实现智能化，煤炭产量达到 2 亿吨。推进煤炭绿色开采利用，科学有序发展露天煤矿，开展采煤沉陷区和土地复垦复绿治理。加强煤矿瓦斯、煤矸石、矿井水等煤炭伴生资源清洁高效利用，煤矿瓦斯利用率达到 56%。煤炭项目将“十三五”时期 15 个项目结转矿井，合计规模 2010 万吨/年，到“十四五”时期 19 个新建矿井项目，合计规模 3300 万吨/年，煤矿管理逐渐规范合理，产量规模翻三番。

从四川省的原煤生产量演变趋势来看，四川省的原煤产量在“十二五”“十三五”期间呈现大幅缩减趋势，从 2011 年的 7222.30 万吨标准煤下降到 2020 年的 1744.50 万吨标准煤，年均下降率为 14.60%。四川省坚持“限小扶大、增优减劣”，培育扶持先进优质煤矿产能，秉持合理有效产能规模的原则，原煤产量规模逐步缩小。为推进煤矿现代化改造，因地制宜地实施煤矿智能化改造，《四川省“十四五”能源发展规划》强调，要引导耗煤行业节能降耗和用能替代，合理控制煤炭消费总量。加强节能高效实用技术及先进装备应用，强化废弃物资源化利用，促进矿区循环经济发展。推进洁净煤技术推广应用，积极发展高效洗煤、配煤和型煤综合利用技术，探索煤炭地下气化清洁开发技术推广应用。加强煤炭清洁运输和流通环节清洁监管，在煤炭消费重点地区开展煤炭清洁化利用试点示范。到 2025 年，优质产能煤矿产量比重达到 50%以上，煤炭废弃物资源化率达到 80%以上，原煤入选率达到 85%以上。

“十三五”期间，云南省原煤产量年均值为 2890.56 万吨标准煤，与“十二五”期间的原煤产量年均值（5055.14 万吨标准煤）相比，下降了 57.18%，下降幅度显著。“十四五”时期，云南省重点改治煤炭项目，《云南省国民经济和社会发展第十四个五年规划和 2035 年远景目标纲要》提出，要着重推进云南省煤炭交易（储配）中心建设，支持云南煤炭产业集团整治重组。具体包括：完成小龙潭露天煤矿五期扩建工程，推动白龙山煤矿一井和雨汪煤矿一井建成投产，力争开工建设弥勒新哨山心村露天煤矿扩建工程、富源老厂矿区白龙山煤矿二井和三井、雨汪煤矿二井，推进煤层气资源勘查开发利用，加大煤矿瓦斯（煤层气）抽采利用，推进煤电一体化建设，强化煤电节能减排改造升级，优化能源结构，解决“丰平枯紧”的结构性问题。

二、西南地区一次电力生产

西南地区一次电力生产量最大的省份为云南省，2020 年一次电力生产达到 10540.06 万吨标准煤，占西南地区整体产量的 58.56%（见图 24-3）。

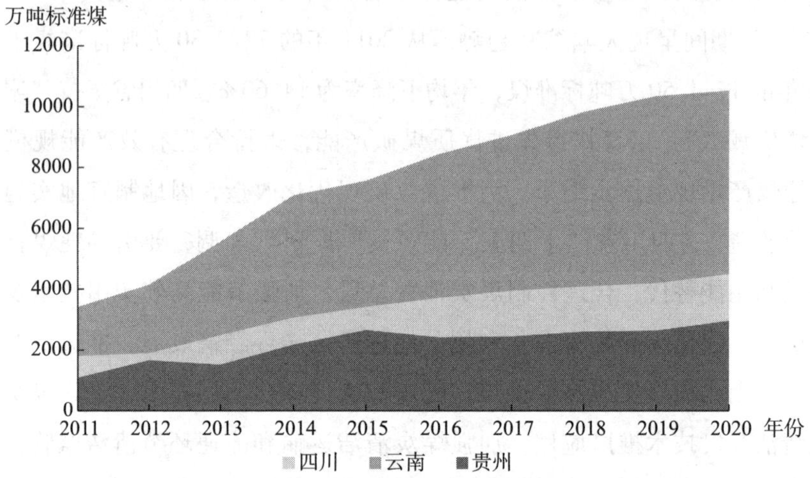

图 24-3　2011—2020 年西南地区一次电力生产标准量变化

“十三五”期间，云南省一次电力产量增长迅猛，一次电力年均产量为 9648.28 万吨标准煤，是“十二五”期间（5553.58 万吨标准煤）的 1.74 倍。云南省一次电力生产中水电占比最高，达 75%，是云南省主要电力保障；其次是火电，占比 18%；风能发电占比较小，仅占 7%（见图 24-4）。

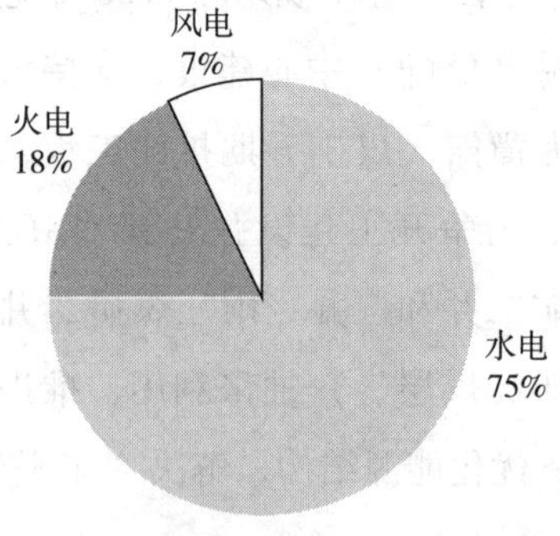

图 24-4　2011—2020 年云南省一次电力生产装机量均值占比

为进一步贯彻落实清洁能源的科学开发和高效利用，充分发挥水资源优势，提高资源利用效率，云南省“十四五”规划提出，要积极推进乌东德、白鹤滩、托巴水电站建成投产，旭龙、奔子栏、古水水电站开工建设；积极推进已建水电站扩机项目，加强中小水电有序规范管理；统筹协调风能、太阳能等新能源开发利用，以金沙江下游、澜沧江中下游大型水电站基地以及送出线路为依托，建设风光水储一体化国家示范基地；2025 年全省电力装机将达到 1.3 亿千瓦左右，绿色电源装机比重达到 86%。

三、西南地区原油、天然气生产

西南地区原油、天然气生产主要集中在四川省。根据四川省自然资源部的“十三五”资源评价，四川盆地天然气总资源量为 38.84 万亿立方米，是我国天然气勘探开发最具潜力的盆地，天然气资源量居全国之首。《四川省地质勘查规划（2021—2030 年）》提出，“十四五”时期，新增天然气（页岩气）勘查 2 万亿立方米，2030 年将达 3 万亿立方米。四川省天然气产量增长迅速，从 2011 年的 3218.60 万吨标准煤增长到 2020 年的 6162.40 万吨标准煤，10 年间实现天然气产量翻一番，年均增长率为 7.48%；特别是“十三五”时期，2020 年天然气产量达 6162.40 万吨标准煤，是 2016 年（3948.90 万吨标准煤）的 1.56 倍。四川省原油产量相对较小，并呈现小幅下降的趋势；“十二五”期间，2011 年原油生产量为 23.10 万吨标准煤，2015 年原油生产量达到 22.00 万吨标准煤，年均下降率为-1.21%；“十三五”期间，原油产量下降幅度明显加快，从 2016 年的 15.40 万吨标准煤下降到 2020 年的 11.12 万吨标准煤，年均下降率为-7.65%。

为贯彻落实清洁能源的用能替代，打造千亿立方米级产能基地，四川省能源“十四五”规划提出，要大力推进天然气（页岩气）勘探开发，实施国家天然气（页岩气）千亿立方米级产能基地建设行动方案，建成全国最大的现代化天然气（页岩气）生产基地。加大德阳—安岳古裂陷周缘、川中下古生界—震旦系、下二叠统、川西雷口坡组、川南五峰组—龙马溪组层系勘探力度。加快川中下古生界—震旦系气藏、川西和川中致密气藏、川东北高含硫气田、川西致密气田以及长宁、威远、泸州等区块产能建设，稳定主产区产量，开发接续区块。到2025年，天然气（页岩气）年产量将达到630亿立方米。

第二节　西南地区能源需求侧结构分析

目前，中国已成为世界第一大能源消费国，且能源消费总量仍在不断增加，根据《BP世界能源统计年鉴》，2019年中国一次能源消费量占世界一次能源消费总量的1/4左右。与此同时，《全球能源统计年鉴》（2020）显示，中国能源强度与世界其他国家和地区相比仍然偏高，2019年中国的能源强度分别是美国、日本和欧盟的1.15倍、1.62倍和1.75倍，是世界平均水平的1.16倍，仍有较大下降空间。为了控制能源消费总量，提高能源综合利用效率，实现节能减排，中国对能源消费总量和能源强度实施了双重目标控制。2020年12月11日，中共中央政治局会议首次提出“注重需求侧改革”，在推动供给侧结构性改革、促进“供给创造需求”的同时，也要进一步推动需求侧改革，实现“需求牵引供给”。而全面认识我国西南地区能源消费总量和能源消费结构，有助于实现西南地区需求侧改革，是实现我国“双碳”目标的关键所在。西南地区能源消费总量持续增加，2020年能源消费总量达到47069.93万吨标准煤，相较于“十二五”时期，“十三五”时期能源消费总量增长速度明显下降。具体来看，“十二五”期间，能源消费总量从2011年的38309.54万吨标准煤增加到2015年的43349.16万吨标准煤，年均增长率为3.14%；“十三五”期间，能源消费总量从2016年的41816.43万吨标准煤增加到2020年的47069.93万吨标准煤，年均增长率为3.00%。从能源消费结构来看，现阶段西南地区能源消费仍然以煤炭消费为主体，但地位在逐步下降，能源消费占比由“十二五”时期的46%下降到“十三五”时期的38%，下降幅度明显。油品、天然气、一次电力能源消费占比相对较小，但能源结构逐步清洁优化，油品能源消费占比逐步下降，天然气、一次电力消费逐年增加，油品能源消费量从2011年的10993.10万吨标准煤下降到2020年的9308.19万吨标准煤，年均下降率为-1.83%。天然气、一次电力等能源消费的地位不断上升，分别由“十二五”时期的7%、22%逐步提升至“十三五”时期的11%、31%，未来，天然气、一次电力有望赶超石油和煤炭，成为能源消费主体（见图24-5）。

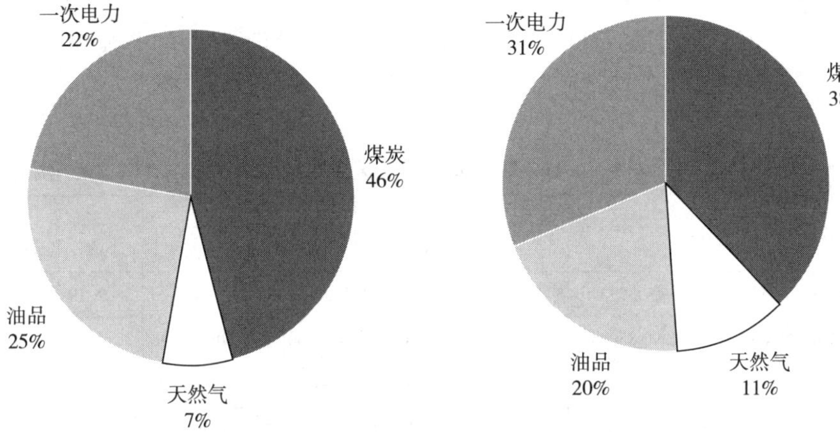

（a）“十二五”时期　　（b）“十三五”时期

图24-5　西南地区能源消费结构占比

一、西南地区煤炭消费

煤炭是国内空气污染和雾霾频发的重要源头，为了积极应对温室气体排放引致的全球气候变化和降低煤炭消费导致的环境污染和健康风险，煤炭消费总量控制和煤炭转型发展成为中国能源生产和消费革命战略的立足点和首要任务。“十二五”“十三五”时期，西南地区煤炭消费总量明显下降，从2011年的20517.62万吨标准煤下降到2020年的17127.36万吨标准煤，年均下降率为1.99%；西南地区煤炭消费总量依旧较大，但煤炭消费逐步得到控制。分省份来看，四川省煤炭消费量位于西南地区第一梯队，2020年四川省煤炭消费总量达到5728.90万吨标准煤，较2011年的8790.70万吨标准煤得到大幅下降，但总量基数依旧较大，占西南地区整体煤炭消费的38.63%。云南省、重庆市煤炭消费总量位居西南地区第二梯队，“十二五”“十三五”时期煤炭消费下降幅度显著，具体来看：2011年云南省、重庆市煤炭消费总量分别为 5339.69 万吨标准煤、3533.55 万吨标准煤，2020 年两省市的煤炭消费总量分别为 4526.80 万吨标准煤、3930.98 万吨标准煤，年均下降率分别为-1.82%、-1.19%。重庆市煤炭消费总量相对较少，但煤炭消费量呈逐年递增的趋势，"十三五"时期，重庆市煤炭消费量均值为 3954.69 万吨标准煤，相较"十二五"时期的 3802.19 万吨标准煤的煤炭消费量有小幅提升（见表 24-1）。

表 24-1　2011—2020 年西南地区煤炭能源消费量　单位：万吨标准煤

省	2011 年	2012 年	2013 年	2014 年	2015 年	2016 年	2017 年	2018 年	2019 年	2020 年	"十二五"均值	"十三五"均值
重庆	3533.55	3563.96	3935.09	3983.97	3994.40	3830.26	3899.16	4050.94	4062.09	3930.98	3802.19	3954.69
四川	8790.70	9639.80	9556.90	8500.10	7539.30	6365.40	6085.10	5865.30	5886.10	5728.90	8805.36	5986.16
贵州	2853.68	3018.20	3332.22	3417.21	3966.90	3300.53	3448.10	3060.83	3112.61	2940.68	3317.64	3172.55
云南	5339.69	5546.54	5099.50	4502.90	4273.08	4282.87	4248.85	4207.18	4202.90	4526.80	4952.34	4293.72
西南地区	20517.62	21768.50	21923.71	20404.18	19773.68	17779.06	17681.21	17184.25	17263.70	17127.36	20877.54	17407.12

二、西南地区油品消费

石油不仅是国家经济发展的重要物资，同时也是安全机制的战略物资。西南地区是石油重要生产、消费地区。整体来看，西南地区油品消费量呈显著下降趋势，2020 年西南地区油品能源消费量为 9308.19 万吨标准煤，相较 2011 年下降 19.79%。分省份来看，四川省油品消费量最大，"十二五""十三五"10 年间年均消费量达 7395.76 万吨标准煤，分别是重庆市、云南省油品消费量的 6.87 倍、4.19 倍。重庆市、云南省在"十三五"期间油品消费量上升幅度显著，具体来看："十二五"时期，重庆市、云南省的油品消费量分别从 2011 年的 782.81 万吨标准煤、1419.59 万吨标准煤增长到 2015 年的 999.15 万吨标准煤、1688.80 万吨标准煤，年均增长率分别为 6.29%、4.44%；"十三五"时期，两省市的油品消费量分别从 2016 年的 1084.27 万吨标准煤、1789.09 万吨标准煤增长到 2020 年的 1404.82 万吨标准煤、

2174.47 万吨标准煤，年均增长率分别为 15.74%、5.00%（见表 24-2）。

表 24-2　2011—2020 年西南地区油品能源消费量　单位：万吨标准煤

省市	2011 年	2012 年	2013 年	2014 年	2015 年	2016 年	2017 年	2018 年	2019 年	2020 年	“十二五”均值	“十三五”均值
重庆	782.81	801.63	889.18	887.81	999.15	1084.27	1139.04	1347.72	1433.92	1404.82	872.12	1281.95
四川	8790.70	9639.80	9556.90	8500.10	7539.30	6365.40	6085.10	5865.30	5886.10	5728.90	8805.36	5986.16
贵州	—	—	—	—	—	—	—	—	—	—	—	—
云南	1419.59	1557.75	1446.35	1537.91	1688.80	1789.09	1925.72	1974.94	2143.39	2174.47	1530.08	2001.52
西南地区	10993.10	11999.18	11892.43	10925.82	10227.25	9238.76	9149.86	9187.96	9463.41	9308.19	11207.56	9269.64

三、西南地区天然气消费

在碳达峰、碳中和的战略目标下，优质高效的天然气担负着中国能源转型的重任，成为中国经济高质量发展的最佳选择。在能源政策的推动下，西南地区天然气消费量保持高速增长，2020 年天然气能源消费总量为 5582.04 万吨标准煤，占能源消费总量的 11.86%，但仍远低于 24.2%的世界平均水平。由此可见，未来西南地区天然气需求量仍具有较大增长空间。具体来看，四川省天然气消费总量位居西南地区首位，天然气消费总量大且增速显著，“十二五”时期，天然气消费量从 2011 年的 2061.10 万吨标准煤增加到 2015 年的 2274.00 万吨标准煤，年均增长率为 2.49%；“十三五”时期，天然气消费量从 2016 年的 2695.40 万吨标准煤增加到 2020 年的 3486.60 万吨标准煤，年均增长率为 6.65%；“十三五”时期，四川省天然气消费量增速明显高于“十二五”时期。重庆市天然气消费量位居西南地区第二梯队，“十二五”“十三五”时期，天然气消费量年均值分别为 857.12 万吨标准煤、1240.80 万吨标准煤，“十三五”时期天然气消费量提升效果显著。贵州省、云南省天然气消费量均低于 500 万吨标准煤，是西南地区天然气消费最少的地区，但两省“十三五”时期天然气消费量明显高于“十二五”时期，“十三五”时期两省年均天然气消费量分别为 317.15 万吨标准煤、166.72 万吨标准煤，分别是“十二五”时期的2.24倍、1.87倍（见表24-3）。

表24-3 2011—2020年西南地区天然气能源消费量

单位：万吨标准煤

省市	2011年	2012年	2013年	2014年	2015年	2016年	2017年	2018年	2019年	2020年	“十二五”均值	“十三五”均值
重庆	705.35	810.10	823.92	937.46	1008.76	1019.61	1087.18	1323.39	1376.68	1397.16	857.12	1240.80
四川	2061.10	2034.40	1972.40	2196.80	2274.00	2695.40	2876.30	3152.20	3387.70	3486.60	2107.74	3119.64
贵州	53.05	62.08	109.99	118.10	145.50	154.48	176.32	379.60	425.03	450.32	97.74	317.15
云南	50.56	52.17	53.38	56.46	78.19	95.46	117.22	154.15	218.84	247.96	58.15	166.72
西南地区	2870.06	2958.75	2959.69	3308.82	3506.45	3964.95	4257.02	5009.34	5408.25	5582.04	3120.75	4844.32

四、西南地区一次电力消费

“十二五”“十三五”期间，西南地区一次电力消费量呈显著上升趋势，2020年电力能源消费量为15698.27万吨标准煤，是2011年的2.03倍，年均增长率为8.20%。分省份来看，云南省一次电力消费量最高，位居西南地区第一梯队，2020年一次电力消费量达5808.12万吨标准煤，分别是重庆市、四川省消费量的6.53倍、3.50倍。四川省、贵州省一次电力消费量总量相近，变化趋势相似，2011—2020年一次电力消费量均值分别为3311.29万吨标准煤、3634.34万吨标准煤，年均增长率分别为10.66%、5.53%。重庆市一次电力消费量最低，2011—2020年一次电力年均消费量为817.41万吨标准煤，整体呈稳步上升的趋势，从2011年的494.44万吨标准煤增长至2020年的888.92万吨标准煤，年均增长率为6.73%（见表24-4）。

表24-4 2011—2020年西南地区一次电力能源消费量

单位：万吨标准煤

省市	2011年	2012年	2013年	2014年	2015年	2016年	2017年	2018年	2019年	2020年	“十二五”均值	“十三五”均值
重庆	494.44	659.15	577.72	794.37	922.46	1165.57	1126.20	730.66	814.56	888.92	689.63	945.18
四川	1804.50	1899.50	2487.80	3064.30	3415.70	3712.30	3951.90	4087.90	4197.50	4491.50	2534.36	4088.22

续表

省市	2011 年	2012 年	2013 年	2014 年	2015 年	2016 年	2017 年	2018 年	2019 年	2020 年	“十二五”均值	“十三五”均值
贵州	2777.89	3031.64	3257.13	3346.96	3303.36	3511.75	3965.59	4200.53	4438.77	4509.73	3143.40	4125.27
云南	2644.57	3116.54	3328.83	4250.93	4260.57	4421.24	4718.84	5094.97	5416.23	5808.12	3520.29	5091.88
西南地区	7721.40	8706.83	9651.48	11456.56	11902.09	12810.86	13762.53	14114.06	14867.06	15698.27	9887.67	14250.56

第三节　西南地区能源供给侧与需求侧分析

一、西南地区化石能源有效替代

能源的低碳化、清洁化、安全化、高效化是保障国家能源供给安全、经济安全和生态安全的重要手段。从人类命运共同体和经济全球化视角看，能源清洁低碳、安全高效利用是人类社会实现可持续发展的必然趋势。从全球能源供需格局的变化中可以看出，石油、煤炭等传统化石能源作为社会主体能源的份额，正在为热值更高、排放更少的天然气等清洁化的化石能源和不产生碳排放的水电、风电、光伏等可再生能源所逐步替代，新能源、可再生能源逐步替代化石能源已成为全世界的发展共识。现阶段，中国经济正处在转变发展方式、优化经济结构、转换增长动力的攻关期，从新时期中国能源发展形势来看，经济增长方式的转变必然要求能源转型过程中有序推行“绿色能源选择”。“十四五”规划提出了“推进能源革命，建设清洁低碳、安全高效的能源体系，提高能源供给保障能力”的发展目标，重申非化石能源对化石能源有效替代的重要意义，强调加快发展非化石能源，坚持集中式和分布式并举，大力提升风电、光伏发电规模，加快发展东中部分布式能源，有序发展海上风电，加快西南水电基地建设，安全稳妥地推动沿海核电建设，建设一批多能互补的清洁能源基地，非化石能源占能源消费总量比重提高到20%左右。

现阶段，西南地区新能源、可再生能源对化石能源替代取得重大成果，清洁低碳化进程不断加快，能源结构正由“煤炭为主”向“多元化协同”转变，能源发展驱动正由“高速增长”向“高质量增长”、由“传统能源增长”向“新能源增长”转变。2020 年西南地区能源生产结构中，原煤占比 34.58%，原油占比 0.03%，天然气占比 16.68%，水电、核电、风电等占比 48.71%。能源消费结构中，煤炭消费量占比约 35.89%，同比下降 0.83%；天然气、水电、核电、风电等清洁能源消费量占能源消费总量的44.60%，同比增长 1.46%。

中国能源发展战略方向已然明朗，能源革命正加速推进，能源转型已上升到国家战略层面。无论是中国发展的实际需求，还是对能源安全战略的充分权衡，能源转型都已成为现阶段中国亟待解决的问题之一。西南地区能源转型虽然获得初步成效，但受制于资源禀赋、能源结构等发展障碍以及新能源技术“瓶颈”，在能源转型过程中遇到的掣肘和阻力仍较为严重。具体表现为：①地区间能源发展不平衡、不充分。人均用能、用电量均低于全国平均水平，能耗强度较高，能源效率还有较大提升空间。具有季及以上调节能力的水库电站装机不到水电总装机的 40%，调节能力不足，丰枯矛盾突出。火电供电煤耗较高。电网适应资源逆向分布的能力需进一步提升，源网发展需进一步协调，与构建以新能源为主体的新型电力系统尚有差距。煤矿安全生产供应水平不高，煤炭储备调节能力弱。储气调峰能力不足，地下储气库和专门用于储气调峰的地面大型液化天然气储备库尚未建成，迎峰度冬天然气供应存在阶段性短缺。②能源民生服务存在短板。部分地方电网供区和高原地区、边远山区配网建设相对滞后，供电可靠性有待进一步提高。部分乡镇“获得电力”营商环境服务水平存在较大差距。农村天然气普及率与城市存在较大差距，农村燃气配网建设需进一步加强。适应美好生活需要和新模式新业态发展的能源普遍服务能力有待提升。③能源体制改革和机制创新亟待深化。电力交易机制有待完善，需求响应机制还未完全建立；电力跨省域、跨区域输送利益协调机制缺失，配套辅助成本尚未得到合理补偿。上网电价形成机制和销售电价改革需进一步深化和完善，适应油气体制改革的天然气价格形成机制改革需加快推进，价格引导能源资源配置的作用有待进一步发挥。能源管理体制滞后，职责分散，信息化水平不高。

二、西南地区化石能源供给与需求

“十二五”“十三五”时期，西南地区间能源发展不平衡、不充分，西南地区能源供需特征差异显著，互补优势明显。“十三五”时期，西南地区煤炭、油品需求大于供给。2020年煤炭、油品消费总量分别达17127.36万吨标准煤、9308.19万吨标准煤，而西南地区原煤、原油生产量分别为12778.47万吨标准煤、11.12万吨标准煤，供给与需求差值分别为4348.90万吨标准煤、9297.07万吨标准煤（见图24-6）。

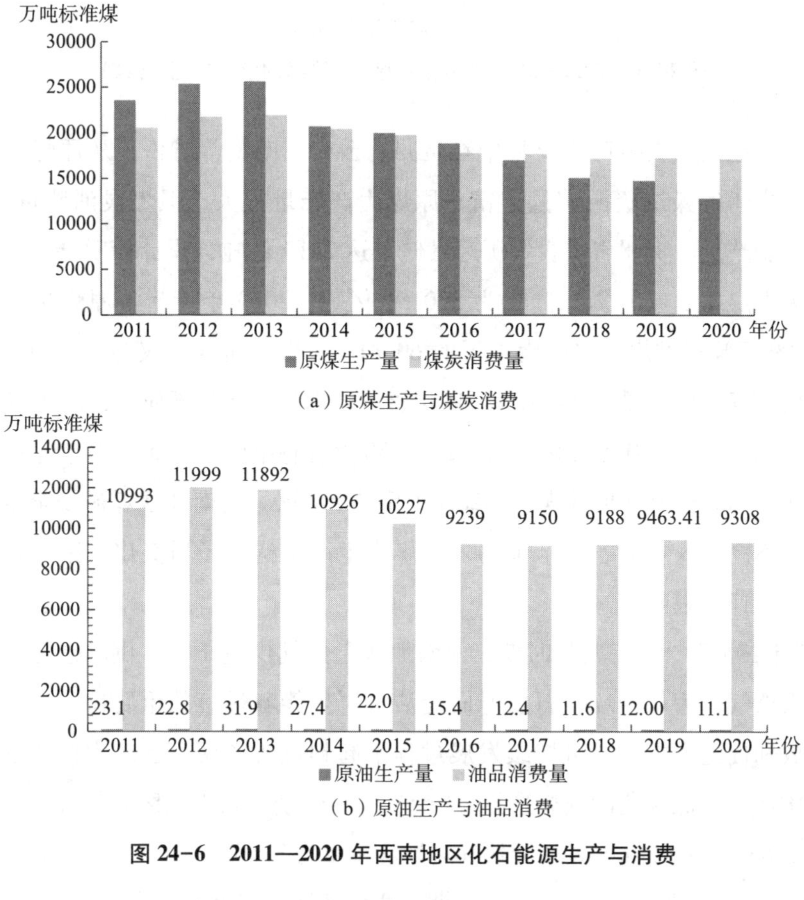

（a）原煤生产与煤炭消费

（b）原油生产与油品消费

图24-6　2011—2020年西南地区化石能源生产与消费

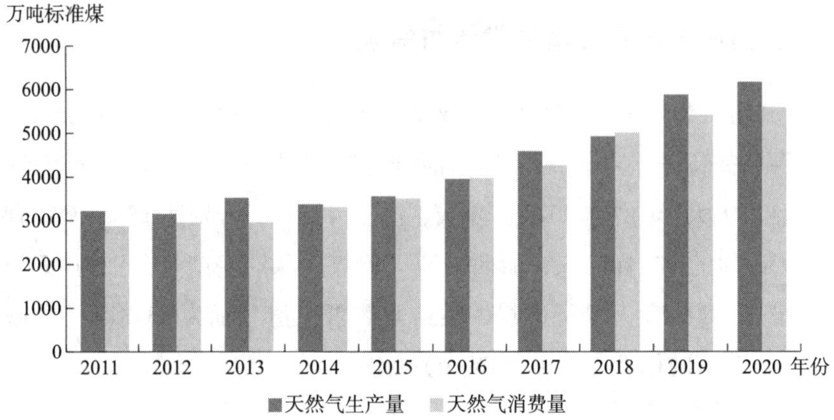

（c）天然气生产与消费

图 24-6　2011—2020 年西南地区化石能源生产与消费（续）

西南地区煤炭生产主要集中在贵州、云南、四川等省份，从原煤生产量来看，贵州省煤炭资源储量丰富，原煤生产产量较大，但煤炭消费量较低，产能过剩严重。贵州省煤炭资源远景储量达 2419 亿吨，累计探明储量 587 亿吨，无烟煤探明保有资源储量为 320. 51 亿吨。2020 年贵州省原煤生产量达 8895. 09 万吨标准煤，占西南地区的 60. 31%；煤炭需求量仅为 3112. 61 万吨标准煤，仅占供给量的 34. 99%。四川省、云南省煤炭供不应求，2020 年原煤产量分别为 1744. 50 万吨标准煤、2967. 30 万吨标准煤，2020 年煤炭消费量分别高达 5728. 90 万吨标准煤、4526. 80 万吨标准煤。西南地区煤矿安全生产供应水平不高，煤炭储备调节能力弱，煤炭生产结构性矛盾突出，推进机械化升级改造任务艰巨。

“十二五”“十三五”时期，西南地区天然气供过于求，供求差距持续拉大。天然气作为从传统化石能源向清洁可再生能源过渡的重要桥梁，在降低碳排放和促进人类社会可持续发展过程中起到重要作用，已成为世界各国能源结构优化、低碳化的战略选择。“十二五”时期，西南地区天然气年均生产量为 3363. 76 万吨标准煤，天然气年均消费量为 3120. 75 万吨标准煤，差值为 243. 01 万吨标准煤；“十三五”时期，西南地区天然气年均生产量为 5096. 26 万吨标准煤，天然气年均消费量为 4844. 32 万吨标准煤，差值为 251. 94 万吨标准煤。“十三五”期间建成了西南地区天然气（页岩气）输送枢纽，全面形成环形输送管网，年输配能力达到450亿立方米，5年累计外输天然气544亿立方米。能源储备设施加快建设，川东北储气调峰项目（一期）竣工，成都市液化天然气应急调峰储备库项目（一期）基本建成，广安高兴煤炭储备基地项目开工建设。“十三五”期间，“西电东送”大通道源源不断地将西南地区的绿色清洁水电和“风光”资源输送到广东、广西和海南负荷中心，最大年输送电量超过2300亿千瓦·时，其中超过84%为清洁能源，相当于每年为南方区域减少标准煤燃烧0.55亿吨、减少二氧化碳排放1.48亿吨、减少二氧化硫排放107万吨。正是依托“西电东送”输电大通道，云南省内澜沧江和金沙江干流的大型水电基地才具备了集中开发和消纳的条件。2020年，云南全省清洁能源装机占比达到85%，水能利用率达到99.1%，比《清洁能源消纳三年行动计划（2018—2020年）》要求高出4.1个百分点，有力地支撑了南方地区天更蓝、山更绿、水更清、环境更优美的生态环境。

三、西南地区电力供给与需求

“十二五”“十三五”期间，整体来看，西南地区一次电力供给与需求不匹配严重，电力供给与需求结构发展仍需完善，可再生能源占比需要进一步提高（见图24-7）。

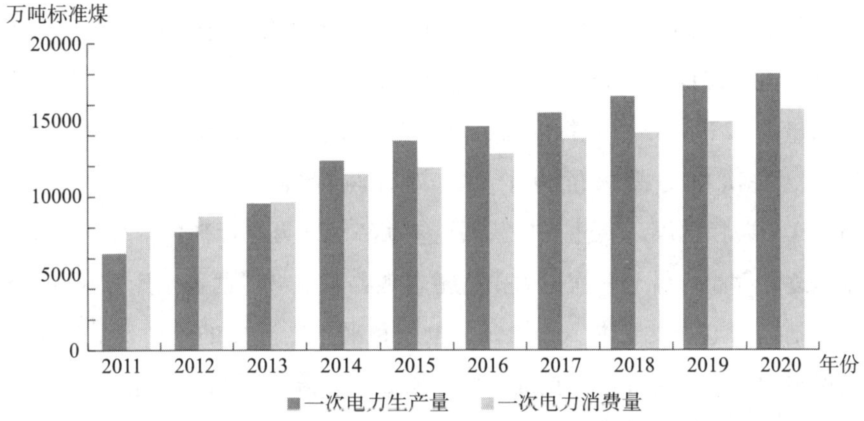

图24-7　2011—2020年西南地区一次电力生产与消费

2020 年，西南西区电力供给以水电为主，装机量占总体的 65%；火电占比仍较大，达 28%；可再生能源风电占比仍较小，仅占 7%（见图 24-8）。

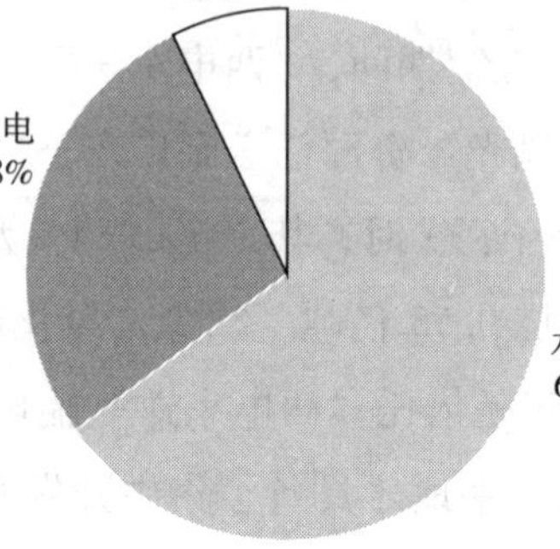

图 24-8　2020 年西南地区电力设备容量配比

一次电力供给与需求不匹配，具体来看，2011—2013 年，西南地区一次电力供小于求，供求差呈现逐年缩小趋势；2014—2020 年，西南地区一次电力供过于求，供求差呈现逐年缩小趋势。具体来看，2011—2013 年，西南地区一次电力需求量高于供给量，2011 年一次电力需求量为 7721. 40 万吨标准煤，2011 年一次电力供给量为 6317. 89 万吨标准煤，供求差为 1403. 51 万吨标准煤；2013 年一次电力需求量为 9651. 48 万吨标准煤，2013 年一次电力供给量为 9572. 07 万吨标准煤，供求差为 79. 41 万吨标准煤，2011—2013 年供求差逐年缩小。2014—2020 年，西南地区一次电力供给量多于需求量，供求差日渐拉大。2014 年一次电力需求量为 11456. 56 万吨标准煤，2014 年一次电力供给量为 12332. 82 万吨标准煤，供过于求，供求差为 876. 26 万吨标准煤；2020 年，一次电力需求量为 15698. 27 万吨标准煤，一次电力供给量为 16355. 51 万吨标准煤，供过于求，供求差为 657. 24 万吨标准煤，2014—2020 年供求差逐年缩小。针对一次电力供过于求现象，提出“西气东送”国家战略，但西南地区水电开发成本不断攀升与电价预期不断降低的矛盾日益突出，西南地区电力发展仍存在诸多挑战，国家层面的统筹规划和协调监管仍需加强，清洁能源跨区配置的政策体系尚待完善。

第二十五章　西南地区能源供给侧与需求侧协同驱动路径分析

第一节　基于SWOT矩阵的西南地区能源供给侧与需求侧内外部环境分析

一、西南地区能源发展优势

（一）自然资源丰富，区域特色明显，矿产、水能为主要优势资源

西南地区燃料矿产丰富，煤炭资源储量为3252.7万吨，其中贵州省煤炭资源储量最大，煤炭资源远景储量达2419亿吨，居全国第5位，是国家实施“西电东送”西部大开发战略的主战场之一。西南地区石油天然气资源优势明显，非常规能源储量丰富。西南地区四川盆地天然气总资源量为38.84万亿立方米，是我国天然气勘探开发最具潜力的盆地，天然气资源量居全国之首；非常规能源页岩气在西南地区四川省、贵州省集中分布，预计“十四五”时期，四川省新增天然气（页岩气）勘查2万亿立方米，2030年达3万亿立方米，贵州省预计到2025年探明页岩气储量达500亿立方米，建成页岩气年产能达20亿立方米、年产量达12亿立方米。另外，西南地区金属矿产种类多、储量大，金属矿产总量达2700亿吨，有20多种矿产，矿产种类占全国的20%以上。其中，钛、锶、光学萤石等保有储量占全国的储量80%以上；钒、锂、镉、芒硝、化肥用硅石、碘等占全国储量的50%以上；汞、石棉、铂族、铍、锗、锰、铅、锌、银、铜、硫铁矿等占全国储量的20%~30%。此外，水能资源是西南地区在全国占有绝对优势的资源。由于河流密布，山峦起伏，水量充沛，落差大，水流急，西南地区发展水电的条件十分优越。其水能资

源理论蕴藏量达到近3亿千瓦，占全国的43%，可开发量近2亿千瓦。水能资源的开发利用对于践行能源革命、构建清洁低碳安全高效的能源体系、实现“双碳”目标具有重大发展战略意义。

（二）优势资源分布相对集中，资源组合配套较好，开发条件优势明显

西南地区优势矿产、水能资源不仅储量大、分布集中，而且组合配套较好，对综合开发利用十分有利。如丰富的磷矿、铝土矿资源与丰富的水能资源组合配套，不仅有利于磷矿和铝土矿资源的开发利用，也可使水能资源转化为高载能产品，减少长距离输电；攀西地区的铁矿资源与攀枝花和六盘水的煤炭组合配套，既可适应就地冶炼的能源需求，又可实行钟摆式运输，降低运输成本；丰富的磷矿资源与硫铁矿资源和天然气资源组合配套，适宜发展磷铵等硫磷化工。此外，西南地区共生矿较多，如钒、钛与铁矿共生，硫铁矿与煤矿共生，磷矿与碘矿共生，铅锌矿与镉矿共生，多矿种共生有利于对矿产资源的综合开发利用。

（三）经济发展基础良好，工业产业链相对完善，地处交通运输重要节点

重庆、四川、云南、贵州是长江经济带、成渝地区双城经济圈国家重要战略布局覆盖省份，在国家布局中具有重要地位，经济发展迅速。西南地区能源资源丰富，已具备较好的能源结构，工业产业链设备技术完善，电气在氢能全产业链方面的设备技术较为先进，包括制氢、储氢、运氢，还有燃料电池、膜电极、电池组等，数字化建设进程加快，化石能源逐步替代取得初步成果，光电、水电、风电及其他清洁环保能源的建设和开发规模逐步扩大。西南地区地处长江经济带发展、新时代推进西部大开发、黄河流域生态保护和高质量发展、成渝地区双城经济圈等国家重大战略区，区内重庆、成都、昆明、贵州均是我国交通运输重要节点，交通统筹协调力度较大。在科技创新基础上，高校院所林立，研发基础良好，科技研发平台多、科技支撑能力强、创新资源集中，负排放技术、CCS技术、非二氧化碳减排关键技术、碳

捕集和生态系统固碳增汇技术等先进技术研发投入大，科技创新支撑力强，科技企业布局超前。

二、西南地区能源发展劣势

（一）西南地区能源消费集中于高耗能行业，产出附加值低，能源消费结构需要调整，能源系统整体效率有待提升

高耗能行业的能源消费量占比大，部分地区传统能源产能过剩与投资需求旺盛的矛盾突出，水电生产结构性矛盾亟须解决，有调节能力的龙头水库建设相对滞后；除云南省已建成的小湾、糯扎渡等具备多年调节能力的水电站外，地区水电的调节能力不足。煤炭产业集约化水平偏低，存在相当数量的小煤矿，而煤炭开采的智能化、信息化建设滞后；煤制烯烃、煤制清洁燃料等新型煤化工产业发展较慢，能源清洁利用的结构多样化亟须进一步提高。西南地区能源系统运行存在问题，能源系统整体效率亟待提升。西南地区能源粗放式利用状况尚未得到根本性转变。能源加工转换、储运与终端利用的综合效率较低，电力、热力、燃气等不同供能系统集成互补、梯级利用程度不高，需求侧节能、用户响应机制尚未建立。电力统筹调度效率不高，电力运行峰谷差较大，电网所需备用容量较高，水电送出线路距离长、线损高、利用小时数不充分。天然气储气调峰设施不足，用气高峰、低谷时段不均衡，调峰压力较大。

（二）清洁能源消纳面临双重挑战

当前，西南地区清洁能源消纳仍面临挑战，增加水电消纳是落实我国减少二氧化碳排放目标的重要方向。受阶段性供需失衡、受端地区接受意愿低、外送通道建设受阻、省内水电站调节能力弱等多方面因素影响，自 2012 年起每年均有不同程度弃水现象的发生，这成为制约西南地区清洁能源消纳的重要因素。“十三五”时期，西南地区出现了严重的弃水现象。2019 年四川省弃水电量为 92 亿千瓦 · 时，2016 年时最多曾有 141 亿千瓦 · 时富余水电无法上网，造成四川省内水电站约 40 亿元发电收入落空；2019 年，云南省全年弃

水量达17亿千瓦·时，在“十二五”后期，云南省用电量大幅低于预期，2016年弃水矛盾日益突出，弃水电量曾达到历史最高值（315亿千瓦·时）。究其原因，一方面，在经济下行的大背景下，受端省份往往从自身经济发展需要、保护本地企业利益出发而倾向于本地建设电源项目，故而造成当地用电市场饱和，接纳外来水电的意愿不强；另一方面，跨区电力输送通道能力制约了水电外送消纳数量，大型电力外送工程通常涉及地域广、影响范围大、利益牵扯复杂，其筹划、建设涉及众多机构，通道未能及时按期投入运营制约了外送消纳能力。

（三）水电开发成本不断攀升与电价预期不断降低的矛盾日益突出

现阶段，四川省、云南省水电机组平均上网电价远低于各受电端省市的燃煤、燃气机组平均上网电价，未来建设成本持续增加，工程建设技术难度大，移民安置等投入成本不断上升，生态环境约束不断增强，这些因素的影响将进一步拉高后续水电开发成本。与此同时，用电端市场对降低电价的诉求也在增强，这给西南地区后续水电开发与外送带来严峻挑战。区域间壁垒依然制约能源综合开发利用，西南地区各省份之间尚未开展充分协调，仅根据各自区域发展要求制定了能源和电力规划。另外，跨省份资源共享力度薄弱，间接导致西南地区丰富且清洁的水电、天然气资源尚未得到高效利用。在电力供应相对过剩的情况下，各省份通过电量市场化交易来降低企业用电成本、促进当地经济增长，区域间壁垒存在的根本原因在于体制机制不畅，应继续深化全国能源系统“一盘棋”布局，在更高层面推动西南地区电力市场建设，为水电、天然气送出寻求更大的消纳空间。

三、西南地区能源发展机会

（一）实现能源革命，构建“清洁低碳、安全高效的能源体系”

党的十九大报告明确提出构建“清洁低碳、安全高效的能源体系”，党的十九届五中全会提出“十四五”时期能源环境改善的主要目标是“生产生活方式绿色转型成效显著，能源资源配置更加合理、利用效率大幅提高，主要污染物排放总量持续减少，生态环境持续改善”。

《“十四五”现代能源体系规划》强调，“增强能源供应链安全性和稳定性、推动能源生产消费方式绿色低碳变革、提升能源产业链现代化水平”。践行能源革命，构建“清洁低碳、安全高效的能源体系”为西南地区能源发展布局带来新机遇，能源供给侧加强能源供应、应急安全保障能力，加快完善能源产供储销体系，能源需求侧着力推动形成绿色低碳消费模式，为西南地区工业、建筑、交通运输、公共机构、新型基础重点行业和领域提供新的发展机遇和新的增长点。

（二）“双碳”目标带来低碳、零碳、负碳产业发展机遇

“双碳”目标为西南地区经济社会高质量发展提供了方向指引，是一场广泛而深刻的经济社会系统性变革。“双碳”背景下，快速实现西南地区绿色低碳转型是实现能源革命，构建“清洁低碳、安全高效的能源体系”中的重要一环，也为西南地区低碳、零碳、负碳产业带来了发展机遇。西南地区水电、风电、光伏等清洁能源丰富，为实现“双碳”目标，西南地区可借此机遇，进一步加快可再生能源开发利用，降低化石能源的比重，巨大的清洁、绿色能源产业发展空间将会进一步打开。新能源和低碳技术的价值链将成为重中之重，绿色经济领域的就业机会将增加，高效用电技术、新能源汽车、零碳建筑、零碳钢铁、零碳水泥等新型脱碳化技术产品将广泛推广应用，低碳原材料替代、生产工艺升级、能源利用效率将进一步提升，实现高碳向低碳、零碳、负碳的新型低碳产业体系格局更新。

（三）数字化赋能为能源产业带来发展机遇

在新一轮科技和产业革命中，数字化成为全球经济新旧动能转换的推动器和实现高质量发展的新引擎。国家层面多次强调要大力推进互联网、大数据、人工智能和实体经济的深度融合，发展数字经济、共享经济，培育新增长点，形成新动能。能源管理数字化和企业级数字化，为能源数字化转型提供深入服务，助力能源数字化生态建设。推动数字经济发展是实现能源革命，构建“清洁低碳、安全高效的能源体系”的重要途径。合理布局5G、人工智

能等新兴产业，将数字化带来的独特机遇与能源产业发展深度融合，开发应用全过程数字化技术，构建电网建设数字化应用生态以及能源大数据平台，聚焦优势领域打造一批具有特色的数字化解决方案和产品，为提升能源现代化治理能力提供数字化支撑。

四、西南地区能源发展威胁

（一）能源清洁低碳转型发展成为大势，能源安全保障压力凸显

我国郑重承诺二氧化碳排放力争于2030年前达峰、2060年前实现碳中和。这是一场广泛而深刻的经济社会系统性变革，已纳入生态文明建设整体布局。这必将推动我国出台更有约束力的应对气候变化政策，强化能耗“双控”，促进能源结构转型升级，统筹推进化石能源压减和非化石能源发展，倒逼清洁能源成为能源消费增长的主导力量，给西南地区深化国家清洁能源示范区和全国优质清洁能源基地建设带来新的挑战。另外，国际能源供需格局深刻调整，能源安全保障不确定性增加，工业化和城镇化快速推进，能源需求较快增长，重点领域、区域和季节性煤电、油气、水电保障面临较大压力。同时，大规模新能源集中并网，极端天气、自然灾害情况下的电力应急备用和调峰能力不足等问题，都对西南地区电网平稳安全运行提出了新的要求。

（二）产业结构调整、能源技术创新高要求带来挑战

“双碳”目标下，2060年前完全实现脱碳化改造升级，对能源供应系统、能源消费系统、能源技术系统、能源体制系统都提出了较高要求，存在巨大挑战。“双碳”目标下，高能耗地区的产业结构调整将成为能源消费强度控制重点调控对象，西南地区以煤炭为主的贵州省、云南省，将面临主体性产业替换的严重冲击，以钢铁、有色、化工、水泥等高耗能产业为主导的区域也将面临同样的挑战。能源技术创新高要求带来挑战，对低碳技术、零碳技术、负碳技术等技术创新的需求逐渐增大。实现清洁能源运输优化、存储等技术突破，碳捕集技术有效应用、升级并逐渐趋于成熟，均是“双碳”目标下对能源体系提出的高要求。

（三）区域财政可持续和金融体系带来挑战

能源绿色转型将给传统能源依赖程度较高的采矿业、建筑业以及电力行业巨大冲击，造成经济收益大幅下降，产能过剩严重。与此同时，地方财政在相关主导产业的财政收入将大幅缩减，地方财政的可持续发展面临极为严峻的形势。同时，对区域金融体系也将造成不小的影响。能源和经济低碳转型，不可避免地将导致高碳排放的资产价值下跌，引致资产搁浅、高碳资产泡沫破灭、高碳产业和企业消失，贷款、债券违约和投资损失风险上升，进而成为影响区域乃至整个金融体系稳定的风险源。SWOT 矩阵分析模型见图 25-1。

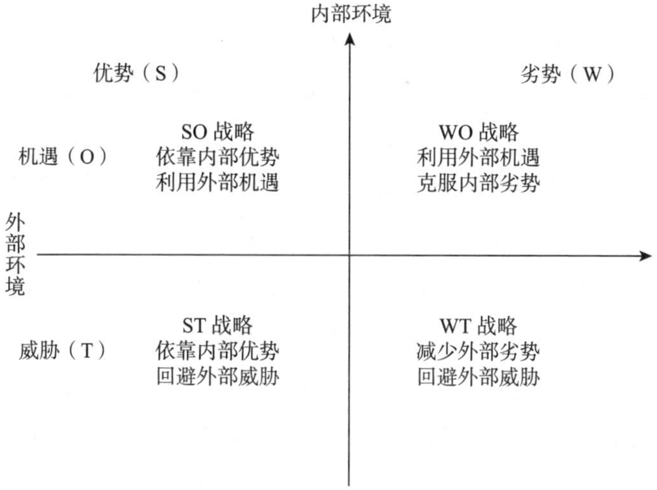

图 25-1　SWOT 矩阵分析模型

第二节 基于SWOT矩阵的西南地区能源供给侧与需求侧协同驱动路径分析

一、加强能源安全储备和风险管控，推进能源供给侧与需求侧绿色转型（SO、WO、ST、WT战略）

（一）保障能源安全储备

首先，推动能源供给革命，建立煤炭、油气、非化石能源多轮驱动的能源供给体系，有力保障经济社会发展和民生用能需求。加强煤炭煤电“兜底”保障能力，持续提高油气勘探开发力度，有序核准一批优质先进产能煤矿，按需安排一批电力的支撑性电源和新能源消纳的调节性电源，保障电力供应安全，真正做到“手中有粮，心中不慌”。加大煤炭油气储备力度，保持合理裕度，加强煤炭产能储备，加快沿海液化天然气接收站、天然气应急储备和调峰能力建设，推进储气设施集约化、规模化布局，建成以地下储气库为主、地面液化天然气储罐为辅的天然气储气设施，在区域性、时段性能源供需紧张时，及时保障供应、稳定价格，提升能源供给的弹性和韧性。

其次，优化电力调度机制，逐步实现风光水互补联合调度及流域梯级综合调度，优先在负荷中心、新能源大规模开发基地规划建设抽水蓄能电站，提升水电、新能源发电等电力系统调节能力，保障重点城市和用户电力供应，建设局部坚强电网。

再次，加快建立应急会商机制，完善能源安全风险管控体系。提高大面积停电事件应急处置和电力设施抵御地质灾害、极端天气等突发事件冲击的能力，加强极端情形下电力风险管控，强化电力系统网络安全，完善省级及各地区“黑启动”方案，高度重视防范化解能源安全重大风险，建立全过程闭环监管的能源安全风险管控机制，完善能源安全风险管控体系。

最后，强化供需预警预测，提高形势分析研判与指挥调度能力，提升能源安全风险管控水平。落实“管行业必须管安全”原则，加强油气管网等能源设施保护。强化能源网络安全防护，推动关键信息基础设施网络安全监测预警体系建设，提升关键信息基础设施应急响应和恢复能力。

（二）严格落实能源消费总量和强度“双控”制度，加快构建节约高效、清洁低碳的用能模式

鼓励工业领域采用先进节能工艺技术和设备，持续推进建筑、交通运输等重点领域节能。组织实施重点行业绿色升级、城镇节能降碳示范、煤炭减量替代等重点工程。研究编制能源行业碳达峰工作方案，推进能源分行业分步达峰。持续降低碳排放强度，支持有条件的重点行业、重点企业率先达到碳排放峰值。充分发挥市场机制作用，鼓励企业积极参与全国碳排放权交易。弘扬勤俭节约优良传统，引导形成简约适度、绿色低碳的生产生活方式和社会风尚。积极推动具备条件的建筑楼宇庄业园区充分利用分布式天然气、分布式新能源，实现冷热电能源就地高效利用，提升能源综合服务水平和综合能效水平。稳步推进户用光伏发电建设，推动分布式能源发展和乡村振兴有效衔接。创新分布式能源发展机制，完善分布式能源市场化交易政策，推进分布式能源公平接入，鼓励多种市场主体探索分布式能源商业运作模式。

二、培育能源新技术新业态，建立健全现代能源治理体系（SO、WO、ST、WT 战略）

（一）持续完善能源装备研发制造体系

着力提高传统能源装备技术自主研发能力，聚焦大容量冲击式水轮发电机组、新型高效低成本光伏发电、超大功率风力发电机组、全球领先高效清洁燃煤发电装备、重型燃气轮机、柔性直流输电技术、非常规油气勘探开发设备、大型压缩天然气/液化天然气（CNG/LNG）成套设备等领域。围绕核心材料、核心设备、关键零部件等开展技术攻关，不断提升能源装备整体性能。

（二）促进氢能及新型储能产业

对接国家氢能规划，着眼抢占未来产业发展先机，统筹氢能产业布局，

推动氢能技术在制备、储运、加注、应用等环节取得突破性进展。以氢能、新型储能为重点，着力推动新兴能源技术装备发展，围绕关键技术、核心材料、装备制造等短板弱项，建立技术研发平台，加大核心技术攻关；推动大规模、大容量、高安全性和经济性的化学储能技术发展，探索推进化学储能在电源侧电、网侧、用户侧多场景商业化应用，不断提升化学储能电站全生命周期安全管理水平；开展飞轮储能装置技术研发应用。

（三）建立健全现代能源治理体系

坚持市场主导与政府相结合，持续深化电力市场建设，加快建立以中长期交易为主、现货交易为补充的电力市场格局。①优化中长期交易组织，建立中长期交易和现货交易价格衔接机制，抓好电力现货市场建设试点。规范交易机构独立运行，继续培育售电侧主体，推进辅助服务市场建设，完善电力辅助服务补偿市场机制，支持第三方参与提供电力辅助服务，有序放开竞争性环节电价，深化输配电价改革，完善分时电价机制。②建立燃煤火电容量市场化补偿机制和龙头水库电站两部制电价机制，保障电力系统安全稳定运行。落实抽水蓄能项目两部制电价政策，有序推进县级农网体制改革和独立供区、小水电供区移交划转，利用天然气调峰发电项目实现两部制电价，保障用电安全充分。③建立健全天然气上下游价格联动机制和储气调峰等辅助服务价格机制。加强能源行业制度建设和创新能源宏观调控机制建设，加快推进能源行业简政放权、放管结合、优化服务改革进程，提高行业管理效率，规范有序开发和项目投资，运用市场、信用、法治等手段，加强对能源市场主体行为的持续性动态监管，防范安全风险。加快构建能源行业信用体系，建立健全守信激励和失信惩戒机制，提高能源领域法治意识，推动能源行业依法行政，持续营造良好营商环境。

三、数字化赋能绿色低碳转型、碳排放气候变化投融资政策体系（ST、WT 战略）

首先，充分利用数字化赋能绿色能源低碳转型，将云计算、移动互联网、大数据技术、区块链技术、5G 技术用于能源的生产、运行、传输模式的深度融合发展，利用数字化提升管理效率和生产效率，促进绿色低碳转型。创新绿色数字化探索新模式。数字化助力生产生活方式低碳转型，为企业和家庭算好节能经济账，极大地拓展电力市场广度，动员全社会力量参与到低碳行动中。

其次，加大能源电力新基建投资建设力度，实现信息基础设施与能源电力基础设施深度融合，建成全国能源电力大数据中心和全国能源电力“一张网”。建设以云平台、企业中台、物联平台等为核心的基础平台，实现能源及相关领域的终端联网、智能调度、高效决策，助力多能互补优化横向发展、“源—网—荷—储”纵向协同发展。构建数字能源安全保障体系，细化油气、煤炭、交通、电力产业，全面提高能源电力系统安全、可靠、绿色、高效运行，保障油气、煤炭、交通、电力产业数字信息在安全的前提下为国民经济提供保障，高度重视数字能源的安全性，高度重视系统和装备的自主性、自创性，构建互利共赢能源电力生态圈，为“双碳”目标的实现和能源转型提供有效保障。

最后，建立健全碳排放气候变化投融资政策体系，建立以企业为主体的碳交易市场。支持开发碳金融活动，大力发展绿色信贷、绿色债券、绿色保险等绿色金融产品，建立有利于低碳技术发展的投融资机制，探索碳期货等衍生产品和业务，设立碳市场有关基金，激活碳汇资产。

第八篇

能源革命视角下的长江经济带能源发展战略研究

第二十六章　长江经济带能源发展基本特征

作为我国具有影响力的经济带，长江经济带在推动中东西部能源产业互动与合作、推进生态文明建设中起到了重要的示范先行作用。在“双碳”目标下，长江经济带沿线各省市如何通过优化能源产业结构、提升创新效率，带动全流域能源产业绿色低碳健康发展，已经成为我国能源产业绿色低碳发展的重要策源地和产业转型的风向标。

第一节　长江经济带能源禀赋与能源生产特征

一、化石能源禀赋分布不均

长江经济带沿线九省二市化石能源资源禀赋差异显著，整体呈现缺油、多气、少煤的特征。2017 年长江经济带石油资源基础储量为 5056.4 万吨，仅占全国石油基础储量的 1.4%。石油资源主要集中在中游地区的湖北、下游地区的江苏两省，两省石油资源基础储量占长江经济带的 82.0%。天然气资源基础储量为 15995.6 亿立方米，上游地区天然气优势集中在四川盆地，四川、重庆两地天然气资源储量占长江经济带的 99.6%。煤炭资源基础储量为 348.1 亿吨，占全国煤炭基础储量的 14.0%，集中分布在上游地区，下游地区的安徽和江苏也有少量分布。长江经济带及全国化石能源基础储量如表 26－1 所示。

表 26-1　2017 年长江经济带及全国化石能源基础储量

全国及长江经济带地区	实物量			占全国比例/%		
	石油/万吨	天然气/亿立方米	煤炭/亿吨	石油	天然气	煤炭
下游地区（上海、江苏、浙江、安徽）	2968.0	23.6	93.2	0.9	0.0	3.7
中游地区（湖北、湖南、江西）	1185.9	46.9	13.2	0.3	0.1	0.5
上游地区（四川、重庆、贵州、云南）	902.5	15925.1	241.7	0.2	29.3	9.7
长江经济带	5056.4	15995.6	348.1	1.4	29.4	14.0
全国	350120.3	54365.5	2492.3	100	100	100

资料来源：《中国环境统计年鉴》（2017）。

近年来，随着非常规天然气资源被不断发现，长江经济带页岩气等资源的开发利用也不断加快，下游的江苏、安徽与上游的四川属于全国页岩气五大优选地区。2020 年，四川省页岩气探明资源储量达 2527.52 亿立方米，占全国的 62.78%，其中涪陵、威远、长宁、威荣 4 个整装页岩气田，累计新增探明地质储量突破千亿立方米，四川省页岩气产量由 2016 年的 296.91 亿立方米增长至 2020 年的 452.41 亿立方米，占全国天然气总产量的比例也由 11.7%提升至 24.8%。此外，下游的安徽、中游的湖南等地也相继发现了大量的煤系天然气，可采储量分别约为 3000 亿立方米和 5000 亿立方米。

二、化石能源生产稳中推进

长江经济带的能源生产按照“减煤、稳油、增气、加新”的路径持续推进。虽然煤炭在长江经济带能源供给中依然占据主导地位，但自 2012 年党的十八大报告中提出“推动能源生产和消费革命，控制能源消费总量，加强节能降耗”的总体目标以来，地区原煤生产总量从 2012 年的 70854.5 万吨的峰值逐步下降，2019 年长江经济带原煤产量已经下降至 37368.0 万吨，占全国原煤总产量的 9.71%，如图 26-1 所示。

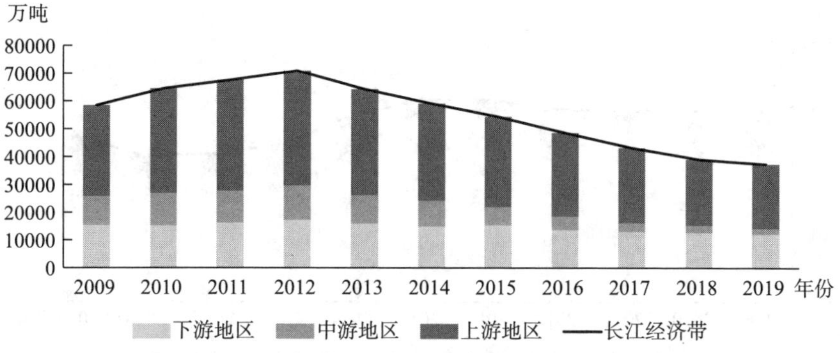

图 26-1　2009—2019 年长江经济带及上、中、下游地区原煤产量

从地区来看，上游地区原煤产量占整个长江经济带的 59.3%，主要来自贵州省。上游地区原煤产量由 2012 年的 41194.7 万吨下降至 2019 年的 23259.0 万吨，下降率达 43.5%。中游地区原煤产量由 2012 年的 12506.6 万吨下降至 2019 年的 2570.5 万吨，下降率为 79.4%。下游地区原煤产量由 2012 年的 17153.2 万吨下降至 2019 年的 12658.1 万吨，下降率为 26.2%。

贵州的盘江煤电集团有限公司，安徽的淮北矿业集团、淮河能源集团，江苏的徐州矿物集团是长江经济带地区产煤主力企业。其中，盘江煤电集团有限公司由水矿集团（前身是水城矿务局）、六枝工矿（前身是六枝矿务局）、林东矿业（前身是林东矿务局）和盘江电投（前身是广投黔桂公司）、毕节中城能源有限公司战略重组而成，其拥有智能化大型矿井 24 对，7 个采煤工作面实现智能化开采，预计在“十四五”期间产能达到 7000 万吨以上。淮河能源集团拥有现代化大型矿井 11 对，核定产能 7910 万吨。2019 年，安徽的淮河能源集团、淮北矿业、中煤新集、皖北煤电 4 家煤炭企业贡献了安徽原煤总产量的 98.3%。

近年来，长江经济带原油产量呈现小幅波动的特点。2009—2014 年原油产量稳定在 300 万吨，2013 年达峰值（311.9 万吨），2018 年降低至 224.3 万吨，2019 年又回升到 254.6 万吨，如图 26-2 所示。

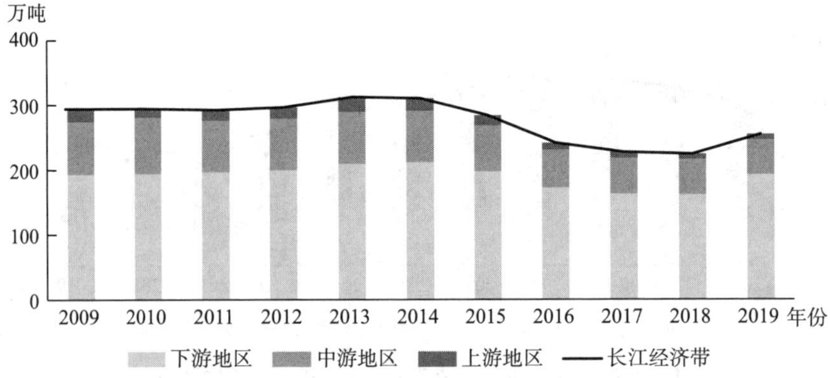

图 26-2　2009—2019 年长江经济带及上、中、下游地区原油产量

2009—2019 年长江经济带原油年均增长率为-13%，远低于全国原油年均增长率的 1.1%。但长江经济带原油产量整体比例偏低，2019 年原油产量占全国原油总产量的 1.4%。从地区分布来看，下游的江苏、中游的湖北是整个长江经济带原油生产主要省份。江苏原油产量占整个长江经济带的比例由 2009 年的 62.2%上升到 2019 年的 66.0%，湖北原油产量占整个长江经济带的比例由 2009 年的 27.4%下降至 2019 年的 21.0%。江苏境内的江苏油田公司，其油气勘探地区主要包括苏北盆地古近系（含泰州组）、江苏下扬子海相中古生界、南华北盆地阜阳地区、北部湾盆地徐闻区块以及南方新区中小盆地等，大部分分布在江苏、安徽、浙江和江西等省份。湖北境内主要有江汉油田，其主要形成了围绕湖北、山东、陕西、重庆、辽宁等省市的 6 个油气生产基地，包括江汉油区、八面河油田、坪北油田、建南气田、涪陵页岩气田、彰武油田，截至 2020 年年底，油区生产原油达 115.00 万吨。

长江经济带天然气生产呈现以下趋势：2009—2011 年稳步增长到达第一次峰值（271.8 亿立方米），2013 年跌至 246.9 亿立方米，2014—2019 年天然气产量快速提升，由 2014 年的 261.7 亿立方米提高到 2019 年的 512.55 亿立方米，如图 26-3 所示。

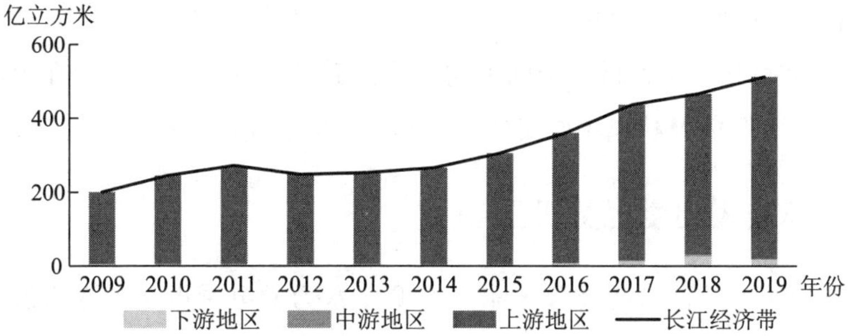

图 26-3　2009—2019 年长江经济带及上、中、下游地区天然气产量

地区分布上，天然气主要集中在上游的四川，重点开发的有川中龙王庙组气藏、川中下古生界—震旦系气藏、川东北高含硫气田、川西致密气田，天然气年产量有望在“十四五”达到 630 亿立方米。下游地区天然气产量有一定突破，2019 年占整个长江经济带天然气总产量的 5.74%，占全国天然气总产量的 1.7%，主要集中在江苏的油气田、安徽的煤系天然气，基本形成了“沪苏皖齐头并进”的趋势。

第二节　长江经济带可再生能源发展

长江经济带整体依然以火电为主，清洁能源优势主要集中在水电领域，其光伏、风电等发展势头良好，无较大范围的弃风、弃光现象。从规模来看，2020 年长江经济带水电发电量优势较高，水电发电占本地区总发电量的 35.1%，高于全国（17.8%）的平均水平。

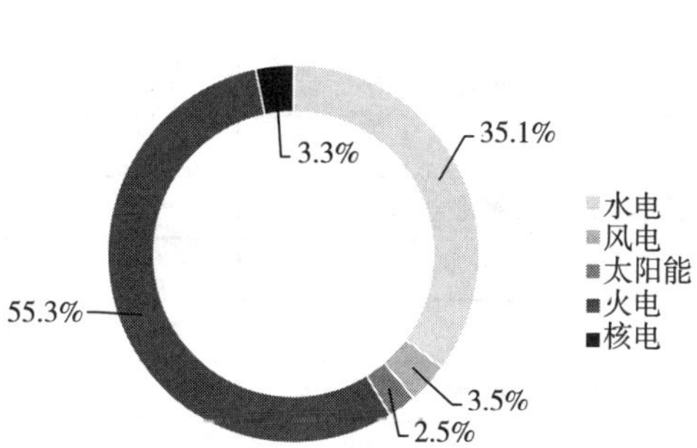

图 26-4　2020 年长江经济带可再生能源发电量占比

如图 26-4 所示，风电、核电和太阳能占本地区发电量的比例分别为 3.5%、3.3%和 2.5%，低于全国平均水平。其中，水电优势集中在上游的四川、贵州，太阳能及核电主要集中在下游的江苏、浙江。

一、水电发电量优势明显

长江经济带整体水能资源充沛，2020 年水力发电量占全国水力发电总量的 75.9%，从地区分布看，上游地区、中游地区优于下游地区。上游四省市四川、重庆、云南和贵州水力发电量由 2009 年的 2254.8 亿千瓦·时增长到 2020 年的 7613.5 亿千瓦·时，占长江经济带水力发电量的 74%；中游三省湖北、湖南和江西的水力发电量由 2009 年的 1700.4 亿千瓦·时增长到 2020 年的 2365.8 亿千瓦·时，占长江经济带水利发电量的 23.0%；下游四省市上海、安徽、浙江和江苏的水力发电量由 2009 年的 256.4 亿千瓦·时上升到 2020 年的 452.4 亿千瓦·时，占长江经济带水力发电量的 4.4%。全国 84 个装机容量大于等于 1200 兆瓦的水电站有 35.7%分布在下游地区，如表 26-2 所示。

表 26-2 长江经济带装机容量 1200 兆瓦及以上注册和备案水电站

地区	省份	水电站名称	装机容量/兆瓦
上游地区	四川	二滩水电站	3300
		乌江渡水电站	1250
		彭水水电站	1750
		溪洛渡水电站	13860
		向家坝水电站	6400
		大岗山水电站	2600
		瀑布沟水电站	3300
		锦屏一级、二级水电站	8400
		长河坝水电站	2600
		官地水电站	2400
		猴子岩水电站	3000

续表

地区	省份	水电站名称	装机容量/兆瓦
上游地区	重庆	彭水水电站	1750
	贵州	天生桥一级、二级水电站	2500
		构皮滩水电站	3000
	云南	阿海水电站	2000
		小湾水电站	4200
		梨园水电站	2400
		景洪水电站	1750
		鲁地拉水电站	2160
		漫湾水电站	1670
		观音岩水电站	3300
		金安桥水电站	2400
		龙开口水电站	1800
		苗尾水电站	1400
		黄登水电站	1900
		糯扎渡水电站	5850
		大朝山水电站	1350
中游地区	湖北	三峡水电站	22500
		白莲河上库坝	1200
		葛洲坝水电站	—
		隔河岩水电站	1212
		水布垭水电站	1840
	湖南	黑麋峰抽水蓄能电站	1200
		五强溪水电站	1200
	江西	江西洪屏抽水蓄能电站	1200
下游地区	浙江	天荒坪抽水蓄能电站	1800
		仙居抽水蓄能电站	1500
		华东桐柏抽水蓄能电站	1200
	江苏	溧阳抽水蓄能电站	1500
	安徽	绩溪抽水蓄能电站	1800

资料来源：国家能源局大坝安全监测中心。

由于长江经济带经济性较好的水电站已经逐步被开发完毕，常规水电进一步的开发空间相对有限。

抽水蓄能电站是我国构建新一代电力系统的重要电源，因其具有“削峰填谷”作用，在一定程度上起到了优化电力资源配置的作用。目前，长江下游的浙江、安徽等省份已经建设起一批具有一定规模的抽水蓄能电站。其中，国内最大的安徽绩溪抽水蓄能电站已经投入使用，对保障“皖电东送”、促进长江上游地区能源互联互通具有重要意义。而上游地区的四川、贵州两省虽然水电在电力结构中占比优势明显，但地区水库蓄水和调节能力的提升相对滞后，日、周调节水电占大多数，具备多年调节能力的仅有小湾、糯扎渡、雅砻江等少数水电站，受负荷变化容易产生调峰弃水问题，上游地区水电开发的结构性矛盾依然存在。

二、光伏产业发展迅速

长江下游地区光伏发展迅速，如表26-3所示。2012年下游地区累计装机容量为46.8万千瓦，2016年累计装机容量增加到1264万千瓦，2020年累计装机容量达4708万千瓦，4年间增速达72%；其中，江苏累计装机容量排名由2016年的全国第5位上升到2020年的第3位，浙江由全国第10位上升到第5位，安徽由全国第9位上升到第6位。上游地区光伏累计装机容量由2016年的350.5万千瓦上升至2020年的1703万千瓦。其中，贵州的光伏累计装机容量增长迅速，占上游地区的比例由2016年的13.1%增长至2020年的62.0%，由全国的第23位提升至第13位。中游地区的江西、湖北和湖南发展平稳，2020年累计装机容量分别为776万千瓦、698万千瓦和391万千瓦。

表26-3　长江经济带光伏建设与运行情况

地区	2012年		2016年		2020年	
	发电量/（亿千瓦·时）	累计装机容量/万千瓦	发电量/（亿千瓦·时）	累计装机容量/万千瓦	发电量/（亿千瓦·时）	累计装机容量/万千瓦
下游地区	4.5	46.8	91	1264.0	438	4708

续表

地区	2012年		2016年		2020年	
	发电量/（亿千瓦·时）	累计装机容量/万千瓦	发电量/（亿千瓦·时）	累计装机容量/万千瓦	发电量/（亿千瓦·时）	累计装机容量/万千瓦
中游地区	0.2	2.8	24	445.0	157	1865
上游地区	0.3	3.0	35.02	350.5	126	1703
长江经济带	5.0	52.6	150.02	2059.5	721	8276
全国	36	341	665	7631	2611	25356

资料来源：各年度电力统计年鉴。

光伏、风电等可再生能源的发展离不开政策的有力扶持，长江经济带沿线各省份结合当地实际，推出了各种扶持政策。其中，上游地区的贵州省在2019年、2020年连续两年取得了国家光伏发电项目补贴竞价规模、建设速度、并网规模全国第1位，实现了一个资源小省的“逆袭”。通过差别化制定具有竞争力的电价、压缩项目备案时间、多部门联合等手段，形成了一套部门之间协同联动的良好机制。中下游的江西、江苏、安徽分别依托上饶国家光伏技术领跑者基地、宝应和泗洪国家光伏应用领跑技术基地、安徽两淮采煤沉陷区光伏技术领跑技术基地，加速了当地光伏技术的产业化和市场化。

三、长江中下游风电开发增速持续加快

2020年长江经济带风电发电量为1061亿千瓦·时，占全国风电发电总量的22.7%。下游发电量为341亿千瓦·时，中游为273亿千瓦·时，上游为447亿千瓦·时，分别比2019年增长了21.3%、36.5%和11.2%。2019年，长江经济带累计并网容量为4383万千瓦，占全国的20.8%，比2016年增长了67.9%，高于全国（41.3%）的平均增速（见表26-4）。其中，下游三省一市的累计并网容量为1556万千瓦，相比2016年增长了67.9%，发电量为281亿千瓦·时；中游三省累计并网容量为1118万千瓦，相比2016年增长了116%，发电量为200亿千瓦·时；上游四省累计并网容量为1709万千瓦，比2016年增长了36.5%，发电量为402亿千瓦·时。风电开发重心持续向消纳条件较好的中游和下游地区转移。

表 26-4　长江经济带风电并网与运行情况

地区	累计并网容量/万千瓦		发电量/（亿千瓦·时）		弃风电量/（亿千瓦·时）		利用小时数/小时	
	2016 年	2019 年	2016 年	2019 年	2016 年	2019 年	2016 年	2019 年
下游地区	928	1556	169	281	0	0.0	2103	1984
中游地区	526	1118	93	200	0	1.4	2100	1983
上游地区	1252	1709	229	402	6	0.9	1969	2305
长江经济带	2706	4383	491	883	6	2.3	2054	2100
全国	14864	21005	2410	4057	497	168.6	1742	2082

资料来源：国家能源局。

长江经济带区域弃风电量占全国弃风总量的 1.3%，主要集中在云南、贵州和湖南三省。三省在汛期来面临电力相对过剩局面，而由于风电上网标杆价格一般远高于水电，电力调度从电网的经济性考虑，易出现弃风保水局面。从风电利用小时数来看，2019 年长江经济带风电利用小时数约为 2100 小时，与全国基本持平。下游、中游地区的风电利用率略低于上游的风电利用率。安徽、贵州在长江经济带地区风电利用率相对略低。

第三节　长江经济带能源产业支撑条件

一、长江经济带能源运输基础通道建设

（一）煤炭运输通道

根据我国《煤炭工业发展“十三五”规划》，煤炭运输通道基本形成了“七纵五横”和“两纵一横”的水路通道。由于煤炭自给率不足，长江经济带中下游煤炭 80%以上需要外调，其中进口煤炭运输方式主要以海上运输为主，而煤炭调入运输依靠铁路和内河水路通道完成。运输方式一般通过京九、京广、焦柳线、陇海完成干线运输，再利用支线完成沿线运输，或通过铁水联运方式通过大秦、朔黄、瓦日等东西横向运输方式送至“北方七港”，再延

沿海港口水下，通过“海进江”方式沿长江内河水域完成运输，重点港口包括南京港、宜昌港、徐州港等。

如表 26-5 所示，长江经济带沿线煤炭铁路发送省份主要是陕西和山西，安徽和贵州主要满足本地区及周边省份的煤炭外送需求。安徽省的主要煤炭运输线路以“两淮”为主，西部外送流出的煤炭沿皖中、皖南铁路运输。从运输能力来看，合芜线、青阜线、符夹线等主要煤运通道已完成货运扩能改造，商合杭高铁合肥北段客运线已开通，安徽省北部铁路货运能力进一步释放。贵州外运通道包括“一横一纵”，即沪昆横向通路、南昆纵向通路。其中，沪昆铁路起于云南昆明，经由贵州、湖南、江西、浙江，最终到达上海。该通道主要将贵州的煤炭运往云南、湖南以及川渝等地区。此外，川黔铁路、黔桂铁路分别将少量煤炭运往川渝、广西等地区。但是，由于贵州煤炭外运通道的运力基本与运量相匹配，且主要满足省内需求，因此调出量相对较少。

表 26-5　长江经济带沿线省份煤炭铁路运输流向

地区	省份	铁路发送来源	铁路煤炭运输合计/万吨
下游地区	上海	安徽（100%）	1
	江苏	山西（43.3%）、安徽（25%）、江苏（27.5%）	3992
	浙江	山西（20.4%）、浙江（10.3%）	1005
	安徽	山西（18.7%）、陕西（5%）、安徽（61.8%）	6731
中游地区	江西	山西（14.2%）、陕西（11.5%）、安徽（10.6%）、江西（32.4%）	3605
	湖北	山西（40.9%）、陕西（23.6%）	5383
	湖南	山西（40.5%）、陕西（23.0%）	3068
上游地区	重庆	陕西（43.5%）、山西（8.1%）、重庆（15.0%）	2212
	四川	陕西（29.0%）、贵州（13.6%）、四川（12.6%）	2549
	贵州	陕西（28.0%）、山西（11.8%）、贵州（48.7%）	1778
	云南	贵州（59.9%）、四川（9.5%）、陕西（4.8%）	966

资料来源：根据《2019 中国交通运输统计年鉴》整理而得。

整个长江经济带省域外煤炭铁路调运通道能力并不乐观。随着煤炭去产能工作的深化，全国“西煤东运”“北煤南运”的区域供需格局进一步强化，东北、西南地区也产生了新的供给缺口，晋、陕、内蒙古三省区的煤炭外运任务加重。由于三省区运力供应净增量有限，在用煤高峰季节结构性运力紧张在所难免。虽然蒙华铁路已于2019年9月开通运营，规划设计输送能力为2亿吨煤炭，但目前看来，受集疏运通道制约等因素影响，蒙华铁路运价总体偏高，对长江经济带中游地区煤炭运输的经济性尚未充分显现。

目前，我国沿海煤炭港口的装船港主要集中在秦皇岛港、天津港、黄骅港、唐山港、青岛港、日照港、连云港（简称为“北方七港”），由于“北方七港”与甘肃河西地区、甘肃定西地区和宁夏西海固地区（简称为“三西地区”）煤炭生产基地距离较近，且铁路运输便捷，因此“北方七港”煤炭发运量占沿海煤炭发运总量的比重较大。其中，江苏连云港2020年煤炭发运量为958.8万吨，同比增长8.0%，但总体规模在其余六港口中的优势不足，如表26-6所示。

表26-6　2012—2020年主要煤炭港口的发运量

年份	秦皇岛港/万吨	黄骅港/万吨	唐山港/万吨	天津港/万吨	青岛港/万吨	日照港/万吨	连云港/万吨
2012	23455.0	10203.0	12488.0	7392.0	908.0	1222.0	639.0
2013	23564.5	13224.1	16037.1	6486.5	771.2	1152.5	443.6
2014	23706.0	13746.1	15639.3	7838.0	1169.6	930.6	423.3
2015	20188.6	10867.3	12689.6	8680.8	1140.9	891.8	416.7
2016	14454.8	15953.0	11721.9	10052	941.6	1194.8	427.1
2017	19676.2	17853.1	14651.8	7170.4	1425.2	1604.2	389.0
2018	52544.6	54187.7	62225.8	17003.7	4304.0	6383.5	2048.1
2019	16117.8	16798.1	21479.9	5086.1	1321.4	2158.3	704.4
2020	17415.1	20384.0	23947.2	5780.4	1359.6	2539.1	958.8
2020年增速/%	8.0	21.3	11.5	13.7	2.9	17.6	8.0

长三角经济区的进口煤炭主要来自澳大利亚，进口煤炭卸货港一般在江苏、上海、浙江等省市的大型用煤企业码头或上海港、宁波港等公共码头。由于南方港口较长江经济带港口在进口煤方面具有区位优势，因此，长江上游地区港口进口煤数量占比并不高。

煤炭内河运输通道主要包括长江干线、京杭运河通道。其中，长江干线主要将北方地区的煤炭自东部沿海港口运至湖南、湖北、安徽、江西等省份；京杭运河主要连接鲁西南煤炭基地，其中京杭运河山东段沿线的储煤量占山东省的80%以上，煤炭主要调往长江下游的江苏、上海、浙江等地区，主要煤炭运输内河港口包括宜昌港、芜湖港、徐州港等。2020年，芜湖港累计运输煤炭557.4万吨，徐州港累计运输煤炭1493万吨，宜昌港累计运输煤炭791万吨。由于江海联运在我国煤炭调运格局中地位不断提升，“十三五”期间，长江中游地区煤炭供应缺口增加约1亿吨，在铁路及传统的供应途径无法充分满足需求的情况下，长江中游地区煤炭海进江比例不断增加，煤炭“海进江”运输成为中游地区煤炭供应的重要路径。

（二）油气管网通道建设

1. 长江经济带下游地区

长江经济带下游地区原油管道布局和应急储备能力有一定提升。依托于海上原油、成品油进口通道，长江经济带下游地区初步形成了以宁波舟山港为核心的进口原油运输系统，并通过中国石化甬沪宁进口原油管道将油库、码头和炼化企业连接起来，服务于整个长江经济带下游沿线。此外，目前建设有日照—仪征复线连云港支线原油输送管道，云港—徐州—商丘成品油管道，龙游—常山成品油管道及储配、诸暨—桐庐道成品油管道及储配、绍杭成品油管道及储配等在建项目；还建设有中国石化仪征基地、中国石化连云港原油商业储备基地、泰兴国家成品油储备库、舟山国家石油储备基地、万向石油储运基地等，地区能源应急保障能力进一步提升。

长江经济带下游地区积极完善加强天然气储备调峰体系，探索并加强天然气省际互联互通。长江下游地区天然气管网主要包括西一线、西二线、“川气东送”、冀宁线、江苏液化天然气外输管道等。上海已形成西气一线、西气二线、洋山进口液化天然气、四川天然气、东海天然气、中国石油如东和上海五号沟液化天然气应急储备调峰站的“6+1”天然气多气源保障体系；江苏已形成西气一线、西气二线、“川气东送”和海上液化天然气的四大气源通道格局；浙江已形成西气一线、西气二线、四川天然气、东海天然气和进口液化天然气的多气源格局；安徽也已形成西气一线和“川气东送”的双气源格局。由于长三角地区基本处于天然气管道末端，管道气供应量有限，近年来，液化天然气在天然气供应中占比越来越大。长江下游地区通过液化天然气接收站配套贮罐、天然气管道加压储气、城市配建应急储备设施等多载体、多形式，搭建了天然气储备体系，初步形成了长三角应急储气调峰中心。同时，通过沿海千万吨级液化天然气接收基地建设，增建大型储罐，扩大海外气源接收存贮能力。

2. 长江经济带中游地区

由于石油管网规模不大，长江中游地区成品油输送管道和成品油库的布局仍需进一步加强和优化。除湖北在建有荆门—襄阳、襄阳—十堰、潜江—监利成品油管道工程和三峡枢纽成品油运输、宜都至秭归管道及配套工程外，其余地区管网布局尚有不足。

长江中游地区用能清洁化需求较为迫切，但天然气管网发展相对滞后，地区内差异较大。其中，湖北地区天然气主要来自“两纵两横”的国家主干线，江西主要来自“川气东送”和“西气东输”二期国家干线，而湖南天然气管网建设则较滞后。湖北在中游地区中天然气管网发展相对完善，在进一步扩展省内支线建设的同时，通过推进“县县通”“气化乡镇”等工程，使乡镇天然气通气比例进一步提升，加气站、沿海液化天然气船舶加注站数量也分别提升到500座和12座。江西、湖南天然气管网覆盖则严重不足，目前无大型储气调峰设施，城市应急调峰储备设施基础也较薄弱。

3. 长江经济带上游地区

长江经济带上游地区天然气供给相对丰富，当前覆盖四川的“三横三纵三环”骨干输气管网体系正在建设，铜鼓元坝—德阳、攀枝花—凉山、宜宾—泸县、安岳—三台、川南页岩气集输干线等输气管道的建设，将进一步完善以四川为中心的长江上游地区天然气输送枢纽的作用。但是，由于上游部分城镇较为偏远，地区在支线覆盖范围、城镇储气调峰等应急设施的建设等方面还有较大不足，地区压缩天然气（CNG）母子站、液化天然气加气站的建设也落后于长江中下游地区。

（三）电力跨区输送发展

长江中下游地区能源需求旺盛，而跨区电力输送通道的建设可以有效缓解地区的电力紧缺状况，对保证用电平衡与电网安全、实现资源优化配置起到重要作用。特高压工程有“能源主干道”之称，也是跨区输电的主要方式，在“双碳”目标下，特高压规划线路对煤炭需求的替代作用愈加明显。截至2020年年底，跨区送电馈入华东电网的电量总计2975.8亿千瓦·时，占全国跨区输送出总电量的49.5%；馈入华中电网的电量总计947.45亿千瓦·时，占全国跨区输送出总电量的14.8%。华中电网跨区送出电量702.4亿千瓦·时，西南电网跨区送出电量1152.4亿千瓦·时。

截至2019年年底，整个长江经济带的跨区直流共有13条回路，如表26-7所示。

表26-7　2019年长江经济带主要跨区输送线路输电电量

送端地区	线路工程名称	电压等级/千伏	输送能力/万千瓦	投产时间	受端地区
长江上游	贵州二郎电厂送重庆	±500	264	2015年	长江上游
华北电网	晋东南—南阳—荆门特高压交流	±1000	500	2011年扩建	长江中游
长江中游（华中电网）	湖南鲤鱼江水电站送南方电网交流	±500	180	2003年	南方电网
	江陵—鹅城直流（江城直流）	±500	300	2004年	南方电网
	葛洲坝—上海直流（葛南直流）	±500	300	2011年扩建	长江下游
	三峡—常州直流（龙政直流）	±500	300	2003年	
	三峡—上海直流（宜华直流）	±500	300	2006年	
	向家坝—上海直流（向上直流）	±800	640	2010年	
	团林—枫泾直流（林枫直流）	±500	300	2011年	
	锦屏—苏南直流（锦苏直流）	±800	720	2012年	
	溪洛渡—浙江直流（宾金直流）	±800	800	2014年	
西北电网	宁东—浙江直流（灵绍直流）	±800	800	2016年	
	准东—皖南特高压直流（吉泉直流）	±1100	1200	2019年	
华北电网	锡盟—泰州特高压直流（锡泰直流）	±800	1000	2017年	
	晋北—南京特高压直流（雁淮直流）	±800	800	2017年	

资料来源：《中国电力统计年鉴2020》。

长江上游送出线路有1条，为±500千伏贵州二郎电厂送重庆，输送能力为264万千瓦；馈入线路1条，为±500千伏江城直流，输送能力为300千瓦·时。

长江中游区域送出线路有 9条，分别为±500 千伏葛南直流、±500 千伏龙政直流、±500 千伏宜华直流、±800 千伏向上直流、±500 千伏林枫直流、±800千伏锦苏直流、±800 千伏宾金直流、±500 千伏湖南鲤鱼江水电站送南方电网交流、±500 千伏江城直流，输送能力分别为 300 万千瓦、300 万千瓦、300 万千瓦、640 万千瓦、300 万千瓦、720 万千瓦、800 万千瓦、180 万千瓦、300 万千瓦；馈入电路 1 条，为晋东南—南阳—荆门特高压交流。长江下游馈入线路 11 条，除 7 条为长江中游区域的华中电网线路外，还包括±800千伏灵绍直流、±1100 千伏吉泉直流、±800 千伏锡泰直流和±800 千伏雁淮直流，输送能力分别为 800 万千瓦、1200 万千瓦、1000 万千瓦和 800 万千瓦。

目前，作为主要受电方，下游地区外来电力占比较高，外来电供应主要依靠几条特高压通道支持，一旦出现通道故障，就会波及整个区域。随着风电、光伏发电等的大量接入，电力供应的波动性和间歇性会增强，导致发电侧调控难度进一步增大。此外，由于下游地区电力峰谷差较大，地区面临巨大的调节差异。2021 年，江苏电网调度负荷创下历史新高，达到 1. 179 亿千瓦，同比增长 2. 4%；江苏电网连续 5 年最高调度用电负荷接连“破亿”。

由于尚未形成有效的市场化调峰机制，地区调峰还需要从技术调节和市场机制两个角度进行协调。

长江中游地区资源少，人均能耗较低，通过推进能源梯度利用和电能替代在一定程度上降低了中游地区的能源强度。但是，由于大型水电电源集中在西部地区，而用电负荷中心在东部地区，湖北地区电网还存在受电能力不足的问题，域内电网互济能力有待提升，网源协调性还需要进一步加强。

由于上游地区外送建设部分受制于地域环境因素，加之市场消纳矛盾，上游地区外送通道建设相对滞后，区域外送能力还不能很好地满足现有需求。因此，上游地区还需要在区域内和区域外加强电力共享、水火互济，在推进区域内电力互补和支撑的基础上，完善跨区域通道建设。

二、长江经济带能源装备制造业发展

（一）能源装备制造业基础雄厚

长江经济带沿线各省份装备制造基础相较为雄厚。据统计，全国注册资本在5000万元以上的能源装备制造企业有3563家，其中长江下游地区拥有1008家、中游地区323家、上游地区221家。2019年，地区装备制造业销售收入为19.36万亿元，约占全国装备制造业总额的59.7%；下游、中游、上游装备制造业销售收入占整个长江经济带的比例分别为64.0%、20.6%、15.3%。根据2018年石油石化装备制造行业50强企业名单，长江经济带上榜企业15家，其中下游企业占有10席；同时，还拥有徐州徐工机械、上海机床、上海电气、华中数控、武汉重型机床、三一集团等一批优势相对集中的龙头企业，如表26-8所示。

表26-8　长江经济带装备制造业代表企业分布

行业领域	下游地区代表企业	中游地区代表企业	上游地区代表企业
工程机械、关键零部件	徐州徐工机械、常州现代江苏、湖州浙江鼎力、无锡华东重机、上海电气、上海宏达、浙江天际互感器、中核苏阀、浙江优特轴承、连云港中复连众复合材料、南京南瑞继保、上海凯泉泵业	武汉汽轮发电机、大力电工襄阳股份、三一集团、力帝机床、长飞光纤光缆股、湖北新火炬科技、华工法利莱切焊系统工程、武汉鼓风机公司、威胜集团、长沙金龙铸造	二重重型装备、东方电气、四川宏华、成都亿华通、宁德时代、天齐锂业、富临精工、金鸿曲轴、长江机械
高档数字机床、工业机器人	上海机床、南京第二机床、南京数控机床、苏州电加工、上海新时达、南京埃斯顿、南京熊猫电子、芜湖艾夫特、浙江双环传动	华中数控、中联重科、星邦重工、武汉重型机床、三丰智能装备、襄阳博亚精工装备	成都普瑞斯

续表

行业领域	下游地区代表企业	中游地区代表企业	上游地区代表企业
环保装备	上海长申、苏州创元、常州维尔利、南京中电环保、无锡雪浪环境、苏州科林环保、无锡江苏一环、绍兴菲达环保、嘉兴洁华控股、浙江宜可欧环保、杭州聚光科技、安庆盛运环保、合肥国祯环保	湖北方圆环保科技、凯迪公司、武汉龙净环保公司、武汉四方光电科技、力合科技	

资料来源：由笔者整理而得。

长江下游地区在高档数控机床、增材制造装备、智能仪器仪表、海洋油气资源开发装备、低风速风电机组、智能风电机组和高效直驱发电机技术、三代压水堆核电主设备制造、超低热值燃气轮机等能源装备制造领域具备一定优势。2019 年，江苏装备制造业实现营业收入 57254 亿元，同比增长 3.6%；实现利润 3128.6 亿元。其交流电动机产量为 5975.3 万千瓦、变压器产量 33850.7 万千瓦安、太阳能电池产量为 4831 万千瓦，同比分别增长 7.1%、31.2%和 26.8%。2019 年，安徽装备制造业实现主营业务收入 9454 元，同比增长 6%，实现利润 434 亿元，其交流电机产量为 986 万千瓦，同比增长 6.6%。2019 年，浙江装备制造业实现利润总额 1694 亿元，其交流电动机产量为 6850.6 万千瓦、变压器产量为 84720.9 万千瓦安，同比分别增加 5.3%和−3.3%。

长江中游以湖北、江西为中心，形成了海油气资源勘探钻采及辅助装备、海工装备、新能源汽车整车及零部件、智能电网、太阳能发电设备、锂电池等优势产业。2019 年，湖北、江西两省装备制造业实现营业收入分别为 16511.8 亿元和 5486.8 亿元，同比分别增长 4.9%和 7.1%。其中，湖北仪器仪表制造业、通用设备制造业、金属制造业同比分别增长 17.9%、13.1%和 0.2%。其中，江西交流电动机产量为 5394.49 万千瓦，同比增长 11.0%；变压器产量为 62089.0 万千瓦安，同比增长 30.8%；发电机组产量为 3 万千瓦安，同比增长 8.1%。湖南交流电动机产量为 1608.7 万千瓦，同比下降 13.6%；变压器产量为 10560.7 万千瓦安，同比增长 12.7%；发电机组产量为

160.8万千瓦安，同比下降-14.8%；锂离子电池产量为31394.8万只，太阳能电池产量为134.9万千瓦，同比分别增长109.7%和125.5%。

长江上游以四川、重庆为中心，在重型机械及容器产品链具有较高市场占有率，在石油天然气钻采输送装备产品方面的产业链水平不断提高，智能制造装备产品链体系逐步完备，在冶金成套设备、矿山设备、工程施工和基础设施专用设备等方面取得突破。其中，2019年重庆装备制造业工业总产值为1975亿元，生产矿山专用设备9.7万套，同比增长46.4%；炼油化工生产专用设备1.9万套，同比增长200.9%。

（二）新能源装备制造引领地位突出

长江经济带新能源装备制造优势良好。根据工业和信息化部2013—2019年发布的一至九批《光伏制造行业规范条件》入围企业名单，全国入围光伏制造企业共计182家，长江经济带光伏制造企业占96家，其中长江经济带上游企业80家、中游企业12家、下游企业4家，分别占全国光伏入围企业的44.4%、6.7%和2.2%。

长江经济带下游地区在核电、海上风电、光伏、智能电网及储能领域均有不俗表现。全国一半以上的光伏企业分布在下游地区。其中，阳光电源光伏逆变器市场占有率连续十多年保持全国第1位，国轩高科自主开发的磷酸铁锂动力电池出货量居国内第1位。地区核电设备供货超过全国的1/3，二次再热1000兆瓦超超临界机组国内市场组市场占有率超过60%，在风电玻纤叶片、1000兆瓦超超临界机组等关键装备产业领域也属于国内领先。下游地区拥有秦山、三门、田湾核基地，基本已经形成了核电研发、核电材料、设备制造等多环节产业链，并已初步形成以上海电气临港重型装备制造基地、上海电气闵行热加工基地和宝钢核电特种材料为中心的一批制造基地。同时，拥有远景能源、中国海装、上海电气等一批实力较为雄厚的龙头企业，在海上风电装备制造领域优势明显。2019年，上海电气新增装机647兆瓦，累计装机容量达到2902，国内市场占有率达41.4%。

第二十七章　长江经济带能源供给侧与需求侧差异

第一节　降碳目标下的长江经济带能源供给侧差异

能源结构优化不仅是我国能源转型发展面临的重要任务，也是保证能源安全，实现碳达峰、碳中和的重要组成部分。在能源革命背景下，实现减污降碳的目标要“先立后破、循序渐进”，要在充分考虑长江经济带资源禀赋及各地区发展特征的基础上分步实施。本节通过分析长江经济带九省二市的煤炭、焦炭、原油、汽油、煤油、柴油、燃料油、液化石油气、天然气 9 类能源产品的结构碳排放情况，利用对数平均迪氏指数法（LMDI）对工业、建筑业、交通运输业 3 个部门的二氧化碳排放量的影响因素进行分析，以更好地把握影响长江经济带各省份的能源供给差异对减排的影响。

一、基于对数平均迪氏指数法（LMDI）的碳排放分解公式构建

1989 年，Yoichi Kaya 在 IPCC 研讨会上提出了 Kaya 恒等式，等式将排放、能源、经济等一些因素用数学关系式加以描述，被广泛应用于碳排放核算和因素分解等问题。在该理论的基础上，本研究将长江经济带引起能源消费终端部门的碳排放因素分解为由能源结构、能耗强度、产业结构、产业规模、居民生活水平等驱动，将 Kaya 恒等式拓展为

$$C^k = \sum_j \sum_i C_{ij}^k = \sum_j \sum_i \frac{C_{ij}^k}{E_{ij}^k} \times \frac{E_{ij}^k}{E_{ij}^k} \times \frac{E_i^k}{Q_i^k} \times \frac{Q_i^k}{GDP^k} \times GDP^k \qquad (27-1)$$

$$= \sum_j \sum_i CE_{ij}^k \times ES_{ij}^k \times EI_i^k \times IS_i^k \times GDP^k$$

其中，C^k 表示第 k 个地区的产业部门二氧化碳排放量；E 为产业部门能

源消费总量；Q 为行业生产总值；GDP 为地区生产总值；i 表示不同行业类型，$i=1$，2，3；j 表示不同能源种类，$j=1$，2，…，9；$CE_{ij}^k=C_{ij}^k/E_{ij}^k$，表示第 k 个地区第 i 行业消费第 j 类能源时产生的二氧化碳排放量与能源消费总量之比；$ES_{ij}^k=E_{ij}^k/E_j^k$，表示第 k 个地区第 i 行业第 j 类能源消费量与能源消费总量之比，表示能源消费结构；$EI_i^k=E_i^k/Q_i^k$，表示第 k 个地区第 i 行业能耗强度；$IS_i^k=Q_i^k/GDP^k$，表示第 k 个地区的第 i 行业的产业结构。

结合构建的扩展 Kaya 恒等式，依据 Ang 提出的对数平均迪氏指数法，将长江经济带各产业碳排放影响因素的综合效应分解为碳排放系数效应、能源结构效应、能耗强度效应、产业结构效应、经济发展水平效应，构建如式（27-2）所示的碳排放影响因素分解公式。依据 IPCC 的假定，能源碳排放系数不随时间变化，即碳排放系数效应可以忽略不计。因此有

$$\Delta C = C_T - C_0 = \Delta C_{ES} + \Delta C_{EI} + \Delta C_{IS} + \Delta C_{GP} \tag{27-2}$$

式（27-2）中，ΔC 为第 0 年至第 T 年长江经济带能源消费碳排放的变化量；C_T 为末期第 T 年的长江经济带碳排放量；C_0 为基期（第 0 年）长江经济带的碳排放量；ΔC_{ES} 为基期至末期能源消费结构变化引起的长江经济带碳排放变化量；ΔC_{EI} 为基期至末期能源消费强度变化引起的碳排放变化量；ΔC_{IS} 为基期至末期产业结构变化引起的碳排放变化量；ΔC_{GP} 为基期至末期经济发展水平变化引起的碳排放变化量。

不同分解因素贡献值的基本方程分别如式（27-3）~式（27-6）所示：

$$\Delta C_{ES} = \sum_{ij} L(C_{ij}^T - C_{ij}^0)\ln \frac{ES_{ij}^T}{ES_{ij}^0} \tag{27-3}$$

$$\Delta C_{EI} = \sum_{ij} L(C_{ij}^T - C_{ij}^0)\ln \frac{EI_i^T}{EI_i^0} \tag{27-4}$$

$$\Delta C_{IS} = \sum_{ij} L(C_{ij}^T - C_{ij}^0)\ln \frac{IS_i^T}{IS_i^0} \tag{27-5}$$

$$\Delta C_{GP} = \sum_{ij} L(C_{ij}^T - C_{ij}^0)\ln \frac{GP_i^T}{GP_i^0} \tag{27-6}$$

其中

$$L(C_{ij}^{T}-C_{ij}^{0})=\begin{cases}\dfrac{C_{ij}^{T}-C_{ij}^{0}}{\ln C_{ij}^{T}-\ln C_{ij}^{0}}(C_{ij}^{T}\neq C_{ij}^{0})\\ C_{ij}^{T}(C_{ij}^{T}=C_{ij}^{0})\end{cases}$$

本书涉及的2009—2019年工业、建筑业、交通运输业的煤炭、焦炭、原油、汽油、煤油、柴油、燃料油、液化石油气、天然气9类能源产品的终端能源数据来自各年度《中国能源统计年鉴》，行业二氧化碳数据采用中国碳核算数据库（CEADs）公布的二氧化碳排放量。

二、长江经济带碳减排影响因素分析

（一）工业碳减排影响因素分析

工业部门二氧化碳排放量的减少是实现减排目标的关键，长江经济带工业二氧化碳排放变化量在2011—2013年持续降低，近年来工业部门的二氧化碳排放变化量趋于平稳，如图27-1所示。

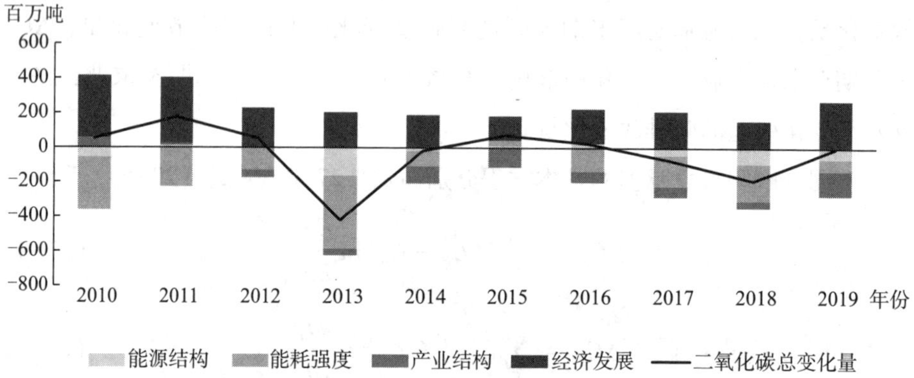

图27-1　工业终端能源消费二氧化碳排放变化量分解结果

能耗强度、能源结构以及产业结构变化是影响地区二氧化碳排放量的主要原因。由对数平均迪氏指数法对因素分解的结果可得，长江经济带能耗强度效应对能源消费碳排放变化的平均贡献度为143.5%。其中，2013年、2019年能耗强度效应分别减少二氧化碳排放4.25亿吨和0.96亿吨，分别占工业二氧化碳排放变化量的 101.4%和 1885.8%。2017—2019 年，下游地区的能耗强度效应促进二氧化碳平均减排 1.31 亿吨，中游地区能耗强度效应促进二氧化碳平均减排 0.83 亿吨，上游地区能耗强度效应促进二氧化碳平均减排 0.3 亿吨。

2009—2019 年，能源结构和产业结构的变化在一定程度上也抑制了工业二氧化碳排放量的增长。能源结构效应对能源消费碳减排的平均贡献度为 196%，随着 2012 年后供给侧清洁能源的大规模开发与利用，地区能源结构逐步呈现清洁化、低碳化特征，2017—2019 年能源结构效应对二氧化碳排放呈现出了一定的抑制作用，二氧化碳排放分别减少了 0.42 亿吨、0.91 亿吨和 0.62 亿吨，分别占工业二氧化碳排放变化量的 58.4%、48.3%和 16.83%，如表 27-1 所示。随着长江经济带第三产业的快速发展，产业结构效应对碳减排的影响逐渐显著。2019 年，产业结构效应对减排贡献了 1.4 亿吨二氧化碳。长江经济带工业增加值占地区 GDP 的比重由 2009 年的 41.2%下降至 2019 年的 32.4%，随着工业在国民经济中的比重持续降低，产业结构效应对长江经济带能源消费碳排放的抑制作用还将持续显现。

经济发展水平效应对长江经济带能源消费碳排放的平均贡献度为 664.2%。2009—2019 年，经济发展水平效应对碳排放的影响始终呈现出驱动作用，且贡献度最高，是区域碳排放增长的关键性因素，如表 27-1 所示。

表 27-1　长江经济带碳排放驱动因素分解（加法分解形式）

区间年份	碳排放变化/百万吨					各因素贡献率/%			
	ΔC_{ES}	ΔC_{EI}	ΔC_{IS}	ΔC_{GP}	ΔC	ΔC_{ES}	ΔC_{EI}	ΔC_{IS}	ΔC_{GP}
2009—2010	-57.0	-304.7	57.4	357.0	52.7	-108.3	-578.6	109.0	677.8
2010—2011	12.2	-228.1	12.2	379.2	175.4	7.0	-130.0	6.9	216.1
2011—2012	1.4	-127.9	-46.9	227.3	53.9	2.6	-237.3	-87.1	421.8
2012—2013	-161.0	-424.9	-37.4	204.1	-419.2	38.4	101.4	8.9	-48.7
2013—2014	-18.8	-87.7	-100.6	189.7	-17.3	108.6	506.9	581.5	-1097.0
2014—2015	11.8	32.9	-111.3	139.1	72.6	16.3	45.4	-153.4	191.7
2015—2016	26.7	-133.9	-66.4	199.2	25.6	104.4	-523.0	-259.2	777.8
2016—2017	-42.3	-180.6	-60.7	211.1	-72.5	58.4	249.2	83.7	-291.2
2017—2018	-90.9	-216.3	-38.8	157.8	-188.2	48.3	114.9	20.6	-83.8
2018—2019	-62.0	-69.4	-144.9	272.6	-3.7	1683.3	1885.8	3937.6	-7406.8

从表 27-1 中可以发现，工业二氧化碳排放增量与经济发展变化较为一致，这说明长江经济带的高速发展在一定程度上是以较大碳排放量为代价的。

在低碳发展背景下，长江经济带未来必须调整经济发展模式。随着能耗强度效应对减排空间的持续压缩，未来还需要合理调整工业结构持续增加减排驱动力，并从供给侧持续加大清洁能源供给，以期实现减排既定目标。

（二）建筑业碳减排影响因素分析

由图 27-2 可以看出，长江经济带建筑业能耗强度对建筑业二氧化碳排放起到较强的抑制作用。随着我国建筑业施工技术的不断优化以及行业监管体制的不断完善，建筑业能耗强度对地区二氧化碳排放量的抑制作用在近几年不断加强。经济发展水平效应则长期促进了二氧化碳的排放。

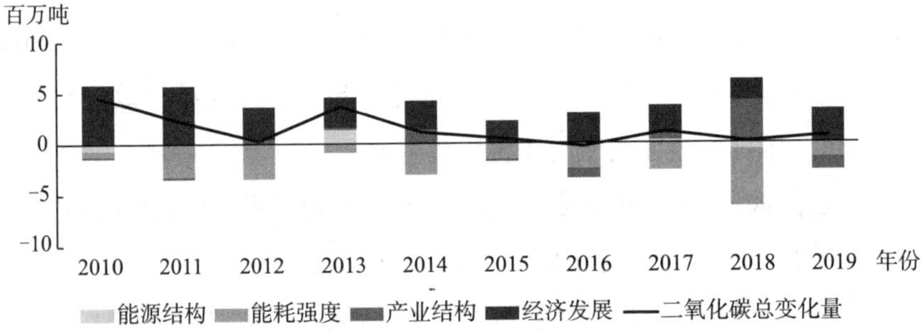

图 27-2　建筑业终端能源消费二氧化碳排放变化量分解结果

2009—2019 年，长江经济带建筑业累计终端能源消费结构里，煤炭占比达 19.6%，汽油占比达 22.7%，能源消费结构较为稳定。但由于近年来能源消费结构的升级，建筑用能结构呈现出清洁化、多元化的趋势，能源结构效应在部分年度对二氧化碳排放起到了抑制作用，但抑制作用甚微。由于长江经济带建筑业增加值占地区 GDP 的比例由 2009 年的 6.6%上升至 2019 年的 7.5%，下游由 2009 年的 6.8%、5.7%分别上升至 2019 年的 8.1%。随着上游地区城市化进程的不断加快，大型基础设施的开工建设不可避免地增加了建筑业的二氧化碳排放，因此，上游地区建筑业产业结构效应对二氧化碳排放量的增长有促进作用；而下游地区由于城市化进程放缓，建筑业比例相对稳定，在供给侧建筑用能结构清洁化、多元化的综合影响下，下游地区建筑业产业结构效应在部分年份表现出抑制二氧化碳排放的趋势。

总体来看，建筑业产业结构和经济发展效应因素对行业二氧化碳排放量的促进作用抵消了能耗强度、能源结构因素对行业二氧化碳排放量的抑制作用，长江经济带建筑业的二氧化碳排放量增量减少，但总体保持增长。

（三）交通运输业碳减排影响因素分析

如图 27-3 所示，能耗强度、产业结构都对地区交通运输业二氧化碳排放量起到了显著的抑制作用。随着机动车尾气污染控制排放标准不断提高，能源利用效率也在不断提高，能耗强度因素在交通运输业中对二氧化碳排放量的增长起到了主要抑制作用。能源结构因素对交通运输业二氧化碳排放量的促进与抑制作用并存。由于交通运输业主要消耗汽油和柴油，两种能源在行业累计终端能源消费中分别占 26.6%和 43.5%，天然气等清洁能源在交通运输业的占比虽然不高，但比例持续上升，天然气在长江经济带交通运输业终端消费中的比例由 2012 年的不足 2%上升到 2019 年的 4%，新能源汽车的快速发展有利于行业能源结构的优化，有利于促进交通运输业减排。可以看到，2015 年后能源结构因素对交通运输行业二氧化碳排放的影响由促进作用转向抑制作用，且抑制作用有扩大趋势。

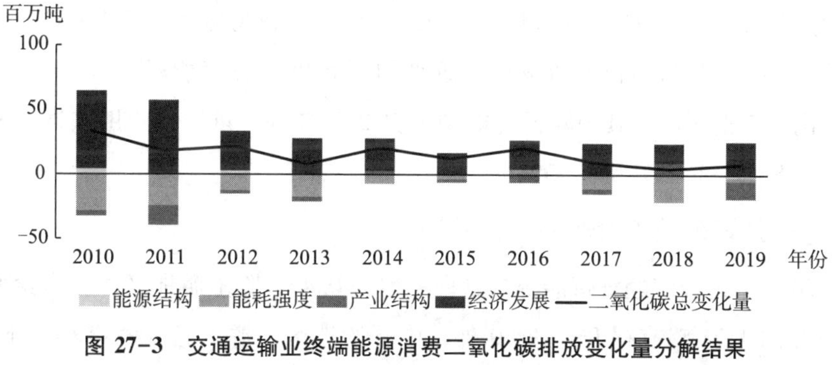

图 27-3　交通运输业终端能源消费二氧化碳排放变化量分解结果

近年来，上游地区交通运输业能源结构效应、产业结构效应、能耗强度效应对交通运输行业二氧化碳的抑制作用日渐显著，受益于地区相对富集的清洁能源供给优势，上游地区交通运输业二氧化碳减排效果显著高于中下游地区。下游交通运输二氧化碳变化量处于持续调整震荡中，反映出下游地区清洁能源运输方式的增加，对地区碳排放强度造成的结构性冲击。中游地区交通运输业二氧化碳变化量增量持续稳定，地区交通运输业清洁化进程有待加快。

第二节　长江经济带能源消费差异

一、长江经济带能源消费结构特征

长江经济带能源消费在全国的地位举足轻重，煤炭消费依然是地区能源消费的主力。2019 年，煤炭消费在能源消费结构中的占比达 76.9%，下游地区清洁能源消费结构略高于中上游地区。煤、油、天然气和电力的能源消费总量由 2009 年的 76962 万吨标准煤上升至 2019 年的 68882 万吨标准煤，占全国能源消费总量的 32.6%。其中，下游人均能源消费 3.60 吨标准煤，高于全国人均能耗的 3.47 吨标准煤的平均水平，上游人均能源消费与全国平均水平持平；中游人均能源消费较低，只有 2.41 吨标准煤。在“双控”总量目标下，能源消费强度持续降低，其中下游 2019 年平均万元生产总值能耗为 0.36 吨标准煤，但 2020 年浙江、安徽能耗分别上升 6.34%、2.03%；下游平均万元生产总值能耗为 0.34 吨标准煤，2020 年江西、湖北和湖南能耗分别比上年下降 2.27%、1.17%和 1.98%；上游平均万元生产总值能耗为 0.68 吨标准煤，高于其他区域，其中除云南能源上升 2.71%外，重庆、四川和贵州分别降低 3.88%、1.79%和 1.45%。

（一）能源消费外部依赖度高

2019 年，长江经济带能源自给率平均为 0.43，除上游地区能源自给率由 2009 年的 1.71 略有提升至 1.80 外，中下游地区能源自给率略有小幅下降，分别只有 0.30 和 0.38。

由于长江经济带中下游地区能源需求体量庞大，高度依赖外部输入。除上游地区天然满足地区内消耗外，煤炭、原油的消费大部分需要依靠省外调入。2019 年，长江经济带煤炭消费量为 122418.57 万吨，净调入量为 81068.1

万吨。其中，下游地区煤炭消费量为 59516. 97 万吨，依靠外部净调入比例达 80%，净进口煤炭达 4672. 13 万吨。中游地区煤炭消费量为 30428. 29 万吨，依靠外部净调入比例达 79. 1%，净进口煤炭达 409. 31 万吨。上游地区煤炭消费量为 32473. 31 万吨，外部净调入量为 9053. 91 万吨，占比为 11. 2%。具体如图 27-4 所示。

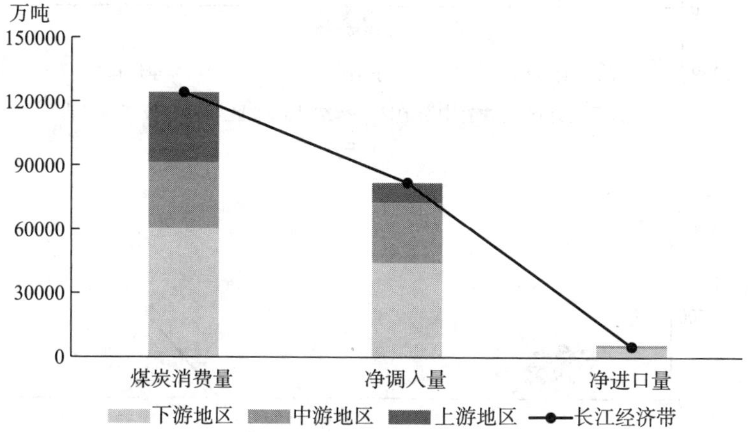

（a）煤炭

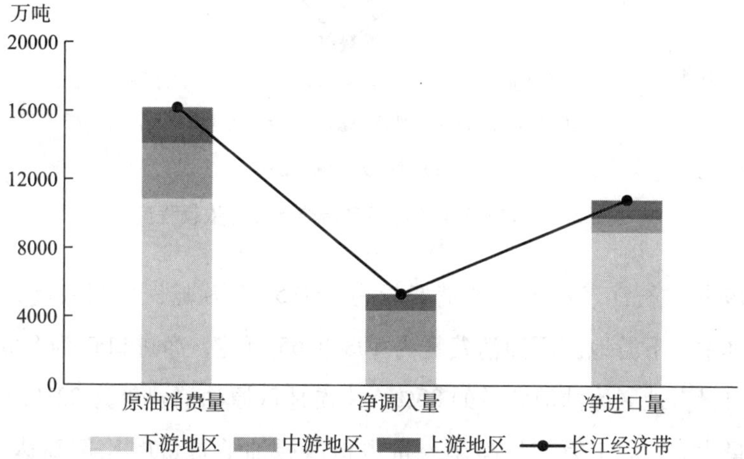

（b）原油

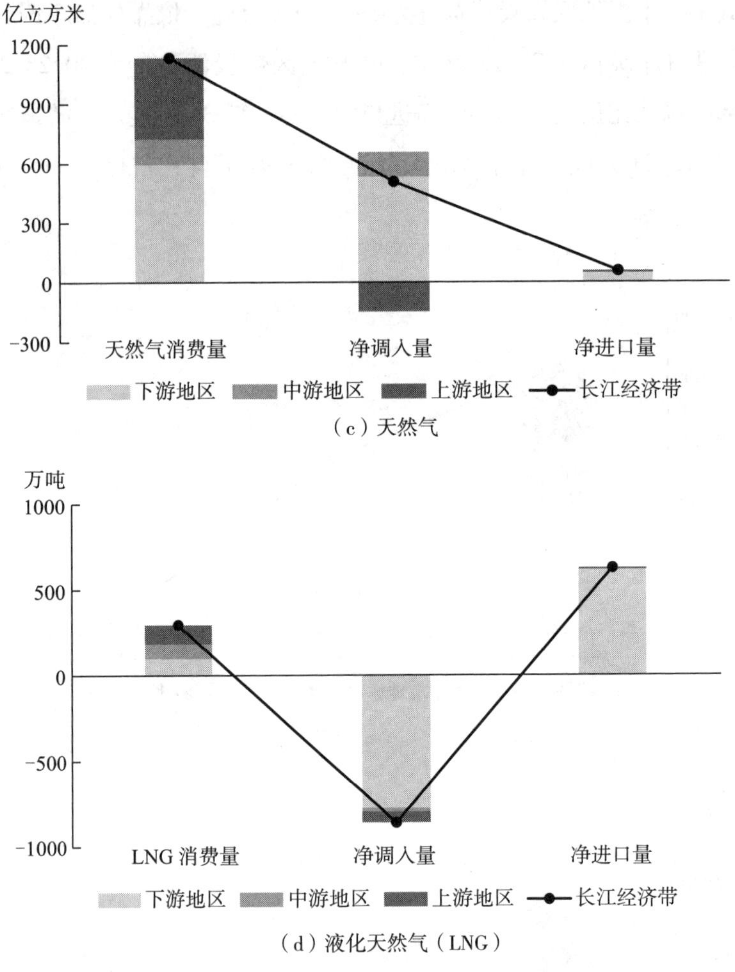

图 27-4　2019 年长江经济带能源外部依赖程度

2019 年，长江经济带原油消费量为 16185.97 万吨，净调入量为 5316.9 万吨。其中，下游地区原油消费量为 10849.65 万吨，净进口量为 8963.83 万吨，进口量占地区原油消费量的 80%。中游地区原油消费量为 3239.57 万吨，净调入量为 2377.31 万吨，净调入量占地区原油消费量的比例高达 73.4%，地区进口 801.27 万吨，原油进口需求主要来自江西。上游地区原油消费量为 2096.75 万吨，净调入量为 976.69 万吨，净进口量为 1085.11 万吨。

2019 年，长江经济带天然气消费量为 1133.74 亿立方米，净调入量为

507.69 亿立方米，少量依靠外部进口。在满足本地区消费的同时，上游地区较为丰富的天然气资源主要用于大量外供。2019 年，上游地区天然气消费量为 411.12 亿立方米，净调出 147.84 亿立方米。中游与下游的天然气几乎全部依靠外调，中游地区天然气消费量为 128.3 亿立方米，外调量占比为 96.7%；下游地区天然气消费量为 594.3 亿立方米，外调量占比为 89.4%。2019 年，长江经济带液化天然气消费量为 296.11 万吨，净调入量为-859.68万吨，净进口量为 626.35 万吨，主要通过江苏进口后大量外调至周边地区。

（二）终端能源消费结构有待提升

从地区的终端能源消费结构来看，如图 27-5 所示，2019 年地区能源消费结构呈现不同的特征。其中，上游地区终端能源清洁化消费程度较高，中游地区终端能源消费清洁化亟待提升，下游地区在农林牧渔业、工业、批发零售业和住宿餐饮业等领域的电气化水平依然有较大提升空间。另外，长江经济带交通运输业终端能源消费的油品所占比例高于全国平均水平，油品在长江经济带下、中、上游地区占比分别高达 90.5%、86.7%和 89.8%，地区交通运输电气化发展有待进一步推进。

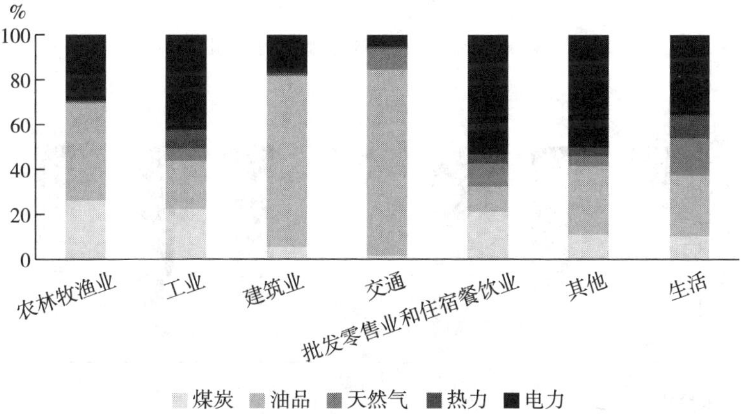

（a）全国

图 27-5　2019 年长江经济带终端能源消费与全国的对比

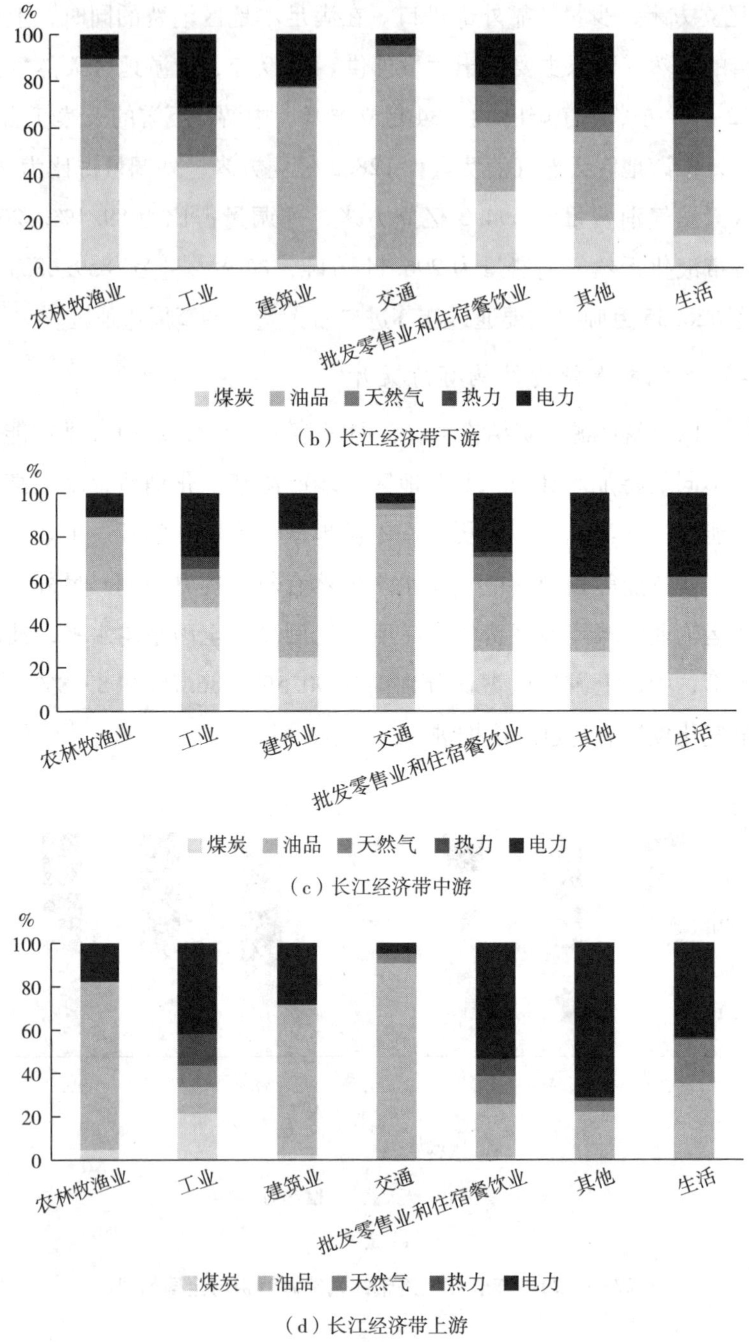

图 27-5　长江经济带终端能源消费与全国的对比

由于长江中游地区终端消费的煤炭比例过高，农林牧渔业、工业、建筑业、交通运输部门等用煤结构高于全国水平。长江中游地区煤炭工业终端消耗量为6329.8万吨标准煤，占工业终端能源消费的47.6%，高于全国（22.4%）的平均水平；农林牧渔业煤炭终端消耗量为499.4万吨标准煤，煤炭在行业终端能耗结构中占比为55.2%，高于全国（26.1%）的平均水平。长江下游地区农林牧渔业、工业、批发零售业的终端煤炭消费比例依然较高。其中，农林牧渔业煤炭终端消耗量为295.0万吨标准煤，工业煤炭终端消耗量为7222.4万吨标准煤，煤炭消费占本行业终端能耗的42%以上。结合长江下游地区煤炭等大规模外调的现实，未来，长江下游地区依然需要通过大规模实施电能替代，进一步提升本地区的终端用能清洁化水平。

二、区域能源消费差异分析

由于长江经济带能源消费旺盛但地区能源供给相对有限，因此，有必要从地区间和地区内视角分析能源消费差异产生的原因，并进一步从降碳角度出发，分析能源消费碳排放差异的影响因素。

（一）基于Dagum基尼系数区域能源消费差异分解

基尼系数、泰尔指数是衡量地区差异的常用统计量工具。由于传统的基尼系数不可按地区分解，而泰尔指数虽然能够细分能源消耗的地区间差异与地区内差异，但在测度不同区域间的均衡问题时未曾考虑子群的分布情况，从而降低了研究结论的准确性。而Dagum（1997）提出了一种基尼系数按子群分解的方法，相较于泰尔指数与传统的基尼系数方法，Dagum基尼系数考虑了子群的分布状态，不仅能有效地解决地区差距的来源问题，也能克服分组间样本的交叉重叠缺陷，此方法已被广泛应用于城市群、地区能源消费差异中。鉴于Dagum基尼系数的优点和特性，本书采用该方法分析长江经济带工业、建筑业、交通运输业区域能源消费的差异。

依据Dagum基尼系数分解方法，本书将长江经济带划分为3个区（上游、中游和下游，故$k=3$），j和h分别表示k个地区中的不同地区，且j、$h=1$，

2，…；$n_j(n_h)$ 为 $j(h)$ 地区内省份个数；$y_{ji}(y_{hr})$ 为 $j(h)$ 地区的第 $i(r)$ 省份的某终端部门能源消费总量；$\bar{y}$ 为全国该部门各省份终端能源消费量的算术平均值；n 为 全国省份个数。由此可以得到 Dagum 基尼系数计算公式为

$$G = \frac{\sum_{j=1}^{k}\sum_{h=1}^{k}\sum_{i=1}^{n_j}\sum_{r=1}^{n_h} | y_{ji} - y_{hr} |}{2n^2\bar{y}} \tag{27-7}$$

Dagum（1997）将总体基尼系数（G）分解为地区内差距贡献（G_w）、地区间净值差距贡献（G_{nb}）和超变密度贡献（G_t），且满足 $G = G_w + G_{nb} + G_t$ 。

式（27-8）和式（27-9）分别是某地区（如上游j）基尼系数（G_{jj}）和地区间（如上游j与下游h间）基尼系数（G_{jh}）。其中

$$G_{jj} = \frac{\frac{1}{2\bar{y}_j}\sum_{j=1}^{k}\sum_{h=1}^{k} | y_{ji} - y_{hr} |}{n_j^2} \tag{27-8}$$

$$G_{jh} = \frac{\sum_{i=1}^{n_j}\sum_{r=1}^{n_h} | y_{ji} - y_{hr} |}{n_j n_h(\bar{y}_j - \bar{y}_h)} \tag{27-9}$$

式（27-10）、式（27-11）、式（27-12）分别是地区内差距贡献（G_w）、地区间净值差距贡献（G_{nb}）和超变密度贡献（G_t），其中

$$G_w = \sum_{j=1}^{k} G_{jj}P_jS_j \tag{27-10}$$

$$G_{nb} = \sum_{j=2}^{k}\sum_{h=1}^{j-1} G_{jh}(P_jS_h + P_hS_j)D_{jh} \tag{27-11}$$

$$G_t = \sum_{j=2}^{k}\sum_{h=1}^{j-1} G_{jh}(P_jS_h + P_hS_j)(1 - D_{jh}) \tag{27-12}$$

式（27-11）、式（27-12）中，$P_j = n_j/n$，为j地区省份数与全国省份总数的比值；$S_j = n_j\bar{y}_j/n\bar{y}$，$j = 1, 2, \cdots, k$；$D_{jh}$ 为j地区和h地区间能源消耗的相对影响，其计算如式（27-13）所示：

$$D_{jh} = \frac{d_{jh} - P_{jh}}{d_{jh} + P_{jh}} \tag{27-13}$$

其中

$$d_{jh} = \int_0^\infty \mathrm{d}F_j(y)\int_0^y (y-x)\,\mathrm{d}F_h(x) \tag{27-14}$$

$$P_{jh} = \int_0^\infty \mathrm{d}F_h(y)\int_0^y (y-x)\,\mathrm{d}F_j(y) \tag{27-15}$$

（二）长江经济带区域能源消费差异分析

1. 工业能源消费差异分析

长江经济带工业能耗基尼系数保持稳定，2017—2019 年略有提升，由 2014 年的 0. 252 提升至 2019 年的 0. 254，如表 27-2 所示。

表 27-2　2009—2019 年长江经济带工业能源消费差异基尼系数

年份	总体	地区内基尼系数			地区间基尼系数			贡献率		
		下游	中游	上游	下游—中游	下游—上游	中游—上游	Gw	G_{nb}	G_t
2009	0. 232	0. 254	0. 190	0. 191	0. 254	0. 247	0. 216	0. 316	0. 133	0. 552
2010	0. 240	0. 250	0. 186	0. 218	0. 242	0. 263	0. 234	0. 314	0. 201	0. 485
2011	0. 243	0. 274	0. 197	0. 183	0. 254	0. 268	0. 232	0. 310	0. 233	0. 457
2012	0. 240	0. 271	0. 202	0. 168	0. 251	0. 258	0. 244	0. 304	0. 299	0. 397
2013	0. 247	0. 265	0. 111	0. 264	0. 226	0. 295	0. 234	0. 316	0. 228	0. 456
2014	0. 235	0. 261	0. 104	0. 238	0. 219	0. 289	0. 212	0. 312	0. 294	0. 394
2015	0. 239	0. 273	0. 080	0. 229	0. 219	0. 301	0. 221	0. 303	0. 304	0. 393
2016	0. 238	0. 306	0. 088	0. 175	0. 247	0. 298	0. 196	0. 298	0. 328	0. 374
2017	0. 252	0. 320	0. 083	0. 196	0. 267	0. 309	0. 218	0. 292	0. 331	0. 377
2018	0. 244	0. 312	0. 069	0. 226	0. 252	0. 299	0. 188	0. 317	0. 168	0. 515
2019	0. 254	0. 325	0. 065	0. 226	0. 264	0. 313	0. 187	0. 317	0. 199	0. 485

2009—2019 年，长江经济带下游及上游地区基尼系数总体呈现上升趋势。其中，下游地区基尼系数由 2009 年的 0. 254 上升到 2019 年的 0. 325，上游地区由 2009 年的 0. 191 上升到 2019 年的 0. 226，区域内各省份工业能耗差异有所拉大。中游地区能耗的差异趋势有一定下降，约为下游地区的 1/3，反映出长江经济带中游三省工业能耗差异显著缩小。

样本考察期间，能源消耗的区域间差异呈显著波动态势。长江下游与中游、下游与中游的地区间工业能耗差异逐渐加大，略呈现出“U”形态势。其中，下游地区与中游地区间的能耗基尼系数由2009年的0.254下降至2014年的0.219，后来又攀升至2019年的0.264；下游地区与上游地区间的能耗基尼系数由2009年的0.247上升至2012年的0.258后又攀升至2019年的0.313；与此同时，中游地区与上游地区间的工业能耗的地区差异逐渐缩小，由2009年的0.216下降至2019年的0.187。

地区间净值差距贡献（G_{nb}）在波动中呈现下降趋势，超变密度贡献（G_t）呈上升趋势，而地区内差距贡献（G_w）基本处于平稳状态，在考察期内稳定在0.300左右。2015年党的十八届五中全会提出，在实行能源消耗总量和强度“双控”行动的约束下长江经济带间工业能耗差异显著降低，地区间净值差距贡献（G_{nb}）由2015年的0.304下降至2019年的0.199。2017—2019年，长江上、中、下游地区工业能源消耗总体差异主要来自地区内差距贡献（G_w）和超变密度贡献（G_t）。

因此，尽快缩小区域内差异，调整工业产业结构，提升能效，已经成为优化长江经济带能源工业均衡消耗的关键，决定着未来地区工业能源消耗的走势。从能源消费侧反映出的长江下游三省一市工业能耗差异来看，下游地区与中上游地区有较大结构差异，因此，应当优先考虑中上游工业能耗的共性，针对中上游区域制定适合本区域的工业用能节能降耗合作规划。

2. 建筑业能源消费差异

表27-3结果显示，长江经济带建筑业能源消费基尼系数保持稳定，由2009年的0.330提升至2015年的高点0.360后，近四年下降至0.320左右。下游区域内各省份建筑业能源消费差异持续拉大，由2009年的0.275上升到2019年的0.353。地区内中上游建筑业能源消费基尼系数逐渐减少，其中，中游地区基尼系数由2009年的0.379下降到2019年的0.333，上游地区基尼系数由2009年的0.212下降到2019年的0.173。上游地区建筑业用能差异最小，其能源消费基尼系数下降最快，约为下游地区的1/2。

表 27-3 2009—2019 年长江经济带建筑业能源消费差异基尼系数

年份	总体	地区内基尼系数			地区间基尼系数			贡献率		
		下游	中游	上游	下游—中游	下游—上游	中游—上游	G_w	G_{nb}	G_t
2009	0.330	0.275	0.379	0.212	0.364	0.297	0.414	0.287	0.262	0.450
2010	0.342	0.282	0.391	0.226	0.382	0.303	0.428	0.287	0.266	0.447
2011	0.347	0.276	0.384	0.242	0.398	0.299	0.434	0.283	0.289	0.428
2012	0.339	0.274	0.366	0.210	0.392	0.287	0.441	0.275	0.300	0.425
2013	0.334	0.262	0.330	0.128	0.375	0.283	0.490	0.244	0.444	0.312
2014	0.329	0.269	0.314	0.085	0.376	0.270	0.494	0.235	0.466	0.299
2015	0.360	0.354	0.305	0.101	0.396	0.332	0.495	0.246	0.430	0.324
2016	0.312	0.348	0.349	0.123	0.366	0.296	0.343	0.293	0.186	0.521
2017	0.320	0.365	0.337	0.150	0.366	0.317	0.335	0.299	0.166	0.535
2018	0.324	0.361	0.340	0.188	0.363	0.319	0.340	0.305	0.137	0.559
2019	0.316	0.353	0.333	0.173	0.362	0.305	0.337	0.300	0.157	0.543

样本考察期间，建筑业能源消耗的区域间差异较大。除长江中上游地区间建筑业能耗差异略有缩小外，下游地区与中游、上游地区间工业能源消费差异在拉大。下游地区与上游地区间的建筑能耗基尼系数保持在 0.300 左右；下游地区与中游地区间的建筑能耗基尼系数由 2009 年的 0.364 上升至 2015 年的 0.396，随后略下降至 2019 年的 0.362；中游地区与上游地区间的建筑能耗基尼系数由 2009 年的 0.414 上升至 2015 年的 0.495，随后下降至 2019 年的 0.337。

建筑业能耗地区间净值差距贡献（G_{nb}）下降，超变密度贡献（G_t）呈上升趋势，地区内差距贡献（G_w）基本处于平稳状态。近四年来，长江经济带建筑业用能总体差异和工业用能差异来源接近，主要来自区域内差距贡献（G_w）和超变密度贡献（G_t）。

3. 交通运输业能源消费差异

表 27-4 结果显示，长江经济带交通运输业能源消费基尼系数持续下降，由 2009 年的 0.279 下降到 2019 年的 0.210，无论是区域内还是区域间能耗都持续降低。长江经济带区内交通运输业能源消费差异持续降低，下游地区的交通运输业能源消费基尼系数由 2009 年的 0.246 下降到 2019 年的 0.182，中

游地区由 2009 年的 0. 237 下降到 2019 年的 0. 168，上游地区由 2009 年的 0. 209 下降到 2019 年的 0. 134。

交通运输业能源消耗区域间差异持续降低，上、中、下游区域间差异不大。下游地区与中游地区间的交通运输业能源消耗基尼系数由 2009 年的 0. 305 下降至 2019 年的 0. 217，下游地区与上游地区间的交通运输业能源消耗基尼系数由 2009 年的 0. 334 下降至 2019 年的 0. 267，中游地区与上游地区间的交通运输业能源消耗基尼系数由 2009 年的 0. 250 下降至 2019 年的 0. 204。

就贡献率而言，交通运输业能耗地区间净值差距贡献（G_{nb}）有一定上升，超变密度贡献（G_t）呈现波动趋势，地区内差距贡献（G_w）略有下降。地区间净值差距贡献（G_{nb}）由 2009 年的 0. 466 上升到 2013 年的 0. 704，2019 年下降至 0. 513，反映出长江经济带交通运输业用能差异主要来自地区间差异。2009—2015 年，超变密度贡献（G_t）出现了下降趋势，2015 年下降至 0. 115，随后上升至 2019 年的 0. 222。这说明随着各地区清洁交通运输方式的涌现，地区交通运输用能方式发生了一定变化，交通运输业用能差异化加剧。整体而言，长江经济带交通运输行业能耗差异无论是地区内部还是地区之间差异都在变小，地区间差异是导致交通运输行业用能差异变化的主要原因，因此，能否尽快缩小地区间的差异贡献，成为优化交通运输能耗的关键。

表 27-4　2009—2019 年长江经济带交通运输业能源消费差异基尼系数

年份	总体	地区内基尼系数			地区间基尼系数			贡献率		
		下游	中游	上游	下游—中游	下游—上游	中游—上游	G_w	G_{nb}	G_t
2009	0. 279	0. 246	0. 237	0. 209	0. 305	0. 334	0. 250	0. 285	0. 466	0. 249
2010	0. 259	0. 237	0. 208	0. 162	0. 294	0. 322	0. 209	0. 276	0. 490	0. 235
2011	0. 247	0. 207	0. 228	0. 121	0. 266	0. 321	0. 228	0. 257	0. 532	0. 212
2012	0. 223	0. 165	0. 225	0. 093	0. 270	0. 282	0. 204	0. 237	0. 580	0. 183
2013	0. 219	0. 151	0. 161	0. 087	0. 232	0. 326	0. 196	0. 211	0. 704	0. 085
2014	0. 205	0. 137	0. 170	0. 103	0. 224	0. 287	0. 192	0. 222	0. 658	0. 119
2015	0. 198	0. 142	0. 153	0. 065	0. 215	0. 284	0. 194	0. 209	0. 675	0. 115
2016	0. 203	0. 161	0. 192	0. 113	0. 220	0. 253	0. 205	0. 255	0. 540	0. 204
2017	0. 215	0. 168	0. 187	0. 140	0. 228	0. 274	0. 209	0. 259	0. 561	0. 180

续表

年份	总体	地区内基尼系数			地区间基尼系数			贡献率		
		下游	中游	上游	下游—中游	下游—上游	中游—上游	G_w	G_{nb}	G_t
2018	0.206	0.162	0.160	0.135	0.209	0.273	0.201	0.253	0.577	0.170
2019	0.210	0.182	0.168	0.134	0.217	0.267	0.204	0.265	0.513	0.222

综上发现，在保持“双控”目标的基础上，一方面，应从供给侧持续加大清洁能源供给，持续通过调整地区工业、建筑产业结构增减排驱动力。交通运输业应当尽快缩小地区间差异，重点调整中下游地区的能源供给结构，提升中下游地区的交通电气化水平。另一方面，从能源消费需求侧出发，长江经济带各地区之间应当尽快缩小区域内工业和建筑业产业结构用能差异，提升能效，重点考虑中上游在建筑节能和交通运输领域的消费需求共性，开展节能领域合作，逐步推进地区能源清洁发展。

第三节　长江经济带能源产业技术创新能力

一、能源产业创新平台发展迅速

长江经济带在基础研究和原始创新能力方面具有显著优势，在全国 4 个综合性国家科学中心中占有两席，围绕上海张江、安徽合肥综合性国家科学中心形成了电子激光装置、核聚变等一批具有国际领先的原创成果。在推进跨界协同创新、推进技术从研发到商业化应用环节也形成了一批国家制造业创新中心和工程中心。

作为国家工程研究中心与各省级工程研究中心衔接的重要创新平台，国家与地方工程技术中心围绕所在地区的特色产业优势，侧重于解决产业发展关键技术与装备“瓶颈”问题，是推动关键共性技术、工程技术研发与推广的重要平台。2006—2019 年，国家发展改革委累计批准长江经济带十一省市能源装备相关国家地方联合工程研究中心约有 68 家。从技术研究领域来看，涉及智能装备制造领域工程研究中心 42 家、能源装备制造 6 家、新能源 14

家、节能环保领域中心 6 家。从地区分布来看，长江上游地区 33 家、中游地区 17 家、下游地区 18 家（见表 27-5）。

表 27-5　长江经济带国家与地方工程技术中心

序号	国家与地方工程技术中心	依托单位	所在地
1	矿山互联网应用技术国家地方联合工程实验室	中国矿业大学	江苏
2	海工装备与船舶数字化制造技术国家地方联合工程实验室	江苏科技大学	江苏
3	数控成形技术与装备国家地方联合工程实验室	南京理工大学	江苏
4	大型直驱永磁海上风电机组检测技术国家地方联合工程实验室	江苏金风科技有限公司	江苏
5	硅材料加工设备国家地方联合工程研究中心	江苏华盛天龙光电设备股份有限公司	江苏
6	高压电力电缆国家地方联合工程研究中心	宝胜集团有限公司	江苏
7	节能电光源国家地方联合工程研究中心	江苏日月照明电器有限公司	江苏
8	高效太阳能硅电池国家地方联合工程研究中心	奥特斯维能源有限公司	江苏
9	半导体节能器件及材料国家地方联合工程研究中心	南京大学	江苏
10	先进硅材料制备技术国家地方联合工程研究中心	江苏中能硅业科技有限公司	江苏
11	有机固体废弃物资源化国家地方联合工程研究中心	江苏同盐环保科技有限公司	江苏
12	高压智能变压器国家地方联合工程研究中心	江苏华鹏变压器有限公司	江苏
13	高性能陶瓷纤维国家地方联合工程研究中心	苏州赛菲集团	江苏
14	光传感通信综合网络国家地方联合工程研究中心	东南大学	江苏
15	通信与网络技术国家地方联合工程研究中心	南京邮电大学	江苏
16	生物质高效炼制及高质化利用国家地方联合工程研究中心	常州大学	江苏
17	电气数字化设计技术国家地方联合工程实验室	温州大学	浙江
18	稀土磁/光电功能材料国家地方联合工程实验室	中国计量学院	浙江
19	流体传输系统技术国家地方联合工程实验室	浙江理工大学	浙江
20	临港石油天然气储运技术国家地方联合工程实验室	浙江海洋大学	浙江
21	机电产品可靠性分析与测试国家地方联合工程研究中心	浙江理工大学	浙江

续表

序号	国家与地方工程技术中心	依托单位	所在地
22	先进结构设计与建造技术国家地方联合工程研究中心	浙江大学	浙江
23	高节能电机及控制技术国家地方联合工程实验室	安徽大学	安徽
24	可再生能源接入电网技术国家地方联合工程实验室	合肥工业大学	安徽
25	特种电线电缆国家地方联合工程研究中心	安徽华菱电缆集团有限公司	安徽
26	自动化装备技术国家地方联合工程研究中心	安徽巨一自动化装备有限公司	安徽
27	智能交通（ITS）技术国家地方联合工程研究中心	安徽科力信息产业有限责任公司	安徽
28	分布式控制技术国家地方联合工程研究中心	合肥工大高科信息科技股份有限公司	安徽
29	数控锻压机床装备国家地方联合工程研究中心	合肥合锻机床股份有限公司	安徽
30	可再生能源电能变换技术国家地方联合工程研究中心	阳光电源股份有限公司	安徽
31	智能机器人先进机构与控制技术国家地方联合工程研究中心	埃夫特智能装备股份有限公司	安徽
32	锂电池及系统技术开发与应用国家地方联合工程研究中心	合肥国轩高科动力能源有限公司	安徽
33	煤炭安全精准开采国家地方联合工程研究中心	安徽理工大学	安徽
34	节能与新能源汽车关键技术国家地方联合工程实验室	东风汽车公司	湖北
35	半导体硅材料制备技术国家地方联合工程实验室	宜昌南玻硅材料有限公司	湖北
36	树脂基结构与功能材料技术国家地方联合工程实验室	湖北三江航天红阳机电有限公司	湖北
37	通信光电子技术国家地方联合工程实验室	武汉光迅科技股份有限公司	湖北
38	数字化材料加工技术与装备国家地方联合工程实验室	华中科技大学	湖北
39	新型电机技术国家地方联合工程研究中心	华中科技大学	湖北
40	新型石墨材料国家地方联合工程研究中心	中科恒达石墨股份有限公司	湖北
41	高温材料与炉衬技术国家地方联合工程研究中心	武汉科技大学	湖北

续表

序号	国家与地方工程技术中心	依托单位	所在地
42	有机硅新材料国家地方联合工程研究中心	湖北兴发化工集团股份有限公司	湖北
43	石化新材料与资源精细利用国家地方联合工程实验室	湖南师范大学	湖南
44	油料能源植物高效转化国家地方联合工程实验室	湖南省林业科学院	湖南
45	新型储能电池关键材料制备技术国家地方联合工程实验室	湘潭大学	湖南
46	海洋矿产资源探采装备与安全技术国家地方联合实验室（湖南）	湖南科技大学	湖南
47	大型交电装备复合材料国家地方联合工程研究中心	株洲时代新材料科技股份有限公司	湖南
48	化工过程模拟与强化国家地方联合工程研究中心	湘潭大学	湖南
49	智能化综合能效管理技术国家地方联合工程研究中心	长沙威胜能源产业技术有限公司	湖南
50	半导体专用化学品制造技术国家地方联合工程研究中心	江西佳因光电材料有限公司	江西
51	替代燃料汽车国家地方联合工程实验室	中国汽车工程研究院股份有限公司	重庆
52	化工过程强化与反应国家地方联合工程实验室	重庆大学	重庆
53	智能传动和控制技术国家地方联合工程实验室	西南大学	重庆
54	智能仪器仪表网络化技术国家地方联合工程实验室	重庆邮电大学	重庆
55	燃煤烟气净化国家地方联合工程研究中心	中电投远达环保工程有限公司	重庆
56	仪器仪表传感器与测量系统国家地方联合工程研究中心	重庆市伟岸测器制造股份有限公司	重庆
57	页岩气勘探开发国家地方联合工程研究中心	重庆地质矿产研究院	重庆
58	煤矿瓦斯防治国家地方联合工程研究中心	重庆市能源投资集团科技有限责任公司	重庆
59	能源植物生物燃油制备及利用国家地方联合工程实验室	四川大学	四川
60	发电与输变电设备绝缘材料开发与应用国家地方联合工程研究中心	四川东材科技集团股份有限公司	四川

续表

序号	国家与地方工程技术中心	依托单位	所在地
61	纳米材料应用技术国家地方联合工程研究中心	贵州省纳米材料工程中心	贵州
62	物联网技术及应用国家地方联合工程研究中心	贵州天控自动化信息工程有限公司	贵州
63	高性能聚合物材料关键技术国家地方联合工程研究中心	贵州凯科特材料有限公司	贵州
64	精密铸造技术国家地方联合工程研究中心	贵州新艺精密铸造工程中心有限公司	贵州
65	液力变速器开发技术国家地方联合工程研究中心	贵州凯星液力传动机械有限公司	贵州
66	大规模物理储能国家地方联合工程研究中心	国家能源大规模物理储能技术（毕节）研发中心	贵州
67	锂离子电池及材料制备技术国家地方联合工程实验室	昆明理工大学	云南
68	大型精密数控机床国家地方联合工程研究中心	沈机集团昆明机床股份有限公司	云南

2017 年 8 月 18 日，科学技术部、财政部、国家发展改革委三部门联合印发《国家科技创新基地优化整合方案》，要求对现有国家发展改革委管理的国家工程研究中心和国家工程实验室，结合国家重大工程布局和发展需要择优建立一批新的国家工程研究中心，重点聚焦解决经济社会发展中的“卡脖子”技术问题。2021 年，国家发展改革委颁布的第一批和第二批国家工程研究中心名单中，长江经济带十一省市入围 5 家（其中 4 家为节能环保领域），分别是中国石化上海石化研究院基本有机原料催化剂工程研究中心、依托浙江大学的固体废物能源化清洁利用技术与装备国家工程研究中心、依托中国科学院的合肥物质科学研究所大气污染和温室气体检测技术与装备国家工程研究中心、依托清华大学的大气污染物与温室气体协同控制国家工程研究中心以及平安煤矿瓦斯治理国家工程研究有限责任公司煤矿瓦斯治理国家工程研究中心。

二、围绕地区能源产业优势的创新产业集群尚未形成

长江经济带各类优质创新资源汇聚，为打通“政产学研”通道，推动产业集聚向创新集聚转变奠定了一定基础。截至2020年年底，长江经济带形成了各类众创空间3337家、科技企业孵化器2573家、大学科技园54家，占全国的比例分别为44.0%、39.2%和47.0%，集聚各类科技人才超过185万人。下游地区科创载体集聚效应显著，众创空间、科技企业孵化器和大学科技园占全国的比例分别高达30.0%、21.1%和30.4%，为区域创新能力提升提供了强有力的支撑。

但是，整体而言，创新集群优势地区主要集中在下游长三角地区，中上游地区在装备制造和电子信息领域的产业集群虽然已基本形成，但围绕地区能源装备优势的基础还没有形成合力。科学技术部火炬中心在2013年就启动了创新型产业集群试点，意在通过该项工作加强政府引导、提升产业链协同创新，提升区域和产业的整体创新能力及国际竞争力。为了避免各地区“一哄而上”，2020年科技部发布的《关于深入推进创新型产业集群高质量发展的意见》中提出，在现有试点和培育基础上，充分发挥国家高新区的产业集聚作用，以“一区一主导产业”为布局原则，为各地区明确主攻方向。目前，长江经济带初步形成了能源及其高端装备制造领域的创新产业集群试点单位和试点培育单位共计22个（见表27-6）。下游地区在精细化工、新能源汽车、电子元器件领域形成了一定创新集群优势；中游地区以湖北、湖南为中心，初步形成了围绕能源装备、智能装备制造区域的创新集群；上游地区形成了以川渝地区为中心的电子电路领域产业集群。

表27-6　长江经济带能源装备制造创新产业集群

序号	创新集群名称	所在地	备注
1	上海新能源汽车及关键零部件产业集群	上海	（培育）
2	上海精细化工产业集群	上海	（培育）
3	松江G60科创走廊数字经济创新型产业集群	上海	（培育）

续表

序号	创新集群名称	所在地	备注
4	无锡高新区智能传感系统创新型产业集群	江苏	—
5	扬州数控成形机床创新型产业集群	江苏	—
6	常熟新能源汽车核心零部件创新型产业集群	江苏	（培育）
7	盐城高新区新型电子元器件及设备制造创新型产业集群	江苏	（培育）
8	宁波高新区工业互联网创新型产业集群	浙江	（培育）
9	芜湖新能源汽车创新型产业集群	安徽	—
10	蚌埠新型高分子材料产业集群	安徽	（培育）
11	阜阳界首高新区铝基复合材料创新型产业集群	安徽	（培育）
12	咸宁智能机电创新型产业集群	湖北	—
13	黄石先进电子元器件创新型产业集群	湖北	（培育）
14	孝感高新区高端装备制造创新型产业集群	湖北	（培育）
15	湘潭先进矿山装备制造创新型产业集群	湖南	—
16	长沙电力智能控制与设备创新型产业集群	湖南	—
17	岳阳临港高新区智能制造装备创新型产业集群	湖南	（培育）
18	常德重大成套设备制造创新型产业集群	湖南	（培育）
19	湘潭风能产业创新型产业集群	湖南	（培育）
20	遂宁电子电路产业集群	四川	（培育）
21	重庆电子信息创新型产业集群	重庆	—
22	贵阳区块链与大数据产业集群	贵州	（培育）

三、高端能源装备技术创新能力不足，发展定位同质化

依托各自的资源禀赋，长江经济带传统能源化工技术创新领域初步形成了一定特色，如表 27-7 所示。

表 27-7　长江经济带能源化工产业技术创新重点发展领域

行业		地区重点技术创新领域
勘探开发	煤炭勘探开采	安徽、贵州重点发展煤炭井下综合采掘、井下无轨采掘设备、井下监测监控、大型石化和煤化工关键设备等的开发
	海洋油气开发	在上海、浙江、江苏、湖北、四川、重庆、湖南发展海洋油气勘探开发设备、平台
	页岩气勘探	依托四川、云南、贵州、重庆、湖南、安徽、湖北等页岩气蕴藏丰富的地区，推动信息技术在页岩气勘探开发中的应用
能源化工产业	石油炼化	依托江苏、浙江、安徽、江西、湖南、湖北、重庆、云南等地现有石化企业的改造，加快炼化一体化进程，建设千万吨级智慧炼油厂，延伸发展合成树脂、合成橡胶、聚酯、聚氨酯、特种纤维、聚碳酸酯等高端产品
	化工材料	依托江西、重庆、四川、安徽、湖北等地资源优势，重点发展精细化工产品、化工新材料、基础化工材料

资料来源：根据《长江经济带创新驱动产业转型升级方案》及各地区“十四五”能源装备发展规划整理而得。

依托安徽、贵州两省在煤炭井下综合采掘、井下无轨采掘设备、井下监测监控领域等具有的优势，2020 年，贵州省实现生产煤矿采煤机械化率、辅助系统智能化率均达 100%，计划在 2025 年建成智能煤矿 50 处。长江经济带围绕上海、江苏、湖北等地逐步形成了以海洋油气开发为主的优势产业，并重点突破了深水半潜式平台和钻井船、浮式生产储卸装置、水下采油系统和液化天然气能源船舶等一批海洋油气开发技术。四川省形成了平台水平井优快钻井、水平井分段体积压裂、复杂山地水平井组工厂化作业等国际先进的勘探开发技术。在页岩气勘探开发技术领域，由于技术不断成熟，截至 2020 年年底，油川南页岩气产量达 116.1 亿立方米，日产量为 4027 万立方米，连续第三年实现年产量超 40%增幅，日产量千万立方米级跨越。

新能源、高端装备技术创新是未来能源产业技术创新领域的制高点，各地区已经出台了一系列规划并进行了相应的产业布局。但是，从长江经济带的发展现实来看，各地区在新能源技术热点领域技术突破重点不清晰，中上游地区大部分重点技术创新领域存在雷同。长江经济带地区的能源产业技术创新高端化程度从下游至上游呈现递减态势，如表 27-8 所示。

表 27-8　长江经济带新能源领域关键突破技术

领域	地区	重点突破技术
核能	在四川、上海、浙江、江苏开展新一代核能技术和先进反应堆研发	核电泵阀、电气仪控、乏燃料后处理、小堆、低温供热堆等新堆型主设备以及通用设备及材料等领域技术攻关
风电	在四川、上海、江苏、浙江、湖南、湖北、重庆、云南推进风电产业规模化发展，提高风电技术水平	低风速风电机组、智能风电机组和高效直驱发电机技术研究开发；10 兆瓦及以上大型直驱海上风机技术、深远海风电技术、大功率发电机和变流器、大型风机主轴承、变桨控制系统、超长超柔叶片技术等
智能电网、特高压	在江苏、浙江、湖南、湖北、四川、重庆开展智能电网、输变电研发及应用工程	分布式光伏群控群调等关键技术、高比例电力电子装置接入电力系统的控制装备、特高压大功率半导体器件、直流输电关键设备和自主安全电力保护控制设备（系统），做强做优特高压（复合、瓷和玻璃）绝缘子、超高压电缆绝缘材料和电力专用传感器
太阳能光伏	在上海、江苏、浙江、江西、安徽、湖南、四川、重庆、云南开展太阳能光伏核心技术研发，开拓多元化发电市场	N 型隧穿氧化层钝化接触（TOPCon）、异质结（HJT）晶硅电池技术和下一代太阳电池技术、高效大尺寸电池组件、高效光伏逆变器、高效导电银浆（银粉）制备及设备、电池等离子体增强化学的气相沉积（PECVD）、原子层沉积（ALD）和等离子氧化及等离子辅助原位掺杂（POPAID）生产技术及装备、电池和组件的检测设备研发，支持智能运维系统
生物质能、氢能等	在江苏、浙江、上海、四川、重庆开展生物燃气、液体燃气、氢能等技术研发	再生能源绿色制氢装备、工业副产氢纯化装置、低温液态储氢装备、复合储氢装备、加氢机等配套装备、氢燃料电池等

资料来源：根据《长江经济带创新驱动产业转型升级方案》及各地“十四五”能源装备发展规划整理而得。

除上海、江苏、浙江和湖北具有一定差异特征外，其余地区能源产业技术创新发展定位特色不鲜明。从能源装备制造业来看，技术创新集中在智能装备制造、新能源装备及环保节能装备三大领域：智能装备制造涉及高档数控机床、智能机器人、增材制造、智能仪器仪表及控制系统的相关装备及材料；新能源装备主要涉及风电、太阳能、核电装备、清洁火电装备、气电装备、智能电网和氢能等相关技术；环保节能装备涉及环保装备、节能节水装备和资源循环利用装备。

长江下游地区能源装备高端化定位特征相对较明显。其中，《上海市高端装备产业发展“十四五”规划》指出，以临港新片区为高端装备核心重点区域，重点布局微电子装备、船舶海工装备、高端能源装备、高端工程机械等领域，沿江、环湾及中部主要发展智能制造装备、船舶海工装备、高端能源装备和节能环保装备等产业。《江苏“十四五”制造业高质量发展规划》提出，依托无锡深海技术科学太湖实验室，打造综合实力国内领先的高技术船舶和海洋工程装备集群，在深海采矿、风浪能利用等海洋资源开发装备研发上形成关键能力，在生产储卸油装置（FPSO）、浮式储卸油装置（FSO）、浮式液化天然气生产储卸装置（FLNG）、浮式储存再气化装置（FSRU）等生产类平台的研发和制造技术上力争有所突破。

从区域新能源技术创新能力来看，大部分企业的技术领域竞争力还是集中在产业链条附加值低的部分，这将间接导致地区内定位不够鲜明。2013—2019 年，工业和信息化部发布的一至九批《光伏制造行业规范条件》入围企业技术领域统计显示，长江下游地区各省市的光伏技术主要集中在转换器、互联器制造、光电转化发电机、并网发电装置等光伏链中下游，而中上游地区如湖北、四川、江西等地，则多涉及硅锭、硅棒和多晶硅等光伏产业链原材料的生产。除长江下游地区在陆上低风速风电机组、智能风电机组和高效直驱发电机、10 兆瓦及以上大型直驱海上风机技术、大尺寸单晶炉技术和三代压水堆核电主设备制造技术中具有一定优势外，中下游地区风电、智能电网等领域技术创新定位趋同。

我国目前高端装备制造业的关键核心技术创新能力整体不足，与国际头部企业的技术创新实力相比差距依然较大。尽管《长江经济带发展规划纲要》中已经提出“一轴、两翼、三极、多点”的空间布局格局，且在《长江三角洲区域一体化发展规划纲要》《成渝地区双城经济圈建设规划纲要》等地区规划纲领文件中也提出了产业协同发展的整体思路，但从能源装备制造业的技术创新定位来看，区域间高端装备制造、新能源产业技术创新发展的同质化，势必会在一定程度上引发无序竞争。因此，长江经济带需要进一步寻求差异化定位，为推进地区技术创新合作寻求更大的空间。

第二十八章　长江经济带能源产业绿色协同发展

第一节　基于复合系统协同度模型的能源产业绿色发展协同分析

虽然长江经济带各省市能源供给与供给存在差异，但是，在产业定位同构、地区经济发展中抢占资源、破坏产业链条等方面的矛盾也依然存在。2018 年 4 月，在武汉召开的深入推动长江经济带发展座谈会上，习近平总书记强调：“要从整体出发，树立‘一盘棋’思想，把自身发展放到协同发展的大局之中，实现错位发展、协调发展、有机融合，形成整体合力。”因此，打破长江经济带能源产业阻滞机制，推动长江经济带能源产业协同发展，是实现地区产业高质量发展的重要路径之一。

一、复合系统协同度模型及指标体系

（一）复合系统协同度模型构建

本书选取复合系统协同度模型对长江经济带能源产业绿色发展协同度进行测算。运用该方法进行协同度测度的具体步骤如下：①构建复合系统协同度的指标体系，确定序参量；②计算基期和考察期各系统的序参量及有序度；③测度复合系统的协同度。本研究把长江经济带能源绿色协同发展系统作为研究对象，该系统中各子系统间、区域间和要素间相互影响。

设 $S=\{S_1, S_2, \cdots, S_n\}$，其中，$S_k$ 是系统 S 的第 k 个能源产业绿色发展子系统，$k=1, 2, \cdots, n$，能源产业绿色发展子系统由多个序参量组成。发展过程中子系统 S_k 的序参量为 $X_k=(x_{k1}, x_{k2}, \cdots, x_{kj})$，$j\in[1, n]$，$n\geqslant 1$。取子系统稳定临界点上序参量分量的下限和上限分别为 α_{kj} 和 β_{kj}，并满足 $\alpha_{kj}\leqslant$

$x_{kj} \leqslant \beta_{kj}$。如果 x_{k1}，x_{k2}，…，x_{kj} 为正向指标，则系统的有序程度随着指标的增大而增大；如果为负向指标，则系统的有序程度随着指标的增大而减小。

序参量分量 x_{kj} 的有序度 y_{kj} 计算公式为

$$y_{kj} = \begin{cases} \dfrac{x_{kj} - \alpha_{kj}}{\beta_{kj} - \alpha_{kj}} (x_{kj} \text{ 为正向指标}) \\ \dfrac{\beta_{kj} - x_{kj}}{\beta_{kj} - \alpha_{kj}} (x_{kj} \text{ 为负向指标}) \end{cases} \tag{28-1}$$

本书按各省域、区域、功能要素构建能源产业绿色发展新复合系统，分别为省域间能源产业绿色发展复合系统、区域间能源产业绿色发展复合系统和功能要素间能源产业绿色发展复合系统。各子系统的划分方法见表 28-1。

表 28-1　长江经济带能源产业绿色发展复合系统按省域、区域和功能要素划分

系统	子系统
省域间能源产业绿色发展复合系统	上海、江苏、浙江、安徽、江西、湖北、湖南、重庆、四川、云南和贵州
区域间能源产业绿色发展复合系统	上游地区、中游地区、下游地区
功能要素间能源产业绿色发展复合系统	供给、消费、技术创新、环境可持续、政策效力

设 Y_k 为序参量变量 X_k 的有序度，则有

$$Y_k = \sum_{j=1}^{n} \lambda_j y_{kj} \quad \lambda \geqslant 0 \text{ 且 } \sum_{j=1}^{n} \lambda_j = 1 \tag{28-2}$$

其中，λ_j 为各序参量变量的权重系数，表示序参量分量在系统有序运行过程中的地位和作用。由式（28-2）可知，Y_k 越大，序参量变量 X_k 对子系统 S_k 有序度的贡献越大，子系统 S_k 的有序程度越高。关于序参量的权重问题，根据客观赋权法，一般有熵权法、标准离差法和客观赋权（Criteria Importance through Intercrieria Correlation，CRITIC）法等几种客观赋权法，由于 CRITIC 法能够对比指标的强度和冲突性，相较其他两种方法更为客观，因此，本书将选择 CRITIC 法来赋予子系统评价指标的权重 λ_j。

假设在 T_0 时刻，各子系统 S_k 的有序度为 Y_k^0，当系统演化到 T_1 时刻，各子系统 S_k 的有序度为 Y_k^1。定义 V 为区域的能源产业绿色发展系统的协同度，

构建系统协同度模型为

$$V = \eta \sum_{k=1}^{n} \varpi \cdot | Y_k^1 - Y_k^0 | \tag{28-3}$$

其中

$$\eta = \begin{cases} 1 & Y_k^1 > Y_k^0 \\ -1 & \text{其他} \end{cases}$$

由式（28-3）可知，当协同度大于 0 时，区域能源产业绿色协同发展系统从 T_0 到 T_1 时间段处于协同演化状态，数值越大，协同程度越高。当协同度小于 0 时，区域至少有一个子系统处于无序状态。该模型综合探究了各个子系统的运行状况，若某一子系统有序度较高，而其他子系统有序度明显较低，则整个系统会呈现非协同的无序发展局面。另外，该模型可以呈现系统动态演进过程，反映长江经济带能源产业绿色发展的协同度水平及演化趋势。

（二）序参量指标体系设计

基于客观性、可操作性、科学性原则，本书结合相关文献，选择合理且决定性强的序参量。在经济合作与发展组织（OECD）生产、消费、资源与政策四维度绿色增长指标框架的基础上，结合能源产业绿色转型升级特征，构建基于能源供给、能源消费、技术创新、环境可持续和政策效力五类关联的核心要素的能源绿色发展基本框架。能源绿色发展就是在能源革命战略背景下，以创新驱动、环境可持续为基础，以政策措施为机遇，从能源供给与能源消费双侧加速能源产业绿色转型升级，最终推动能源产业低碳化转型升级，最终实现产业高质量发展。基于能源绿色发展的要求，考虑数据可获取性和评价体系层次性，构建了包含能源供给、能源消费、技术创新、环境可持续和政策效力 5 个子系统的评价指标体系（见表 28-2）。

表 28-2　长江经济带能源产业绿色发展评价指标体系

一级指标	二级指标	三级指标	指标及含义	指标性质
能源供给	供给安全	能源产量	能源产量占比	正
		能源自给率	能源产量/能源消费量	正
		能源生产多元化	生产多元化指数	正
		能源流动性	本地区能源输入、输出量	正
	新能源发展	新能源供给结构	新能源发电量占总发电量比	正
		新能源发展规模	累计光伏装机量占比	正
	储运管网能力	储气能力	石油天然气储气能力占比	正
		管网运输能力	石油天然气管道长度占比	正
		电网输送能力	新增高压输电线路占比	正
能源消费	能源消费规模	能源消费总量	能源消费量占全国比例	正
		城镇化发展	城镇人口比例	正
	消费结构升级	消费需求升级	建筑、交通行业能源消费比例	正
		能源消费结构	天然气消费在能源消费中的占比	正
		新能源消纳能力	新能源消纳比例	正
	能源消费效率	能耗	单位 GDP 能源消耗量	负
	终端能源消费	终端加气站数量	石油天然气加气站数量占全国比例	正
		新能源消费终端需求	新能源汽车充电桩分布占全国比例	正
技术创新	创新投入	地区研发投入强度	R&D 投入强度	正
		企业研发经费投入	企业 R&D 经费占全国比例	正
		研发人员投入	研究与实验发展人员全时投入占比	正
	创新产出	企业专利申请	能源企业平均发明专利申请数	正
		技术市场成交额	每万名科技活动人员技术市场成交额	正
		新产品产出	新产品销售收入占主营业务收入比例	正
	创新效率	劳动生产率	能源产业劳动生产率	正
		企业运营绩效	能源企业成本费用利润率	正
	创新环境	能源装备制造业规模	能源装备制造业占地区工业比例	正
		高技术产业发展水平	高技术产业新产品出口收入占比	正

续表

一级指标	二级指标	三级指标	指标及含义	指标性质
环境可持续	环境状态	人均水资源	人均水资源	正
		人均绿地面积	人均绿地面积	正
		森林覆盖率	森林覆盖率	正
	环境压力	单位二氧化硫排放	万元工业增加值二氧化硫排放	负
		单位化学需氧量（Chemical Oxygen Demand，COD）排放	万元工业增加值化学需氧量排放	负
		水耗量、电耗量	万元工业增加值水、电耗量	负
	环境响应	工业废水治理	工业废水治理设施套数占全国比例	正
		工业废气治理	工业废气治理设施处理能力	正
		固体废物利用率	固体废物综合利用率	正
政策效力	政府经费投入	节能环保财政投入	节能环保支出占财政支出比例	正
		环境保护治理投入	环境保护治理投资占 GDP 比例	正
	能源市场活跃性	市场化指数	市场化指数	正
		能源消费多样性	消费多样性指数	正
	政策接受度	环保行动开展	企业环保行动开展比例	正
		企业政策与制度建立	企业环保制度建立比例	正

能源供给方面，以能源产量、能源自给率、能源生产多元化和能源流动性反映能源供给安全性，从新能源供给结构和发展规模反映新能源发展情况，以天然气储气能力和管网建设以及高压输电网长度反映能源储运管网发展水平。

能源消费方面，从能源消费规模、消费结构升级、能源消费效率、终端能源消费着手，通过能源消费量和城镇化水平反映能源消费规模及趋势，以反映用能需求结构变化的交通、建筑业用能和清洁化能源消费结构比例情况反映能源消费结构水平，用能耗反映能源消费效率，以终端加气站数量、新能源充电桩数量反映终端用能消费需求的变化。

技术创新主要从创新投入、创新产出、创新效率和创新环境方面考察，其中创新投入从地区和企业研发经费投入、人员投入情况反映，从专利数、技术市场成交额和新产品 3 个维度衡量创新产出结果，用能源企业的劳动生产率和企业运营绩效来反映创新效率，用能源装备制造业以及高技术产业的发展规模近似反映地区对能源产业创新的支撑环境。

环境可持续利用压力—状态—响应（Pressure-State-Response，PSR）模型，从压力、状态和响应三方面解释长江经济带能源工业发展与环境和谐发展程度，分别以人均水资源、人均绿地面积、森林覆盖率、单位产出的污染物排放、单位水耗、单位电耗和工业“三废”治理情况表征。

政策效力考虑了政府经费投入、能源市场活跃性以及政策接受度 3 个方面的要素。政府经费投入从节能环保、环境保护经费的投入情况进行考察，用市场化指数、能源消费多样性反映市场活跃程度，用企业节能环保政策的制定和企业环保行动的开展反映政策目标群体对政策的认同情况。

二、长江经济带能源产业绿色发展协同度的测度

本书以 2012—2019 年长江经济带九省二市为研究对象，相关数据主要从年度《中国统计年鉴》《中国环境统计年鉴》《中国能源统计年鉴》《中国财政统计年鉴》《中国科技统计年鉴》中获得，其中涉及的能源行业企业数据采用国泰安数据库中的各省份能源上市公司企业数据反映。

长江经济带能源产业绿色发展协同度的测算，首先，将处理过的 2012—2019 年长江经济带的相关数据代入式（28-1），计算出各子系统序参量分量的有序度；其次，利用客观赋权法计算出各子系统评价指标的权重；再次，利用式（28-2）的子系统有序度模型，计算出不同年份省域间、区域间和功能要素间子系统的有序度；最后，以 2012 年的子系统有序度为基准，利用式（28-3）的复合系统协同度模型测算出 2013—2019 年长江经济带省域间、区域间和功能要素间的能源产业绿色发展复合系统整体协同度。

（一）省域间子系统有序度和协同度分析

图 28-1 显示了 2012—2019 年长江经济带各省域能源产业绿色发展的有序度。从有序度的结果来看，2012—2019 年，长江经济带各省份之间，上、中、下游区域间能源产业绿色发展子系统的有序度在 2015 年后逐渐提高且差

异加大，各子系统的有序度存在差异性。就各地区间各子系统有序度而言，江苏、浙江、上海的有序度最高，平均分别为0.42、0.42和0.39，安徽、四川和重庆的有序度次之，湖北、江西和云南处于中下水平，贵州的有序度相对最低，平均为0.23。

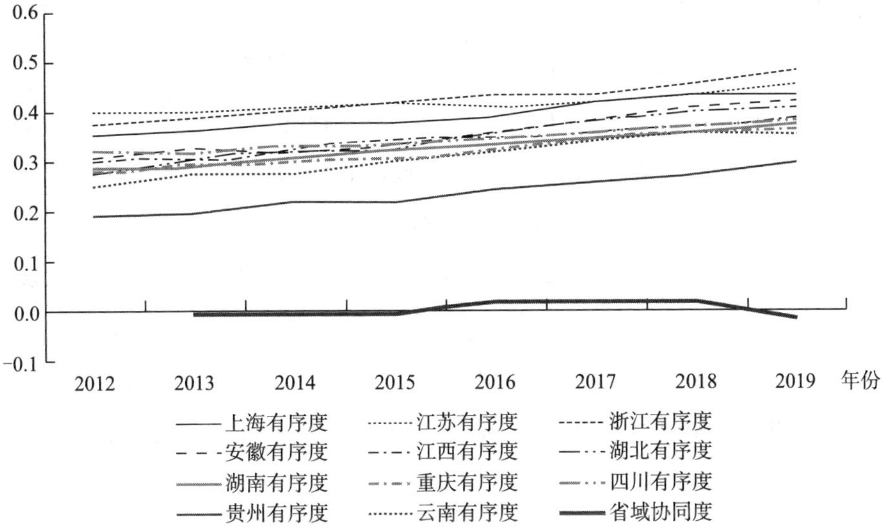

图 28-1　2012—2019 年长江经济带各省域能源产业绿色发展协同系统有序度

省域间整体协同度皆处于低度协同发展状态，并且呈现震荡上升的趋势。这是由于上、中、下游区域间和区域内部的能源产业发展存在一定差异，导致省域间整体协同度处于较低水平，如表28-3所示。

表 28-3　2012—2019 年长江经济带各省域能源产业绿色发展协同系统协同度

省份	2012年	2013年	2014年	2015年	2016年	2017年	2018年	2019年
上海	0.35	0.36	0.37	0.38	0.39	0.41	0.43	0.43
江苏	0.39	0.40	0.40	0.41	0.41	0.41	0.43	0.45
浙江	0.37	0.39	0.40	0.42	0.43	0.44	0.46	0.48
安徽	0.30	0.32	0.32	0.33	0.35	0.38	0.41	0.42
江西	0.30	0.29	0.30	0.30	0.32	0.34	0.35	0.37
湖北	0.27	0.30	0.30	0.30	0.32	0.33	0.36	0.37
湖南	0.28	0.29	0.30	0.32	0.32	0.34	0.36	0.37

续表

省份	2012 年	2013 年	2014 年	2015 年	2016 年	2017 年	2018 年	2019 年
重庆	0. 30	0. 30	0. 33	0. 34	0. 35	0. 39	0. 40	0. 41
四川	0. 31	0. 31	0. 33	0. 33	0. 33	0. 35	0. 37	0. 38
贵州	0. 19	0. 19	0. 22	0. 21	0. 24	0. 25	0. 27	0. 29
云南	0. 25	0. 27	0. 27	0. 29	0. 31	0. 34	0. 36	0. 35

（二）长江经济带区域间与功能要素间的协同度分析

就区域间各子系统有序度而言，长江上游地区的有序度最高，其次为下游地区，中游地区的有序度相对较低。就各功能要素子系统有序度而言，环境可持续的有序度最高，表明长江经济带自践行习近平生态文明思想和三次“全面推动长江经济带发展座谈会”讲话精神以来，生态环境保护工作取得了一定成效。通过《长江行动计划》重点任务分解，整治劣V类国控断面、排污口、“三磷”等多个专项行动，国内生态保护修复力度持续加大，环境生态保护初见成效。能源消费和技术创新有序度处于中等水平，能源供给有序度次之，政策效力有序度相对略低。

图 28-2 显示，长江经济带上、中、下游区域间协同度在 0. 015～0. 019，均为正值且逐年上升，反映出长江经济带区域经济整体处于低度协同状态，由于省域协同程度和能源产业绿色发展各要素之间的协同度不够，地区一体化进程相对较慢。从各区域内部来看，区域内差异较大，地区各省份之间的能源产业绿色协同较差且不稳定，导致长江经济带协同发展进程相对缓慢。2013—2016 年，长江经济带省域间协同值平均为-0. 011，2016 年后协同程度有一定改善，2018 年提升到 0. 019，2019 年又降至-0. 011。系统各功能要素之间的协同值反映了能源消费、能源供给、技术创新、环境可持续和政策效力要素之间的不协调，在一定程度上阻碍了长江经济带能源产业绿色的协同发展。从各功能要素间协同值来看，经历了先上升后下降再上升的过程。2016 年后长江经济带各功能要素间协同度出现震荡，表明此期间由于政策制定和执行之间各地区差距较大，随着地区供需矛盾加剧，区域协同发展关系处于不稳定状态。因此，长江经济带需要进一步制定有区域特色的能源产业

绿色发展路径，缩小地区发展水平差异，寻求地区间能源供需合作的共性。同时，在各要素之间，还要以政策协同作为推手，以技术创新合作、环境大保护为契机，提升长江经济带能源产业协同化整体水平。

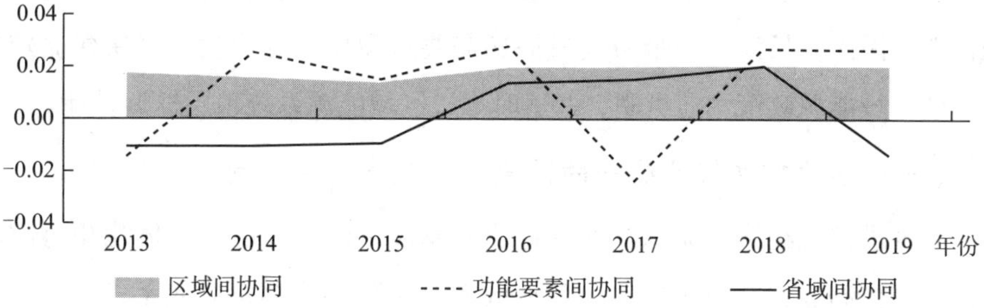

图 28-2　2013—2019 年长江经济带能源产业绿色发展区域间、省域间与功能要素间协同度

第二节　长江经济带能源产业绿色协同发展路径

一、重视顶层设计规划

长江经济带发展战略于 2014 年提出，是习近平总书记于 2016 年、2018 年和 2020 年先后在上游重庆、中游武汉、下游南京主持召开了三次座谈会后，对推动长江经济带发展做出的重要战略部署。自 2016 年以来，长江经济带发展各项工作取得显著进展。中共中央办公厅于 2016 印发了《长江经济带发展规划纲要》（以下简称《规划纲要》），在《规划纲要》的基础上统领，相关部门又分别制定了综合立体交通走廊、生态环境保护、岸线开发利用、创新驱动产业转型升级等 10 个专项规划，沿江十一省市也相应制定了本省市的实施方案，并出台了一系列支持政策。2021 年 11 月，又形成了以《“十四五”长江经济带发展实施方案》为统领，以综合交通运输体系规划和环境污染治理“4+1”工程、湿地保护、塑料污染治理等一系列专项实施方案为支撑，有效地促进了长江经济带发展战略向纵深推进。在长江经济带发展领导小组办公室的牵头下，各区域在节能减排、绿色低碳领域初步在重点行业绿色转型、能耗“双控”制度等方面制定了相关统一责任目标，但是研究中发现，地区内部能源供需、技术创新、政策等相关要素之间的协同较差，也缺乏有效的能源管理体制，没有形成地区基本的能源领导部门，无论是在制定能源发展规划，还是在节能、降碳目标方面，各地区各自为政，缺乏统一协同框架。因此，长江经济带协同发展还需要从顶层设计出发，尽快建立较为统一的区域能源政策沟通机制，并适时推进区域能源系统顶层框架设计。

（一）尽快建立较为统一的区域能源政策沟通机制

要推进长江经济带能源产业绿色协同发展，建立与区域一体化相对应的能源管理体制成为重点。因此，各地区需要从顶层协调机制入手，建立能源重点领域和重大政策沟通协调机制，提高政策制定统一性、规则一致性和执行协同性。从打破长江经济带能源产业省域间壁垒和行业间壁垒的角度出发，重视顶层设计规划。以推进长江流域环境大保护为契机，以内部协同为先导，根据能源产业绿色清洁化转型和地区节能、降碳目标达成的一致意见，制定协同方案。通过建立区域标准化联合组织，在环境联防联治、节能降碳、生态补偿、数据共享、能源系统综合服务平台等领域尽快形成统一标准，建立层次分明、结构合理的区域标准体系，为未来推进城市、区域的综合能源系统数据共享、指令调度通行提供基础。

（二）适时推进区域能源系统顶层框架设计

尽快推进工业园区—城市—区域三级框架的综合能源系统的顶层框架设计与应用，在全国范围内建立先导示范，提升整个大区域能源系统智能化水平。综合化、智能化和去中心化是能源清洁化转型的重要保障。由于综合能源系统可破除不同能源品类之间的壁垒，调动各类异质能源子系统参与资源优化配置，推动能源电力系统由单一供应模式转变为多元化供应模式，因此，从顶层框架设计上，应尽快推进终端消费综合能源系统规划建设。首先，以园区为切入点，加速源端与负荷中心互联、各级能源网互济，为长江经济带大区域再生能源接入与优化配置提供支撑。同时，在终端推动分布式能源、储能在系统中的应用，提供清洁的综合能源服务。其次，以园区综合系统和地区内各类微电网为基础，以上海、武汉、重庆等核心城市为引领，尽快建立城市级的能源综合服务平台。通过系统调控、市场交易、数据共享、应用接口等功能保证城市级能源综合服务平台的稳定运行。最后，通过长江经济带重点城市与周边城市的城市子系统协调互动，逐步形成跨城市、跨区域间功能运作的能源综合系统有机体。

二、供给侧互联互通，梯度培养能源产业集群

（一）积极扩大区域清洁能源共享与管网通道互联

在各类能源的开发、转化、储运、消费等领域展开协作，统一合理布局、扩大能源供给的互济、共享共建各类能源基础设施网络，积极扩大区域内能源的互联互通。

首先，长江经济带通过构建“沟通东西、贯通南北”的互联互通格局，进一步增强天然气管网跨区输送能力，大力推广天然气分布式系统，以满足区域多元用能需求。上游地区继续完善“川气东送”等贯通东西的天然气干线系统，在满足地区支线系统联通需求的同时保障中上游地区的天然气消费需求，尽快推进上游地区与中上游地区的大型输气管道工程。以下游为中心，尽快形成联通我国东西进口及国产油气资源的枢纽中心。下游地区应依托近海天然气开发，推进液化天然气“海进江”与沿线液化天然气的互联互通，同时加快液化天然气接收站建设。中上游地区还需要尽快补齐短板，加快液化天然气加注站建设，推动落实长江干线和液化天然气加注码头布局方案。

其次，加强区域电网的稳定性与互联互通能力。一方面，在持续推进“西电东送”战略的同时，长江经济带要把调峰、储能放到更加重要的位置。持续开展抽水蓄能、燃机调峰和非水储能装置相结合，多式并举，增强区域电网运行协调性、稳定性。通过建立能源微电网示范，以风能、太阳能、潮汐能、天然气等新能源分布式系统为基础，配置高效储能调峰装置，并开展新能源微电网应用，为率先在区域内建立能源综合系统提供基础。另一方面，要完善跨区域电力网络建设与合作。在长江经济带下游地区完善多方向受电通道布局，提高下游地区电网的外来受电能力和运行可靠性，进一步优化区

外来电结构，积极利用西部水电和内蒙古、山西等地的可再生能源，通过下游、中游地区做好区外来电与微网的电力融合；下游地区积极推进跨区电权交易，增加下游地区水电外销途径。由于2107年云南、贵州两省已经实现了南方电网内的水火置换，2018年江苏与甘肃成功开展了发电权交易，2020年云贵互联通道工程为推动上游地区实现更大规模的水火互济提供了重要经验，长江经济带可以优先通过总结区域内的发电权交易的成功案例，逐步将经验推广到长江经济带更大范围地区。同时，下游地区还应积极推进金沙江上游水电送出工程，为“西电东送”提供持续动力。

最后，长江经济带还应积极提升煤炭港口中转与海铁联运地位，积极发挥沿线港口与陆地煤炭运输网络的集疏能力。在目前蒙华铁路通道煤炭运输经济性尚不明确的形势下，长江经济带沿江港口的联动在中游地区煤炭运输中依然有着较重要的作用。目前在煤炭运输“公转铁”的新形势下，一方面，应当提升南京、舟山、连云港等港口的海铁联运能力，提升长江下游地区煤炭运输的海铁联运效率；另一方面，加大苏州港、泰州港、南通港、扬州港和镇江港等专业化接卸中转码头布局，提升南岳阳港、江西九江港的服务能力，为长江经济带中游地区煤炭“海进江”服务能力提供必要的支撑。

（二）突出区域特色，以能源装备产业链为基础，梯度培养能源产业集群

1. 尽快突出区域特色，形成专业分工有序、协作互利的能源产业发展新格局

一方面，发挥地区能源产业发展优势，形成区域特色鲜明的新能源产业装备集群。依托上游地区的四川，下游地区的上海、江苏、浙江形成发展核电装备集群，依托四川、上海、江苏、湖南、重庆发展风电装备集群，依托重庆发展页岩气装备集群，依托上海、江苏、江西、安徽发展太阳能光伏装备集群，引导地区与新能源企业协同发展，推动关键零部件技术创新和集聚发展，着力建设区域新能源产业高地。另一方面，在区域内部打造一批具有标志性的能源装备制造产业链。以中上游地区的成都、长沙、重庆为核心，提升节能环保设备、水处理、大气污染防治和固体废物利用能力，以下游地区的江苏、上海为核心发展先进节能环保技术研发及服务，加快节能环保产

业集群发展；长江下游地区以中上游地区围绕多晶硅、光伏电池、锂电池等光伏产业链下游领域产业为基础，围绕产业链中游的转换器、光电转化发电机等领域形成产业链条，并尽快向光伏产业链高附加值延伸，打造区域光伏产业集群带。在产业集群的基础上，以地区龙头企业为核心，逐步形成“研发中心在下游、制造在中下游，产业链梯度布局”的能源产业分工体系。

2. 加快长江中上游地区对下游地区的能源装备制造产业的承接

长江中下游地区围绕其在汽车、能源装备制造领域的实力，在提升制造业层次和水平的基础上，引导下游地区产业有序向中上游地区转移，着重加强在太阳能、风力发电系统建设及运营、新能源汽车充电建设、能源储备设施方面的承接竞争力，推动江西、湖北、湖南、重庆、四川广安等国家级承接产业转移示范区和园区跨省市的合作建设，吸引成套装备制造商、能源高端装备制造商等大型企业地区落户，围绕产业高端化、清洁化、低碳化发展的要求，在更高层次上参与能源装备制造产业链分工合作。

三、以需求为牵引，推进区域创新资源整合

（一）加强区域创新要素整合，推进创新公共平台建设

一方面，持续推动区域创新资源整合，充分发挥能源产业创新集群的集聚与引领作用。加大对各地区重点创新产业集群和人才支持政策协调的力度，有序发布创新集群发展目录与紧缺人才需求目录，防止无序竞争。依托上海松江 G60 科创走廊数字经济创新型产业集群、精细化工产业集群、江苏新能源汽车关键零部件产业集群、数控成形机床创新型产业集群等地区创新集群集聚优势，加快建设具有全球影响力的科技创新中心，发挥长江下游地区对长江经济带能源产业创新发展的龙头带动作用。长江中上游地区依托智能机电创新型产业集群、先进矿山装备制造创新型产业集群、电力智能控制与设备创新型产业集群、电子信息及区块链创新型产业集群优势，为地区能源装备提供必要支撑。

另一方面，有序推动地区重点技术创新公共平台建设。通过在有条件的地方试点建立长江经济带新技术研究院，完善一批面向企业的创新技术公共

服务平台。在此基础上，逐步探索建立长江经济带技术交易中心，加快科技成果转化。通过创新技术平台的建立，选择有条件的高校、科研机构形成技术转移机构和职业化人才队伍，促进区域创新成果与市场需求对接。通过技术交易中心的建设，完善企业需求联合发布和科技成果的共享利用机制，加速科技创新成果在长江经济带的转化。

（二）推进区域综合能源系统技术与服务标准化进程

围绕综合能源系统相关技术尽快展开相关领域的合作。以能源微电网、园区城市级综合能源系统、“互联网+”智慧能源等综合能源项目合作为突破，围绕综合能源服务、电能替代、储能等一批重点技术，推进区域新能源项目建设合作。以长三角地区为先导，有序推进覆盖整个长江经济带重点地域的能源大数据采集和预处理中心，为区域合作开展跨城市、跨区域能源系统运行调度、数据分析奠定基础。

此外，长江经济带还应以已经形成的智能电网、能源互联网与微电网标准为依托，尽快以地区行业协会、龙头企业合作为先导，参与并推进区域能源综合系统技术标准及服务标准的制定。早在 2016 年，国家发展改革委、国家能源局就发布了《关于推进“互联网+”智慧能源发展的指导意见》，指出到 2025 年初步建成能源互联网产业体系，并引领世界能源互联网发展。但是，由于中国综合能源系统标准化工作刚刚起步，各地开展的能源互联网工程实践仍面临缺乏标准支撑的问题，目前与提出的建设“互联网+”智慧能源所需要达到的标准化水平还有相当大的差距。长江经济带作为我国能源创新发展的高地和科技创新实力最为雄厚的地区，在全国首批 55 个“互联网+”智慧能源示范项目中占有近半席，在推进地区综合能源系统标准化工作中有义不容辞的责任。因此，长江经济带还要在区域运作实际经验的基础上，在技术标准层面围绕多能协同、分布式能源（Distributed Energy Resource，DER）并网等领域加强协调与技术规范引导，并出台综合能源服务的相关商业模式规范，在中国的综合能源系统发展中占据引领地位。

（三）逐步推进大区域协同创新机制

一方面，充分发挥市场机制的作用，鼓励长江经济带各能源行业组织、产学研机构等开展跨区域合作。以建设长三角国家创新中心为契机，推动整个长江经济带开展跨省域创新发展政策的协同试验，形成创新发展合力，鼓励产学研联合跨区域申报各类科技计划项目，不断提升长江经济带新能源产业的创新水平。另一方面，利用长三角地区内创新协作经验，通过区域创新合作办公室、科技创新券等形式，在区域间发布创新行动方案和重点攻关计划，并推广上海市青浦区、江苏省苏州市吴江区、浙江省嘉善县、安徽省马鞍山市试点通用通兑的实践经验，围绕中游武汉、下游重庆等重点城市尽快形成创新协作统一的服务标准、服务内容和服务平台，促进服务机构互认，扩大区域创新协同一体化服务水平。

四、深化电力和油气体制改革，提升区域市场化互联互通空间

由于长江下游地区油气管网发展与市场化发展相对优势较明显，可适时把互联互通的省级管网、液化天然气接收中心、交易平台三者统一起来，为国家油气体制改革目标的后一个“X”提供一个区域市场的样板。

（一）基于“全国一张网”格局，持续推进区域油气管网改革

按照“管住中间、放开两头”的总体思路，我国将逐步形成上游油气资源多主体多渠道供应、中间“一张网”高效集输、下游市场化良性和充分竞争的“X+1+X”油气市场体系格局。省级管网是油气管网改革体系的重要组成部分，根据《石油天然气管网运营机制改革实施意见》，省级管网会“以市场化方式融入国家管网公司”，但是由于面临的主体和利益冲突较为复杂，未来如何融合还面临诸多问题。根据目前国家管网对省级管网公司的占股情况，长江经济带存在国家管网公司控股（重庆、浙江）、国家管网公司参股但不控股（四川、江苏、湖北、湖南、江西）和单独存在（安徽、贵州、云南、浙江、江苏）三种类型的省级管网公司。但无论是并入国家管网公司成为国家管网公司控股子公司，还是不并入国家管网公司，都各有利弊。因此，各地可根据自身条件，稳步推进区域油气管网改革。

一方面，对于省级管网对木省份资源拥有较大掌控度的地方公司，可借鉴浙江管网体制改革的经验做好“两手准备”。在适当做大本省份网络、增强

自身话语权的同时，还要顺应全国油气管网改革要求和趋势，积极推行管网运营模式改革，实施管输和销售业务分离。对于单独存在的省级管网公司，在干线尚未触及的区域要积极拓展业务，聚焦支线管网，整合当地资源，将其作为国家管网的补充，以此寻求更大的合作空间，推动当地天然气市场化进程。另一方面，出台相关管网运营规则，通过在长三角下游地区建立先行试点区域，尽快制定运输计量、结算方法、气质标准等规范。依靠相关运营规则和标准而非单一的股权关系来明确国家管网公司与地方管网公司的权责，加速形成“全国一张网”。

（二）完善电力跨区域交易，促进地区市场与全国市场顺畅衔接

积极拓展跨区域电力市场交易，从规范全区域中长期交易体系起步，逐步实现交易平台、交易规则的统一，为区域市场与省级市场融合奠定基础。通过中长期跨区、跨省份交易同平台的运作，以长江经济带下游各省份为示范，围绕价格机制、结算规则等市场规范进行衔接，围绕交易品种建立基于全区域统一的价格机制，并把跨区、跨省份增量现货作为区域统一市场建设的过渡方式，实现两级市场的同步运作。通过完善区域市场的信息披露及监管机制，强化市场交易服务能力，逐步形成跨区域的中长期合约、省域内现货交易为主体的区域统一市场体系。

此外，在目前地方碳市场和全国碳市场的并存阶段，还需要处理好地方碳市场与全国碳市场的衔接关系，明确各自的边界和目标定位。在上海、湖北、四川已开展地方碳市场的地区，要积极处理好地方碳市场与全国碳市场之间的关系。一方面，这些地区需要把全国碳市场与地方碳市场紧密结合，在覆盖范围、总量控制、配额计算方法等方面与地方年度减排目标相结合。另一方面，这些地区在推进地方碳市场规则向全国碳市场规则统一问题上，还需要积极探索，做出表率。在企业所持配额结转方式、地方碳市场剩余配额的处理方式、地方交易所的职能定位、行业纳入时间表等问题上积极参与磋商，制定规则，最大限度地减少两个市场衔接的额外成本，对逐步纳入全国碳市场发挥积极作用。

第九篇

能源革命视角下的黄河流域能源发展战略研究

第二十九章 黄河流域沿线地区能源生产和消费总体趋势

黄河是我国的第二大河，是中华民族的摇篮和文明发祥地之一。黄河流经我国青、川、甘、宁、内蒙古、陕、晋、豫、鲁 9 个省区 70 余个市（州、盟），囊括了其中 6 个省区的省会（自治区首府）。黄河流域的经济开发历史悠久，开发强度大，以全国陆地面积 8%的流域面积及全国 2%的水资源总量承载着全国 9%的人口、15%的耕地和 9%的污染物排放量（毛汉英，2020）。

作为“能源流域”，包括黄土高原、毛乌素沙地及鄂尔多斯盆地等在内的黄河上中游地区的晋陕蒙宁区域，是国家能源供给与资源支撑的核心区域。在火力发电和中间能源产品的生产加工和供应方面，九省区也承担着重要的职能。黄河流域在承担资源环境压力的同时，也保障了流域及全国其他地区如京津冀、山东半岛、长江三角洲、珠江三角洲、东陇海地区、江淮地区、海峡西岸经济区、中原地区、长江中游地区等国家重点城市化和工业化地区的能源需求和能源安全。由于黄河流域生态环境的脆弱性及长期的高强度开发，流域资源环境长期处于高负载状态。有研究认为，黄河流域脆弱的生态环境和高强度的资源环境承载矛盾将长期存在，且有加重的趋势（金凤君，2019）。

黄河流域的生态保护和高质量发展战略的实施，离不开清洁化的能源生产和高效的能源消费的保障。本章从生产和消费双重视角，系统分析“十三五”期间黄河流域九省区的能源生产和消费变动趋势及其在全国所承担的职能，为优化黄河流域能源消费和生产结构，实现环境保护和高质量发展提供数据支持。在消费端，还对中间消费和终端消费的结构进行统计分析，明确黄河流域各省区各类、各阶段能源的生产、消费情况和职能定位。

第一节　黄河流域沿线地区一次能源生产和消费趋势

一、黄河流域沿线地区一次能源生产趋势

黄河流域九省区作为我国一次能源的主产区，区域内各类一次能源占全国的比重均较高，并且呈现上升趋势，特别是原煤和天然气产量。以 2019 年为例，黄河流域生产的原煤、原油、天然气、一次电力及其他能源占全国一次能源总产量的比重分别为 81.42%、33.33%、63.64%、27.53%。2015—2019 年黄河流域各省区一次能源产量情况如表 29-1、图 29-1 和表 29-2 所示。

表 29-1　2015—2019 年黄河流域各省区一次能源产量占全国的比重　单位:%

能源类型	2015 年	2016 年	2017 年	2018 年	2019 年
原煤	78.62	77.47	79.21	80.30	81.42
原油	33.09	32.41	32.90	33.38	33.33
天然气	61.67	60.75	60.84	61.82	63.64
一次电力及其他能源	24.06	23.63	24.85	26.73	27.53

资料来源：历年《中国能源统计年鉴》。

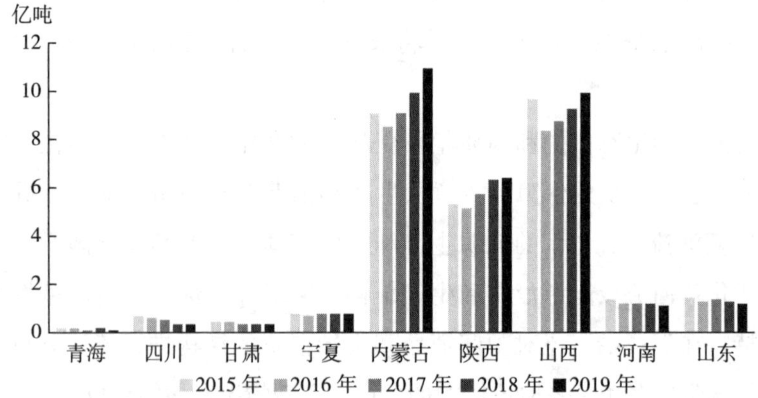

（a）原煤

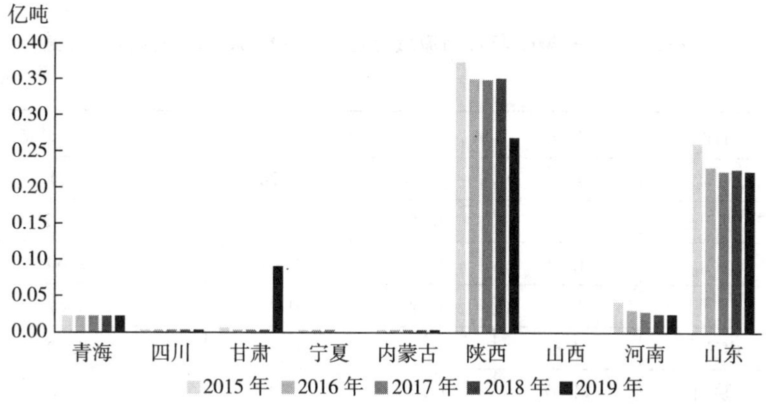

（b）原油

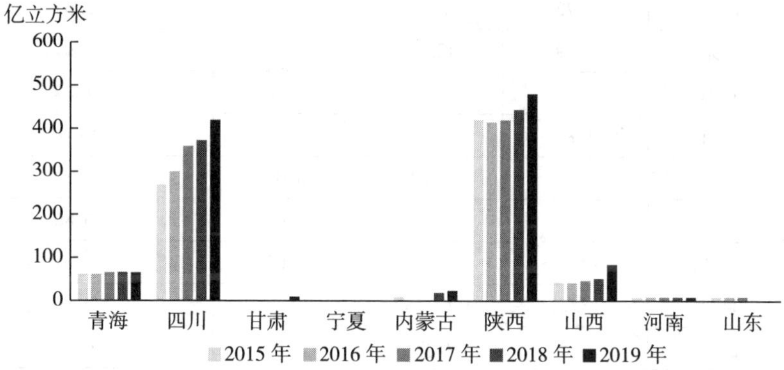

（c）天然气

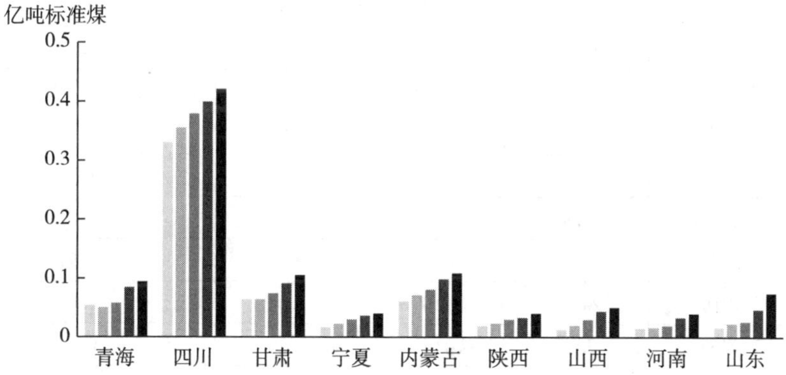

（d）一次电力及其他能源

2015 年 2016 年 2017 年 2018 年 2019 年

图 29-1　2015—2019 年黄河流域各省区一次能源产量情况

表 29-2　2015—2019 年黄河流域各省区一次能源产量占全国的比重

单位:%

年份	省区	原煤	原油	天然气	一次电力及其他能源
2015	青海	0.22	1.04	4.70	2.21
	四川	1.75	0.07	20.45	13.32
	甘肃	1.20	0.31	0.01	2.60
	宁夏	2.18	0.06	0.00	0.69
	内蒙古	24.86	0.21	0.71	2.49
	陕西	14.37	17.36	31.83	0.85
	山西	26.43	0.00	3.30	0.59
	河南	3.72	1.91	0.32	0.63
	山东	3.89	12.12	0.35	0.69
2016	青海	0.23	1.11	4.50	1.82
	四川	1.82	0.05	21.98	13.04
	甘肃	1.26	0.20	0.00	2.31
	宁夏	2.09	0.03	0.00	0.86
	内蒙古	24.98	0.23	0.02	2.61
	陕西	15.23	17.64	30.49	0.80
	山西	24.53	0.00	3.20	0.78
	河南	3.53	1.59	0.24	0.58
	山东	3.79	11.56	0.31	0.84
2017	青海	0.24	1.19	4.35	1.90
	四川	1.37	0.05	24.24	12.90
	甘肃	1.07	0.25	0.04	2.55
	宁夏	2.19	0.00	0.00	1.00
	内蒙古	25.92	0.06	0.01	2.81
	陕西	16.34	18.21	28.52	0.97
	山西	24.96	0.00	3.18	1.06
	河南	3.36	1.48	0.20	0.70
	山东	3.77	11.66	0.28	0.96

续表

年份	省区	原煤	原油	天然气	一次电力及其他能源
2018	青海	0.22	1.18	4.15	2.59
2018	四川	1.02	0.04	23.95	12.24
2018	甘肃	0.99	0.27	0.07	2.78
2018	宁夏	2.14	0.00	0.00	1.15
2018	内蒙古	27.00	0.06	1.04	3.01
2018	陕西	17.15	18.61	28.68	1.06
2018	山西	25.25	0.00	3.44	1.32
2018	河南	3.12	1.37	0.19	1.08
2018	山东	3.42	11.84	0.31	1.49
2019	青海	0.34	1.20	3.78	2.71
2019	四川	0.89	0.04	24.64	11.87
2019	甘肃	0.97	4.76	0.09	2.93
2019	宁夏	1.96	0.00	0.00	1.12
2019	内蒙古	28.63	0.08	1.30	3.08
2019	陕西	16.70	14.21	28.47	1.16
2019	山西	25.93	0.00	4.88	1.39
2019	河南	2.87	1.32	0.17	1.16
2019	山东	3.13	11.72	0.29	2.10

可以看出，原煤方面，以内蒙古、山西、陕西三省区为主要产区，2019年三省区原煤产量占全国原煤产量的比重分别为28.63%、25.93%、16.70%。原油方面，陕西和山东占比较高，2019年两省原油产量占全国原油总产量的比重分别为14.21%和11.72%。天然气方面，陕西、四川两省占比较高，且呈上升趋势，2019年两省天然气产量占全国天然气产量的比重分别为28.47%和24.64%。此外，四川在一次电力及其他能源方面占比最高，2019年达到11.87%。

二、黄河流域沿线地区一次能源消费趋势

2015—2019年黄河流域九省区原煤、原油、天然气和一次电力及其他能源总消费量、中间加工转换数量和终端消费量占全国能源消费比重情况

如表 29-3 所示。

表 29-3　2015—2019 年黄河流域各省区一次能源总消费、中间加工转换和终端消费占全国比重

单位:%

年份	省区	原煤			原油			天然气			其他能源		
		总消费	中间加工转换	终端消费	总消费	中间加工转换	终端消费	总消费	中间加工转换	终端消费	总消费	中间加工转换	终端消费
2015	青海	0.38	0.24	0.83	0.28	0.28	0.31	2.79	0.39	3.34	0.00	0.00	0.00
	四川	2.17	1.94	2.91	1.81	1.84	0.00	10.19	4.09	12.29	10.70	6.03	11.87
	甘肃	1.60	1.47	2.02	2.64	2.64	2.84	1.63	0.17	2.09	0.09	0.43	0.00
	宁夏	2.45	2.62	1.88	0.87	0.88	0.00	1.29	0.69	1.60	0.09	0.44	0.00
	内蒙古	10.16	10.92	7.69	0.70	0.70	0.72	2.46	2.66	3.01	0.68	2.36	0.27
	陕西	6.10	6.69	4.18	3.83	3.65	17.08	5.09	5.55	6.34	0.30	0.00	0.37
	山西	20.04	24.38	5.86	0.00	0.00	0.00	4.08	3.33	4.18	2.66	12.84	0.13
	河南	6.48	7.46	3.28	1.55	1.51	4.08	4.85	1.19	5.90	7.48	11.64	6.44
	山东	10.17	10.63	8.67	15.71	15.78	12.39	5.05	0.16	6.58	6.28	28.72	0.69
	合计占比	59.56	66.36	37.31	27.39	27.29	37.42	37.44	18.22	45.32	28.28	62.46	19.77
2016	青海	0.49	0.37	0.92	0.26	0.26	0.39	2.85	0.18	3.75	0.00	0.00	0.00
	四川	2.10	2.08	2.18	1.58	1.60	0.00	10.60	3.67	13.06	10.21	0.00	12.88
	甘肃	1.56	1.41	2.11	2.39	2.38	4.09	1.61	0.11	2.15	0.09	0.32	0.03
	宁夏	2.39	2.45	2.19	1.01	1.02	0.00	1.30	1.96	1.43	0.13	0.60	0.00
	内蒙古	10.38	10.86	8.63	0.73	0.73	0.88	2.05	3.78	2.45	0.60	2.58	0.08
	陕西	7.25	8.02	4.47	3.19	3.13	9.15	5.05	6.11	6.44	0.71	0.61	0.74
	山西	19.86	23.43	6.99	0.00	0.00	0.00	4.27	6.03	3.86	1.99	9.36	0.07
	河南	6.65	7.51	3.55	1.24	1.19	5.32	5.67	1.01	7.05	9.53	14.44	8.25
	山东	10.22	10.99	7.43	17.86	17.93	13.28	5.95	0.67	7.94	8.35	36.65	0.96
	合计占比	60.89	67.11	38.47	28.27	28.24	33.11	39.35	23.53	48.12	31.61	64.56	23.01

续表

年份	省区	原煤			原油			天然气			其他能源		
		总消费	中间加工转换	终端消费	总消费	中间加工转换	终端消费	总消费	中间加工转换	终端消费	总消费	中间加工转换	终端消费
2017	青海	0. 45	0. 38	0. 74	0. 26	0. 25	0. 64	2. 82	0. 28	3. 69	0. 00	0. 00	0. 00
	四川	1. 76	1. 61	2. 38	1. 61	1. 62	0. 00	10. 67	3. 43	13. 32	11. 11	0. 00	14. 43
	甘肃	1. 59	1. 46	2. 13	2. 46	2. 44	5. 30	1. 61	0. 31	2. 06	0. 08	0. 36	0. 00
	宁夏	2. 87	2. 80	3. 14	1. 00	1. 00	0. 00	0. 97	2. 16	1. 06	0. 10	0. 42	0. 00
	内蒙古	10. 37	10. 88	8. 25	0. 76	0. 76	1. 40	2. 26	2. 76	2. 81	0. 50	2. 10	0. 02
	陕西	7. 81	8. 58	4. 68	3. 12	3. 00	17. 06	4. 77	8. 30	5. 37	0. 81	1. 75	0. 52
	山西	21. 14	24. 46	7. 50	0. 00	0. 00	0. 00	4. 25	7. 57	3. 67	1. 94	8. 08	0. 10
	河南	6. 90	7. 28	5. 36	1. 11	0. 00	4. 94	5. 85	0. 81	7. 29	9. 50	9. 15	9. 61
	山东	9. 68	10. 14	7. 80	19. 34	19. 32	24. 23	7. 34	0. 62	9. 87	8. 49	36. 92	0. 00
	合计占比	62. 58	67. 59	41. 98	29. 65	29. 49	53. 56	40. 54	26. 24	49. 14	32. 52	58. 78	24. 68
2018	青海	0. 44	0. 36	0. 83	0. 23	0. 22	0. 71	2. 64	0. 21	3. 60	0. 00	0. 00	0. 00
	四川	2. 06	1. 44	5. 10	1. 14	1. 15	0. 03	11. 59	3. 20	15. 13	7. 14	6. 16	7. 47
	甘肃	1. 68	1. 59	2. 12	2. 31	2. 30	4. 00	1. 59	0. 29	2. 06	0. 22	0. 86	0. 01
	宁夏	3. 19	3. 08	3. 78	0. 71	0. 72	0. 00	1. 01	2. 29	1. 05	0. 14	0. 58	0. 00
	内蒙古	12. 07	12.25	11. 13	0. 58	0. 57	1. 43	2. 52	0. 82	3. 30	0. 41	1. 59	0. 02
	陕西	6. 90	7. 27	5. 11	2. 96	2. 87	18. 59	4. 76	7. 09	5. 36	0. 94	1. 27	0. 83
	山西	22. 53	25. 77	6. 71	0. 00	0. 00	0. 00	3. 86	6. 05	3. 53	1. 95	6. 31	0. 51
	河南	6. 08	6. 06	6. 21	1. 32	1. 31	2. 63	5. 41	1. 19	6. 68	5. 20	17. 31	1. 10
	山东	10. 60	11. 18	7. 74	20. 69	20. 70	20. 46	7. 88	0. 79	10. 66	6. 35	25. 57	0. 00
	合计占比	65. 55	69. 00	48. 72	29. 93	29. 84	47. 86	41. 25	21. 93	51. 36	22. 35	59. 64	9. 94

续表

年份	省区	原煤			原油			天然气			其他能源		
		总消费	中间加工转换	终端消费	总消费	中间加工转换	终端消费	总消费	中间加工转换	终端消费	总消费	中间加工转换	终端消费
2019	青海	0.38	0.28	0.97	0.23	0.23	0.74	2.52	0.20	3.37	0.00	0.00	0.00
	四川	2.08	1.49	5.44	1.50	1.51	0.00	11.77	4.38	14.91	7.16	7.87	6.92
	甘肃	1.66	1.55	2.35	2.20	2.19	4.39	1.57	0.30	1.99	0.31	1.16	0.02
	宁夏	3.35	3.16	4.41	0.68	0.69	0.00	1.22	2.33	1.29	0.16	0.62	0.00
	内蒙古	13.50	13.46	13.70	0.64	0.63	1.53	2.60	2.66	3.27	0.39	1.46	0.02
	陕西	7.27	7.47	6.13	2.73	2.66	18.48	5.26	8.12	5.85	1.11	1.52	0.97
	山西	22.96	25.59	7.69	0.00	0.00	0.00	4.39	6.54	4.09	1.79	5.82	0.40
	河南	5.55	5.40	64.10	1.19	1.18	2.73	5.16	0.90	6.34	5.47	15.65	1.63
	山东	10.44	10.59	9.53	20.27	20.28	18.56	8.98	0.63	11.84	8.68	33.88	0.00
	合计占比	67.18	69.00	56.62	29.44	29.37	46.43	43.47	26.06	52.95	25.06	67.98	9.95

总体上看，黄河流域原煤、原油、天然气消费量在全国能源消费量中的占比逐年增长，但远低于生产量占比，属于一次能源净流出区域。①

在原煤消费方面，黄河流域原煤的中间加工转换量占全国的比重约为70%，在火电供应和煤制产品供应方面对全国起到了重要的支撑作用。从黄河流域各省区的中间加工转换情况来看，2019 年山西约占全国原煤加工转换量的1/4，其次为内蒙古、山东、陕西、河南，2019 年各占全国原煤加工转换量的13.46%、10.59%、7.47%、5.40%；在原煤的终端消费方面，内蒙古占比约为13.70%，并且呈逐年上涨趋势。

在原油消费方面，黄河流域原油总消费量的占比和中间加工转换量占全国的比重基本稳定不变，保持在30%左右。其中，山东原油加工转换量约占全国的1/5，是黄河流域最大的原油加工省份。在原油终端消费方面，2019 年山东和陕西的原油终端消费量占比分别为18.56%、18.48%。

① 由于电力主要分为一次电力和火力发电两类，在能源平衡表消费栏对电力消费没有进行类型的区分，因此，将在第二节对一次电力与火力发电的情况进行统一分析。

在天然气消费方面，黄河流域天然气总消费量的占比逐年增加，但远远低于天然气生产量的占比。其中，陕西天然气中间加工转换量在全黄河流域排名第1位，其次为山西和四川；而在天然气终端消费方面，四川天然气终端消费量占比排名第1位，其次为山东、河南、陕西。

在其他能源消费方面，黄河流域九省区在其他能源的中间加工转换量占全国的7.98%，其中山东的中间加工转换量占全国的33.88%；在其他能源的终端消费方面，四川和河南近两年的其他能源终端消费量占比有所下降，2019年占比分别为6.92%和1.63%。

第二节　黄河流域沿线地区电力及热力生产和消费趋势

一、黄河流域沿线地区电力及热力生产趋势

（一）电力生产趋势

黄河流域各类电力生产情况如图29-2和图29-3所示。

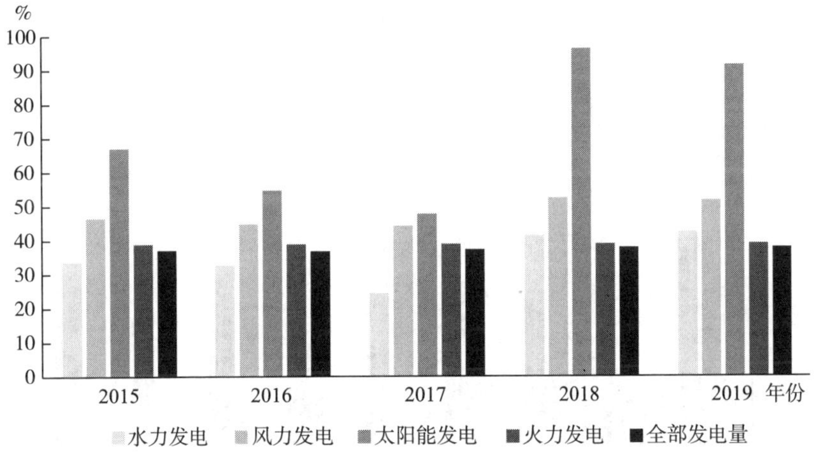

图29-2　2015—2019年黄河流域各类能源发电占全国比重

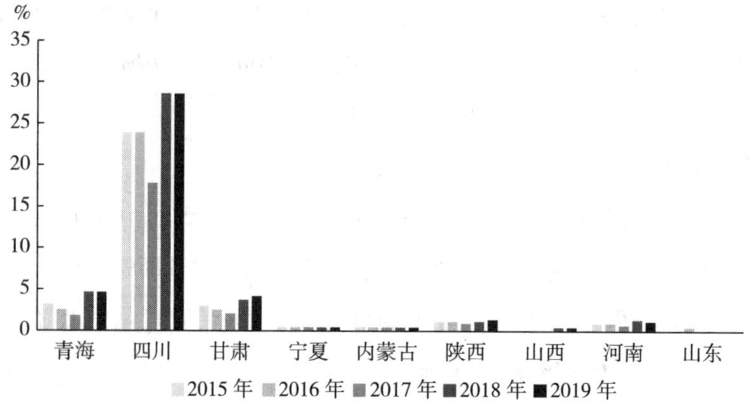

（a）水力发电

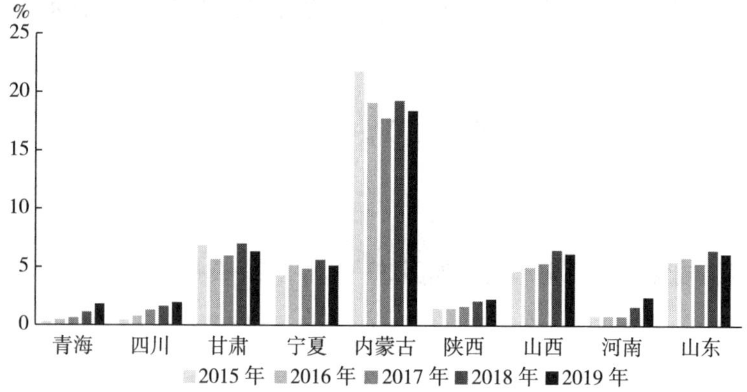

（b）风力发电

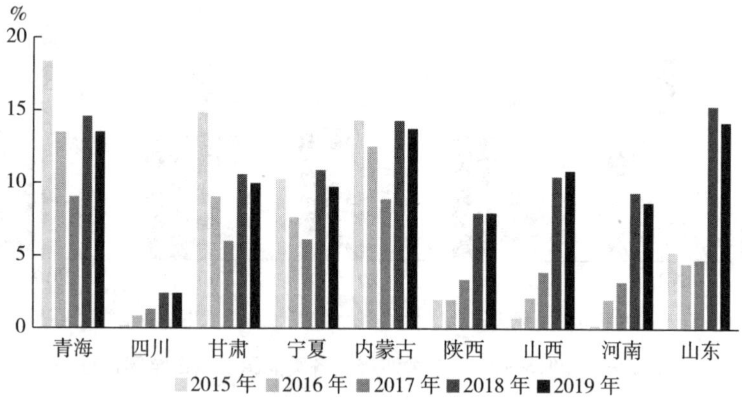

（c）太阳能发电

图 29-3　2015—2019 年黄河流域各省区各类能源发电占全国比重

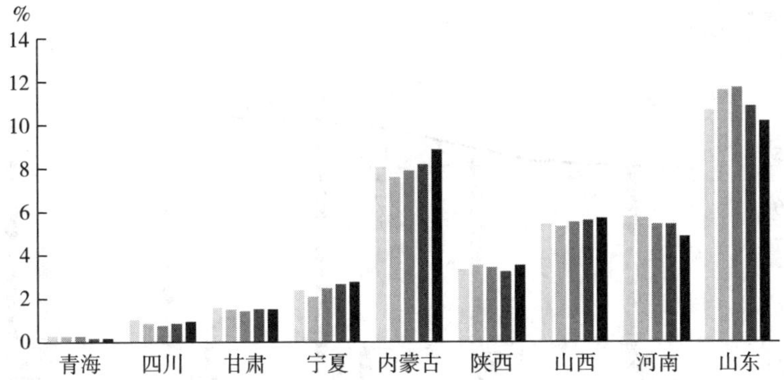

（d）火力发电

图 29-3　2015—2019 年黄河流域各省区各类能源发电占全国比重

可以看出，2019 年黄河流域九省区电力生产量占全国发电量的 37. 5%，其中，火力发电量占比为 38. 5%、水力发电量占比为 42. 2%、风力发电量占比为 51. 4%、太阳能发电量占比为 91. 5%。从省区层面来看，2019 年四川省水力发电量占全国的比重为 28. 7%，是全国水力较为丰富地区。2019 年内蒙古风力发电量占全国的比重为 18. 6%，同时山西、山东、甘肃和宁夏的风力发电量也比较稳定，分别占全国风力发电量的 6. 3%、6. 3%、6. 4%、5. 2%。太阳能发电主要集中在内蒙古和青海，2019 年两省区太阳能发电量占比分别为 13. 9%、13. 5%。

（二）热力生产趋势

由图 29-4 可以看出，黄河流域九省区集中供热总量占全国比重总体呈现上升趋势，2019 年占比为 64%，主要集中在山东省。

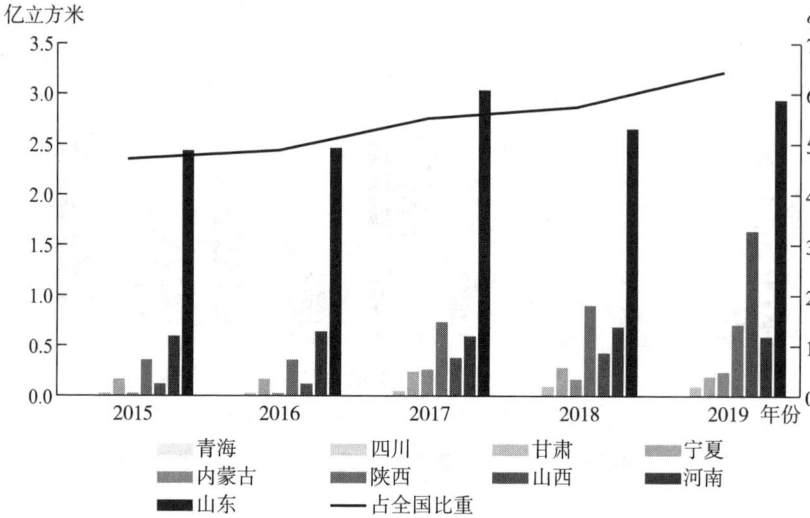

图 29-4　2015—2019 年黄河流域各省区热力供应总量及占全国比重

二、黄河流域沿线地区电力及热力消费趋势

2015—2019 年黄河流域沿线各省区电力和热力消费趋势如表 29-4 所示。

表 29-4　2015—2019 年黄河流域各省区电力和热力消费量占全国比重　单位:%

年份	省区	电力	热力
2015	青海	1. 13	0. 66
	四川	3. 47	0. 91
	甘肃	1. 89	2. 60
	宁夏	1. 51	1. 35
	内蒙古	4. 38	7. 55
	陕西	2. 11	2. 54
	山西	2. 99	6. 49
	河南	5. 60	4. 55
	山东	8. 93	20. 57
	合计占比	32. 02	47. 22

续表

年份	省区	电力	热力
2016	青海	1.04	0.77
	四川	3.43	0.83
	甘肃	1.74	2.39
	宁夏	1.45	1.75
	内蒙古	4.26	7.77
	陕西	2.38	2.77
	山西	2.94	6.32
	河南	5.25	5.25
	山东	9.09	21.04
	合计占比	31.58	48.88
2017	青海	1.04	0.84
	四川	3.35	0.88
	甘肃	1.77	2.41
	宁夏	1.48	1.74
	内蒙古	4.39	7.98
	陕西	2.40	3.12
	山西	3.02	6.42
	河南	4.97	5.07
	山东	8.70	19.97
	合计占比	31.11	48.45
2018	青海	1.03	0.85
	四川	3.44	1.54
	甘肃	1.80	2.51
	宁夏	1.49	1.65
	内蒙古	4.69	8.41
	陕西	2.44	3.03
	山西	3.18	5.67
	河南	5.12	5.15
	山东	9.20	23.03
	合计占比	32.40	51.85

续表

年份	省区	电力	热力
2019	青海	0.96	0.76
	四川	3.52	1.85
	甘肃	1.72	2.55
	宁夏	1.45	1.83
	内蒙古	4.88	8.89
	陕西	2.55	3.35
	山西	3.13	5.81
	河南	4.81	5.59
	山东	9.12	24.63
	合计占比	32.14	55.25

可以看出，2019年，黄河流域九省区电力消费量占全国电力消费量的比重为32.14%，其中山东电力消费量占比为9.12%，其次为内蒙古和河南。从电力调出量来看，黄河流域九省区属于净流出区域，内蒙古电力调出量最高，达到2125.6亿千瓦·时。热力消费方面，黄河流域九省区热力消费量的占比在持续上升，达到了全国热力消费量的一半；山东省的热力消费量较大，占全国热力消费量的24.63%。

第三节　黄河流域沿线地区煤制产品生产和消费趋势

一、黄河流域沿线地区煤制产品生产趋势

煤制产品主要包括洗精煤、其他洗煤、型煤、煤矸石、焦炭、焦炉煤气、高炉煤气、转炉煤气、其他煤气和其他焦化产品，这里以焦炭为例进行分析。2015—2019年黄河流域各省区焦炭生产趋势如图29-5所示。

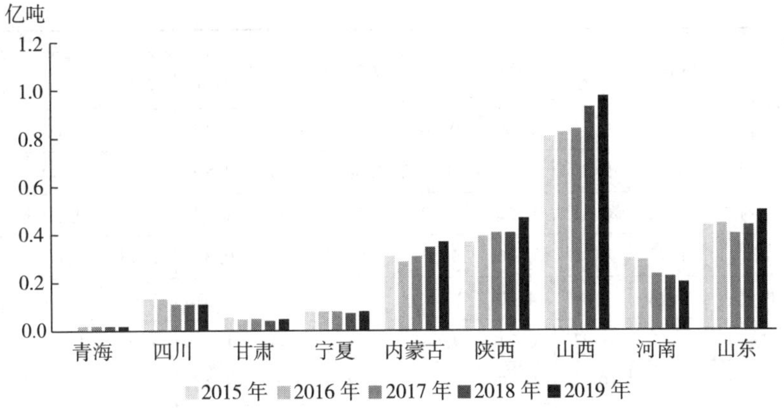

图 29-5　2015—2019 年黄河流域各省区焦炭产量

山西作为原煤生产大省，在原煤的加工转换环节扮演着重要角色，其中焦炭产品的产量均高于其他省区。同样作为煤炭生产大省，内蒙古、陕西、山东的焦炭总体比重也相对较高。

二、黄河流域沿线地区煤制产品消费趋势

通过对黄河流域九省区煤制产品的消费比重进行分析发现，各省区煤制产品的消费结构存在显著差异，如表 29-5 和表 29-6 所示。

表 29-5　2015—2019 年黄河流域各省区各类煤制产品消费量占全国比重　单位:%

年份	省区	洗精煤	其他洗煤	型煤	煤矸石	焦炭	焦炉煤气	高炉煤气	转炉煤气	其他煤气	其他焦化产品
2015	青海	0.00	0.00	0.01	0.00	0.57	0.08	0.23	0.00	0.00	0.00
	四川	4.29	6.89	2.18	11.32	4.21	5.05	3.94	2.83	0.00	41.11
	甘肃	1.02	0.00	4.39	1.70	1.40	1.14	1.49	1.35	1.10	0.08
	宁夏	1.54	0.92	0.08	2.95	1.11	2.08	0.26	0.02	0.00	0.36
	内蒙古	6.51	1.80	2.58	22.90	3.48	5.72	2.61	2.02	0.55	26.68
	陕西	2.22	8.53	0.05	9.24	2.20	5.62	1.18	0.88	0.00	7.99
	山西	18.65	9.50	7.11	35.67	4.73	19.54	3.54	1.80	3.47	13.83
	河南	8.24	9.78	2.52	7.43	6.45	3.90	3.77	2.30	29.39	7.57
	山东	10.99	5.52	73.12	19.97	8.41	9.13	6.77	7.65	2.67	8.17

续表

年份	省区	洗精煤	其他洗煤	型煤	煤矸石	焦炭	焦炉煤气	高炉煤气	转炉煤气	其他煤气	其他焦化产品
2016	青海	0.09	0.46	0.00	0.00	0.50	0.04	0.19	0.00	0.00	0.02
	四川	4.34	9.73	4.52	14.24	3.60	4.79	3.80	2.55	0.00	37.68
	甘肃	1.12	0.31	6.57	1.70	1.21	1.42	1.08	0.79	1.39	1.59
	宁夏	1.49	3.31	0.26	4.87	0.99	2.19	0.36	0.18	0.00	0.31
	内蒙古	6.18	2.39	4.00	21.51	3.60	5.45	2.57	2.64	0.54	27.52
	陕西	2.20	6.93	0.21	7.64	1.85	5.84	1.11	1.02	0.00	9.28
	山西	20.43	10.18	8.17	40.25	4.83	19.32	3.31	1.94	13.16	13.53
	河南	6.55	9.93	24.58	5.20	6.70	6.62	3.75	2.30	23.85	10.31
	山东	11.45	6.98	80.01	17.62	8.18	9.71	6.94	6.96	3.08	8.85
2017	青海	0.16	0.01	0.00	0.02	0.50	0.11	0.21	0.00	0.00	0.05
	四川	4.10	7.42	6.11	10.27	3.76	4.59	3.69	2.71	0.00	39.35
	甘肃	1.09	0.17	7.14	1.59	1.16	1.42	0.94	0.63	2.21	1.63
	宁夏	1.58	1.30	0.33	5.03	1.20	1.98	0.44	0.17	3.15	0.37
	内蒙古	7.25	3.81	1.16	20.50	3.82	6.08	2.82	2.75	1.01	22.30
	陕西	2.10	5.20	0.31	15.63	1.90	6.65	1.41	1.02	0.00	9.25
	山西	21.52	12.21	8.47	26.38	4.48	19.54	4.68	3.33	18.19	13.96
	河南	5.74	3.93	16.26	3.57	5.11	4.53	0.27	2.56	21.29	7.77
	山东	10.65	6.27	69.19	13.91	7.76	8.81	6.98	7.01	16.64	8.04
2018	青海	0.24	0.00	0.00	0.03	0.53	0.22	0.18	0.10	0.21	0.00
	四川	2.93	2.37	5.59	7.82	2.67	4.40	3.05	2.10	0.00	2.89
	甘肃	0.82	0.26	5.92	1.73	1.09	1.09	0.92	0.81	1.20	2.97
	宁夏	1.28	2.17	0.26	2.53	1.32	1.80	0.33	0.07	1.29	0.75
	内蒙古	8.66	2.84	0.28	12.09	4.86	5.85	2.51	2.32	0.64	26.16
	陕西	1.95	5.70	1.00	16.89	1.76	6.76	1.06	0.60	0.00	12.72
	山西	22.78	15.92	6.09	30.88	5.46	21.04	5.41	5.06	25.35	14.12
	河南	5.54	1.80	24.68	9.20	3.26	6.09	3.35	2.85	25.43	8.89
	山东	10.97	7.56	65.95	13.34	8.03	8.31	7.12	6.69	19.27	8.95

续表

年份	省区	洗精煤	其他洗煤	型煤	煤矸石	焦炭	焦炉煤气	高炉煤气	转炉煤气	其他煤气	其他焦化产品
2019	青海	0.13	0.00	0.00	0.07	0.51	0.18	0.18	0.12	0.00	0.02
	四川	2.82	1.77	1.19	7.63	2.81	4.20	3.13	1.92	0.38	2.44
	甘肃	0.99	0.28	6.58	1.68	1.13	1.20	0.94	0.73	1.14	2.55
	宁夏	1.59	1.66	0.62	2.61	1.35	1.82	0.48	0.17	1.20	0.82
	内蒙古	9.09	2.89	0.11	14.00	5.12	7.45	2.75	2.63	0.39	22.96
	陕西	2.06	6.20	0.38	14.16	1.62	6.80	1.06	0.71	0.00	12.44
	山西	22.99	17.47	4.57	32.47	5.44	20.64	5.55	5.09	23.43	24.64
	河南	4.85	1.81	28.66	11.55	3.08	5.33	3.04	2.56	24.17	7.42
	山东	11.52	8.07	64.59	10.28	7.80	9.81	7.73	7.01	29.05	8.72

表 29-6　2015—2019 年黄河流域各省区及全国各类煤制产品中间消费占区域总消费比重

单位：%

年份	省区	洗精煤	其他洗煤	型煤	煤矸石	焦炭	焦炉煤气	高炉煤气	转炉煤气	其他煤气	其他焦化产品
2015	青海	0.00	0.00	0.00	0.00	0.00	1.45	21.23	0.00	0.00	00.00
	四川	68.95	4.86	0.00	50.00	0.00	29.30	34.13	72.70	0.00	00.00
	甘肃	93.53	0.00	1.62	97.41	0.00	16.83	10.26	10.63	0.00	00.00
	宁夏	90.27	88.95	0.00	67.47	0.00	10.91	27.54	0.00	0.00	00.00
	内蒙古	98.64	10.43	6.26	100.00	0.00	15.69	34.72	45.69	0.00	20.35
	陕西	95.04	73.17	0.00	90.37	0.00	88.60	54.99	0.00	0.00	57.90
	山西	96.69	58.37	0.00	93.77	0.00	9.48	27.86	17.01	0.00	0.00
	河南	68.38	11.62	0.00	88.53	5.28	63.40	34.87	20.27	1.44	0.00
	山东	91.74	91.27	5.88	94.34	0.00	37.53	60.35	30.90	76.79	1.44
	全国	89.48	32.43	0.00	100.00	0.64	28.14	27.42	30.80	2.12	10.82

续表

年份	省区	洗精煤	其他洗煤	型煤	煤矸石	焦炭	焦炉煤气	高炉煤气	转炉煤气	其他煤气	其他焦化产品
2016	青海	100.00	0.00	0.00	0.00	0.00	2.78	22.49	0.00	0.000	0.00
	四川	74.92	1.35	0.00	42.47	0.00	36.33	29.86	70.22	0.00	0.00
	甘肃	100.00	0.00	1.31	93.98	0.00	11.52	12.68	16.22	0.00	0.00
	宁夏	100.00	74.24	71.17	82.86	0.00	8.42	58.19	0.00	0.00	0.00
	内蒙古	100.00	41.53	25.08	99.97	0.00	21.17	36.47	38.55	0.00	25.64
	陕西	100.00	78.61	0.00	93.88	0.00	91.72	56.64	0.00	0.00	68.25
	山西	100.00	62.38	0.00	95.46	0.00	8.19	27.48	28.10	0.00	0.63
	河南	100.00	3.40	0.00	87.43	0.00	18.69	29.85	14.56	0.00	0.00
	山东	100.00	55.23	6.19	94.59	0.00	41.16	58.94	31.93	28.32	1.30
	全国	100.00	26.32	0.00	100.00	0.02	30.41	28.64	33.27	0.94	13.81
2017	青海	100.00	0.00	0.00	0.00	0.00	35.48	25.66	0.00	0.00	0.00
	四川	72.04	2.12	0.00	41.82	0.00	32.82	32.87	74.72	0.00	0.00
	甘肃	100.00	0.00	1.24	96.78	0.00	6.31	11.32	13.38	9.51	0.00
	宁夏	100.00	17.16	74.17	81.29	0.00	9.46	51.80	0.00	0.00	0.00
	内蒙古	100.00	35.52	67.37	99.91	0.00	18.06	37.90	36.85	1.26	18.53
	陕西	100.00	96.07	0.00	89.28	0.00	92.29	56.79	0.00	0.00	90.09
	山西	100.00	68.99	0.00	99.66	0.00	7.93	22.00	22.25	0.00	0.00
	河南	100.00	13.38	0.00	85.21	0.00	25.46	30.85	11.84	0.00	0.00
	山东	100.00	54.31	7.58	96.69	0.00	31.38	57.02	30.49	0.00	0.94
	全国	100.00	28.10	0.00	100.00	0.00	29.12	28.10	34.14	0.26	12.47
2018	青海	100.00	0.00	0.00	0.00	0.00	19.17	24.25	0.00	0.00	0.00
	四川	100.00	8.15	0.00	60.36	0.00	32.61	31.22	67.39	0.00	0.00
	甘肃	100.00	20.73	1.73	94.83	0.00	7.44	14.47	19.39	0.00	0.00
	宁夏	100.00	54.40	62.92	83.38	0.00	8.37	48.82	0.00	0.00	0.00
	内蒙古	100.00	36.48	0.00	99.29	0.00	20.57	36.70	30.55	0.00	7.72
	陕西	100.00	96.31	68.00	94.44	0.00	86.13	55.08	21.40	0.00	91.71
	山西	100.00	83.09	0.00	88.60	0.00	11.29	28.90	100.00	0.00	0.00
	河南	100.00	44.14	0.00	77.09	0.00	37.53	26.99	13.12	0.02	0.00
	山东	100.00	62.97	4.42	97.40	0.61	31.89	56.38	29.62	3.64	1.00
	全国	100.00	35.97	0.00	100.00	0.05	25.81	26.81	37.53	0.71	14.99

续表

年份	省区	洗精煤	其他洗煤	型煤	煤矸石	焦炭	焦炉煤气	高炉煤气	转炉煤气	其他煤气	其他焦化产品
2019	青海	100.00	0.00	0.00	00.00	0.00	0.00	27.51	0.00	0.00	0.00
	四川	99.98	5.69	0.00	58.54	1.19	23.67	33.71	68.79	0.00	0.00
	甘肃	100.00	31.51	15.67	88.09	0.00	7.47	12.46	20.00	0.00	0.00
	宁夏	100.00	33.35	50.77	98.92	0.00	9.53	54.36	0.00	0.00	0.00
	内蒙古	99.97	25.46	0.00	100.00	0.00	21.71	34.01	29.99	0.00	7.89
	陕西	100.00	95.46	0.00	93.56	0.00	83.00	58.66	18.93	0.00	92.46
	山西	100.00	87.93	0.00	89.73	0.00	16.17	22.38	25.45	0.00	24.60
	河南	100.00	66.93	0.00	76.57	0.00	55.05	29.17	6.08	0.02	0.00
	山东	100.00	62.16	5.86	98.88	2.01	31.03	48.11	25.64	2.39	1.32
	全国	100.00	36.86	0.00	100.00	0.19	27.57	26.62	39.18	0.69	21.45

从洗精煤的消费情况来看，2019年，山西的洗精煤消费量占全国洗精煤消费量的比重为22.99%，同时各省区的洗精煤全都用于中间加工转换。在其他洗煤消费方面，山西的其他洗煤消费量占比为17.47%，其次为山东、陕西。山东是型煤①消费大省，型煤消费量占全国的64.59%，并且大多数用于终端消费。在煤矸石消费方面，山西、陕西、内蒙古的煤矸石消费量占比分别为32.47%、14.16%、14.00%，且大部分用于中间加工转换。焦炭消费方面，山东焦炭消费量占比为7.80%，其次为山西和内蒙古，分别占5.44%和5.12%，大部分用于终端消费。焦炉煤气消费方面，山西焦炉煤气消费占比排名第1位，约占全国焦炉煤气消费的20.64%；焦炉煤气中间消费占比方面，陕西的焦炉煤气80%以上用于中间加工转换，其他省区的焦炉煤气大部分用于终端消费。高炉煤气消费方面，山东、山西的高炉煤气占比分别为7.73%、5.55%。转炉煤气消费方面，山东的转炉煤气消费量占比为7.01%，四川的转炉煤气大部分用于中间加工转换。其他煤气消费方面，山西、河南、山东的其他煤气消费量占比较大，明显高于其他省区，并且其他煤气大部分

① 型煤是以粉煤为主要原料，按具体用途所要求的配比，机械强度和形状大小经机械加工压制成型的，具有一定强度和尺寸及形状各异的煤成品。

用于终端消费。其他焦化产品消费方面，内蒙古和山西的消费量较大，占比分别为22.96%和24.64%。其他焦化产品消费方面，除陕西外，其他省区的其他焦化产品大部分用于中间加工转换。

第四节　黄河流域沿线地区石油产品生产和消费趋势

一、黄河流域沿线地区石油产品生产趋势

根据上文可知，2019年黄河流域9省区原油生产占全国的33%以上，主要来自陕西和山东，山东是各类石油产品的主要产地。总体而言，黄河流域的石油产品生产以山东为主，其他省区产量相对较少。此外，除山东外，部分省区在一些类别的石油产品生产上也占据了一定的比重，如陕西在汽油生产、河南和甘肃在煤油和柴油生产等方面均占一定比重。2015—2019年黄河流域各省区各类石油产品产量如图29-6所示。

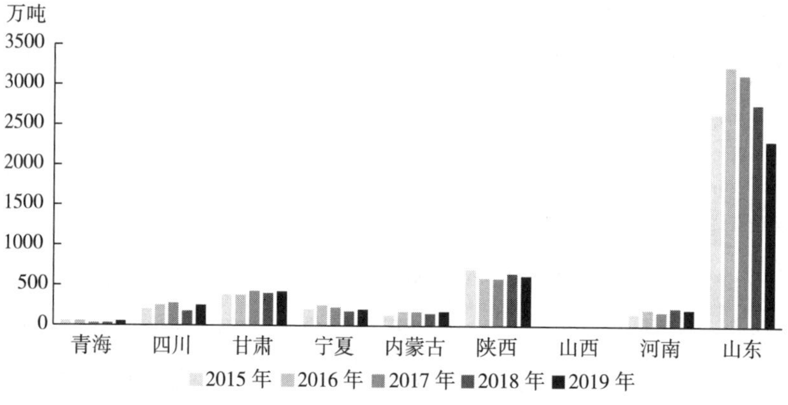

（a）汽油产量

图29-6　2015—2019年黄河流域各省区各类石油产品产量

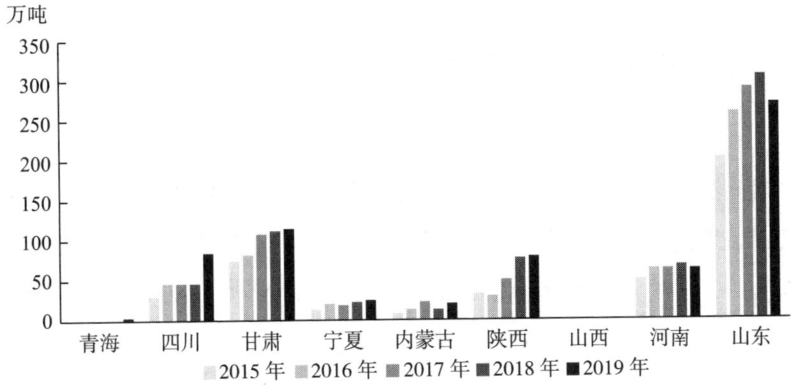

（b）煤油产量

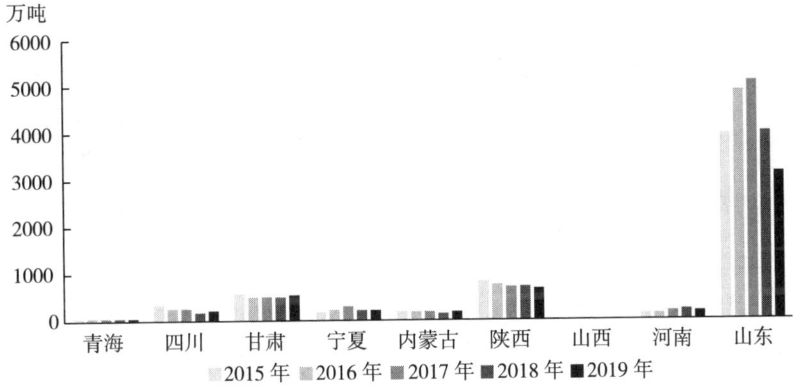

（c）柴油产量

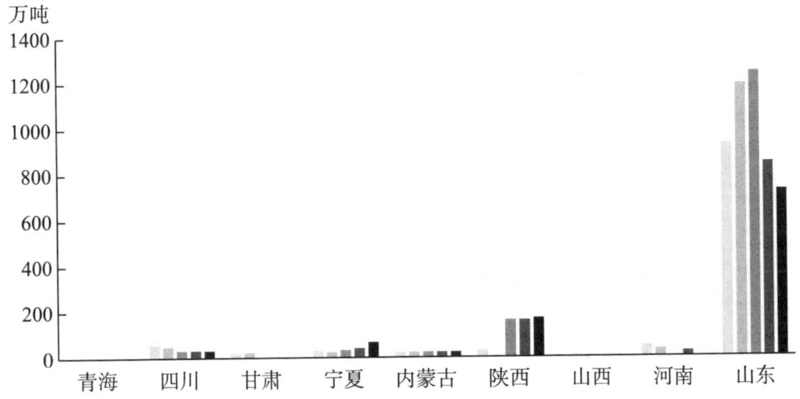

（d）燃料油产量

2015 年　2016 年　2017 年　2018 年　2019 年

图 29-6　2015—2019 年黄河流域各省区各类石油产品产量

二、黄河流域沿线地区石油产品消费趋势

黄河流域九省区原油产品生产占比高于原油产品的消费占比，且汽油、煤油、燃料油、液化石油气、炼厂干气和其他石油制品消费占比都有下降趋势，只有柴油消费占比保持稳定增长。从各类石油产品消费情况来看，九省区对汽油和柴油的消费量较高，2019 年占全国的比重分别为 26%、34%。四川、河南、山东的各类石油产品消费量较大，甘肃对炼厂干气的消费量、内蒙古对石油沥青和石油焦的消费量、宁夏对石脑油和液化石油气的消费量也较大，具体数据如表 29-7 所示。

表 29-7　2015—2019 年黄河流域各省区各类石油产品消费量及占全国比重

年份	省区	汽油	煤油	柴油	燃料油	石脑油	润滑油	石蜡	溶剂油	石油沥青	石油焦	液化石油气	炼厂干气	其他石油制品
2015	青海/万吨	44.96	0.01	114.46	0.00	0.00	0.00	0.00	0.00	1.21	66.61	9.12	5.61	5.45
	四川/万吨	894.97	278.18	814.29	112.95	2.29	11.33	11.78	0.05	162.80	29.24	48.64	54.32	324.70
	甘肃/万吨	158.20	5.86	335.30	4.00	9.41	0.50	0.06	0.37	12.00	34.62	9.19	85.00	37.70
	宁夏/万吨	36.08	0.02	122.61	0.22	0.33	0.39	0.00	0.90	3.58	36.39	1.90	0.00	0.25
	内蒙古/万吨	305.76	32.60	474.55	10.56	0.00	0.06	0.02	0.05	87.17	44.58	11.14	0.25	18.16
	陕西/万吨	249.51	34.48	465.42	21.97	0.00	0.06	0.00	0.14	33.38	0.24	22.82	0.00	8.20
	山西/万吨	207.93	26.51	516.55	0.61	0.00	0.00	0.00	0.00	0.00	0.00	12.17	0.00	9.95
	河南/万吨	676.63	68.16	834.11	63.90	27.26	12.98	0.01	3.89	19.50	73.54	128.37	19.22	90.81
	山东/万吨	726.00	98.50	1282.35	255.33	145.31	8.00	0.27	0.24	132.87	48.88	87.01	102.75	405.31
	合计占比/%	29	20	29	22	4	25	11	4	19	13	9	17	25

续表

年份	省区	汽油	煤油	柴油	燃料油	石脑油	润滑油	石蜡	溶剂油	石油沥青	石油焦	液化石油气	炼厂干气	其他石油制品
2016	青海/万吨	56.00	0.01	128.91	0.08	0.00	0.00	0.00	0.00	1.56	70.82	9.86	5.12	13.60
	四川/万吨	940.07	308.81	800.36	86.91	6.94	12.10	0.15	0.11	163.01	29.72	62.46	55.33	389.51
	甘肃/万吨	199.30	8.06	306.76	3.00	11.94	0.27	0.04	0.29	12.79	32.26	11.07	78.99	33.84
	宁夏/万吨	28.99	0.02	123.86	0.30	0.00	0.33	0.01	0.00	3.52	44.41	2.96	0.01	0.37
	内蒙古/万吨	353.24	34.95	425.97	3.12	0.00	0.05	0.00	6.63	105.74	57.74	36.36	0.46	26.27
	陕西/万吨	257.31	30.03	409.28	7.22	0.00	0.07	12.07	0.12	44.88	1.95	28.79	0.00	2.29
	山西/万吨	227.69	26.96	535.10	0.46	0.00	0.75	0.21	0.00	1.09	1.80	7.32	0.00	11.18
	河南/万吨	700.29	74.00	806.40	64.35	30.68	14.36	0.33	0.58	5.60	80.75	144.34	20.45	147.25
	山东/万吨	739.35	115.23	1300.24	204.57	230.97	9.25	0.20	0.09	135.76	28.09	82.42	111.65	587.12
	合计占比/%	30	20	29	18	6	22	8	3	18	14	9	17	33
2017	青海/万吨	60.05	0.02	152.24	0.20	0.00	0.29	0.00	0.00	5.35	79.57	10.72	6.03	16.47
	四川/万吨	968.07	315.23	817.03	95.41	3.60	12.71	0.16	0.11	184.88	29.01	83.39	68.72	348.89
	甘肃/万吨	209.28	8.02	299.21	2.40	28.14	0.10	0.04	0.05	14.00	31.31	11.05	91.21	30.80
	宁夏/万吨	31.30	0.01	127.22	0.71	0.00	0.34	0.01	0.00	2.67	35.69	3.96	0.00	0.28
	内蒙古/万吨	357.05	42.86	438.53	3.65	0.00	0.13	0.00	0.01	135.91	48.67	54.28	0.19	33.53
	陕西/万吨	277.42	50.00	373.79	5.00	0.00	0.13	0.00	0.09	48.13	3.46	28.94	0.00	3.35
	山西/万吨	257.71	32.29	559.82	0.29	0.00	0.62	1.91	0.00	1.61	2.99	13.72	0.00	8.64

续表

年份	省区	汽油	煤油	柴油	燃料油	石脑油	润滑油	石蜡	溶剂油	石油沥青	石油焦	液化石油气	炼厂干气	其他石油制品
2017	河南/万吨	679.19	72.36	925.62	20.16	41.16	0.57	0.38	0.43	7.09	87.10	163.71	22.75	145.89
	山东/万吨	809.13	123.56	1395.46	191.82	226.68	9.45	0.24	0.11	150.29	93.05	127.41	119.80	224.46
	合计占比/%	30	19	30	15	6	12	1	1	19	14	10	19	20
2018	青海/万吨	62.08	0.02	159.33	0.15	0.00	0.30	0.00	0.00	7.70	51.45	9.09	5.11	3.17
	四川/万吨	874.13	209.47	901.61	8.60	4.06	3.05	0.17	0.17	200.30	27.09	45.44	45.44	2.32
	甘肃/万吨	202.48	9.80	289.30	3.64	4.99	0.10	0.02	0.03	13.13	44.98	15.54	86.04	33.65
	宁夏/万吨	18.77	0.02	117.20	0.28	82.26	0.14	0.01	0.00	4.01	38.48	17.22	0.00	0.28
	内蒙古/万吨	352.99	46.85	429.66	2.49	0.00	0.28	0.00	0.01	135.98	70.23	55.27	0.38	32.91
	陕西/万吨	298.34	77.96	396.26	4.84	0.00	0.16	0.01	0.08	34.42	1.81	33.13	0.00	0.33
	山西/万吨	235.24	36.26	488.54	0.20	0.00	0.42	1.96	0.00	5.76	5.84	4.50	0.00	9.56
	河南/万吨	761.76	81.89	989.56	22.90	43.56	0.80	1.37	0.60	14.45	147.64	218.81	27.74	8.44
	山东/万吨	683.71	120.27	1243.84	187.86	255.45	10.69	1.06	1.30	143.83	196.71	126.60	118.50	245.77
	合计占比/%	27	16	31	11	7	7	2	2	19	20	10	17	8
2019	青海/万吨	66.78	0.02	169.05	0.20	0.00	0.29	0.00	0.00	7.53	55.74	10.09	5.39	3.65
	四川/万吨	916.97	214.20	912.27	6.02	11.08	0.44	0.24	0.24	203.23	22.35	52.84	60.33	1.72
	甘肃/万吨	208.78	10.49	281.60	3.45	2.35	0.12	0.01	0.03	14.78	26.07	23.98	79.84	19.44
	宁夏/万吨	19.63	0.01	120.31	0.05	149.36	0.12	0.00	0.00	4.52	56.10	43.61	0.00	0.30

续表

年份	省区	汽油	煤油	柴油	燃料油	石脑油	润滑油	石蜡	溶剂油	石油沥青	石油焦	液化石油气	炼厂干气	其他石油制品
2019	内蒙古/万吨	367.70	50.03	449.66	1.15	0.00	0.29	0.00	0.02	142.98	89.57	54.42	0.27	34.30
	陕西/万吨	305.87	91.12	376.58	6.96	3.93	0.20	0.00	0.04	26.53	9.86	33.16	0.00	0.35
	山西/万吨	247.64	45.69	499.48	0.21	0.00	0.85	2.81	0.00	7.44	8.22	6.94	0.00	4.00
	河南/万吨	769.77	92.65	1005.82	4.35	43.66	20.66	1.71	0.31	37.04	129.06	219.21	23.62	7.91
	山东/万吨	678.99	125.92	1251.31	176.84	176.70	9.88	3.07	1.49	189.57	162.59	115.09	128.05	330.63
	合计占比/%	26	16	34	9	7	13	3	2	19	18	10	16	7

第五节 黄河流域沿线地区城市气体生产和消费趋势

一、黄河流域沿线地区城市气体生产趋势

2015—2019 年黄河流域九省区城市气体生产趋势如图 29-7 所示。

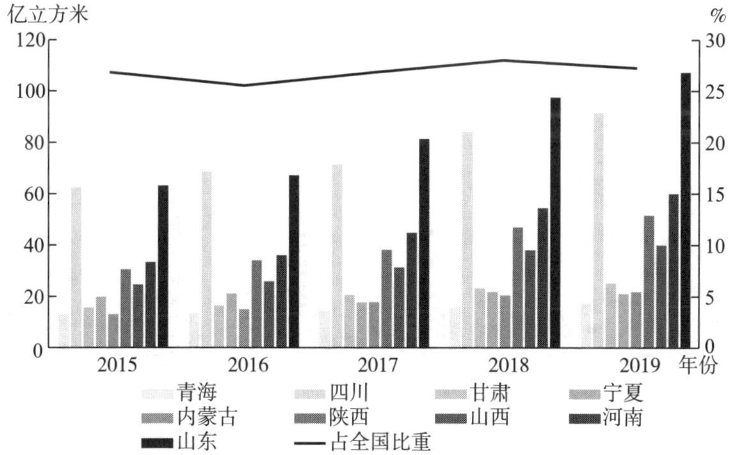

（a）城市天然气

图 29-7 2015—2019 年黄河流域各省区气体供应总量及占全国比重

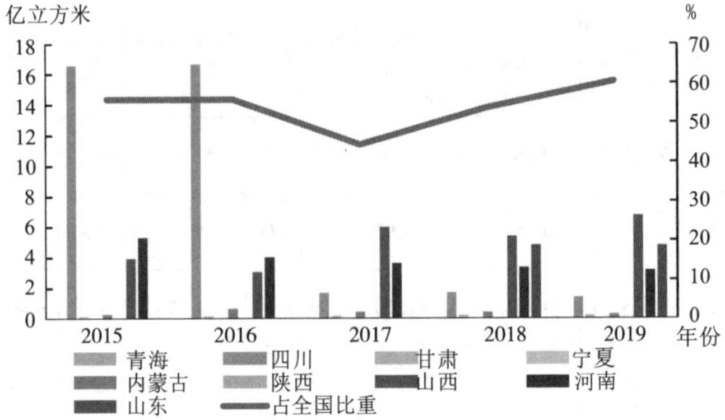

（b）城市人工煤气

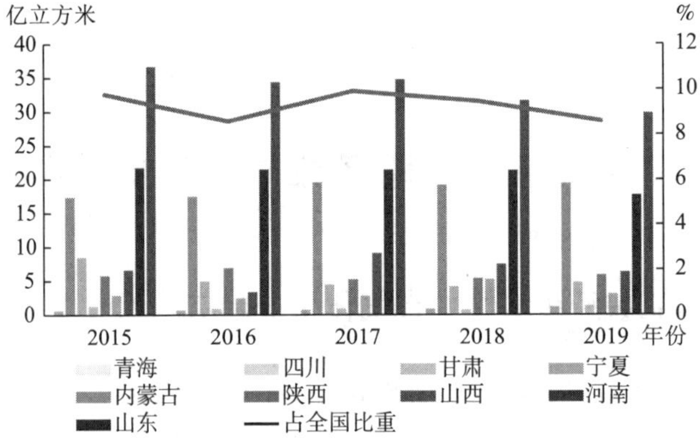

（c）城市液化石油气

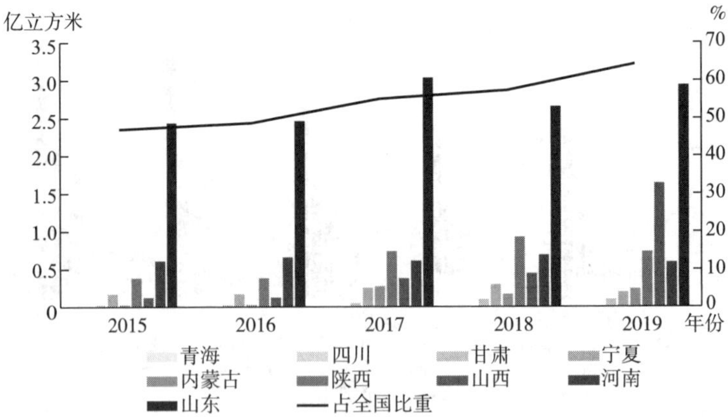

（d）

图 29-7　2015—2019 年黄河流域各省区气体供应总量及占全国比重

城市天然气供气量、人工煤气供气量占全国的比重呈上升趋势，2019 年占比分别为 27%、60%，液化石油气供气量占全国比重则呈现下降趋势，2019 年占比为 8.6%。其中，城市天然气供气方面，四川、山东的供气量逐年上升；人工煤气供气方面，四川供气量下降较多，2019 年山西的供气量最高；液化石油气方面，山东供气量最高，四川和河南次之。

二、黄河流域沿线地区液化天然气消费趋势

2015—2019 年黄河流域沿线地区液化天然气消费趋势如图 29-8 所示。

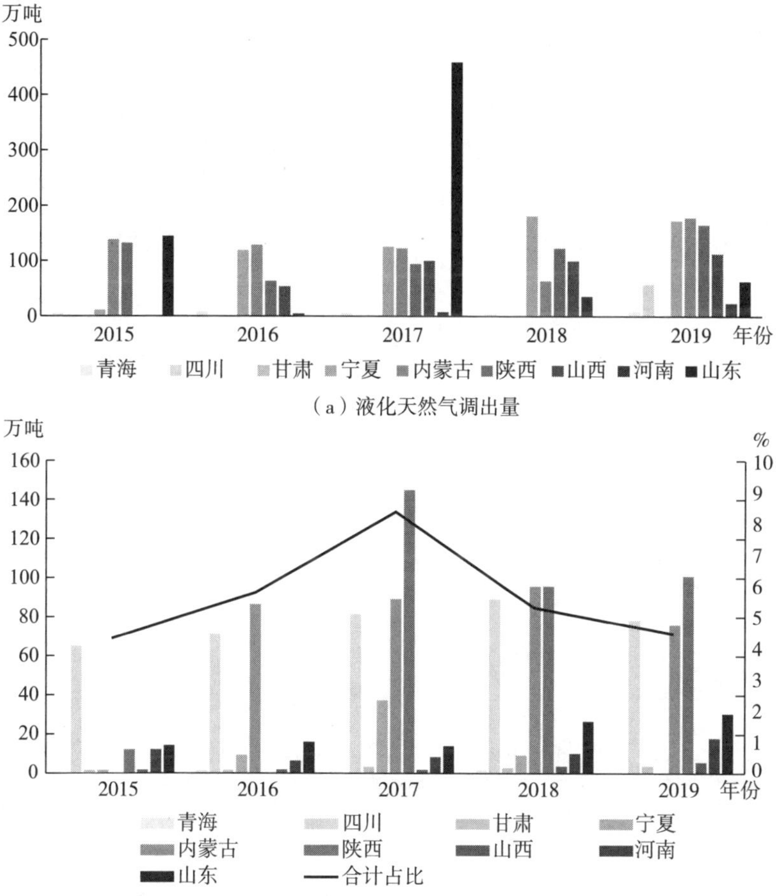

图 29-8　2015—2019 年黄河流域各省区液化天然气消费量及全国比重

2015—2019 年，黄河流域九省区液化天然气消费量占比呈先增长后下降的趋势。截至 2019 年，液化天然气总消费量占比仅有 4.4%，主要消费省区是四川、内蒙古、陕西。从液化天然气调出量来看，黄河流域属于液化天然气净流出区域，并且调出总量在不断增加，其中内蒙古、宁夏、陕西液化天然气的调出量较大，分别为 179.6 万吨、172.7 万吨、166.3 万吨。

第三十章　黄河流域能源生产和耗能结构演变趋势

本章主要通过分析一次能源、中间环节各重要二次能源和能源产品结构状况，对能源产业结构进行衡量，主要包含一次能源生产结构、电力生产结构（含一次设备和二次设备）和耗能结构、热力生产耗能结构、煤制产品生产结构、石油产品生产结构等内容。

第一节　一次能源生产结构的演化趋势

一、一次能源生产结构计算方法

一次能源生产结构主要刻画原煤、原油、天然气、一次电力（风电、水电、核电）和其他能源五种类型能源生产的健全程度和分布均匀程度。其中，多样性系数如式（30-1）所示：

$$DSI_k(t)^* = \frac{DSI_k(t)}{DSI(t)} \quad k=1, 2, \cdots, 9 \tag{30-1}$$

其中，$DSI_k(t)^*$ 为第 k 省区第 t 年生产一次能源的多样性系数；$DSI_k(t)$ 为第 k 省区生产一次能源的种类；$DSI(t)$ 为全国生产一次能源的种类。$DSI_k(t)^*$ 越大，表明该省区生产的一次能源种类越多，即能源上游产业越丰富。

分布均匀程度和一次能源结构借鉴产业结构熵计算方法，提出了一次能源生产结构系数核算指标，计算方法如式（30-2）所示：

$$SSI_k(t) = \sum_{a=1}^{n} w_{a,k}(t) \ln \frac{1}{w_{a,k}(t)} \tag{30-2}$$

其中，$SSI_k(t)$ 为第 k 省区第 t 年一次能源生产结构系数；$w_{a,k}(t)$ 为第 k 省

区第 t 年第 a 类一次能源占总能源的比重；n 为一次能源的类别量。SSI_k (t) 值是介于 0~1.61 的一个数，越接近于 0，表明该省区的一次能源产业越单一；越接近于 1.61，表明该省区的一次能源产业越多样，且不依赖于任一单一一次能源产业。$w_{a,\ k}(t)$ 的计算方法如式（30-3）所示：

$$w_{a,\ k}(t) = \frac{ESI_{a,\ k}(t) \times tc_a^1}{\sum_{a=1}^{5} ESI_{a,\ k}(t) \times tc_a^1} \tag{30-3}$$

其中，$ESI_{a,\ k}(t)$ 为第 k 省区第 t 年第 a 类一次能源的生产实物量；tc_a^1 为第 a 类一次能源的标准煤折算系数，具体取值标准参照中华人民共和国国家标准《综合耗能计算通则》（GB/T 2589—2020）各种能源折标准煤参考系数电热当量系数进行换算（由于油田天然气和气田天然气转换系数不同，为简化计算，本书一律采用油田天然气标准煤转换系数）。由于“其他能源”在能源平衡表中已转换为标准煤，因此，只需对原煤、原油、天然气、一次电力（风电、水电、核电）进行标准煤转换。

二、一次能源生产结构计算结果分析

基于 2015—2019 年黄河流域各省区能源平衡表中一次能源生产数据获得各省区的一次能源生产的类别数量，通过与同期全国能源平衡表中一次能源生产类别总数进行比对，得到一次能源生产类别的多样性。

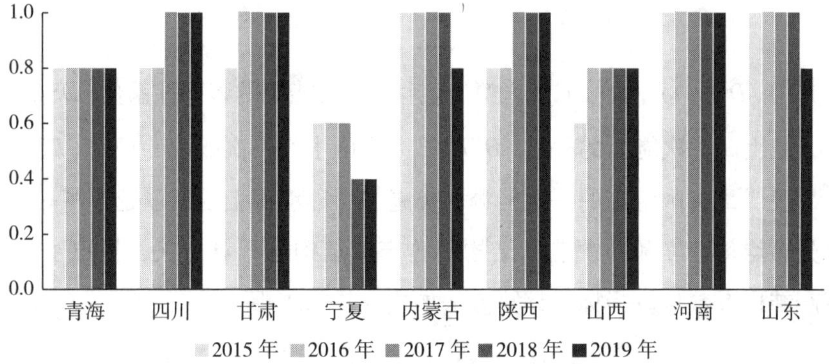

图 30-1　2015—2019 年黄河流域各省区一次能源生产多样性

根据图 30-1 可知，各省区生产的一次能源类别多样性相对比较稳定，有 4 个省份的能源类别在近几年有所增加，到 2019 年，四川、甘肃、陕西、河南四省实现了一次能源全覆盖的生产布局。

基于全国能源平衡表，对全国一次能源生产结构特征进行了计算，将各省区的结构特征在相互比较的基础上，与全国总体特征进行了比对分析，以便更好地分析黄河流域各省区的一次能源生产结构特征。

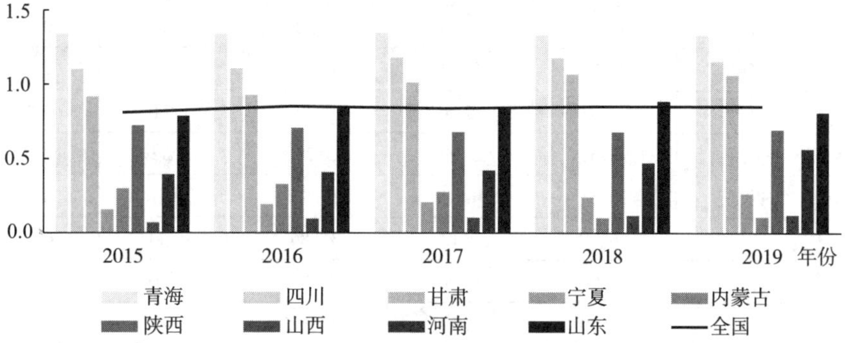

图 30-2　2015—2019 年黄河流域各省区一次能源生产结构特征

由图 30-2 可以看出，黄河流域各省区呈现一次能源生产结构向多元均衡发展的趋势。其中，青海、四川生产的各类一次能源产量（转换为标准煤后）较为均衡，且高于全国平均水平。其中，四川省原煤产量占比不断减小，天然气、一次电力生产比例不断上涨。2015—2019 年，四川原煤生产比例由 39. 56%下降到 18. 77%，天然气生产比例则由 30. 72%上升到 45. 42%，一次电力生产比例由 29. 53%上升到 32. 48%（见表 30-1）。

表 30-1　2015—2019 年黄河流域各省区各类一次能源占比　　单位:%

年份	省区	原煤	原油	天然气	一次电力	其他能源
2015	青海	25.62	14.00	35.86	24.52	0.00
	四川	39.56	0.19	30.72	29.53	0.00
	甘肃	63.21	23.57	0.32	12.90	0.00
	宁夏	96.82	0.32	0.00	2.86	0.00
	内蒙古	93.14	0.37	5.55	0.88	0.07
	陕西	77.22	10.98	11.37	0.43	0.00
	山西	98.93	0.00	0.82	0.24	0.00
	河南	91.25	5.53	0.52	1.66	1.04
	山东	69.81	25.61	0.42	1.11	3.05
	全国	78.51	8.99	5.25	5.52	1.73
2016	青海	25.81	14.49	37.12	22.58	0.00
	四川	36.90	0.13	31.86	31.11	0.00
	甘肃	62.90	23.69	0.29	12.98	0.14
	宁夏	95.40	0.17	0.00	4.43	0.00
	内蒙古	92.38	0.38	6.09	1.08	0.07
	陕西	77.53	10.53	11.53	0.41	0.00
	山西	98.39	0.00	0.95	0.41	0.25
	河南	91.09	4.81	0.47	1.66	1.96
	山东	68.61	24.57	0.42	1.72	4.68
	全国	76.74	8.99	5.73	6.57	1.98
2017	青海	25.58	13.86	36.22	24.34	0.00
	四川	28.18	0.10	37.09	32.49	2.15
	甘肃	57.27	25.34	0.50	16.74	0.14
	宁夏	94.93	0.02	0.00	5.05	0.00
	内蒙古	94.07	0.26	4.38	1.22	0.06
	陕西	78.96	9.65	10.80	0.54	0.04
	山西	98.29	0.00	0.98	0.51	0.22
	河南	90.85	4.37	0.42	2.18	2.18
	山东	69.07	23.46	0.41	2.25	4.82
	全国	76.68	8.34	6.00	6.93	2.06

续表

年份	省区	原煤	原油	天然气	一次电力	其他能源
2018	青海	22.57	12.27	32.76	32.41	0.00
	四川	22.11	0.10	40.76	33.87	3.16
	甘肃	53.85	25.51	0.64	19.63	0.37
	宁夏	93.75	0.00	0.00	6.25	0.00
	内蒙古	98.28	0.02	0.30	1.36	0.04
	陕西	79.86	8.93	10.46	0.61	0.13
	山西	98.09	0.00	1.05	0.64	0.22
	河南	89.36	4.03	0.42	3.82	2.37
	山东	67.67	24.17	0.48	3.65	4.03
	全国	76.57	7.84	6.18	7.37	2.03
2019	青海	30.10	10.67	27.88	31.35	0.00
	四川	18.77	0.09	45.42	32.48	3.24
	甘肃	52.59	25.79	0.42	20.69	0.51
	宁夏	93.10	0.00	0.00	6.90	0.00
	内蒙古	98.23	0.02	0.37	1.37	0.00
	陕西	79.31	8.83	10.99	0.71	0.16
	山西	97.91	0.00	1.19	0.68	0.22
	河南	86.46	3.97	0.44	4.55	4.62
	山东	67.99	25.53	0.54	5.93	0.00
	全国	76.17	7.57	6.50	7.78	1.99

通过对比可知，甘肃的一次能源占比高于全国水平，山东则与全国趋势一致，陕西略低于全国水平。由表 30-1 可知，甘肃、山东、陕西三省一次能源生产的比例特征又有显著的差异。甘肃主要以原煤、原油和一次电力三类能源的生产为主，且原煤生产比例不断下降，原油基本保持不变，一次电力比例不断上升。2015—2019 年，甘肃原煤生产比例由 63.21%下降到 52.59%，原油生产比例基本保持不变，一次电力生产比例由 12.90%上升到 20.69%。山东五类能源都有生产，但原煤和原油占据了绝对的比例，其中，这两类能源生产比例在 2015 年占山东一次能源生产的 95.42%，2019 年占山东一次能源生产的 93.52%。此外，2015—2019 年，山东一次能源生产中原煤占比由

69.81%下降到67.99%，原煤生产在本省一次能源生产中占比最高但低于全国整体水平以及黄河流域内其他大多数省区。陕西一次能源生产以原煤为主，原油和天然气的比例也高于全国整体水平以及黄河流域其他大多数省区，但一次电力的生产比例远低于全国整体水平以及黄河流域其他大多数省区。其中，原煤生产比例由2015年的77.22%上升到2019年的79.31%；原油在本省一次能源生产中的占比由2015年的10.98%下降到2019年的8.83%；天然气生产则小幅下降，由2015年的11.37%下降到2019年的10.99%。

与上述五省结构特征明显不同的是，宁夏、内蒙古、山西、河南的结构多样性要远低于全国水平以及其他五省。特别是宁夏、内蒙古和山西，一次能源生产几乎全部由原煤主导。2015—2019年宁夏原煤生产比例虽然有略微下降，但远远高于全国整体水平以及黄河流域其他大多数省区，2019年原煤生产比例为93.10%。总体来说，内蒙古对原煤的依赖程度每年都有增长，由2015年的93.14%上升到2019年的98.23%；原油和天然气的生产比例每年都呈下降的趋势。山西2015—2019年原煤生产比例虽然有略微下降，但远高于全国整体水平以及黄河流域其他大多数省区，2019年原煤生产占本省一次能源生产的比例为97.91%；天然气和一次电力虽然占据着较小的比例，但每年呈上升趋势。相比宁夏、内蒙古和山西三省区，河南对原煤生产的依赖程度稍低，但其生产比例也高于全国整体水平。此外，河南的结构复杂性高于这三省区，2019年河南的原油和一次电力生产占本省一次能源生产的比例分别为3.97%、4.55%。

第二节　电力生产结构的演化趋势

一、电力生产结构计算方法

电力生产和耗能结构（含一次设备和二次设备）采用一次比例和二次比例及火力发电生产过程中消耗的一次能源和中间能源产品结构衡量，具体计算如式（30-4）和式（30-5）所示：

$$DE_k(t)^* = 1 - \frac{DE_{1,k}(t)}{DE_{1,k}(t) + DE_{2,k}(t)} \tag{30-4}$$

其中，$DE_k(t)^*$ 为第 k 省区第 t 年生产的一次能源和二次能源的比例系数；$DE_{1,k}(t)$ 为一次电力的实物量；$DE_{2,k}(t)$ 为二次电力的实物量。$DE_k(t)^*$ 越接近于 1，代表一次电力越少；越接近于 0，代表省区电力生产中火力发电量越少。

$$SE_k(t)^* = \sum_{a=1}^{n} \frac{ES_{a,k}(t) \times tc_a}{\sum_{a=1}^{n} ES_{a,k}(t) \times tc_a} \ln \frac{1}{\frac{ES_{a,k}(t) \times tc_a}{\sum_{a=1}^{n} ES_{a,k}(t) \times tc_a}} \tag{30-5}$$

其中，$SE_k(t)^*$ 为第 k 省区第 t 年火力发电的耗能结构系数；$ES_{a,k}(t)$ 为第 k 省区用于火力发电的一次能源和中间能源产品的实物量；tc_a 为第 a 类能源的标准煤折算系数；n 为投入火力发电的一次能源和能源产品种类。

二、电力生产结构计算结果分析

（一）电力生产结构

基于 2015—2019 年黄河流域各省区能源平衡表一次能源中电力生产数据及火力发电数据（实物量），在式（30-4）的基础上，计算得到黄河流域各省区的一次电力和二次电力（火力发电）生产结构系数，如图 30-3 所示。

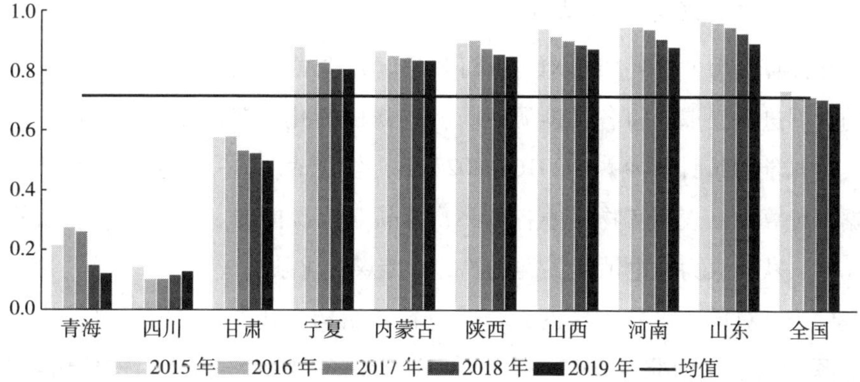

图 30-3　2015—2019 年黄河流域各省区一次电力和二次电力（火力发电）生产结构系数

为了进一步对比各省区电力生产结构与全国电力生产结构的差异，本节基于全国能源平衡表计算了全国的电力生产结构系数，其中图 30-3 中实线为 2015—2019 年全国电力生产结构系数的均值。由图 30-3 可知，九省区可以划分为三类，即火力发电主导型、一次电力和火力发电相对均衡型以及一次电力主导型。

火力发电主导型的省区包括宁夏、内蒙古、陕西、山西、河南、山东六省区。河南 2015 年火力发电比例为 94.7%，2016 年上升至 95.2%，2016—2019 年逐年下降。其他各省区与全国电力生产结构呈现出相似的变化趋势，2015—2019 年全国火力发电比例由 73.7%下降到 69.6%，即火力发电比例逐年降低，一次电力生产比例不断提升。其中，2015—2019 年，内蒙古火力发电比例由 87.2%下降到 83.9%，变化幅度相对较小且降幅低于全国水平，其他各省区降幅相对较大且超过全国水平，山西由 94.3%下降到 88.0%，宁夏由 88.3%下降到 81.1%，山东和陕西则分别由 97.2%和 89.5%下降到 89.8%和 84.8%。甘肃属于一次电力和火力发电相对均衡型省份，且火力发电比例下降趋势明显，2015—2019 年由 58%下降到 49.5%，也是黄河流域火力发电比例降幅最大的省份。四川和青海两省的电力生产结构以一次电力为主导。四川的一次电力生产比例相对比较稳定，2015—2019 年由 86.1%上升到 87.5%；2015—2019 年青海的一次电力生产比例由 78.8%经过上下震荡后上升至 88.2%。

（二）火力发电耗能结构

在计算火力发电耗能结构时，对各省区及全国能源平衡表中各类投入能源的数据进行提取，将各类能源进行标准煤的转化。在核算耗能结构时，基于《中国能源统计年鉴》（2016—2020 年）实物表，进一步提取标准表中的数据，计算标准表和实物表中各类一次能源、二次能源和中间能源产品所占的比值，获取火力发电消耗各类能源的标准煤转化系数（见表30-2），并以此为基础，计算同年度各省区的火力发电耗能结构。其中，火力发电耗能结构中能源类别选取标准为 2015—2019 年一年或多年标准煤占比超过总耗能 1%的能源类别，剩余能源消耗比例均放在其他项中。

表 30-2　2015—2019 年火力发电主要耗能标准煤转换系数

耗能种类	2015 年	2016 年	2017 年	2018 年	2019 年
原煤	0. 67	0. 67	0. 67	0. 67	0. 66
洗精煤	0. 90	—	—	—	—
其他洗煤	0. 53	0. 54	0. 54	0. 54	0. 54
煤矸石	0. 20	0. 20	0. 20	0. 20	0. 20
焦炭	0. 97	0. 97	—	0. 97	0. 97
焦炉煤气	5. 71	5. 71	5. 71	5. 71	5. 71
高炉煤气	1. 29	1. 29	1. 29	1. 29	1. 29
转炉煤气	2. 71	2. 71	2. 71	2. 71	2. 71
其他煤气	1. 79	1. 79	—	1. 79	1. 77
油品合计	1. 26	1. 26	1. 27	1. 24	1. 23
原油	1. 43	1. 43	1. 43	1. 43	1. 43
汽油	1. 47	1. 50	1. 00	—	—
煤油	—	1. 00	2. 00	—	—
柴油	1. 46	1. 46	1. 46	1. 46	1. 46
燃料油	1. 43	1. 43	1. 43	1. 43	1. 43
石脑油	—	—	1. 50	1. 50	1. 50
石油焦	1. 05	1. 05	1. 05	1. 05	1. 05
液化石油气	—	1. 69	1. 69	1. 70	1. 73
炼厂干气	1. 57	1. 57	1. 57	1. 57	1. 57
其他石油制品	1. 33	1. 33	1. 33	1. 33	1. 33
天然气	13. 00	13. 10	13. 10	12. 81	12. 76
液化天然气	1. 76	1. 76	1. 81	1. 77	1. 76
热力	0. 03	0. 03	0. 03	0. 03	0. 03
其他能源	1. 00	1. 00	1. 00	1. 00	1. 00

注：此系数为在全国能源平衡表中各类能源量纲基础上进行标准煤（万吨）转化的系数，“—”表示当年火力发电未消耗的能源类别。

由图 30-4 和表 30-3 可以看出，黄河流域各省区火力发电耗能主要以原煤为主，但各省区原煤使用比例及使用的原煤外其他能源类型有所差异。

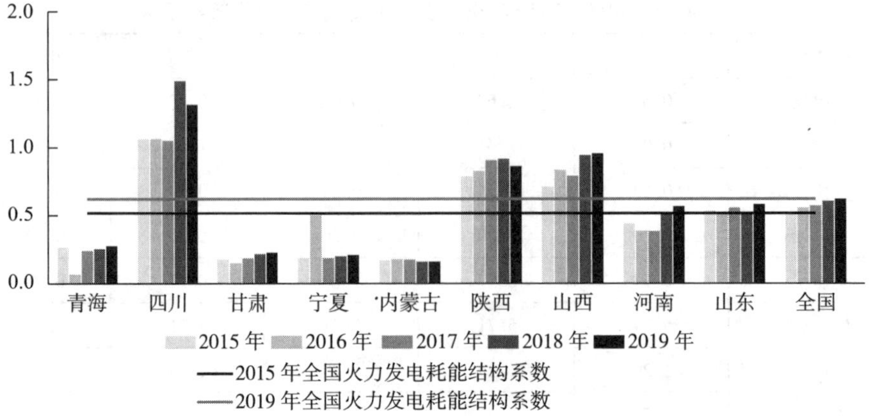

图 30-4　2015—2019 年黄河流域各省区及全国火力发电耗能结构系数

表 30-3　2015—2019 年黄河流域各省区及全国火力发电耗能结构比例　单位：%

年份	省区	原煤	其他洗煤	煤矸石	焦炉煤气	高炉煤气	转炉煤气	天然气	热力	其他能源	其他
2015	青海	93.98	0.00	0.00	0.00	0.00	0.00	1.89	4.09	0.00	0.03
	四川	73.71	1.93	2.49	3.41	7.24	1.84	3.85	0.02	5.45	0.05
	甘肃	97.43	0.00	0.00	0.00	0.00	0.00	0.00	0.00	0.00	2.57
	宁夏	96.76	1.84	0.00	0.00	0.00	0.00	0.00	0.00	0.00	1.40
	内蒙古	97.18	0.00	1.14	0.00	0.00	0.00	0.00	0.52	0.00	1.15
	陕西	78.08	12.83	1.34	5.49	0.92	0.00	0.00	1.08	0.00	0.26
	山西	84.62	4.54	2.75	1.05	1.03	0.04	2.26	1.29	2.29	0.12
	河南	91.89	1.00	0.00	1.48	1.45	0.00	0.69	1.01	1.86	0.62
	山东	89.44	2.78	0.00	0.00	2.27	0.00	0.00	0.95	2.55	2.01
	全国	90.36	1.07	0.00	0.00	1.44	0.00	2.89	1.55	0.81	1.89
2016	青海	98.76	0.00	0.00	0.00	0.00	0.00	0.97	0.26	0.00	0.00
	四川	72.50	1.31	3.71	5.57	8.55	2.44	5.36	0.04	0.00	0.51
	甘肃	97.50	0.00	0.00	0.00	0.00	0.00	0.00	0.00	0.00	2.50
	宁夏	87.24	9.17	0.00	0.00	0.00	0.00	1.24	0.00	0.00	2.35
	内蒙古	97.03	0.00	1.10	0.00	0.00	0.00	0.00	0.58	0.00	1.29
	陕西	76.54	13.86	1.19	5.80	0.91	0.00	0.00	1.06	0.00	0.63
	山西	80.04	7.97	3.26	0.92	1.04	0.08	3.39	1.47	1.82	0.02
	河南	92.95	0.20	0.00	0.74	1.51	0.00	1.05	1.08	1.93	0.54
	山东	89.35	2.39	0.00	0.00	2.14	0.00	0.00	1.03	3.15	1.94
	全国	89.30	1.21	0.00	0.00	1.62	0.00	3.23	1.65	0.90	2.08

续表

年份	省区	原煤	其他洗煤	煤矸石	焦炉煤气	高炉煤气	转炉煤气	天然气	热力	其他能源	其他
2017	青海	94.87	0.00	0.00	0.00	0.00	0.00	0.70	4.06	0.00	0.37
	四川	72.31	1.56	2.80	5.08	10.21	3.09	4.65	0.05	0.00	0.26
	甘肃	97.00	0.00	0.00	0.00	0.00	0.00	0.00	0.00	0.00	3.00
	宁夏	97.05	0.14	0.00	0.00	0.00	0.00	0.67	0.00	0.00	2.14
	内蒙古	97.16	0.00	0.99	0.00	0.00	0.00	0.00	0.54	0.00	1.31
	陕西	75.21	12.19	2.40	6.45	1.16	0.00	0.00	1.57	0.00	1.03
	山西	81.13	8.57	2.03	0.79	1.11	0.12	3.32	1.34	1.58	0.01
	河南	93.11	0.51	0.00	0.69	1.41	0.00	0.97	1.14	1.77	0.41
	山东	88.44	2.24	0.00	0.00	2.49	0.00	0.00	1.20	3.92	1.71
	全国	89.18	1.22	0.00	0.00	1.62	0.00	3.20	1.70	0.98	2.10
2018	青海	93.64	0.00	0.00	0.00	0.00	0.00	0.00	5.84	0.00	0.52
	四川	58.42	1.48	2.53	4.38	8.62	2.43	3.81	8.94	9.02	0.36
	甘肃	96.73	0.00	0.00	0.00	0.00	0.00	0.00	0.00	0.00	3.27
	宁夏	96.85	0.52	0.00	0.00	0.00	0.00	0.97	0.00	0.00	1.66
	内蒙古	97.45	0.00	0.52	0.00	0.00	0.00	0.00	0.95	0.00	1.08
	陕西	75.25	12.04	2.57	6.33	1.01	0.00	0.00	1.78	0.00	1.02
	山西	76.35	11.48	1.73	1.16	2.05	1.16	2.67	2.17	1.23	0.01
	河南	90.00	0.67	0.00	0.85	1.49	0.00	1.07	1.37	3.83	0.73
	山东	89.91	2.09	0.00	0.00	2.54	0.00	0.00	1.37	2.58	1.51
	全国	88.04	0.00	0.00	0.00	1.94	0.00	3.31	2.17	1.04	2.06
2019	青海	92.43	0.00	0.00	0.00	0.00	0.00	0.08	7.48	0.00	0.01
	四川	64.11	0.65	1.52	2.51	7.86	1.98	3.80	7.82	9.40	0.34
	甘肃	96.33	0.00	0.00	0.00	0.00	0.00	0.00	0.00	0.00	3.67
	宁夏	96.54	0.58	0.00	0.00	0.00	0.00	0.96	0.00	0.00	1.92
	内蒙古	97.38	0.00	0.44	0.00	0.00	0.00	0.00	0.011	0.00	1.06
	陕西	76.51	12.17	1.57	6.03	0.91	0.00	0.00	0.018	0.00	0.99
	山西	74.67	13.88	1.45	1.80	1.69	0.31	2.77	2.29	1.11	0.01
	河南	88.47	1.44	0.00	0.96	1.73	0.00	0.68	1.64	4.36	0.72
	山东	87.70	2.44	0.00	0.00	2.55	0.00	0.00	1.79	4.01	1.52
	全国	87.55	1.61	0.00	0.00	2.02	0.00	3.20	2.44	1.00	2.17

黄河流域各省区中，山西、陕西和四川三省的火力发电耗能结构复杂性高于全国水平。原因是三省火力发电耗能中，原煤比例逐步降低，其他类型

的一次和二次能源及中间能源产品的比例不断提升。其中，2015—2019 年，全国火力发电中使用原煤比例由 90. 36%下降到 87. 55%，山西火力发电中原煤使用比例由 84. 62%下降到 74. 67%，在九省区中降幅最大；其他洗煤由 4. 54%上涨到 13. 88%，煤矸石由 2. 75%下降到 1. 45%。四川火力发电中原煤使用比例由 73. 71%下降到 64. 11%，其他洗煤由 1. 93%下降到 0. 65%，煤矸石由 2. 49%下降到 1. 52%。与上述两省及全国不同的是，2019 年陕西火力发电中原煤使用比例较 2015 年几乎没有变化，但是，由于使用其他能源类型的多样化增强，结构复杂性有所提高。

甘肃、内蒙古、宁夏、青海的火力发电耗能结构复杂性相对较低，相对更依赖于原煤的使用，但 4 省区又具有完全不同的变化趋势。其中，甘肃能源结构复杂性在 2016 年小幅降低，其后三年逐年升高，内蒙古在 2015—2019 年有升有降，总体保持稳定。从表 30-3 中可以发现，甘肃的火力发电严重依赖于原煤，相较于 2015 年原煤比例虽有小幅下降，但 2017 年依旧高达 97. 00%，且各年使用其他各类能源的比例均不高于 1%。2015—2019 年内蒙古火力发电耗煤比例由 97. 18%小幅上升到 97. 38%，虽然也消耗了少量的煤矸石，但比例基本在 1%左右。宁夏的火力发电耗能复杂性呈先升高后降低的趋势，并且复杂性低于全国。通过对表 30-3 进一步分析发现，导致宁夏火力发电耗能结构复杂性快速提升又迅速回落的主要原因是火力发电使用原煤比例由 2015 年的 96. 76%迅速下降至 2016 年的 87. 24%，随后逐渐回升至 2019 年的 96. 54%；而其他洗煤使用比例相反，由 2015 年的 1. 84%快速上升到 2016 年的 9. 17%，随后降到了 2019 年的 0. 58%。青海的火力发电耗能复杂性呈先降低再升高的趋势，并且其复杂性低于全国。

通过对表 30-3 进一步分析发现，导致青海火力发电耗能结构复杂性快速降低又迅速提升的主要原因是火力发电使用原煤比例由 2015 年的 93. 98%迅速上升至 2016 年的 98. 76%，随后逐渐回落至 2019 年的 92. 43%。河南与山东的火力发电耗能结构复杂性在 2019 年与全国相对一致，其中，河南的火力发电使用原煤比例由 2015 年的 91. 89%小幅上升至 2017 年的 93. 11%，随后逐年下降至 2019 年的 88. 47%；2015—2019 年火力发电耗能中使用其他能源发电的比例由 1.86%上升到 4.36%，使用高炉煤气的比例由 1.45%小幅上升到 1.73%，使用热力的比例由 1.01%上升到 1.64%；此外，还使用了少量的焦炉煤气和天然气。山东的火力发电耗能结构复杂性总体上较为稳定，其火力发电使用原煤比例在 88.5%上下波动，2015—2019 年其他洗煤比例由 2.78%下降至 2.44%，高炉煤气比例由 2.27%上升至 2.55%，热力比例由 0.95%上升到 1.79%，其他能源比例由 2.55%上升至 4.01%。

第三节 热力生产耗能结构的演化趋势

一、热力生产耗能结构计算方法

热力生产耗能结构用热力生产过程中消耗的一次能源和中间能源产品结构衡量，具体计算方式如式（30-6）所示：

$$TE_k(t)^* = \sum_{a=1}^{n} \frac{TS_{a,k}(t) \times tc_a}{\sum_{a=1}^{n} TS_{a,k}(t) \times tc_a} \ln \frac{1}{\frac{TS_{a,k}(t) \times tc_a}{\sum_{a=1}^{n} TS_{a,k}(t) \times tc_a}} \tag{30-6}$$

其中，$TE_k(t)^*$ 为第 k 省区第 t 年热力生产（供热）耗能结构系数；$TS_{a,k}(t)$ 为第 k 省区用于热力生产的一次能源和中间能源产品的实物量；tc_a 为第 a 类热力耗能标准煤转换系数；n 为投入热力生产的一次能源和能源产品种类。

二、计算结果分析

在计算热力生产耗能结构时，对各省区及全国能源平衡表中各类投入能源的数据进行提取，进一步通过提取《中国能源统计年鉴》（2016—2020 年）中全国能源平衡表的实物表和标准表的数据来计算热力主要耗能标准煤转换系数（见表 30-4）。

表 30-4　2015—2019 年热力耗能标准煤转换系数

能源种类	2015 年	2016 年	2017 年	2018 年	2019 年
原煤	0.64	0.64	0.63	0.63	0.63
洗精煤	0.90	0.00	0.00	0.00	0.00
其他洗煤	0.53	0.54	0.54	0.54	0.54
煤矸石	0.20	0.20	0.20	0.20	0.20
焦炭	0.97	0.97	0.00	0.97	0.97
焦炉煤气	5.71	5.71	5.71	5.71	5.71
高炉煤气	1.29	1.29	1.29	1.29	1.29
转炉煤气	2.71	2.71	2.71	2.71	2.71
其他煤气	1.78	1.82	1.78	1.50	1.78
原油	1.43	0.00	0.00	0.00	0.00
汽油	1.43	1.43	1.50	1.43	1.40
柴油	1.46	1.46	1.46	1.46	1.46
燃料油	1.43	1.43	1.43	1.43	1.43
石脑油	0.00	0.00	1.50	1.50	1.50
石油焦	1.05	1.05	1.05	1.05	1.05
液化石油气	1.72	1.71	1.71	1.72	1.72
炼厂干气	1.57	1.57	1.57	1.57	1.57
其他石油制品	1.33	1.33	1.33	1.33	1.33
天然气	13.00	13.10	13.10	12.81	12.76
液化天然气	1.76	1.76	1.81	1.77	1.76
其他能源	1.00	1.00	1.00	1.00	1.00

注：此系数为在全国能源平衡表中各类能源量纲基础上进行标准煤（万吨）转化的系数。

将各类能源进行标准煤的转化，并以此为基础，计算同年度各省区的热力生产能耗结构和比例。其中，热力生产耗能结构中能源类别选取标准为 2015—2019 年一年或多年标准煤占比超过总耗能 1%的能源类别，剩余能源消耗比例均放在其他项目中。

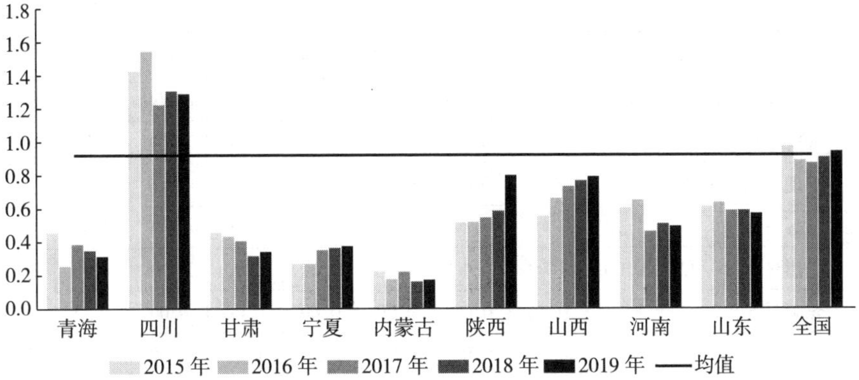

图 30-5　2015—2019 年黄河流域各省区及全国热力生产（供热）耗能结构系数

表 30-5　2015—2019 年黄河流域各省区及全国热力生产耗能结构比例　单位:%

年份	种类	青海	四川	甘肃	宁夏	内蒙古	陕西	山西	河南	山东	全国
2015	原煤	88. 12	50. 37	90. 44	94. 12	96. 49	87. 51	88. 53	88. 76	88. 17	79. 47
	洗精煤	0. 00	0. 00	0. 00	0. 00	0. 00	1. 34	0. 00	0. 00	0. 00	0. 00
	其他洗煤	0. 00	0. 00	0. 00	1. 46	0. 00	0. 00	4. 17	1. 47	2. 40	1. 88
	煤矸石	0. 00	0. 00	0. 00	0. 23	0. 00	0. 00	2. 22	1. 08	0. 00	0. 00
	焦炭	0. 00	0. 00	0. 00	0. 00	0. 00	0. 00	0. 00	0. 00	0. 00	1. 42
	焦炉煤气	0. 00	8. 27	1. 51	0. 00	0. 00	0. 00	0. 00	0. 00	1. 72	1. 84
2015	高炉煤气	4. 61	9. 64	1. 17	0. 00	1. 12	6. 54	1. 91	1. 82	2. 87	4. 22
	原油	0. 00	0. 00	0. 00	0. 00	0. 00	0. 00	0. 00	1. 09	0. 00	0. 00
	燃料油	0. 00	7. 53	0. 00	0. 00	0. 00	0. 00	0. 00	0. 00	0. 00	1. 25
	石油焦	0. 00	0. 00	0. 00	0. 00	0. 00	0. 00	0. 00	1. 05	0. 00	0. 00
	炼厂干气	0. 00	4. 14	4. 84	0. 00	0. 00	0. 00	0. 00	0. 00	0. 00	1. 09
	天然气	7. 20	20. 02	1. 24	4. 19	0. 00	3. 86	1. 55	0. 96	0. 00	4. 24
	其他能源	0. 00	0. 00	0. 00	0. 00	0. 00	0. 00	0. 00	2. 25	1. 87	1. 64
	其他	0. 07	0. 04	0. 81	0. 00	2. 38	0. 75	1. 62	1. 52	2. 98	2. 95

续表

年份	种类	青海	四川	甘肃	宁夏	内蒙古	陕西	山西	河南	山东	全国
2016	原煤	94.54	44.98	90.37	94.48	97.27	87.67	83.62	85.09	87.29	81.09
	洗精煤	0.00	0.00	0.00	0.00	0.00	0.00	0.00	0.00	0.00	0.00
	其他洗煤	0.00	0.00	0.00	0.00	0.00	1.64	9.12	2.18	2.29	2.06
	煤矸石	0.00	1.13	0.00	1.80	0.00	0.00	2.56	1.04	0.00	0.00
	焦炭	0.00	0.00	0.00	0.00	0.00	0.00	0.00	0.00	0.00	0.01
	焦炉煤气	0.00	9.87	0.86	0.00	0.00	0.00	0.00	0.00	1.52	1.63
	高炉煤气	4.01	11.28	0.65	0.00	0.94	5.70	1.33	0.00	3.07	3.92
	原油	0.00	0.00	0.00	0.00	0.00	0.00	0.00	0.00	0.00	0.00
	燃料油	0.00	6.70	0.00	0.00	0.00	0.00	0.00	0.00	0.00	1.12
	石油焦	0.00	0.00	0.00	0.00	0.00	0.00	0.00	1.30	0.00	0.00
	炼厂干气	0.00	5.38	5.75	0.00	0.00	0.00	0.00	0.00	0.00	1.19
	天然气	0.46	20.65	1.84	3.15	0.00	4.30	2.47	1.32	0.00	5.10
	其他能源	0.00	0.00	0.00	0.00	0.00	0.00	0.00	7.80	2.78	1.35
	其他	0.98	0.00	0.53	0.57	1.79	0.68	0.91	1.27	3.05	2.53
2017	原煤	90.54	60.10	91.27	92.66	96.34	86.47	79.86	91.20	88.36	81.33
	洗精煤	0.00	0.00	0.00	0.00	0.00	0.00	0.00	0.00	0.00	0.00
	其他洗煤	0.00	0.00	0.00	3.09	0.00	0.54	13.32	1.89	1.95	2.30
	煤矸石	0.00	0.94	0.00	0.04	0.00	0.00	2.00	0.75	0.00	0.00
	焦炭	0.00	0.00	0.00	0.00	0.00	0.00	0.00	0.00	0.00	0.00
	焦炉煤气	0.00	6.52	0.12	0.00	0.00	0.00	0.00	0.00	1.13	1.27
	高炉煤气	3.94	7.92	0.14	0.00	0.99	7.04	1.09	0.00	2.54	3.45
	原油	0.00	0.00	0.00	0.00	0.00	0.00	0.00	0.00	0.00	0.00
2017	燃料油	0.00	0.067	0.00	0.00	0.00	0.00	0.00	0.00	0.00	0.44
	石油焦	0.00	0.00	0.00	0.00	0.00	0.00	0.00	0.99	0.00	0.00
	炼厂干气	0.00	0.00	5.45	0.00	0.00	0.00	0.00	0.00	0.00	1.18
	天然气	5.48	17.87	2.21	2.92	0.00	5.09	2.92	1.53	0.00	5.73
	其他能源	0.00	0.00	0.00	0.00	0.00	0.00	0.00	2.45	3.25	1.48
	其他	0.04	0.00	0.81	1.29	2.67	0.85	0.81	1.20	2.77	2.82

续表

年份	种类	青海	四川	甘肃	宁夏	内蒙古	陕西	山西	河南	山东	全国
2018	原煤	91.99	59.63	93.25	91.73	97.49	85.12	77.68	90.11	88.53	80.38
	洗精煤	0.00	0.00	0.00	0.00	0.00	0.00	0.00	0.00	0.00	0.00
	其他洗煤	0.00	0.00	0.00	5.09	0.00	1.39	15.07	2.35	2.02	2.67
	煤矸石	0.00	0.65	0.00	0.02	0.00	0.00	2.34	1.09	0.00	0.00
	焦炭	0.00	0.00	0.00	0.00	0.00	0.00	0.00	0.00	0.00	0.06
	焦炉煤气	0.00	5.71	0.06	0.00	0.00	0.00	0.00	0.00	0.84	1.05
	高炉煤气	3.53	6.38	0.02	0.00	0.95	5.99	0.85	0.00	3.38	3.10
	原油	0.00	0.00	0.00	0.00	0.00	0.00	0.00	0.00	0.00	0.00
	燃料油	0.00	4.68	0.00	0.00	0.00	0.00	0.00	0.00	0.00	0.35
	石油焦	0.00	0.00	0.00	0.00	0.00	0.00	0.00	0.62	0.00	0.00
	炼厂干气	0.00	5.59	3.85	0.00	0.00	0.00	0.00	0.00	0.00	1.10
	天然气	4.35	16.93	2.34	2.58	0.00	6.95	3.25	2.10	0.00	6.80
	其他能源	0.00	0.00	0.00	0.00	0.00	0.00	0.00	2.43	2.31	1.45
	其他	0.13	0.43	0.47	0.57	1.57	0.55	0.81	1.30	2.92	3.04
2019	原煤	92.66	60.91	93.29	91.59	97.18	77.09	76.26	90.04	89.04	79.52
	洗精煤	0.00	0.00	0.00	0.00	0.00	0.00	0.00	0.00	0.00	0.00
	其他洗煤	0.00	0.00	0.00	5.12	0.00	4.09	16.79	2.28	2.46	2.94
	煤矸石	0.00	0.47	0.00	0.07	0.00	0.00	2.06	1.12	0.00	0.00
	焦炭	0.00	0.00	0.00	0.00	0.00	0.00	0.00	0.00	0.00	0.18
	焦炉煤气	0.00	4.09	0.00	0.00	0.00	0.00	0.00	0.00	1.05	1.38
	高炉煤气	4.20	6.03	0.01	0.00	0.84	7.28	0.65	0.00	2.93	2.84
	原油	0.00	0.00	0.00	0.00	0.00	0.00	0.00	0.00	0.00	0.00
	燃料油	0.00	4.83	1.57	0.00	0.00	0.00	0.00	0.00	0.00	0.33
	石油焦	0.00	0.00	0.00	0.00	0.00	0.00	0.00	0.61	0.00	0.00
2019	炼厂干气	0.00	5.56	2.90	0.00	0.00	0.00	0.00	2.29	0.00	1.05
	天然气	3.14	17.19	2.46	2.26	0.00	11.00	3.22	1.64	3.27	7.03
	其他能源	0.00	0.00	0.00	0.00	0.00	0.00	0.00	1.79	1.82	1.51
	其他	0.00	0.92	1.35	0.96	1.98	0.53	1.03	2.44	0.85	3.23

由图 30-5 和表 30-5 可以看出，黄河流域各省区仅有四川的热力生产耗能结构复杂性高于全国水平。因此，相较于全国其他省份，黄河流域各省区

热力生产的耗能相对比较依赖于单一资源。全国热力生产耗能结构总体呈现先下降后在2018年逐步回升的变化过程；四川的结构复杂性前期处于上升阶段，但在2017年出现变化，结构复杂性大幅下降，此后略有回升，但四川热力生产耗能结构复杂性远高于黄河流域其他省区。进一步分析黄河流域各省区及全国热力生产耗能结构比例可以发现，全国热力生产以消耗原煤为主，2015年和2019年原煤占比保持一致，2015—2017年有小幅提升，随后逐步降低，到2019年原煤占比为79.52%。其次为天然气的消耗，2015—2019年全国热力生产使用天然气比例逐年上升，到2019年占比达到7.03%。此外，全国热力生产还消耗了其他洗煤、焦炉煤气、高炉煤气、炼厂干气、其他能源等多类一次能源、二次能源和中间能源产品。四川热力生产最主要的耗能类型也为原煤，且伴随原煤消耗比例不断上升，其他能源的消耗出现下降的趋势，虽然2015—2019年原煤消耗比例由50.37%上升到60.91%，但比例要远小于全国及黄河流域其他地区，此外，四川在热力生产过程中，还消耗了16.93%~20.65%的天然气、6.03%~11.28%的高炉煤气、4.09%~9.87%的焦炉煤气、5.56%的炼厂干气（2019年）、4.68%~7.53%的燃料油等多种一次能源、二次能源和中间能源产品。

黄河流域其余八省区的热力生产耗能结构复杂性均低于全国水平，但在2015—2019年的变化趋势有所差异。其中，宁夏、陕西、山西热力生产耗能结构复杂性逐年提升，青海、甘肃、山东总体上呈下降的趋势，内蒙古和河南变化过程较为波动。结合图30-5进一步分析黄河流域其余八省区热力生产耗能结构比例，八省区热力生产的耗能相对比较依赖于单一资源（原煤）。相较于其他六省区，陕西、山西原煤使用比例较低，且低于全国整体水平。山西原煤使用比例不断下降，2019年下降至76.26%，并且伴随着其他洗煤使用比例的快速上升，由2015年的4.17%上升到2019年的16.79%；此外，山西热力生产过程中还消耗了1.55%~3.25%的天然气、2.00%~2.56%的煤矸石等多种一次能源和能源产品。陕西热力生产过程主要消耗原煤、天然气、高炉煤气、其他洗煤，并且除原煤使用比例不断下降，2019年下降至77.09%外，其余三种能源产品的消耗比例都在不断上升。宁夏热力生产过程中虽然对原煤的依赖性很高，但对原煤的依赖程度每年都有所减少，由 2015 年的 94.12%下降到 2019 年的 91.59%；在对其他一次能源和能源产品的消耗中，主要有其他洗煤（2019 年为 5.12%）和天然气（2019 年为 2.26%）。与 2015 年原煤使用比例相比，2019 年青海、甘肃、内蒙古、河南、山东五省区原煤使用比例都有所上涨，大部分省区原煤使用比例已经超过 90%，其中青海为 92.66%、甘肃为 93.29%、内蒙古为 97.18%、河南为 90.04%、山东为 89.04%。

第四节　煤制产品生产结构的演化趋势

一、煤制产品生产结构计算方法

煤制产品结构主要刻画除了用于火力发电和热力供应以外的原煤中间环节产品的健全程度和分布均匀程度，计算过程参照式（30-1）、式（30-2）和式（30-4）。

由于多类煤制产品的标准煤转换系数标准不能在《综合能耗计算通则》（GB/T 2589—2020）中查到，因此，通过提取《中国能源统计年鉴》（2016—2020 年）中全国能源平衡表的实物表和标准表来进一步确定转换系数。其中，煤制产品多样性参照标准为同一年度本省区与全国能源平衡表中间产品种类的比值。

二、煤制产品生产结构计算结果分析

根据全国能源平衡表，原煤除了用于火力发电、热力生产以及各产业最终消费外，还被广泛用于洗选煤、炼焦、制气、煤制品加工等多个中间加工转换环节，生产出洗精煤、其他洗煤、煤矸石、型煤、焦炭、焦炉煤气、其他煤气、其他焦化产品等煤制产品。此外，钢铁加工冶炼等环节还回收高炉煤气、转炉煤气等回收能产品。衡量一个区域煤炭产业链的健全程度不仅取决于原煤的产量及其参与火力发电和热力供应的量，同时也取决于煤制产品的多样性结构。2015—2019 年各类煤制产品标准煤转换系数如表30-6所示。

表 30-6　2015—2019 年各类煤制产品标准煤转换系数

年份	洗精煤	其他洗煤	煤制品	煤矸石	焦炭	焦炉煤气	高炉煤气	转炉煤气	其他煤气	其他焦化产品
2015	0.90	0.53	0.61	0.22	0.97	5.71	1.29	2.71	1.79	1.15
2016	0.90	0.54	0.61	0.22	0.97	5.71	1.29	2.71	1.79	1.15
2017	0.90	0.54	0.61	0.22	0.97	5.71	1.29	2.71	1.79	1.15
2018	0.90	0.54	0.61	0.22	0.97	5.71	1.29	2.71	1.79	1.15
2019	0.90	0.54	0.61	0.22	0.97	5.71	1.29	2.71	1.79	1.15

注：此系数为在全国能源平衡表中各类能源量纲基础上进行标准煤（万吨）转化的系数，计算方法为全国能源平衡表中各年煤制产品标准煤量/各年煤制产品实物量。因历年数据差异较小，当取值为小数点后两位时，数据差异基本消失。

基于式（30-1）、式（30-2）和式（30-4）分别计算了黄河流域各省区的煤制产品多样性、结构和比例分布，如图 30-6、图 30-7 和表 30-7 所示。

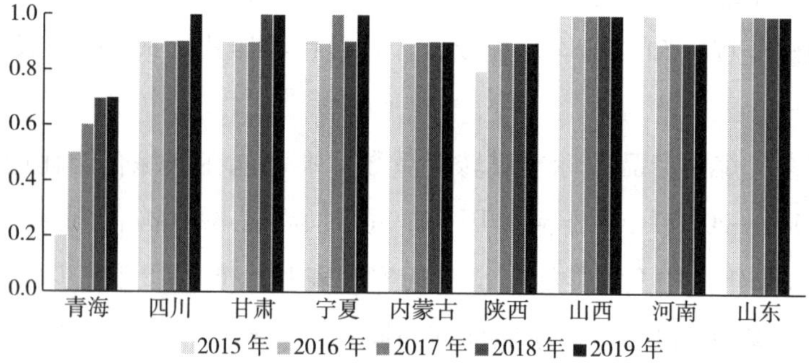

图 30-6　2015—2019 年黄河流域各省区煤制产品多样性系数

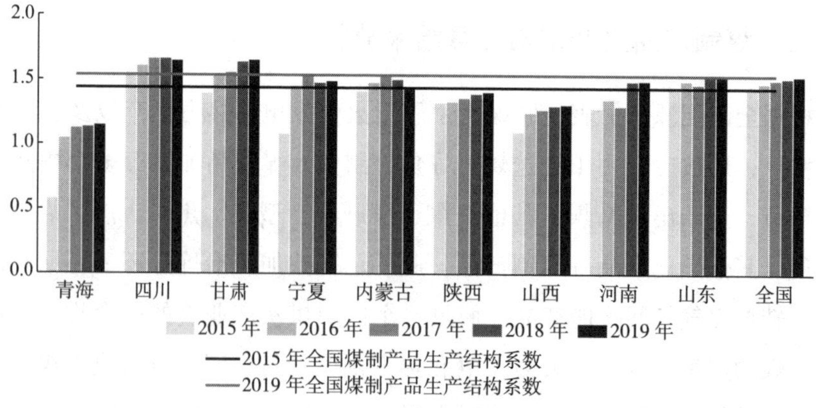

图 30-7　2015—2019 年黄河流域各省区及全国煤制产品生产结构

如图 30-6 所示，除青海外，黄河流域大多数省区煤制产品类别多样性较高，总体在 90%及以上。其中，山西的煤制产品类别多样性变化最为稳定，且包含所有煤制产品；山东在 2016—2019 年，宁夏在 2017 年、2019 年也同样生产了全部类型的煤制产品。结合图 30-7 可以发现，与一次能源生产结构、电力生产结构、火力发电耗能结构、热力生产耗能结构存在明显差异的是，在煤制产品生产方面，黄河流域绝大多数省区产业结构复杂性与全国水平相对一致。青海煤制产品结构的复杂性低于全国水平，其他省区在 2016—2019 年基本处于全国平均水平。

表 30-7　2015—2019 年黄河流域各省区及全国煤制产品生产比例　单位:%

年份	省区	洗精煤	其他洗煤	煤制品	煤矸石	焦炭	焦炉煤气	高炉煤气	转炉煤气	其他煤气	其他焦化产品
2015	青海	24.82	0.00	0.00	0.00	0.00	0.00	75.18	0.00	0.00	0.00
	四川	38.95	14.29	0.51	0.97	28.62	5.34	8.70	0.89	0.00	1.73
	甘肃	35.89	1.22	0.00	0.59	41.82	4.37	11.96	1.55	0.25	2.34
	宁夏	60.57	3.47	0.04	0.86	28.18	3.74	0.96	0.01	0.00	2.18
	内蒙古	42.86	17.97	0.00	1.71	29.16	2.64	2.53	0.28	0.02	2.83
	陕西	41.89	18.46	0.00	0.59	33.00	2.25	1.08	0.11	0.00	2.62
	山西	61.03	20.19	0.16	0.51	14.88	1.74	0.66	0.05	0.02	0.76
	河南	53.64	11.48	0.27	0.52	26.62	1.70	3.44	0.30	0.76	1.27
	山东	42.40	10.73	0.00	1.19	33.43	3.37	5.23	0.84	0.06	2.75
	全国	42.67	6.95	0.93	0.60	34.81	3.75	7.82	1.13	0.22	1.11
2016	青海	32.32	0.00	0.00	0.00	55.64	0.90	8.64	0.00	0.00	2.51
	四川	32.51	23.24	0.89	0.77	26.71	4.87	8.54	0.84	0.00	1.63
	甘肃	19.77	12.41	0.00	0.78	46.51	6.31	10.56	1.13	0.39	2.13
	宁夏	23.72	34.69	0.03	1.64	31.41	4.34	1.58	0.12	0.00	2.48
	内蒙古	31.53	27.58	0.00	1.93	30.67	2.88	3.01	0.45	0.02	1.93
	陕西	23.18	37.89	0.02	0.48	32.51	2.41	0.99	0.13	0.00	2.40
	山西	42.26	36.64	0.18	0.68	16.63	1.91	0.72	0.06	0.08	0.84
	河南	48.34	15.63	0.00	0.12	27.00	2.97	3.72	0.34	0.67	1.20
	山东	37.92	11.79	0.04	1.16	35.55	3.79	5.99	0.88	0.08	2.79
	全国	39.59	9.14	0.75	0.64	35.08	3.83	8.37	1.23	0.24	1.14

续表

年份	省区	洗精煤	其他洗煤	煤制品	煤矸石	焦炭	焦炉煤气	高炉煤气	转炉煤气	其他煤气	其他焦化产品
2017	青海	30.78	1.14	0.00	0.00	55.30	2.00	8.56	0.00	0.00	2.22
	四川	27.77	22.73	1.01	0.75	28.09	5.90	10.88	1.25	0.00	1.62
	甘肃	11.75	22.80	0.00	0.58	44.40	6.58	10.01	1.04	0.60	2.24
	宁夏	22.74	22.95	0.06	2.36	40.04	5.15	2.64	0.16	0.48	3.43
	内蒙古	28.85	23.56	0.00	2.05	34.44	3.38	3.59	0.55	0.03	3.56
	陕西	22.85	39.33	0.03	1.02	30.51	2.56	1.19	0.14	0.00	2.36
	山西	40.96	36.86	0.16	0.48	17.36	1.99	1.09	0.12	0.09	0.89
	河南	53.02	15.30	0.00	0.16	23.31	2.26	3.73	0.46	0.63	1.15
	山东	40.35	11.29	0.04	0.14	33.71	3.69	6.70	1.06	0.41	2.61
	全国	38.61	9.13	0.73	0.72	34.85	4.01	9.09	1.43	0.25	1.18
2018	青海	48.30	0.86	0.00	0.00	39.70	2.38	5.89	0.57	0.00	2.29
	四川	31.14	19.36	0.44	1.58	27.96	5.72	10.78	1.24	0.00	1.79
	甘肃	12.38	18.71	0.30	0.53	42.10	6.22	14.38	2.11	0.42	2.84
	宁夏	24.06	20.19	0.00	1.26	42.79	5.47	2.70	0.09	0.24	3.21
	内蒙古	30.44	26.90	0.00	1.25	31.14	2.79	3.26	0.50	0.02	3.70
	陕西	20.67	36.18	0.07	1.25	34.75	3.06	1.31	0.12	0.00	2.59
	山西	38.33	37.86	0.11	0.52	18.16	2.16	1.51	0.24	0.16	0.95
	河南	40.91	15.43	0.02	0.17	29.30	4.19	6.27	0.89	0.98	1.83
	山东	35.99	13.14	0.29	0.08	34.60	3.43	8.00	1.25	0.49	2.72
	全国	37.77	8.26	0.67	0.66	34.40	4.08	10.91	1.84	0.26	1.16
2019	青海	12.56	3.28	0.00	0.00	66.87	3.62	9.38	1.12	0.00	3.16
	四川	30.78	17.82	0.17	1.27	28.56	6.21	12.05	1.31	0.03	1.81
	甘肃	20.58	15.03	0.15	1.05	39.77	6.13	12.52	1.72	0.35	2.70
	宁夏	26.80	12.94	0.17	1.05	44.86	5.95	4.09	0.26	0.24	3.64
	内蒙古	35.26	25.29	0.00	0.55	29.79	3.35	3.22	0.55	0.02	1.99
	陕西	21.72	31.85	0.02	0.80	37.72	3.16	1.28	0.15	0.00	3.30
	山西	35.94	39.61	0.07	0.44	18.68	2.29	1.61	0.26	0.16	0.95
	河南	42.19	16.62	0.06	0.21	27.11	4.11	6.11	0.91	0.99	1.69
	山东	32.75	12.19	0.25	0.07	37.10	4.25	8.67	1.38	0.75	2.59
	全国	36.76	8.81	0.64	0.52	34.84	4.14	10.85	1.98	0.25	1.21

表 30-7 具体分析了全国及黄河流域九省区的各类煤制产品生产比例。虽然绝大多数省区煤制产品结构复杂性与全国水平相对一致，但在具体的产品

类别方面却存在明显差异。总体上，九省区以洗精煤、焦炭和其他洗煤三种类型为主。其中，山西、宁夏、山东、陕西四省区的煤制产品中焦炭比例总体上升，而洗煤环节的洗精煤比例总体呈现下降趋势，且其他洗煤在洗煤产品中所占的比例不断提高。总体来看，在焦炭比例方面，四省区分别由2015年的14.88%、28.18%、33.43%、33.00%增长至2019年的18.68%、44.86%、37.10%、37.72%。洗精煤的比例则由2015年的61.03%、60.57%、42.40%、41.89%分别下降至2019年的35.94%、26.80%、32.75%、21.72%。与此同时，其他洗煤的比例则分别由2015年的20.19%、3.47 %、10.73%、18.46%分别增长至2019年的39.61%、12.94%、12.19%、31.85%。由此可以看出，四省区洗煤环节中洗精煤占比不断下降，尤其是山西和宁夏两省区，洗煤环节中其他洗煤产品数量占几近一半。

甘肃、四川、内蒙古、河南四省区的煤制产品中焦炭比例有升有降，2015—2019年，内蒙古、河南两省区的煤制产品中焦炭比例总体上升，但升幅不明显。在洗煤环节，内蒙古的洗精煤和其他洗煤比例先降后升；河南2016年洗精煤和其他洗煤比例下降，2017年升高，2018年下降，2019年又升高。2015年内蒙古、河南两省区洗精煤和其他洗煤总占比分别是60.83%、65.12%，2019年则分别是60.55%、58.81%。2015—2019年，甘肃、四川两省的煤制产品中焦炭比例总体下降，但是降幅不明显。在洗煤环节，甘肃的洗精煤和其他洗煤比例先降后升；四川的洗精煤和其他洗煤比例先降后升，随后又下降。2015年甘肃、四川两省洗精煤和其他洗煤总占比分别是37.11%、53.24%，2019年则分别降至35.61%、48.60%。

青海的煤制产品生产结构相比黄河流域其他省区有显著差异，洗精煤、焦炭仍是青海的主要煤制产品类型，其他洗煤占比很小，2015—2016年占比为0.00，2017年占比有所上升，2019年占比为3.28%。青海的洗精煤、焦炭占比地位在2016年、2018年、2019年发生三次交替，其中洗精煤2016年生产比例为32.32%，2018年升至48.30%，2019年又降至12.56%；而焦炭在2015年的比例为0.00，2016年上升至55.64%，2018年下降至39.70%，随后在2019年又上升至66.87%。与此同时，高炉煤气在2015年占据了

75.18%的比例，随后 2019 年回调至 9.38% 。

第五节 石油产品生产结构的演化趋势

一、石油产品生产结构计算方法

石油产品结构主要刻画除了用于火力发电和热力供应以外的原油加工中间环节产品的健全程度和分布均匀程度，其中多样性计算方法参照式（30-1），衡量同一年度本省区与全国能源平衡表原油加工转换中间产品种类的比值。由于原油的部分中间能源产品并非用于发热，无法采用标准煤进行生产结构的衡量，且能源平衡表中 13 种石油产品度量单位均为“万吨”，因此，在计算石油产品产业结构过程中，采取了实物量的结构计算方法，计算公式如式（30-7）所示：

$$ETP_k(t)^* = \sum_{a=1}^{n} \frac{ETP_{a,k}(t)}{\sum_{a=1}^{n} ETP_{a,k}(t)} \ln \frac{1}{\frac{ETP_{a,k}(t)}{\sum_{a=1}^{n} ETP_{a,k}(t)}} \tag{30-7}$$

其中，$EPT_k(t)^*$ 为第 k 省区第 t 年石油产品产业结构系数；$ETP_{a,k}(t)$ 为第 k 省区生产 a 类中间石油产品的实物量；n 为第 k 省区第 t 年生产的石油产品类别数量。

二、石油产品生产结构计算结果分析

原油是重要的能源原料，用于生产液化石油气、成品油、化工轻油、重油、石蜡、石油沥青、石油焦等，以满足交通运输、化工、食品工业、发电等各个行业的能源和原材料需求。本节基于式（30-1）和式（30-7）分别计算了黄河流域各省区的石油产品多样性、结构及比例分布，如图 30-8、图 30-9 和表 30-8 所示。

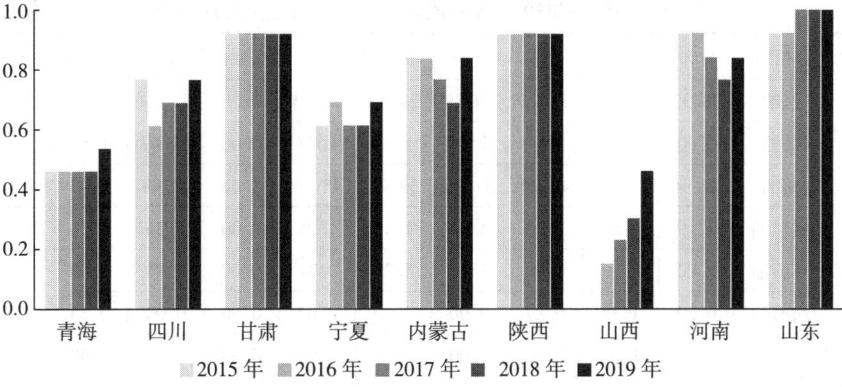

图 30-8　2015—2019 年黄河流域各省区石油产品多样性系数

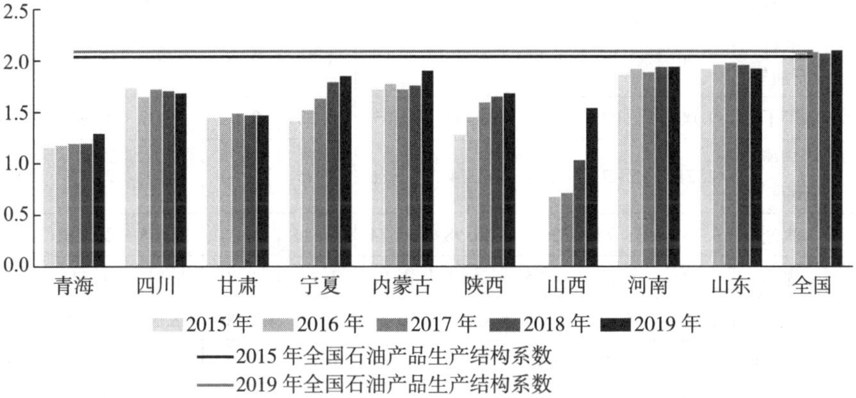

图 30-9　2015—2019 年黄河流域各省区及全国石油产品生产结构

从产品类别来看，山东石油产品多样性较高，实现了石油产品生产的全覆盖，13 种石油产品均有生产。其次为陕西、甘肃、河南、内蒙古、四川、宁夏，这六省区生产了 13 种大部分类别的石油产品；宁夏和山西两省区石油产品多样性相对较低，特别是山西在 2015 年无石油产品生产，仅在近几年生产了少量类别的石油产品。结合图 30-9 可知，黄河流域各省区石油产品结构复杂性要低于全国水平，山东、河南两省的复杂性接近全国水平。

表 30-8　2015—2019 年黄河流域各省区及全国石油产品比例　　单位:%

年份	石油产品	青海	四川	甘肃	宁夏	内蒙古	陕西	山西	河南	山东	全国
2015	汽油	38.39	25.73	31.26	39.85	28.82	37.73	0.00	32.00	19.98	19.93
	煤油	0.00	3.44	5.87	2.58	1.78	1.77	0.00	11.87	1.51	6.02
	柴油	47.94	40.34	46.20	37.26	34.24	45.06	0.00	26.47	29.79	29.65
	燃料油	2.49	5.86	1.34	4.65	1.33	1.25	0.00	5.26	6.38	6.53
	石脑油	0.00	0.00	0.36	1.16	5.20	0.71	0.00	2.84	2.00	7.55
	润滑油	0.00	1.35	0.87	0.00	0.00	0.02	0.00	0.00	0.33	0.19
	石蜡	0.00	1.39	0.26	0.00	2.36	0.00	0.00	0.00	0.00	0.27
	溶剂油	0.00	0.00	0.03	0.27	0.02	0.01	0.00	0.16	1.51	0.24
	石油沥青	0.00	4.04	0.00	0.00	8.22	1.29	0.00	2.64	5.76	3.32
	石油焦	0.00	0.00	2.62	0.00	0.00	0.42	0.00	2.89	5.17	4.12
	液化石油气	4.96	5.34	1.75	6.49	7.11	3.71	0.00	4.86	5.56	4.83
	炼厂干气	4.00	7.03	7.71	0.00	0.05	0.08	0.00	2.41	0.93	3.05
	其他石油制品	2.21	5.47	1.74	7.74	10.86	7.95	0.00	8.59	21.07	14.30
2016	汽油	38.87	31.74	32.43	36.98	30.34	34.11	0.00	26.64	20.26	20.29
	煤油	0.00	5.80	6.85	2.80	2.44	1.66	0.00	8.21	1.61	6.25
	柴油	47.00	35.77	43.96	33.86	30.50	40.82	0.00	18.82	30.41	28.12
	燃料油	2.91	5.70	0.57	2.85	0.89	0.68	0.00	3.43	6.82	6.65
	石脑油	0.00	0.00	0.43	1.92	5.71	2.07	0.00	3.10	2.72	7.90
	润滑油	0.00	0.00	0.02	0.00	0.00	0.03	0.00	0.00	0.53	0.23
	石蜡	0.00	0.00	0.17	0.00	1.72	1.71	42.83	0.00	0.00	0.33
	溶剂油	0.00	0.00	0.03	1.01	8.03	0.00	0.00	0.09	1.57	0.36
2016	石油沥青	0.00	6.20	0.00	0.00	0.83	1.09	0.00	1.88	5.45	3.55
	石油焦	0.00	0.00	2.71	0.00	0.00	0.46	0.00	3.19	4.76	4.07
	液化石油气	4.96	5.85	2.22	11.52	7.95	3.50	0.00	6.86	6.80	5.50
	炼厂干气	3.79	7.85	7.80	0.00	0.08	0.10	0.00	3.26	0.88	2.97
	其他石油制品	2.47	1.09	2.83	9.05	11.51	13.77	57.17	24.51	18.20	13.78

续表

年份	石油产品	青海	四川	甘肃	宁夏	内蒙古	陕西	山西	河南	山东	全国
2017	汽油	37.14	31.83	32.79	29.62	30.07	32.45	0.51	25.38	18.22	19.67
	煤油	0.00	5.23	8.38	2.24	4.08	2.64	0.00	8.53	1.67	6.27
	柴油	48.08	33.14	41.11	36.15	32.69	38.27	0.00	23.97	29.45	27.66
	燃料油	2.95	3.47	0.30	3.10	1.35	8.32	0.00	1.64	7.21	6.76
	石脑油	0.00	0.00	0.20	7.16	5.74	1.48	0.00	2.29	2.81	7.90
	润滑油	0.00	1.24	0.02	0.00	0.00	0.04	0.00	0.00	0.52	0.30
	石蜡	0.00	0.00	0.28	0.00	1.18	1.44	52.48	0.00	0.11	0.44
	溶剂油	0.00	0.00	0.04	1.39	3.30	0.00	0.00	0.00	0.97	0.25
	石油沥青	0.00	8.38	0.00	0.00	0.00	1.31	0.00	2.22	8.09	3.92
	石油焦	0.00	0.00	3.23	0.00	0.00	0.49	0.00	3.72	4.43	4.18
	液化石油气	4.93	6.37	2.17	10.58	8.41	3.28	0.00	6.56	7.01	5.45
	炼厂干气	4.33	7.80	8.27	0.00	0.03	0.12	0.00	3.22	0.80	2.94
	其他石油制品	2.57	2.55	3.20	9.76	13.13	10.18	47.01	22.47	18.69	14.27
2018	汽油	36.58	32.51	33.08	21.55	27.15	32.82	0.00	25.04	17.01	20.02
	煤油	0.00	8.42	8.87	2.66	2.60	3.93	0.00	7.37	1.87	6.69
	柴油	48.83	32.14	41.96	27.66	28.27	35.03	8.17	24.10	24.40	25.77
	燃料油	3.13	4.39	0.31	4.24	1.16	7.68	0.00	0.93	5.15	5.47
	石脑油	0.00	0.00	0.22	12.25	6.40	1.42	3.92	4.01	3.65	8.46
	润滑油	0.00	0.41	0.01	0.00	0.00	0.02	0.00	0.00	0.46	0.31
	石蜡	0.00	0.00	0.20	0.00	10.16	1.50	51.60	0.00	0.10	0.39
	溶剂油	0.00	0.00	0.04	1.38	0.00	0.00	0.00	0.00	0.05	0.15
	石油沥青	0.00	4.80	0.00	0.00	0.00	1.09	0.00	5.70	9.63	4.02
	石油焦	0.00	0.00	3.28	0.00	0.00	0.94	0.00	3.26	4.33	3.74
2018	液化石油气	4.84	4.21	2.24	10.86	8.94	4.44	0.00	7.20	7.35	5.49
	炼厂干气	4.08	9.96	7.93	0.00	0.07	0.09	0.00	312	0.82	2.83
	其他石油制品	2.54	3.15	1.86	19.40	15.26	11.02	36.31	19.27	25.19	16.66

续表

年份	石油产品	青海	四川	甘肃	宁夏	内蒙古	陕西	山西	河南	山东	全国
2019	汽油	37.27	33.13	33.30	20.14	26.23	32.46	0.00	23.70	13.45	19.39
	煤油	2.37	10.70	8.86	2.45	2.91	3.99	0.00	7.19	1.56	6.94
	柴油	46.12	30.74	42.16	23.24	25.29	34.33	26.85	23.42	18.10	22.56
	燃料油	2.90	3.58	0.25	6.05	1.18	8.24	0.00	0.45	4.20	5.87
	石脑油	0.00	0.03	0.56	14.60	3.92	1.96	15.98	2.78	3.55	8.63
	润滑油	0.00	0.25	0.01	0.00	0.03	0.02	0.00	0.00	0.36	0.30
	石蜡	0.00	0.00	0.25	0.00	11.50	2.16	7.28	0.02	0.07	0.40
	溶剂油	0.00	0.00	0.03	1.46	0.00	0.00	0.00	0.00	0.04	0.11
	石油沥青	0.00	7.89	0.00	0.51	11.72	1.12	37.47	14.31	10.92	4.32
	石油焦	0.00	0.00	3.08	0.00	0.00	0.75	0.00	2.57	5.30	3.70
	液化石油气	5.00	3.24	1.61	11.04	7.62	3.30	8.57	6.01	8.21	5.49
	炼厂干气	3.79	9.18	6.97	0.00	0.04	0.09	0.00	2.99	0.77	2.85
	其他石油制品	2.55	1.28	2.90	20.50	9.57	11.57	3.85	16.56	33.46	19.45

由表30-8可知，黄河流域各省区石油产品的主要类别是汽油、柴油两类产品，且柴油比例总体高于汽油。宁夏、内蒙古、陕西、河南、山东无论是汽油生产还是柴油生产的比例都呈下降的趋势，汽油生产比例分别由2015年的39.85%、28.82%、37.73%、32.00%、19.98%下降至2019年的20.14%、26.23%、32.46%、23.70%、13.45%，柴油生产比例分别由2015年的37.26%、34.24%、45.06%、26.47%、29.79%下降至2019年的23.24%、25.29%、34.33%、23.42%、18.10%；2015—2019年，四川汽油生产比例由25.73%提高到33.13%，柴油生产比例则由40.34%下降至30.74%；甘肃在2015—2019年汽油生产和柴油生产的比例都呈上升的趋势，分别由31.26%、46.20%上升至33.30%、42.16%；青海汽油和柴油生产比例分别由2015年的38.39%、47.94%，经过上下波动下降至2019年的37.27%、46.12%。具体分析各省区石油产品类别，各省区在石油产品类别方面各有侧重，其中青海的产品类别相对比较集中，除汽油、柴油外，还生产少部分燃料油、液化石

油气和炼厂干气，比例均在2.49%~5.00%；四川除汽油、柴油外，煤油、石油沥青、炼厂干气在石油产品生产比例中占比较高，在2019年占比分别为10.70%、7.89%、9.18%；2019年甘肃在煤油和炼厂干气生产比例中占比分别为8.86%和6.97%；宁夏除汽油、柴油外，石脑油、液化石油气和其他石油制品生产比例占比较高，在2019年占比分别为14.60%、11.04%、20.50%，其中液化石油气生产比例在黄河流域各省区中排名第1位；内蒙古2015—2019年在石蜡生产比例方面有大幅度的提升，由2015年的2.36%上升至2019年的11.50%，在石油沥青生产比例方面经历了较大的波动，由2015年的8.22%大幅下降至2017年的0.00，再到2019年大幅提升到11.72%；陕西除汽油、柴油外，在燃料油和其他石油制品方面占较高比例；与黄河流域其他省区的石油产品类别不同，山西没有生产汽油，而柴油、石脑油、石油沥青、液化石油气也是在近一两年才开始生产，2019年这几类石油产品的比例分别为26.85%、15.98%、37.47%和8.57%；河南在不同年份也生产了一定比例的其他石油产品，其中煤油生产比例由2015年的11.87%下降到2019年的7.19%，石油沥青在2019年的占比为14.31%，液化石油气的生产比例在4.86%~7.20%，其他石油制品的生产比例在近几年呈下降的趋势，2019年降至16.56%；山东除汽油、柴油外，也生产较少比例的燃料油、石油沥青、石油焦、液化石油气等产品，此外，其他石油制品由2015年的21.07%下降至2016年的18.20%，然后开始回升至2019年的33.46%。

第三十一章　黄河流域推进能源革命的战略设计与政策举措

黄河流域丰富的化石能源和新能源资源，为经济发展提供了重要的物质基础，化石能源与新能源的协调发展是实现生态保护和经济高质量发展的重要前提。2020年，面对蔓延全球的新冠肺炎疫情和全球经济形势，党和政府进一步提出“构建国内国际双循环相互促进的新发展格局”“加快形成以国内大循环为主体、国内国际双循环相互促进的新发展格局”的重要论断和战略设计。双循环新发展格局必然涉及人类的能源经济态度，对黄河流域乃至整个中国的能源革命战略推进路径及战略选择产生深刻影响。黄河流域地区特别是中上游地区也与“丝绸之路”经济带相重合，因此，可以结合双循环新发展格局和黄河流域特有能源资源禀赋区情，形成黄河流域能源革命的“双循环”，实现黄河流域沿线地区能源产业绿色低碳发展。

第一节　推进黄河流域能源革命的理论基础

能源革命是一项系统性、复杂性工程，必须基于系统性、整体性视角对能源革命的推进进行阐释。一方面，能源革命无法脱离能源产业活动和产品活动而单独存在，能源革命的实现路径必须与能源产业高级化紧密结合。另一方面，在双循环新发展格局背景下，能源革命的推进也必然要考虑能源国际合作，同时国际能源合作也是能源革命的重要内容之一。基于此，本书借鉴社会—技术系统可持续转型多层次研究框架，构建了双循环新发展格局背景下推进能源革命研究的理论体系和总体研究框架。

一、经典的社会—技术系统可持续转型框架

社会—技术系统可持续转型研究是 20 世纪 90 年代迅速发展起来的新领域，其核心思想是研究如何实现和管理当前非可持续性的社会—技术系统根本性转变。Elzen 等认为，在转型过程中，新的产品、服务、商业模式、组织形式、制度体系的出现，部分或者全部取代已有的产品、服务和商业模式等。在多个社会—技术系统转型理论框架中，Geels 等基于演化经济学、社会网络理论、制度经济学等提出的社会—技术转型多层视角（MLP）研究框架影响最大（Geels，2002；Geels et al.，2016）。MLP 研究认为，转型过程涉及 3 个层面，即微观层技术利基、中观层社会—技术体制和宏观层大境景。MLP 将转型定义为一种社会—技术体制向另一种体制的转变，是 3 个层面各自内部的变化和它们彼此之间互动的结果。不少学者用 MLP 思路解析荷兰、加拿大、英国、中国等国家电力或能源体制的现状和来自利基与大境景的压力，预测系统实现转型的机会和挑战，提出不同条件下可选择的技术和政策建议。这些实证性的案例分析从不同角度和层面证实了不同研究思路的实用性和解释力度，同时也为理论的进一步发展提供了新空间。

现阶段，该研究的不足主要体现在：一是转型机制的深入研究不足，可持续转型研究过于强调单一新技术的作用和对其利基的保护，多数情况下将转型简化成一个新技术的扩散和政策干预问题，而忽略技术发展需面临的系统环境，尤其是现行体制变革的影响及关联性。二是转型中对国际因素及地理空间异质性研究不足，更多地集中在某一国家和地区的可持续转型，未考虑转型过程中国际合作和国际贸易的作用。三是转型中的政策研究不足，研究强调创新政策对加速转型的重要作用，但是对政策分析的深度和广度都存在不足。

二、能源革命的多层次可持续转型理论体系

能源革命的目标是实现能源供给结构与需求结构的可持续转型，根据双循环新发展格局背景下能源革命的战略设计，能源革命需要利基创新驱动层

面、国内能源革命层面和国际能源合作层面三层次的协同演化推进。因此，可以对经典的社会—技术系统可持续转型多层视角框架进行扩展，构建能源革命的多层次可持续转型理论体系（见图 31-1）。

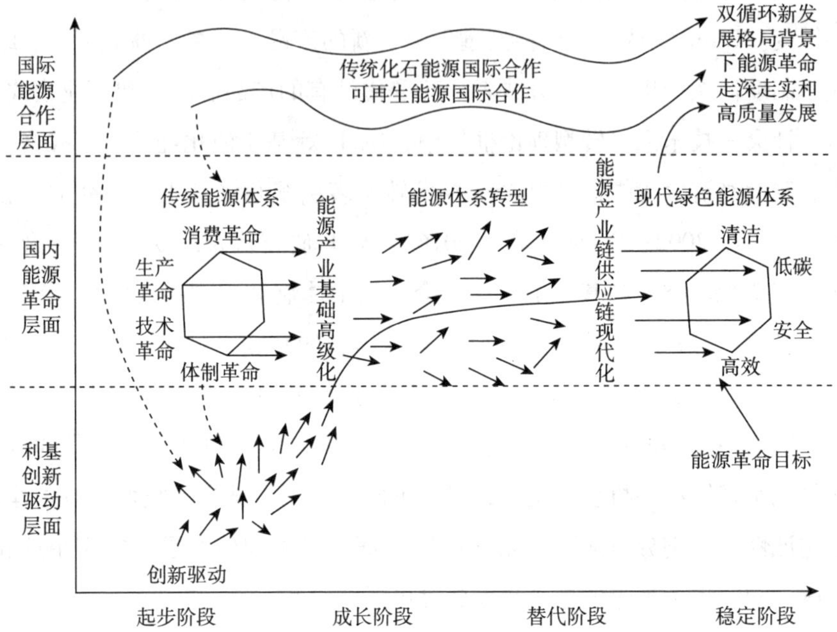

图 31-1　能源革命的社会—技术系统转型多维视角理论体系

（一）利基创新驱动层面

利基是指能源革命特别是能源技术革命的受保护空间，能源技术革命的“种子”在此孕育成长。杰里米·里夫金在《第三次工业革命：新经济模式如何改变世界》中提到，历史上数次重大的经济革命都是在新的通信技术和新的能源系统结合之际发生的，技术创新和技术进步是实现能源革命的关键，如同燃气机的发明和使用实现了第一次能源革命，内燃机和发电机的发明及使用实现了第二次能源革命。因此，推动能源革命战略的利基就是创新驱动，但与发达国家重点关注单一新技术的作用和对其利基的保护，多数情况下将转型简化成一个新技术的扩散和政策干预问题不同，中国能源革命战略的利基创新驱动是技术创新与制度创新双轮驱动的创新体系和创新环境，厘清能源革命的战略支持环境，推动传统能源产业高端化、智能化和绿色化，实施产业基础再造工程，加大重要产品和关键核心技术的攻关力度，不断通过创新降低能源技术储备、推广新能源技术应用和装备更新，是实现能源革命利基保护的重要内容，是能源革命理论体系的基础。

（二）国内能源革命层面

国内能源革命层面，具体是指能源消费革命、生产革命、技术革命和体制革命4个方面，基于这4个方面实现能源产业基础高级化和能源产业链供应链现代化，并最终实现绿色能源体系构建的目标。党的十九届五中全会公报中指出，“十四五”时期经济社会发展主要目标之一，是要显著提升产业基础高级化和产业链现代化水平。同时指出，要加快发展现代产业体系，提升产业链供应链现代化水平。产业基础能力是指关键基础材料、核心基础零部件（元器件）、先进基础工艺、产业技术基础（简称工业“四基”），但近年来，随着互联网、大数据和人工智能的发展，服务业领域的基础能力特别是生产性服务业领域的基础软件、良好的创新创业生态环境，大数据、物联网、人工智能等产业发展所需的新型基础设施等产业基础的重要性大幅上升，集成电路设计软件、操作系统、数据库、人工智能算法等基础软件的重要性甚至超过了不少工业基础能力。产业基础能力的内涵和外延得到极大的拓展（盛朝迅，2019）。产业链是指特定产业内部的各个生产环节、各个部门之间所形成的经济技术联系，包括研发设计、原材料生产、中间品制造、终端产品制造、物流、营销品牌等环节。产业链现代化本质是运用科技和先进治理模式，武装、改造产业链，提升产业链整体竞争力的过程。产业基础高级化是产业链现代化的必要条件。经济体的产业链现代化水平归根结底取决于该经济体产业基础水平，产业基础具有很强的正外部性和规模报酬递增的特性。对于能源产业而言，能源产业基础高级化是指能源产业基础能力持续提升，逐步实现自主可控、安全高效，逐步降低对国外能源产业链供给体系的依赖，为产业向中高端迈进提供动态的全方位支撑，以此推动形成具有更强创新力、更高附加值、更安全可靠的产业链供应链。能源产业链供应链现代化是实现能源产业升级的重要途径，而能源产业升级与能源革命目标紧密相关。因此，实现能源革命目标需要依托能源产业链供应链现代化水平的提升，而提升能源产业链供应链现代化水平的路径需以能源革命目标为导向，二者应高度融合、相辅相成。而推动能源革命、能源产业基础高级化和能源产业链供应链现代化的目的就是实现传统能源体系向以“清洁低碳、安全高效”为目标的绿色能源体系转型。可以看出，国内能源革命是能源革命多层次可持续转型理论体系的核心。

（三）国际能源合作层面

在国际能源合作层面，第一次和第二次能源革命是在少数国家率先进行的，分别经历了上百年时间的发展和深化，主要是解决借鉴快速发展所需要的燃料和动力问题，而第三次能源革命重在寻求人与自然、人与社会和谐永续发展的途径，其意义远超前两次能源革命。此外，第三次能源革命所需要解决的资源问题、气候变化问题和安全问题均是全球性问题，依靠少数国家不能取得显著效果（史丹，2016）。因此，能源国际合作是第三次能源革命的重要途径和任务，需要在全球范围内形成国际合作机制，促进各国共同行动。国际层面能源合作是能源规模多层次可持续转型理论体系的重要补充。

第二节　推进黄河流域能源革命的战略设计

一、以绿色低碳的现代能源体系构建为目标

绿色低碳发展是能源产业、能源体系的新型方式，是指在生态环境容量和资源承载力允许的范围内，能源行业作为能源资源的载体，在开发和利用过程中，可以带来经济效益和环境效益的经济实践活动，其内在关键要素包括合理利用能源资源、维护生态环境、维持生态平衡，实现能源绿色低碳利用和经济与生态可持续发展。绿色低碳发展建立在可持续发展的基础上，通过理论创新、资源配置优化、技术改造、管理体制完善等多重方式相结合，是以低能耗、低污染、低排放为基础的经济增长路径，使经济在增长的同时，具备生态可持续性、社会可持续性，是一种新型的能源经济发展形态，能够

让能源产业同时兼顾生态环境保护与产业发展。

全球能源转型的进程表明，绿色低碳是能源转型和技术创新的主要方向，集中在传统化石能源清洁高效利用、新能源大规模开发利用、核能安全利用、能源互联网和大规模储能以及先进能源装备及关键材料等重点领域。随着我国生态文明建设加快推进，党和政府加大了对能源与环境绿色和谐发展的支持力度，同时，为积极应对气候变化，更加主动控制碳排放，必须坚持以绿色低碳为方向。

党的十九大报告明确提出构建“清洁低碳、安全高效的能源体系”，党的十九届五中全会提出“十四五”时期能源环境改善的主要目标是“生产生活方式绿色转型成效显著，能源资源配置更加合理、利用效率大幅提高，主要污染物排放总量持续减少，生态环境持续改善”。国家发展改革委联合国家能源局发布的《能源生产和消费革命战略（2016—2030 年）》中提出，推动能源消费革命，坚决控制能源消费总量，打造中高级能源消费结构，深入推进节能减排，推动城乡电气化发展，树立勤俭节约消费观；推动能源供给革命，推动煤炭清洁高效开发利用，实现增量需求主要依靠清洁能源，推进能源供给侧管理，优化能源生产布局，全面建设“‘互联网+’智慧能源”，并提出“到 2050 年非化石能源消费占比超过一半，建成现代能源体系，保障实现现代化”。而现阶段我国传统的能源生产和消费体系距离实现该目标还有较大距离，具体表现在：一方面，能源消费体系高污染、高排放特征明显。一是我国能源消费结构仍以煤炭和石油为主，清洁能源（常规和非常规天然气、可再生能源）消费占比小。二是粗放型、浪费性的能源消费现象严重，节能减排的消费观念和意识尚未完全形成。另一方面，能源生产和供给体系缺乏安全性和高效性。一是以煤、油为主的化石能源破坏性、浪费性开发造成了严重的土地塌方和生态环境破坏。二是我国能源产业的关键装备和核心技术仍受制于欧美国家，自主可控性差；煤炭清洁化综合利用技术、清洁能源开采利用技术、温室气体减排技术等绿色能源技术创新和关键设备同样受制于欧美国家，不利于能源绿色低碳的开发利用。三是健全合理的能源供应体系尚未建立，边远地区和核心城市的分布式能源体系尚未形成，节点城市和与交通规划相匹配的“油、气、电”多能互补体系同样尚未建立；能源储配运技术智能化、网络化管理与服务水平低，缺乏效率。四是能源市场垄断性明显，全国统一的能源价格市场尚未建立，与高效的现代化能源治理体系差距明显。

作为我国的中长期能源发展战略，推进能源革命是能源领域最重要的任务和工作重心，而构建绿色能源体系又是推进能源革命的目标之一。对比清洁低碳、安全高效的绿色能源体系构建目标，我国现阶段的能源体系与之差距还很大，这一方面受制于我国“多煤、少油、贫气”的能源资源禀赋，另一方面与我国传统的粗放型经济增长方式和能源利用方式有关。结合我国中长期能源领域的能源革命战略框架体系，必须以绿色低碳的现代能源体系构建为目标，坚持能源绿色生产、绿色消费，从能源消费革命、生产革命、技术革命和体制革命 4 个方面，实现能源体系向绿色低碳化、网络智能化、安全高效化和供给多元化转型。

二、以全域能源产业协调和联动发展为引领

区域协调发展和区域高质量发展是当今我国区域发展面临的两大核心主题，区域协调发展本身就是区域高质量发展的重要内容之一（魏后凯等，2019）。黄河流域生态保护与经济高质量发展战略是我国区域协调发展战略的重要组成部分，是我国基于北方“母亲河”优势，解决区域平衡、可持续发展的新型全域合作战略构想，突破了以往基于行政区划和地缘相近性构建区域合作体系的模式，有利于打破传统区域合作因行政区划壁垒造成的项目重复建设和产业同构痼疾。协调是贯穿黄河流域生态保护与经济高质量发展始终的一条主线与红线，实现上、中、下游协同发展，东、中、西部互动合作是其重要的战略路径和目标。作为重要的“能源流域”，实现能源产业优化布局和能源产业全域跨界协调发展，是促进黄河流域区域协调发展的重要路径，是推动形成优势互补、高质量发展的区域经济布局的重要内容。

实现黄河流域能源产业协调发展和联动发展，应综合考虑能源资源禀赋、水资源条件、生态环境承载力以及能源消费总量和强度“双控”等因素，科学确定能源重点开发基地，统筹能源生产与输送。一方面，要合理布局能源

生产供应。下游地区应充分利用国内外天然气，发展分布式可再生能源和海上风电，积极吸纳其他地区富余清洁能源，率先减煤。另一方面，中游地区应大力发展分布式可再生能源，做好煤炭资源保护性开发，总体上降低煤炭生产规模，加快发展煤层气，建设区外能源输入通道及能源中转枢纽。上游地区应建设化石能源和可再生能源大型综合能源基地，保障全国能源平衡。

三、以供给侧结构性改革与需求侧管理协同为实现路径

从经济发展的角度来看，供需双侧协同发力、有效耦合，才能共同促进经济发展（朱珍，2018）。党的十九届五中全会明确提出，要优化供给结构，改善供给质量，提升供给体系对国内需求的适配性。完善扩大内需的政策支撑体系，形成需求牵引供给、供给创造需求的更高水平动态平衡，从而实现畅通经济循环的目标（黄群慧、陈创练，2021）。供给侧管理和需求侧管理是调控宏观经济的两个基本手段。二者不是非此即彼、一去一存的替代关系，而是要相互配合、协调推进。这一科学论断为能源产业绿色低碳发展指明了实现路径的方向，即通过供给侧与需求侧共同发力，协同推进能源绿色低碳发展。

但现阶段我国能源供给侧与需求侧面临严重的供需矛盾和不匹配问题，“供给不足与过剩并存、供需结构不匹配”等现象突出，具体表现在：①石油、天然气供不应求，对外依赖度不断创新高，火电不足与弃风弃电并存。②能源存储与运输过程中节点城市能源供应与“油、气、电”多元化需求不匹配，新能源充电桩尚未配套建设。③大中型城市中心城区以清洁采暖和清洁蒸汽为主的热力需求未完成城市热力管网建设。④化石能源及清洁能源等热网、电网受电源供应、电网输送能力等限制在用电高峰期供不应求，“用电荒”时有发生。因此，推进黄河流域能源革命战略，必须坚持供给侧结构性改革与需求侧管理协同。

能源供给侧方面，推进能源供给革命，坚持严控能源增量、优化存量，着力提升能源供给质量和效率，扩大有效供给，合理控制能源要素成本，增强供给的适应性和灵活性。建立健全能源生产、配送、交易管理市场化制度，推动能源优质优供，引导能源消费升级。完善产能退出机制，加快淘汰能源

领域落后产能。分级分类建立能源产品标准体系并逐步完善提高，严禁不合格能源的生产和交易使用。通过技术进步来降低清洁能源成本，完善支持清洁能源发展的市场机制，建立健全生态保护补偿机制，推动化石能源外部环境成本内部化，合理确定煤炭税费水平。建立多元化成品油市场供应体系，实现原油、煤炭、生物质等原料的生产技术和产品的协同优化。优化能源系统运行，打造能源高效公平流动基础设施平台。建立能源基础设施公平性接入的有效监督机制，降低输配成本，提高能源供给效率。能源需求侧方面，推动能源消费革命，开创节约高效新局面，强化约束性指标管理，同步推进产业结构和能源消费结构调整，有效落实节能优先方针，全面提升城乡优质用能水平，从根本上抑制不合理消费，大幅提高能源利用效率，加快形成能源节约型社会。

四、以产业基础高级化与产业链供应链现代化为核心

党的十九届五中全会公报中指出，“十四五”时期经济社会发展主要目标之一，是要显著提升产业基础高级化和产业链现代化水平，同时指出要加快发展现代产业体系，提升产业链供应链现代化水平。推动传统产业高端化、智能化和绿色化，实施产业基础再造工程，加大重要产品和关键核心技术的攻关力度是《中共中央关于制定“十四五”规划及2035年远景规划目标的建议》中“加快发展现代产业体系，推动经济体系优化升级”的重要内容。产业基础高级化、产业链供应链现代化是当前我国产业发展战略的重要方向，能源革命无法脱离能源产业活动和产品活动而单独存在，能源革命本质上是能源产业产品利用的转型，能源产业链供应链现代化是实现能源产业升级的重要途径，推进能源革命也要以此为核心。

该战略核心包括两方面内容：一方面是能源产业基础高级化问题。能源产业基础核心技术和关键装备及材料均不同程度地依赖进口，制约了能源产业高质量发展。同世界能源产业强国相比，同我国步入新时代和构建新发展格局的要求相比，我国能源产业基础能力不足的问题仍较为突出。尤其是错综复杂的国际形势、“重单项、轻配套”的国内行业研发状态以及能源产业基

础本身的技术复杂性和系统性，都增加了我国能源产业基础向高级化迈进的难度。因此，该重大问题着重研究能源产业基础高级化的测度和评价、破除能源产业基础高级化的体制障碍、能源产业基础研究及共性技术研究协同平台构建三方面内容。另一方面是能源产业链供应链现代化问题。能源产业链供应链现代化是实现能源产业升级的重要途径，而能源产业升级与能源革命目标紧密相关，能源革命目标的实现无法脱离能源产业活动和产品活动本身。因此，实现能源革命目标需要依托能源产业链供应链现代化水平的提升，而提升能源产业链供应链现代化水平的路径需以能源革命目标为导向，二者应高度融合、相辅相成。厘清能源革命与能源产业链供应链现代化的内在联系，探讨从产业活动内部推动能源革命与能源产业链供应链现代化深度融合的路径。

五、以制度创新与技术创新双轮驱动为动力

构建强制性制度变迁与诱致性技术变迁相结合的能源革命推进战略，是中国特色社会主义创新驱动战略在能源领域的重要体现。由于历史原因，经济体制改革中最大的短板就是能源管理体制，能源管理体制也被看作计划经济最后的“堡垒”（林伯强，2018）。在“十三五”期间，尽管石油天然气领域体制机制改革取得了积极进展，但全产业链整体改革仍稍显滞后，产供储销等各个环节矛盾增加，改革红利难以及时释放。具体来说：①现代化的能源治理调控体系尚未建立。一方面，能源法律法规体系尚未健全，各层级和各部门法律法规的协调性、衔接性有待加强，重点领域和关键环节改革困难较多；另一方面，能源监管仍以计划和行政为主，尚未建立政府与市场相结合、市场在资源配置中起决定性作用的监管方式，如何积极发挥“互联网+”、大数据等新技术和监管结果向社会公开等新手段尚处在摸索阶段。②电网环节输配体制改革相对滞后，电力体制改革步履维艰。增量配网改革阻力较大，竞争性售电政策难以有效落地，电力现货市场建设滞后，交易机构独立性明显不足。③国家油气管网运行机制尚待建立，油气现代化市场体系构建困难较多。管网大规模高效建设受到生态环境保护、城乡规划、油气供需时空错配等问题和矛盾的影响，运行机制尚未建立，管道等基础设施统筹调度管理

难度未解决；中短期内建成公平、开放和统一的市场体系难度较大，交易中心有待有效发挥作用。

能源技术方面，一是分业和业内技术水平不平衡。近年来，我国能源产业的智能化、网络化和绿色化有所提升，但分业和业内发展不平衡矛盾显著，分业来看，石油天然气勘探开发的技术水平相对较高，但仍面临核心技术和关键设备受制于欧美发达国家的困境，新型技术和重大装备创新面临核心技术制约；从业内来看，油气煤下游深加工和精细化工产业的技术水平远低于欧美发达国家，共享性技术平台尚未搭建。二是能源储配运技术智能化、网络化水平较低。能源管道运输设备技术水平有所提升，初步实现了智能化，但其他配送方式智能化水平较低，仍做不到实时监测，以智能化、网络化的能源生产、能量存储、能源输配、能源消费和智慧化管理与服务为主的综合能源一体化解决方案还面临技术壁垒。三是绿色能源整体技术水平与国际先进能源技术水平相比仍有差距，创新发展同样面临核心技术制约。国际绿色能源技术创新进入高度活跃期，以绿色为主要方向的新能源技术正以前所未有的速度加快迭代，主要经济体均把绿色能源经济创新视为新一轮科技革命和能源产业革命的突破口，相比而言，中国建设水平与世界能源科技强国仍有较大差距，尤其在深层页岩气开采、高比例可再生能源大规模并网、温室气体减排等领域的核心技术方面。此外，诸如电动汽车、动力电池、页岩油气、氢能、储能、核能综合利用等技术和产业的核心技术和关键设备及材料均不同程度地依赖进口，制约了产业大规模快速发展。四是多能融合互联面临核心技术思维突破难题。传统发展模式下，能源领域分别形成了以煤炭、石油、天然气和可再生能源等部门为核心的相对独立的子系统和技术体系，这些技术体系对内不断强化上下游之间的刚性关联，对外又相对独立，形成了“能源竖井”，缺乏共享性技术共建思维，不利于风光水火储一体化多能互补能源系统的构建。

六、以加强能源全方位国际合作为外部保障

能源安全是国家资源和经济安全的重要组成部分，充足的能源储备、能

源进口渠道多元化以及能源安全对能源资源匮乏的国家来说至关重要。我国的能源安全和能源合作面临的最大问题就是逐年增高的对外依赖度，2018 年我国石油对外依存度达 72%，为近 50 年来最高；天然气对外依存度达 45.3%，我国已成为全球第一大油气进口国，对外依存度的提高对我国的能源安全提出了严重警示。尽管现阶段我国通过大力发展新能源、开展煤炭清洁化利用和煤化工替代部分油气需求等措施在一定程度上缓解了能源短缺问题，但对国际油气资源的依赖短时间内不可能发生改变，这就要求我国基于国家能源安全的考虑，保障能源国际合作的稳定性和长效性。

因此，加强能源国际合作成为保障我国能源安全和推动能源革命战略的重要外部保障。按照立足长远、总体谋划、多元合作、互利共赢的方针，加强能源宽领域、多层次、全产业链的全方位国际合作，构筑连接我国与世界的能源合作网，打造能源合作的利益共同体和命运共同体。

第三节　推进黄河流域能源革命的政策设计

在能源革命推进理论基础和战略设计思路基础上，结合“构建以国内大循环为主体，国内国际双循环相互促进的新发展格局”的新发展战略背景，提出促进黄河流域沿线地区推进能源革命的政策设计，如图 31-2 所示。

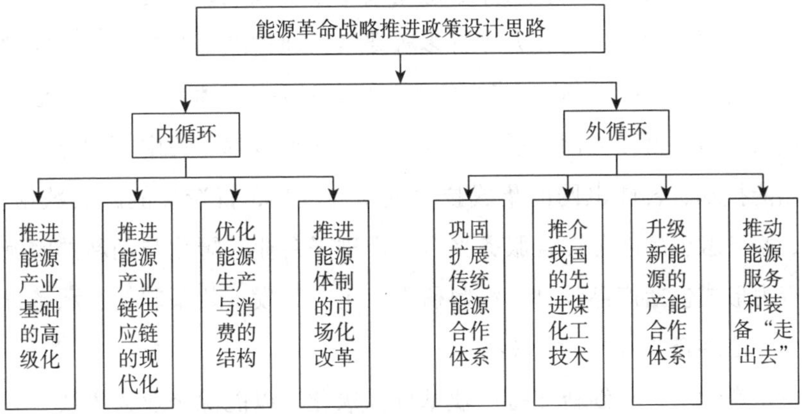

图 31-2　推进黄河流域能源革命战略政策设计思路

一、推进黄河流域能源革命战略内循环方案

（一）实施能源产业基础再造工程，推进能源产业基础的高级化

一是实施能源产业基础再造工程，补齐能源产业基础高级化短板。依托重大科技攻关与重大科技示范项目加快实现能源关键技术和核心装备自主可控（朱明皓等，2021）。一方面，以重大科技攻关和重大示范工程为引领，围绕绿色低碳、清洁高效、数字智能方向，找准共性技术，统筹规划、推进能源产业关键技术和核心装备攻关，提升能源产业“四基”能力，夯实能源产业基础，解决能源产业核心技术和关键设备“卡脖子”问题，实现新兴能源关键技术和核心装备自主可控。另一方面，提升煤炭清洁智能开采和低阶煤分质利用、非常规油气勘探开发、油气储配输、煤炭深加工和煤基清洁转化、碳捕集与利用等领域的技术和装备制造水平，持续攻克一批未来影响能源战略方向的关键技术和核心装备，如“核高基”核心电子器件、高端通用芯片、特高压设备、柔性输变电设备、海上风电机组等。

二是围绕能源产业链上、中、下游的核心关键技术和产品开展链式突破和集成创新，探索综合能源服务平台与企业创新联动机制，推动能源全产业链创新（马昌峰，2021）。一方面，保障能源企业科技创新主体地位，按照产业需求开展原创技术、共性技术、应用技术联合攻关，围绕产业链部署创新链，整合能源技术、资本、人才等多种要素，通过能源交易平台、能源大数据平台、能源5G平台，进一步探索能源综合服务的技术创新模式，激发市场技术创新活力。另一方面，通过水风光互补协调技术、集中式和分布式相结合的储能技术、智能电网的集成技术创新与应用，打造集能源大数据监测、调度、服务融合的能源综合服务平台，推进平台业务孵化与创新的螺旋式上升，着力形成包括产品设计、材料研发、工艺开发、装备制造、示范推广应用在内，诸多企业协同的突破链。

三是产学研协同创新支持产业基础高级化。以能源企业为主线，以基础产品和技术为抓手，整合完善现有国家重点实验室、国家工程中心、制造业

创新中心等创新机构的能力，联合高等院校、科研院所、应用方、检测检验机构开展基础产品和技术的协同创新，按照“基础研究—关键技术—产品示范”部署重点技术研发项目，保持跨部门、跨行业、跨区域研发布局和协同创新格局。

（二）进一步延伸产业链供应链，推进能源产业链供应链的现代化

一是充分发挥数字经济、智慧经济优势，提升产业链数字化智慧化水平，数字化赋能传统优势能源产业，锻造产业链供应链“长板”（盛朝迅，2019）。推动全环节全链条对接，提升产业链协调发展水平，推进产业向精细化、专用化方向发展，增加基础有机化工原料、芳烃—化学纤维聚合物有效供给，发展高端聚烯烃塑料、工程塑料、氟硅材料、高性能纤维、功能性膜材料和高端精细化工产品，进一步丰富合成纤维、合成橡胶、合成树脂等合成材料种类。

二是加速能源清洁化转型，建立集中式与分布式并重的可再生能源网络系统。一方面，积极推进煤炭清洁利用和散煤治理，加快淘汰落后产能与低效设备，推进节能改造与综合回收利用，统筹推进电力、燃气、热力、供冷等一体化集成互补、梯级利用，以分布式能源、智能微网、电动汽车充电设施为重点，构建大规模集中利用与小型分散利用并举的新型能源利用体系。另一方面，大力推进新能源产业建设，探索发展储能、光热、地热、分布式能源等新兴产业，加快风光火储氢一体化发展，大力发展载能技术和载通装备制造业，提升产业链自主可控水平。

三是大力发展能源输配网络与智能电网建设，推进“源—网—荷—储”发展。一方面，提升铁路煤炭运输专线的输送能力与运输效率，推进东部地区煤炭铁路水路联运与集疏港建设，促进煤炭陆水双通道升级发展。华北、西北地区着力打造煤炭应急储备基地，配套相关物流园区，在能源供给核心区域推进统一的能源交易平台，构建集仓储、物流和交易于一体的煤炭供应服务体系，提高保障和应急能力；华南、华东地区完善炼化基地外输管道建设和省内支线建设，实现南北互通、东西相连、陆海对接，加快重点原油、成品油管网建设，推进原油和成品油储备，完善成品油终端网络建设。另一

方面，推进天然气主干管道与省级管网、液化天然气接收站、储气库间互联互通，着力加强西部地区集疏管网建设力度，逐步形成灵活可靠的天然气供给体系。统筹海上与陆上两类通道，从接卸、运输、储备3个环节科学规划管网，不断提升天然气集疏输储能力。

（三）优化能源生产和消费结构，实现能源消费革命和供给革命

1. 促进化石能源清洁高效开发

优化煤炭生产开发布局，推进煤炭安全生产、绿色智能化开采和精细化开发；推进煤炭清洁高效利用，提升电煤利用比重，提高煤电机组效率；适度发展煤炭深加工，增强示范项目竞争力和抗风险能力。加大油气勘探开发投入，推进塔里木盆地、准噶尔盆地、四川盆地、深海盆地等新区勘探开发进程，加快难动用储量的开发；加快页岩气、页岩油和煤层气开发；推进天然气水合物勘探开发。

2. 加快可再生能源开发和消纳

大力发展风能、太阳能，不断提高发电效率，降低发电成本，推进风电、光伏发电平价上网。广泛开发生物质能，加快生物质供热、生物天然气、农村沼气发展，有序推广车用乙醇汽油。稳步推进流域水电规划和重大水电工程建设，完善流域水电综合监测体系。在具备条件的地区，推广地热能供暖制冷。落实可再生能源发电全额保障性收购和清洁能源优先发电制度，扩大可再生能源电力绿色证书消费。

3. 促进能源消费高质量发展

调整工业用能结构和方式，促进能源资源向高技术、高附加值工业领域转移。对钢铁、建材等耗煤行业实施更加严格的能效和排放标准。充分利用工业余热、余压、余气。提高建筑节能标准，推广超低能耗建筑，加快既有建筑节能和供热计量改造，大力推进可再生能源建筑应用，推动农村建筑节能及绿色建筑发展。优化交通运输结构，推广新能源汽车，开展电代油、生物质代油。

（四）以市场化改革为抓手，推进能源体制革命

按照“管住中间、放开两头”的总体要求，打破上、中、下游一体化经

济模式和垄断格局，对能源行业上下游进行市场化改革，允许各种资本在常规和非常规能源的生产和销售领域进行投资。具体来说：

1. 完善能源产业市场竞争机制体制

一方面，分离能源领域自然垄断业务和竞争性业务，打破油气上游垄断格局，逐步放开油气上游领域的勘探开发。能源行业应深化推进市场化改革，引入多元主体进行市场竞争，有序放开石油勘采体制，积极推进准入制度改革，建立科学、合理和严格的市场准入机制，继续强化矿业权退出和转让制度。另一方面，逐步解决油气管网互联互通程度低、建设与运行主体单一、运输和销售捆绑等核心问题。通过推进大型油气企业干线管道独立运行，进一步拆分管道企业运输与销售捆绑功能，实行天然气管网和液化天然气终端独立运营，建立公平竞争的天然气市场独立和开放的天然气管输系统，逐步建立现代油气管网体系，逐步放开社会资本进入管网建设和运营领域的限制，将干线管道、省际及省内管网，液化天然气接收站、储气库等油气基础设施的建设和运营向市场主体开放，推进更多的社会资本参与管道建设与运营，推动提升油气市场的竞争环境的创设。

2. 推进油气、电力、碳排放交易平台建设

一方面，加快石油天然气期货交易市场建设，推进以上海和重庆为区域中心的石油天然气交易中心市场。鼓励非常规天然气通过平台交易分配气量，展开气气竞争。鼓励并培育包括石油天然气供应商、交易商、大企业用户、地方销售公司等在内的多市场交易主体参与，引导企业将富余管道容量、储量、储气服务等进行多元化交易。另一方面，结合地区发电市场和电力供需结构、新能源发展基础和技术条件选择合适的电力市场模式，加快推进电力中长期市场和电力现货平台交易建设，逐步丰富各类交易品种，逐步放开电量交易空间，完善跨区交易机制。此外，还应尽快提高碳市场流动性，通过交易品种多样化，发展期货和配额衍生品交易，提高跨市场交易的便利性，推动碳市场交易的成熟发展。

3. 积极发挥能源宏观调控政策体系的导向作用

一方面，持续加大绿色低碳相关宏观支持政策力度，从供给与需求双侧

协同推动清洁能源发展。从供给侧继续加大清洁能源发展专项资金补贴力度，同时结合税收优惠政策，鼓励企业提高清洁能源配套设施建设水平，推进清洁能源并网与消纳。从消费侧加强清洁能源在交通、建筑行业领域的应用与推广的财政扶持和优惠补贴政策，推进能源电气化和能源综合服务发展进程。另一方面，实施必要的、有利于能源技术创新的财税政策，鼓励能源新兴技术研发与示范项目、能源核心装备技术攻关示范项目的实施，加大对能源技术创新和重点领域的扶持力度，支撑能源技术创新发展。

二、推进黄河流域能源革命战略外循环方案

（一）巩固扩展传统能源合作体系

基于地缘优势巩固和扩大能源国际合作，深化非地缘优势的传统能源国际合作。中国国际能源合作的首要任务就是强化能源合作“朋友圈”，提高我国能源国际供应的稳定性和长效性。具体来说，首先，要巩固长期以来与中国进行油气领域合作的传统区域，如中东、中亚、俄罗斯、亚太、西非五大合作区域，进一步完善传统国际油气能源合作区及升级版。其次，加强与“一带一路”沿线国家在油气勘探开发、油气管网互联互通、非化石能源开发利用、能效提升等领域的合作，形成海外油气资源和管网通道的多元化格局，深度参与到全球油气能源供需及定价体系中，实现从油气消费大国到油气强国的转变。最后，积极拓展与发达国家的油气能源技术合作，加强与欧盟、美国和日韩等发达地区和国家在油气能源化工技术、低碳环保技术、核心装备制造等方面的合作，在能源技术研发、示范和应用平台共建，信息共享，人才交流等方面全面转型接轨。

（二）推介我国的先进煤化工技术

与全球新能源替代化石能源的能源转型不同，中国的能源革命实际上是煤炭的清洁高效利用、油气进口替代和新能源替代化石能源的“多重迭代”。“十三五”期间，煤化工产业取得了显著的成效：技术方面，煤炭绿色生产、高效分质利用以及低碳环保技术日趋成熟；产能方面，2019 年年底中国煤制

油、煤制气产能分别达到 921 万吨和 51.1 亿立方米，煤化工产能和技术居世界前列。同时，多数发达国家基于能源多元化发展和安全化发展的考虑，在整个能源体系中仍然保留一定比例的煤炭，从全球角度来看，煤炭在一次能源消费结构中所占比例仍为 30%左右。因此，应将中国相对成熟的煤制油、煤制气、煤基新材料技术、设备以及产能等推介给煤炭资源富集国家，为全球低碳转型和煤炭的清洁高效利用贡献中国智慧。具体来说：①将我国先进的煤炭清洁化利用和煤化工技术及产能推荐给煤炭资源富集国家，加大我国先进的煤炭高效、节能技术输出力度，缓解国际油气供给矛盾，积极应对气候变化。②推广我国在煤炭洗选和提质加工、超临界和超超临界发电、大型循环流化床燃烧、整体煤气化联合循环发电等方面的经验和技术，积极参与新建和升级燃煤电厂项目设计规划。③充分利用“一带一路”倡议机遇，打通煤炭产业装备制造业的国际合作通道，实现煤机设备和煤基新材料设备国际化流通与贸易。

（三）升级新能源的产能合作体系

全球范围内的能源转型实际上是以可再生能源替代传统化石能源的转型，以欧洲和美国为代表的发达地区和国家更是将大力发展可再生能源作为改善生态环境状况和走出经济疲软状况的重要措施。根据 2020 年 12 月国务院新闻办公室发布的《新时代的中国能源发展》白皮书统计，截至 2019 年年底，中国水电、风电、光伏发电装机容量均居世界首位；截至 2019 年年底，在运在建核电装机容量达 6593 万千瓦，居世界第 2 位，在建核电装机容量居世界第 1 位；水电、风电、光伏发电、生物质发电装机容量分别达 3.56 亿千瓦、2.1 亿千瓦、2.04 亿千瓦、2369 万千瓦，均居世界首位；全国电动汽车充电基础设施达 120 万处，已建成世界最大规模充电网络。基于可再生能源规模和绝对量视角，中国已走在世界能源转型的前列，因此应在国际新能源市场上大力推介中国成熟的新能源发电技术、装备及产能，促进新能源领域的国际合作。具体来说：一方面，基于国内可再生能源的技术、产品、产业乃至政策方面的经验，拓展与欧盟、美国和日韩等发达区域的新能源传统领域的产能合作，推动我国先进的太阳能光伏板、风力发电塔、水轮机等新能源装备制造业积极“走出去”，开展国际产能合作。另一方面，发挥超大规模市场和内需潜力优势，在全球产业链生态中嵌入不可或缺的关键环节，加强与欧美国家新能源技术的共同研发，在技术能力、标准规制上尽快实现升级，不断缩小我国与国外新能源技术领域的差距。

（四）推动能源服务和装备“走出去”

1. 鼓励国内能源智库“走出去”

在国家能源合作过程中，我国能源领域的专家和智库应该更积极地“走出去”，将我国的能源产业发展经验传播出去，为深化国际能源合作提供智力支持。具体来说：①应鼓励我国智库积极与能源合作国家特别是“一带一路”沿线国家能源智库建立稳定的双、多边合作关系，签订合作备忘录，互派学者，开展互访、合作研究等；定期召开年会，研讨解决区域共同面对的能源问题，推动政府企业间合作。②应鼓励我国能源专家广泛参与国际能源机构的活动，争取有更多我国的专家在国际能源机构中任职，在国际能源舞台上贡献智慧。③应加强对周边国家能源相关问题的研究，深入分析对各国能源发展及双、多边合作影响较大的经济、政治、法律、宗教、文化等多方面因素，系统地积累沿线国家国别资料。④应配合亚洲基础设施投资银行、丝路基金、新开发银行等金融机构对区域能源发展项目的融资支持，在区域能源发展以及区域内国家能源规划、能源效率提升、可再生能源发展等方面，推动国内能源智库参与相关研究、咨询、评估服务。

2. 推动能源装备制造领域合作

经过多年引进、消化、吸收、再创新，我国能源装备研发和制造水平得到显著提升，可以帮助合作国以较低的成本实现能源供应的增加及能源高效清洁利用。具体来说：①应大力推动风力发电塔、太阳能光伏板、水轮机等可再生能源装备“走出去”。积极向风能、太阳能、水能资源丰富的中亚、南亚各国出口相关设备。②在严格执行核能和平利用有关国际条约的前提下，应推动以 AP1000 为代表的第三代核能装备“走出去”。积极参与印度、巴基斯坦、越南等对核电有发展需求国家的核电项目的设备投标。③应鼓励我国相关能源装备制造企业积极参与沿线国家页岩气和煤层气勘探开发、海洋油气开发、天然气液化和接收、抽水蓄能、输变电工程等项目的设备招标。④应鼓励我国装备制造企业开展国际产能合作，支持在条件成熟的国家投资设立研发中心、生产基地、产品销售服务中心，推动燃气轮机、煤炭挖掘机、风力发电塔、太阳能光伏板、高压并联电抗器等设备的本土化生产。⑤应加强与发达国家装备制造企业的合作，借鉴和利用跨国公司成熟的销售渠道和经营模式，实现“借船出海”，提升品牌形象，提高国际竞争力。

3. 促进能源服务和工程建设的国际合作

我国工程建设企业拥有丰富的施工经验和高素质的施工队伍，能源服务企业也已逐渐掌握了具有自主知识产权的专业技术和服务产品，可以帮助沿线国家改善能源开发利用水平。具体来说：①应推动节能服务公司参与能源合作国家特别是“一带一路”沿线国家高耗能企业用能管理和能效提升项目，推广合同能源管理模式，鼓励相关金融机构为合同能源管理项目提供灵活多样的金融服务。②应鼓励我国油气勘探服务公司参与中东、中亚、南亚等油气资源富集地区的地质勘探、储量评价、钻井、完井、生产等各个环节。③应促进能源信息服务公司同能源生产、装备制造、建筑施工企业一起“走出去”，依托“互联网+”思维，降低企业信息获取成本。④应积极推动能源工程建设企业参与能源合作国家特别是“一带一路”沿线各国油气管网、港口油气接收站、电网等能源基础设施，以及火电、核电、可再生能源电站建设。

参考文献

［1］陈明华，刘华军，孙亚男．中国五大城市群金融发展的空间差异及分布动态：2003—2013 年［J］．数量经济技术经济研究，2016，33（7）：130-144.

［2］陈卓淳，徐长生．技术利基与社会—技术系统转型模式研究——以德国海上风电（1993—2016）为例［J］．中国科技论，2018（5）：180-187.

［3］陈卓淳，姚遂．中国电力系统低碳转型的路径探析——基于社会—技术系统转型思路［J］．中国人口·资源与环境，2012，22（2）：62-68.

［4］池京云．世界能源革命及对我国的启示［J］．国土资源情报，2020（1）：25-30.

［5］邓健，王新宇．区域发展战略对我国地区能源效率的影响——以东北振兴和西部大开发战略为例［J］．中国软科学，2015（10）：146-154.

［6］邓铭江，明波，李研，等．“双碳”目标下新疆能源系统绿色转型路径［J］．自然资源学报，2022，37（5）：1107-1122.

［7］丁攀，叶芳，张轲，等．我国农业生物质能利用现状及发展前景［J］．河南农业，2020（19）：22-23.

［8］杜祥琬．能源革命——为了可持续发展的未来［J］．北京理工大学学报（社会科学版），2014，16（5）：1-8.

［9］杜颖，肖荣阁，赵恒勤，等．河北能源消费与经济增长关系的动态分析：基于状态空间模型的检验［J］．中国矿业，2015（6）：42-47.

［10］樊飞，任普春，李春山，等．东北区域电力行业远期能源资源战略分析［J］．吉林电力，2016，44（2）：1-13.

［11］樊静丽，李佳，晏水平，等．我国生物质能—碳捕集与封存技术应用潜力分析［J］．热力发电，2021，50（1）：7-17.

［12］范厚明，马梦知，温文华，等．港城协同度与城市经济增长关系研究［J］．中国软科学，2015（9）：96-105.

［13］范英，衣博文．能源转型的规律、驱动机制与中国路径［J］．管理世界，2021，37（8）：95-105.

［14］冯梅，李文华．新中国70年一次能源消费结构变迁与经济高质量发展［J］．经济问题，2019（7）：9-15.

［15］管清友，何帆．中国的能源安全与国际能源合作［J］．世界经济与政治，2007（11）：45-53.

［16］郭建宇，陈扬．东北区域可再生能源发展历程及展望［N］．中国电力报，2018-11-15.

［17］郭建宇，陈扬．实现东北全面振兴，东北能源高质量发展要先行［N］．中国能源报，2021-10-16.

［18］国家能源集团技术经济研究院．中国煤炭、电力及碳市场年度报告［R］.2022.

［19］韩梦瑶，熊焦，刘卫东．中国光伏发电的时空分布、竞争格局及减排效益［J］．自然资源学报，2022，37（5）：1338-1351.

［20］胡润青．敦煌市建设100%可再生能源城市发展思路研究［J］．中国能源，2017（9）：16-19.

［21］黄存瑞．气候变化如何影响人类健康？［J］．可持续发展经济导刊，2020（5）：26-28.

［22］黄雷．中国开发林木生物质能源与其产业发展研究［D］．北京：北京林业大学，2008.

［23］黄其励，李全生，李伟起，等．能源革命推动老工业基地转型发展战略研究［J］．中国工程科学，2021，23（1）：79-85.

［24］焦耀华．我国生物质能源产业的发展前景探究［J］．经济研究导刊，2020（25）：44-45.

［25］景春梅．能源技术革命：能源革命的动力源泉［J］．经济研究参考，2016（48）：5-8.

［26］李繁荣，郭丕斌，齐晓燕．以能源生产和消费革命推进绿色发展——基于马克思人与自然物质变换思想的研究［J］．经济问题，2018（10）：8-16.

［27］李健，范晨光，苑清敏．基于距离协同模型的京津冀协同发展水平测度［J］．科技管理研究，2017，37（18）：45-50.

［28］李俊峰．我国生物质能发展现状与展望［J］．中国电力企业管理，2021（1）：70-73.

［29］李立浧，饶宏，许爱东，等．我国能源技术革命体系战略研究［J］．中国工程科学，2018，20（3）：1-8.

［30］李品，张金锁．区域能源供给安全水平动态性评价——以西北和东北能源富集区为例［J］．西安科技大学学报，2019，39（1）：152-159.

［31］李世峰，朱国云．“双碳”愿景下的能源转型路径探析［J］．南京社会科学，2021（12）：48-56.

［32］李晓乐．日本石油储备体系研究［D］．长春：吉林大学，2017.

［33］李影，李子联．山西能源消费与经济增长的灰色关联度分析——基于能源结构约束的视角［J］．数学的实践与认识，2020，3（50）：60-66.

［34］李振宇，黄格省．推动我国能源生产革命的途径分析［J］．化工进展，2015，34（10）：3521-3529.

［35］李振宇，黄格省，黄晟．推动我国能源消费革命的途径分析［J］．化工进展，2016，35（1）：1-9.

［36］林伯强．能源革命促进中国清洁低碳发展的“攻关期”和“窗口期”［J］．中国工业经济，2018（6）：15-23.

［37］刘丹．依托“一带一路”推动能源革命［J］．人民论坛，2017（27）：96-97.

［38］刘刚．能源体制改革症结何在［N］．人民日报，2015-02-02.

［39］刘汉斌，马志斌，郭彦霞，等．山西煤系锂镓铝分布特征和开发利用前景［J］．洁净煤技术，2019，25（5）：39-46.

［40］刘兰兰．碳中和背景下我国碳市场影响因素分析［J］．能源，

2021（6）：67-69.

［41］刘满平，孙莉莉．透过浙江省管网改革看省级管网未来改革思路［J］．价格理论与实践，2020（4）：41-46，171.

［42］刘强，王恰．中国的能源革命——供给侧改革与结构优化（2017—2050）［J］．国际石油经济，2017，25（8）：1-14.

［43］吕江．“一带一路”能源合作（2013—2018）的制度建构：实践创新、现实挑战与中国选择［J］．中国人口·资源与环境，2019，29（6）：10-19.

［44］吕清刚，柴祯．“双碳”目标下的化石能源高效清洁利用［J］．中国科学院院刊，2022，37（4）：541-548.

［45］马昌峰，郑双喜，刘申奥艺，等．中国石油装备制造业高质量发展探讨——以中国石油天然气集团有限公司为例［J］．国际石油经济，2021，29（9）：39-44.

［46］农业农村部市场预警专家委员会．中国农业展望报告（2021—2030）［M］．北京：中国农业科学技术出版社，2021.

［47］山西省社会科学院课题组．山西能源革命综合改革试点的改革路径与政策建议［J］．经济问题，2020（10）：21-30.

［48］盛朝迅．推进我国产业链现代化的思路与方略［J］．改革，2019（10）：45-56.

［49］史丹，王蕾．能源革命及其对经济发展的作用［J］．工业经济研究，2015（1）：1-8.

［50］史丹．论三次能源革命的共性与特性［J］．价格理论与实践，2016（1）：30-34.

［51］苏健，梁英波，丁麟，等．碳中和目标下我国能源发展战略探讨［J］．中国科学院院刊，2021，36（9）：1001-1009.

［52］汪永臻．西北地区新能源产业发展战略研究［J］．甘肃社会科学，2013（1）：214-217.

［53］王宝珠，马艳，赵治成．新能源产品消费能力提升：政府举措与消

费者行为［J］．上海经济研究，2017（3）：23-31，48.

［54］王科，李晨馨，王家钰，等．中国省际能源效率指数（2010—2018）［J］．北京理工大学学报（社会科学版），2021，23（3）：9-21.

［55］王昆，宋海洲．三种客观权重赋权法的比较分析［J］．技术经济与管理研究，2003（6）：48-49.

［56］王敏，徐晋涛，黄卓．能源体制改革：有效的市场，有为的政府［J］．国际经济评论，2014（4）：37-53.

［57］汪文生，张静静．基于供给侧结构性改革的能源消费革命实现路径及调控模拟［J］．经济问题，2021（12）：1-8.

［58］王希．"十三五"期间内蒙古能源产业发展战略分析［J］．边疆经济与文化，2018（2）：58-59.

［59］王晓东，李晓华，王春华．贵州煤炭工业转型升级的问题及路径探讨［J］．机电信息，2019，81（27）：119-121，123.

［60］王雪微，杨旭，吴相利，等．东北能源资源型城市转型的环境时空演变效应［J］．环境科学与技术，2021，44（2）：229-236.

［61］王轶辰．能源转型要先立后破［N］．经济日报，2022-03-10.

［62］温馨．"双碳"目标下的能源转型：多维阐释与中国策略［J］．贵州社会科学，2021（10）：145-151.

［63］吴刚，刘虹．中国能源革命与煤炭的思考［J］．四川大学学报（哲学社会科学版），2016（3）：89-93.

［64］武勇杰，赵公民．能源革命突破口的系统构成、内在机理与优先序评价研究［J］．经济问题，2022（1）：31-38，113.

［65］谢光辉，王晓玉，包维卿，等．中国废弃生物质能源化利用碳减排潜力与管理政策［M］．北京：中国农业大学出版社，2020.

［66］谢旭轩，任东明，赵勇强．推动我国能源革命体制机制改革研究［J］．中国能源，2014，36（4）：16-19.

［67］熊华文，苏铭．推动能源治理体系和方式现代化［J］．宏观经济管理，2018（8）：34-39.

［68］许静，俞国胜，肖江．生物质燃料的加工及其应用［J］．中国林业，2004（1）：32-33.

［69］许勤华．中国国际能源合作战略重点之——能源技术、能源网络共享与绿色发展［J］．石油科技论坛，2018（4）：8-12.

［70］严晓辉，高丹，李艳杰．京津冀地区推进能源革命的思考与对策［J］．中国工程科学，2021，23（1）：24-31.

［71］杨阳，徐琼芳，刘雅婷．科技政策法规实施效果评估指标体系研究［J］．科研管理，2018，39（S1）：147-152.

［72］姚遂，陈卓淳．社会—技术系统可持续转型研究：思路、批评、进展及反思［J］．中国科技论坛，2020（9）：145-155.

［73］伊淑彪，闵琪．新能源产品供给机制的理论分析［J］．理论学刊，2014（8）：57-62.

［74］尹自华，成金华，陈文会，等．我国低碳转型进程中碳强度与电气化环境库兹涅茨倒“U”形关联的检验与政策启示［J］．中国环境管理，2021，13（3）：40-47.

［75］于明亮，李雨莳，陈文浩，等．长三角地区能源消费变化的驱动因素分解研究——基于1995—2016年数据的分析［J］．东南大学学报（哲学社会科学版），2020，22（2）：69-79.

［76］俞国胜，袁湘月．中国林木生物质能源开发利用技术设备研究［J］．中国林产工业，2006（1）：22-34.

［77］袁家海．中国电力供应安全的经济分析与保障路径研究［R］．2022.

［78］苑舜．坚定不移推进东北电力市场化改革　实现能源高效利用和绿色发展［J］．中国电业，2018（11）：88-89.

［79］曾诗鸿，李根，翁智雄，等．面向碳达峰与碳中和目标的中国能源转型路径研究［J］．环境保护，2021，49（16）：26-29.

［80］扎恩哈尔·杜曼，孙慧，王士轩．新能源产业集群规模、分布与地区经济增长水平关系研究［J］．科技管理研究，2020，40（13）：78-84.

［81］张军，吴桂英，张吉鹏．中国省际物质资本存量估算：1952—2000［J］．经济研究，2004（10）：35-44.

［82］张强，苗龙，汪春雨，等．新时代中国能源安全及保障策略研究——基于推进“一带一路”能源高质量合作视角［J］．财经理论与实践，2021，42（5）：116-123.

［83］张士强，孟璐莎，李跃．能源产能空间集聚对区域能源效率的影响［J］．中国人口·资源与环境，2021，31（5）：58-66.

［84］张希良，黄晓丹，张达．碳中和目标下的能源经济转型路径与政策研究［J］．管理世界，2022，38（1）：35-66.

［85］张一清，姜鑫民．发展中国可再生能源的对策研究［J］．山东工商学院学报，2015（4）：1-8.

［86］张永生，巢清尘，陈迎，等．中国碳中和：引领全球气候治理和绿色转型［J］．国际经济评论，2021（3）：4，9-26.

［87］郑功勋，李晓华，王建楠．贵州煤矿辅助系统智能化的实践与探索［J］．煤炭技术，2020，39（4）：198-199.

［88］中国国际经济交流中心课题组．中国能源生产与消费革命［M］．北京：社会科学文献出版社，2014.

［89］周大地．推动能源体制革命，促进绿色低碳发展——能源革命要从具体问题抓起［J］．国际石油经济，2016，24（12）：1-4.

［90］周宏春，李长征，周春．碳中和背景下能源发展战略的若干思考［J］．中国煤炭，2021，47（5）：1-6.

［91］周淑慧，王军，梁严．碳中和背景下中国“十四五”天然气行业发展［J］．天然气工业，2021，41（2）：171-182.

［92］朱汉雄，王一，茹加，等．“双碳”目标下推动能源技术区域综合示范的路径思考［J］．中国科学院院刊，2022，37（4）：559-565.

［93］朱明皓，张志博，杨晓迎，等．推进产业基础高级化的战略与对策研究［J］．中国工程科学，2021，23（2）：122-128.

［94］朱彤．能源革命的概念内涵、国际经验及应注意的问题［J］．煤

炭经济研究，2014，34（11）：10-16.

[95] Agency I E. CO_2 emissions from fuel combustion 2020 edition [R]. Paris: IEA, 2020.

[96] Agency I E. World energy outlook 2020 [R]. Paris: IEA, 2020.

[97] Ang B W. Decomposition analysis for policy making in energy: which is the preferred method? [J]. Energy Policy, 2004, 32 (9): 1131-1139.

[98] Barreto R A. Fossil fuels, alternative energy and economic growth [J]. Economic Modelling, 2018, 75 (11): 196-220.

[99] Bastianoni S, Pulselli R M, Pulselli F M. Models of withdrawing renewable and non-renewable resources based on Odum's energy systems theory and Daly's quasi-sustainability principle [J]. Ecological Modelling, 2009, 220 (16): 1926-1930.

[100] Clark C W, Munro C G R. The optimal exploitation of renewable resource stocks: problems of irreversible investment [J]. Econometrica, 1979, 47 (1): 25-47.

[101] Elzen B, Geels F W, Green K. System innovation and the transition to sustainability: theory, evidence and policy [M]. Vilnius: Edward Elgar Publishing, 2004.

[102] Geels F W, Kern F, Fuchs G, et al. The enactment of socio-technical transition pathways: a reformulated typology and a comparative multi-level analysis of the German and UK low-carbon electricity transitions (1990-2014) [J]. Research Policy, 2016, 45 (4): 896-913.

[103] Geels F W. Technological transitions as evolutionary reconfiguration processes: a multi-level perspective and a case-study [J]. Research Policy, 2002, 31 (8): 1257-1274.

[104] Geels F. The multi-level perspective on sustainability transitions: responses to seven criticisms [J]. Environmental Innovation and Societal Transitions, 2011 (1): 24-40.

[105] Grimaud A, Rougé L. Non - renewable resources and growth with vertical innovations: optimum, equilibrium and economic policies [J] . Journal of Environmental Economics and Management, 2003, 45 (2): 433-453.

[106] Hess D. Industrial fields and countervailing power—the transformation of distributed solar energy in the United States [J] . Global Environmental Change, 2013, 23 (5) : 847-855.

[107] Koskela E, Ollikainen M, Puhakka M. Renewable resources in an overlapping generations economy without capital [J] . Journal of Environmental Economics & Management, 2002, 43 (3): 497-517.

[108] Kuai M. Renewable energy policies in several foreign countries and the revelation to our country [J] . Energy of China, 2000 (6): 15-17.

[109] Laes E, Gorissen L, Nevens F. A comparison of energy transition governance in Germany, the Netherlands and the United Kingdom [J] . Sustainability, 2014 (6): 1129-1152.

[110] Lúdvik E, Turnovsky S J. Renewable resources in an endogenously growing economy: balanced growth and transitional dynamics [J] . Journal of Environmental Economics & Management, 2004, 48 (3): 1018-1049.

[111] Mahony T O. Decomposition of Ireland' s carbon emissions from 1990 to 2010: an extended Kaya identity [J] . Energy Policy, 2013, 59 (8): 573-581.

[112] Meyer N I, Koefoed A L. Danish energy reform: policy implications for renewables [J] . Energy Policy, 2003, 31 (7): 597-607.

[113] Munguia M. Renewable energy investment in Chile: make hay while the sun shines [J] . Renewable Energy Focus, 2016, 17 (6): 234-236.

[114] Muriel W, Hugh Outhred. Australian and international renewable energy policy initiatives [J] . Renewable Energy, 2001 (22): 241-243.

[115] Raveb R, Verbong G. Multi-regime interactions in the Dutch energy sector: the case of combined heat and power technologies in the Netherlands 1970-2000 [J] . Technology Analysis and Strategic Management, 2007, 19 (4): 491-507.

[116] Sawulskia J, Galczynskib M, Zajdler R. Technological innovation system analysis in a follower country—the case of offshore wind in Poland [J]. Environmental Innovation and Societal Transitions, 2019 (33): 249-267.

[117] Turnheim B, Geels F. The destabilization of existing regimes: confronting a multi-dimensional framework with a case study of the British coal industry (1913-1967) [J]. Research Policy, 2013, 42 (10): 1749-1767.

[118] Wang J, Zhang S, Zhang Q. The relationship of renewable energy consumption to financial development and economic growth in China [J]. Renewable Energy, 2021 (4): 897-904.

后 记

本书是中国（西安）丝绸之路研究院2022年科学研究专项课题“能源革命视角下的中国区域能源发展战略研究”（2022ZD01）的直接研究成果。该项目研究工作启动于2021年10月，至今历时1年。在项目研究过程中，首先由胡健拟定了项目的研究工作计划，项目组成员进行了认真的理论研讨和广泛的实地调研工作。在此基础上，胡健起草了本书的写作大纲并撰写了引言，周艳春撰写了第一篇和第二篇，杜欢撰写了第三篇，焦兵撰写了第四篇，胡留所撰写了第五篇，赵文琦撰写了第六篇，郝佳馨撰写了第七篇，印玺撰写了第八篇，张文彬和闫艺丹共同撰写了第九篇，第二十九章和第三十一章由张文彬完成，第三十章由闫艺丹完成。初稿完成后，经项目组集体讨论，各位执笔人根据集体讨论意见对所承担的文稿进行了修改，最后由胡健对全部文稿进行修改定稿。

本项目的研究工作得到了西安财经大学科研处、中国（西安）丝绸之路研究院、西部能源经济与区域发展协同创新研究中心的大力支持，在此一并致谢。

胡健

2022年10月